Михаэль Лайтман

Предисловие к книге Зоар

✱✱✱

Предисловие к Талмуд Эсэр Асфирот

✱✱✱

Статьи рава Баруха Ашлага

Серия
«Каббала. Тайное учение»
Книги

Михаэль Лайтман

КАББАЛА
ТАЙНОЕ ЕВРЕЙСКОЕ УЧЕНИЕ

книга 5
Предисловие к книге ЗОАР
***

книга 6
Предисловие к Талмуд Эсэр Асфирот
***

книга 7
Статьи рава Баруха Ашлага

Михаэль Лайтман

КАББАЛА
ТАЙНОЕ ЕВРЕЙСКОЕ УЧЕНИЕ

книга 5
Предисловие к книге ЗОАР
***
книга 6
Предисловие к Талмуд Эсэр Асфирот
***
книга 7
Статьи рава Баруха Ашлага

ISBN 978-1-77228-064-7

All Rights Reserved 2023
Michael Laitman
Laitman Kabbalah Publishers

Кто я и для чего существую? Откуда я, куда иду я, для чего появился я в этом мире? Возможно что я уже был здесь? Приду ли я снова в этот мир? Могу ли я познать причины происходящего со мной? Отчего страдания в этом мире и можно ли их избежать? Как обрести покой, удовлетворение, счастье?

Каббала отвечает на эти вопросы однозначно: Только в постижении духовного мира, всего мироздания, можно ясно увидеть причины всего происходящего с нами, следствия всех наших поступков, стать активным элементом управления миром и своей судьбой, увидеть свое состояние до рождения в этом мире и после ухода из него.

Методика постижения духовного мира называется "Каббала". Каббала позволяет каждому, еще при жизни в этом мире ощутить и понять управляющий нами духовный мир, жить в обоих мирах. Этим человек обретает абсолютное познание, уверенность, счастье.

Вам в помощь на русском языке:

1. **Серия книг "КАББАЛА. ТАЙНОЕ ЕВРЕЙСКОЕ УЧЕНИЕ":**
   ОСНОВНЫЕ ПОЛОЖЕНИЯ В ДОСТУПНОМ ПЕРЕСКАЗЕ
   СИСТЕМА МИРОЗДАНИЯ
   СХЕМА МИРОЗДАНИЯ
   ПОСТИЖЕНИЕ ВЫСШИХ МИРОВ
   ПРЕДИСЛОВИЕ К КНИГЕ "ЗОАР"
   ПРЕДИСЛОВИЕ К "ТАЛМУД ЭСЭР АСФИРОТ"
   СТАТЬИ РАББИ Б.Ш.АШЛАГА
   КНИГА "ЗОАР"
   ВНУТРЕННЕЕ СОЗЕРЦАНИЕ
   ПЛОДЫ МУДРОСТИ
   СТАТЬИ. ЛЕКЦИИ. БЕСЕДЫ.
   (Начать изучение Каббалы можно с любой книги серии).
2. **Аудио и видеозаписи лекций по Каббале**
3. **Комплект аудио - уроков для начинающих**
4. **Альбом "Мелодии духовного мира"** (60 ш)

5. Бесплатные занятия и семинары
6. Вводный курс для начинающих (бесплатно)
   Каббала в Интернете: http://kabbalah.info

"БНЕЙ - БАРУХ"

Кто я, откуда пришел в этот мир, для чего существую? Был ли я уже в этом мире, являюсь ли в него снова? Могу ли я понять смысл и причины всего происходящего? Как действует система Высшего Управления? Почему этот мир полон страданий, какова их причина, возможно ли их избежать?

Ответы на эти вопросы можно найти только в познании высшего мира, из которого исходит все в наш мир. Постижение высшего мира называется

"Каббала". Изучая Каббалу человек начинает сейчас, еще в этом мире, ощущать высший мир, причины всего, происходящего в этом мире, обретает силы и знания управлять своей судьбой, достигает абсолютного спокойствия и всеобщего познания. И все это еще при нахождении в этом мире!

Каббалистическая группа "Бней Барух" занимается распространением этих знаний. Деятельность группы и метод обучения основаны на опыте великих каббалистов нашего времени рава Юды Ашлага (1885-1955), автора комментария "Сулам" на книгу "ЗОАР" и его старшего сына рава Баруха Ашлага (1906-1992). Руководитель группы рав Михаэль Лайтман, ученик, последователь, личный помощник рава Б.Ашлага, по имени которого названа группа.

ИЗУЧЕНИЕ И ПРЕПОДАВАНИЕ КАББАЛЫ ведется только по истинным каббалистическим источникам:

1. **Сочинения АРИ**
2. **Сочинения рава Ю. Ашлага.** Книги: "ЗОАР" с комментариями "Сулам", "Талмуд Эсэр Асфирот", "Эц Хаим"

АР"И с комментариями рава Ю. Ашлага, "Матан Тора", "При Хахам", "Ор Абаир", "Бэйт Шаар Акаванот", "Сэфэр Аилан" и пр..

3. **Сочинения рава Б. Ашлага.** Книги "Шамати", "Статьи РАБА"Ш", "Акдамот ле хохмат аэмэт с комментариями РАБА"Ш", "Даргот Асулам" (4тома), "Игрот РАБА"Ш" и пр..

4. **Оригинальные рукописи рава Ю. Ашлага и рава Б. Ашлага,** полученные равом М. Лайтманым от его учителя.

Деятельность группы по распространению Каббалы включает:

1. **Издание:** неизданных ранее сочинений Ю.Ашлага и Б.Ашлага: книги "Шамати", "Даргот Асулам" (на иврите), серии из 11 книг "Каббала. Тайное еврейское учение" (на русском), "Постижение высших миров" (на англ.), аудиозаписи каббалистических мелодий Ю. И Б. Ашлага "Мелодии высшего мира", аудиозаписи лекций и уроков рава М.Лайтмана (на русском и иврите), разъяснительные материалы (на русском, иврите, английском)

2. **Лекции:** систематические, бесплатные по всей стране

3. **Уроки:** систематические, бесплатные, утренние и вечерние

4. **Банк данных по Каббале в мировой системе Интернет:** недельный урок по книге "Древо Жизни" АР"И статьи рава Ю. Ашлага, рава Б. Ашлага, рава М. Лайтмана ответы на вопросы более 27,000 заочно обучающихся Каббале со всего мира заочный факультет обучения на языках: иврит, английском, русском, французском, итальянском, испанском, арабском.

Адрес в системе Интернет: http://kabbalah.info

Адрес электронной почты: info@kabbalah.info

МИХАЭЛЬ ЛАЙТМАН

серия
**КАББАЛА
ТАЙНОЕ ЕВРЕЙСКОЕ УЧЕНИЕ
часть V**

ПРЕДИСЛОВИЕ К КНИГЕ ЗОАР

***

**KABBALAH
THE SPIRITUAL SECRET IN JUDAISM
volume V**

BY MICHAEL LAITMAN

(in Russian)

INTRODUCTION TO SEFER ZOHAR

Перед вами 5-я книга серии "Каббала. Тайное еврейское учение".

Книга написана по материалам курса лекций, прочитанного автором в Тель - Авивском центре "Ихуд шиват Циён" в 1994 году.

В основу курса положена статья Йегуды Ашлага "Предисловие к книге ЗОАР", первая из трех вступительных статей к книге ЗОАР с комментариями "Сулам". Перевод сделан близким к оригиналу. Параграфы в книге соответствуют параграфам в оригинале.

Оригинальный текст выделен **жирным шрифтом.**

Комментарий даётся непосредственно под текстом оригинала.

Как характерно для устных занятий, разъяснения подчас повторяются, особенно в тех местах, где возникает необходимость напомнить о них для усвоения новых понятий.

Михаэль Лайтман

1. Мое желание в этом предисловии выяснить некоторые вроде простые вещи, потому что руки всех касаются их, и много чернил пролито, чтобы их выяснить. И все же до сих пор мы не достигли в них знания ясного и достаточного.

Речь пойдет о вопросах, касающихся каждого, поэтому автор говорит, что руки всех касаются их. Вопросы, которые каждый из живущих на земле хоть раз в жизни задает себе, особенно в периоды страданий. Но, хотя все, в том числе и большие умы, занимались их выяснениями, все равно каждое поколение застает себя вновь перед этими вечными вопросами, но удовлетворяющего всех ответа найти не может.

И поэтому те же вопросы встают перед каждым и в каждом поколении. Вопросы кажутся простыми, касаются каждого, но ответы на них сложны, настолько, что если бы не каббалисты, поднявшиеся в духовный мир и затем давшие нам ответы, мы сами не смогли бы ответить на них.

Вопрос 1-ый: Кто мы?

Прежде чем выяснять что-либо, мы должны четко определить, насколько истинно наше познание и его границы, познания себя, нашего мира, духовных миров и Творца.

Существует 4 вида познания:

а) материя,

б) свойство в материи,

в) абстрактное свойство,

г) суть.

Суть и абстрактная форма нами совершенно не постижимы, как в нашем мире и в нас, так в духовных мирах и в Творце. И только материю и свойства самой материи мы можем постичь, как в самих себе и в нашем мире, так и в духовных мирах.

Вначале рассмотрим эти 4 вида познания на примере нашего мира: представим себе человека, состоящего из:

а) материи, т.е. тела человека,

б) свойства, облаченного в его тело, например, "добрый",

в) отвлеченного свойства, т.е. если мы мысленно отделяем свойство "добрый" от материала человека и изучаем его отдельно и абстрактно, вне связи с конкретным человеком, т.е. изучаем саму категорию "доброта" в ее положительном и отрицательном понятии, саму по себе,

г) сути человека.

Суть человека, вне связи с его телом, сама по себе, совершенно не постигаема нами, потому как наши 5 органов чувств и вся наша фантазия не позволяют осознать и почувствовать более, чем действия сути, но не ее саму, поскольку все наши органы чувств воспринимают воздействие чего-то внешнего на них, а мы ощущаем только реакции наших органов чувств на эти внешние воздействия.

Например, наш орган слуха ощущает свою реакцию на воздушную волну, ударяющую в барабанную перепонку уха (кстати, все наши ощущения есть ощущения не приходящего, а ощущения реакции тела на приходящее, в отражении от себя мы ощущаем по аналогии с отраженным светом). И это ощущение дает нам осознание звукового источника, что есть что-то, заставляющее колебаться воздух.

Так же действует и орган зрения, воспринимающий некую отраженную и перевернутую картину, и орган обоняния, воспринимающий воздействия некой сути на свои чувствительные нервные окончания, и орган вкуса. И даже самое сильное, тактильное ощущение, дает нам только осознание воздействия чего-то на нас, потому как суть остается та же, а если материал подогреванием превратить из жидкого в газообразный, его влияние на наши органы изменится, но не изменится его суть.

Поэтому то, что мы воспринимаем, есть действия чего-то непостигаемого нами на наши органы чувств, и только воздействия на нас, частные свойства сути, мы постигаем и по ним судим об их источнике. Отсюда становится ясным, что 5 наших органов чувств не могут раскрыть нам сути, а только отрывочные, частные ее действия.

Но поскольку то, что не воспринимаемо нашими органами чувств, не может возникнуть даже в нашей фантазии, а то, что не может возникнуть в нашей фантазии, не может появиться в нашей мысли и потому выпадает из поля возможности изучения, то поэтому мысль не может изучать сути объекта.

Но не только суть окружающих нас объектов, но и суть самих себя нами непознаваема. Потому как я чувствую и знаю себя, занимающим место в мире, твердым, теплым и пр. физическим телом, из раскрытия действий некоей сути. Но если спросите меня, что представляет собою моя суть, от которой исходят все эти действия, я не найду, что вам ответить, потому как Высшее управление скрывает от меня познание любой сути, и я, как человек, могу постичь только действия и следствия действий, исходящих от непостигаемой сути.

Познание а) материал, т.е. действие сути, мы полностью постигаем, потому что этих действий совершенно достаточно нам для объяснения сути, находящейся в материале, настолько, что мы не страдаем от недостатка познания сути самой по себе, как таковой, отсутствие этого познания не ощущается, как не ощущается нехватка шестого пальца на руке.

Поэтому познание материала совершенно достаточно нам для всех наших потребностей, как для познания самих себя, так и для познания всего окружающего.

Познание б) свойства в материи, также достаточное и ясное, потому как мы познаем его из нашего опыта поведения материала в действительности. На этом типе познания строятся все науки, на которые мы можем полностью опираться.

Познание в) абстрактные свойства, являет собою теоретический случай познания: после того, как свойство открылось нам облаченным в материал, наша фантазия способна полностью отделить это свойство от материала и изучать его абстрактно, отдельно от материала.

Например, в книгах о методе воспитания "мусар" приводятся свойства человека, такие как гнев, геройство, правда, ложь и пр., когда они в отрыве от материала. И выносятся им оценки "хорошо" или "плохо" даже в то время, когда эти свойства отделены от материи.

Этот вид в) абстрактное познание не принимается истинными, осторожными исследователями, потому как невозможно полностью полагаться на него, ведь исследуя свойство, не облаченное в материю, можно ошибиться в его оценке. Например, последователь "мусар" – идеалист, т.е. неверующий, в итоге своих теоретических, отделенных от материала, исследований, может прийти к выводу, что хоть весь мир пусть разрушится, он не спасет его, если для этого надо будет солгать. Но это не мнение Торы, утверждающее, что "на все надо идти во имя спасения жизни".

Но если бы исследователь изучал свойства "правда" и "ложь" в их связи с материалом, то эти свойства были бы понятны только по их пользе или вреду относительно этого материала.

Т.о. в результате жизненного опыта поколений, когда человечество увидело несчастья, причиняемые "лживыми", и пользу, исходящую от "правдивых", то пришло к выводу, что нет лучшего в мире свойства, чем "правда" и худшего, чем "ложь".

Но если бы идеалист понимал это, то принял бы и мнение Торы и признал, что спасение одного человека несравненно важнее, чем вся теоретическая важность свойства "правда".

Поэтому нет абсолютно никакой уверенности в выводах в этом виде исследования и познания отвлеченных от материи свойств, а уж тем более тех свойств, которые еще никогда не проявились ни в каком материале.

Говорить о них – значит говорить совершенно безосновательно. Т.о. мы выяснили, что из 4 видов познания материального 4-ый вид, суть, совершенно не постигаем нами. 3-ий вид – может привести к ошибочному пониманию, и только вид 1, материал и вид 2, свойства в материи, дают нам правильное и достаточное постижение со стороны Высшего управления. И в том же виде происходят наши исследования и постижения духовного.

Вопрос 2: Какова наша роль в длинной цепочке действительности, где мы ее малые звенья?

Если мы смотрим на длинную цепь последовательного появления и ухода поколений, мы не находим ответа о цели и необходимости существования всего человечества: каждое поколение открывает для себя этот мир и обессиленным уходит из него, так ничего в нем качественно не изменив. И каждый из нас, если не забывается в своих мелких заботах, то обнаруживает всю ничемность и бесцельность своего существования. Но поскольку вопросы о смысле жизни доставляют человеку страдания, он подсознательно уходит от них.

Наш эгоизм автоматически уводит нас от страданий и приближает к источнику наслаждения, и поэтому только безысходность, поиск выхода из страданий и давящих обстоятельств подталкивает человека все же искать цель его существования. Поэтому, посылая страдания, Творец создает нам возможность задуматься о цели наших страданий и т.о. приводит нас к поиску цели жизни.

Вопрос 3: Когда мы смотрим на себя, мы чувствуем себя испорченными и низкими настолько, что нет подобно нам низких?

Человек является самым эгоистичным созданием в нашем мире, и нет более вредного и опасного существа как для ему же подобных, так и для всей природы, создания. Только человек, хотя и имеет желаемое, страдает, видя имеющееся у других. Только человек нуждается в покорении всего мира, а не только своего окружения. Только человек, ощущающий прошлое и будущее, желает овладеть ими и властвовать в них, прославиться любой ценой во все времена, поскольку, чувствуя прошлое и будущее, возгорается завистью не только к имеющемуся у его современников, но и к тому, чем обладал кто-либо в любые времена. Воистину, эгоизм человека выходит из рамок времени! И это все, как и все страшные последствия использования эгоизма, создал великий и совершенный Творец.

Вопрос 4: Как обязывает нас наш разум, если Творец абсолютно добр, как мог создать столько творений, вся участь которых в страданиях? Неужели из доброты могут вытекать столь несовершенные действия и если уж не творить добро, то хотя бы не столь великое зло!?

А если смотрим на того, кто сотворил нас, мы вроде бы обязаны находиться на вершине ступеней, и нет подобных нам, ведь обязаны из Создателя совершенного выйти действия совершенные.

Что значит "мы смотрим на того, кто сотворил нас"? Все, что известно нам о духовных мирах и о Творце, все, что получили древние наши прародители свыше, называемое Тора, все, что написано в наших святых книгах, получено теми из живущих в нашем мире, которые еще при жизни в нашем мире, поднялись в духовный мир своими свойствами и, ощутив, увидев и почувствовав самого Творца, изложили нам в своих книгах на языке ветвей (подобия духовного корня и его следствия в нашем мире) то, что постигли в духовных мирах. Эти Великие Поводыри объясняют нам в своих книгах наше предназначение.

Разум обязывает, что Он добр и творит добро, что нет выше Его, но как мог продуманно сотворить так много творений, страдающих и обедненных во все дни их жизни, ведь от доброго должно исходить доброе, но не настолько уж плохое.

Так каждый из нас ощущает свое существование в этом мире. Ведь вся наша жизнь – это ощущение недостатка в чем-то и погоня за его удовлетворением. А ощущение недостатка является страданием. Стремление достичь желаемого вынуждает нас к постоянному движению против нашей природы, стремящейся к состоянию покоя, потому как наш источник – Творец – находится в состоянии абсолютного покоя, ведь Он совершенен, и нет в Нем желания получить, вынуждающего двигаться, чтобы достичь желаемое.

И уж, конечно, страдания наши не заключаются только в погоне каждого за своим личным насыщением, а объединенное желание получить, эгоизм целых народов, сталкивает их в борьбе за приобретение, любыми путями, власти и богатства. Как бы то ни было, единственность Создателя отсылает нас к Нему, Его единственность указывает на Него как на создателя всего плохого тоже. Но это естественно: все совершенное находится в Творце, все что не в Нем, а создано заново, из ничего – несовершенно и зло. Ведь если бы было совершенно, находилось бы изначально в Творце.

Вопрос 5: Как может быть, что из Вечного, не имеющего начала и конца, произойдут творения ничтожные, временные, ущербные?

Если Творец совершенен, то как мог Он даже представить себе нечто несовершенное, тем более породить его и постоянно поддерживать его существование, т.е. быть в связи с тем, что Ему абсолютно противоположно. Ведь в таком случае должно быть что-то общее между свойствами Творца и свойствами этих ничтожных созданий?

Приобретая что-либо, мы интересуемся предприятием, изготовившим нашу покупку, потому что хорошее предприятие изготавливает хорошие вещи. А если наше приобретение плохого качества, это говорит о плохом изготовителе, но никак не о виновности в этом самой вещи.

2. Но чтобы выяснить все это, должны мы провести некоторые исследования, с помощью которых можно будет понять заданные вопросы. И это потому, что необходимо знать язык Торы и Каббалы. Что подразумевается под словами, взятыми из нашего мира, такими как тело, жизнь, смерть и пр., **но не в месте запрещенном, т.е. в самом Творце, потому как не в состоянии наша мысль постичь Его вообще, и нет поэтому никакой мысли и понятия о Нем.**

Нет понятия "запрещено" в Каббале. Под указом "запрещено" имеется в виду "непостигаемо" ввиду ограниченности возможностей нашего познания в исследовании окружающего, в исследовании самих себя и Творца. Но после того, как человек понимает и четко осознает рамки и границы своего истинного познания, он может в них свободно исследовать все!

Уже сказано об этом выше в выяснении первого вопроса. О Нем, т.е. о Творце, мы можем судить только по Его действиям в творении, т.е. в нас, а все вопросы, не касающиеся нас, или вопросы о том, что происходило до начала творения, почему Творец создал нас, каков Он сам по себе, эти вопросы не имеют ответа, поскольку мы постигаем только то, что получаем от Него, и на основании наших реакций, ощущений, выносим решение о Нем.

Но там, где исследование есть Заповедь, исследование Его действий, как заповедано нам в Торе – "знай Творца отцов твоих и служи Ему", и, как сказано в "Песне единства", "Из действий твоих я познаю тебя".

Постигая свойства и действия Творца, мы познаем ответы на все могущие возникнуть в нашем сознании вопросы, потому как изучаем Источник своего происхождения. И только из постижения Его мы сможем понять, "для чего мы созданы". Это и вынуждает каббалистов издавать книги – инструкции постижения цели творения. Выяснение этих вопросов обязательно, поэтому они и указываются в Торе как Заповедь. Ведь без их выяснения человек не в состоянии прийти к желаемой Творцом цели.

Итак, исследование 1. Как представляем мы творение вновь созданным, что означает новое, не бывшее ранее в Творце до начала творения, в то время как ясно всем разумным, что нет вещи, которой не было бы в Творце, и разум простой обязывает наличие у дающего того, что он дает.

Если Творец совершенен, то должен включать в себя все, и нет ничего, чтобы должен был создавать. Если обнаружил, что для выполнения замысла творения, нуждается в чем-то, не указывает ли это на то, что Он не включает в Себе все, т.е. несовершенен?

Исследование 2. Если признаем, что Он может все, может сотворить нечто из ничего, т.е. новое, чего совершенно нет в Нем, возникает вопрос – что же это за новое, что можно сказать о нем, что не находится в Творце, а вновь сотворенное?

Что значит "сотворить что-то из ничего", мы понять не в состоянии. Это, действительно, действие под стать только Творцу. Вопрос, что Он сотворил новое, чего не было в Нем? Но, несмотря на отсутствие этого до начала творения, все равно Творец был в своем совершенстве, а необходимость в этом новом возникла с появлением замысла творения.

Исследование 3. Как говорят каббалисты, душа человека есть часть самого Творца свыше, так, что нет отличия между Ним и душой, но только Он все, целое, а душа часть Его. И уподобили это камню, отколотому от скалы, где нет отличия между камнем и скалой, кроме как скала – целое, а камень – часть.

Это исследование 3) делится на две части:

1) как можно себе представить часть от Творца, если Он совершенное целое? Кроме того, как это понять, что в человеке находится какая-то часть Творца?

2) чем эта часть отделяется от Него, как можно от совершенного отделить часть, остается ли Он после этого совершенным, совершенна ли часть, отделившаяся от совершенного?

Мы знаем, что камень отделяется от скалы с помощью топора, предназначенного для этого, и отделяется им часть от целого, но как представим это в Творце, который отделяет часть от Себя так, что она выходит из Творца и становится частью отделенной от Него, т.е. душой, настолько, что можно осознать ее только как часть Творца.

С помощью чего отделяется часть от Творца? В нашем мире нет совершенно никакого отличия между целым и его частью, только в их размерах.

Но поскольку в духовном нет ни расстояния, ни размеров, ни движения, а все отличие между духовными объектами в отличие их желаний, потому как духовный мир – это мир "голых" желаний, не облаченных в материальные тела, как в нашем мире, то как можно отделить часть от целого, и чтобы несмотря на это, она все равно оставалась бы частью целого, т.е. продолжала бы обладать свойствами целого.

Если душа продолжает быть частью Творца, то по этой части мы можем судить о Нем? Мы можем ощутить только эту часть Творца, что в нас, или Его самого тоже, или это одно и то же? Зачем Творец создал нас состоящими из части Его?

3. Исследование 4. Поскольку система нечистых сил далека от чистоты Творца, как полюс от полюса, настолько, что не представить большего отдаления, как она может исходить и рождаться от чистоты Творца. И более того, Он еще от своей чистоты оживляет ее.

Смысл создания нечистых, противоположных Творцу, сил. Если Творец мог даже просто задумать создать столь несовершенное, как у столь совершенного могла появиться мысль о столь противоположном Ему по свойствам, не указывает ли это на недостаток в Его совершенстве? Как может быть связь у противоположных желаний, свойств?

Ведь нет в духовном ничего, кроме оголенных, вне тел, желаний. И, если желания (или свойства, что одно и то же), противоположны, как они могут находиться между собою в какой-то связи без наличия чего-то общего, т.е. общих свойств, качеств? Причем настолько, что Творец постоянно поддерживает эту связь и даже оживляет и питает противоположное Себе и столь низкое.

Исследование 5. Воскресение мертвых. Поскольку тело настолько презренно, оно сразу, с момента рождения, суждено умереть и быть погребенным.

Телом в Каббале называется желание получить самонаслаждение, эгоизм. Ни в коем случае не имеется в виду тело биологическое, физическое, материальное, типа нашего тела или типа сосуда, имеющего желание.

А само желание, без всякой оболочки, поскольку, как уже говорилось, духовный мир – это мир "оголенных" желаний, и называется "телом". Под смертью тела подразумевается умертвление эгоизма, его искоренение, изменение на противоположное ему свойство – альтруизм.

Более того, сказано в книге "Зоар", что пока тело не разложится все, не сможет душа подняться на свое место в рай, пока еще остается что-то от него. До тех пор, пока человек не освободится от своих эгоистических желаний получить (наслаждение), что значит "пока не разложится его тело", он не сможет выйти из границ ощущения только нашего мира и ощутить Творца.

Но тогда зачем же возвращается и оживает тело в воскрешении мертвых, будто не может Творец насладить души без тел. А еще более непонятно сказанное мудрецами, что в будущем воскрешении мертвые тела встанут в своих пороках, дабы не сказали "это другие тела", а затем вылечит Творец их пороки. Но надо понять, почему важно Творцу, чтобы не сказали "это другое тело". Настолько что для этого Он заново создает пороки тел и вынужден будет вылечить их.

Как уже говорилось, под телом в Каббале подразумевается желание получить, в данном случае, наш эгоизм. Умертвив свое тело, человек поднимается в рай – освободившись от эгоизма, человек немедленно начинает ощущать вместо себя Творца. Получив от Творца альтруистическое свойство, желание "отдавать", человек, с Его помощью, начинает исправлять свое прежнее тело-желание, постепенно, по частям, включая эгоизм в свои новые, альтруистические, духовные свойства.

Исправление исконных своих эгоистических свойств называется воскрешением тела, воскрешением его к жизни – к исправлению и наполнению светом – ощущением Творца. Воскрешение мертвых: тело, неисправленное желание, проходит исправление, приобретает свойство наслаждаться от отдачи и оживает от этого.

Разложение тела – такое состояние, ощущение человека, когда он совершенно не беспокоится о себе, кроме самого необходимого, насущного, минимального, без чего не может продолжать свое приближение к Творцу.

Исследование 6. Как сказано мудрецами: (как постигли каббалисты, поднявшись в своих ощущениях к Творцу и получив знание) человек есть центр всего творения.

Центр означает причину творения, замысел: для кого; цель творения – зачем; главное действующее лицо творения, приводящее творение к желательной Творцу цели.

И поэтому: все миры высшие, и наш материальный мир, и все их населяющие, созданы только для человека. И обязали человека верить, что для него создан мир, что вообще трудно понять, что для человека маленького такого в нашем мире, тем более в сравнении с мирами высшими, трудился Творец, создавая все это. А для чего?

Человек и по сей день не умеет использовать эту маленькую, данную ему планету. Наинизшая духовная ступень бесконечно больше нашего мира. "Больше"

– имеется в виду по нашему ощущению сил, размеров, открывающейся в человеке внутренней картине другого мира. Иллюзии картин нашего мира сразу же начинают выясняться в их истинном, незначительном размере.

Любая низшая духовная ступень относится к высшей, как песчинка ко всей Вселенной. Зачем это все человеку, как он может это использовать, если плохо представляет себе, как ему поступать даже на нашей маленькой Земле?

Мир – "олам", от слова "алама" – сокрытие. Т.е. миры есть нечто подобное покрывалам, за которыми скрывается от человека Творец. Все духовные миры и наш, материальный мир, все они существуют только в человеке, внутри нас и являются ступенями последовательного удаления от (ощущения) Творца.

4. Но чтобы понять все эти вопросы и исследования, есть один ответ – смотреть в конец действия, т.е. в цель творения, потому как невозможно понять ничего в процессе, а только из конца.

Как приводит Бааль Сулам пример в своей книге "Матан Тора": "Если бы в нашем мире появился исследователь из другого мира, т.е. не знакомый с конечными результатами развития живой природы, то, глядя на новорожденных бычка и человека, пришел бы к выводу, что, поскольку однодневный бычок уже может стоять и сам находит место кормления, а младенец совершенно беспомощен, то и по завершению своего развития бычок превратится в нечто великое, а человек, и повзрослев, продолжит отставать от него в той же пропорции.

Появившийся на дереве новый плод совершенно невзрачный и горький, и ничто не указывает на его будущее состояние, когда он становится вкусным и красивым. И более того, чем неприглядное творение в процессе его развития, чем этот процесс труднее и дольше, тем более высшего результата оно достигает. Но тот, кто не имеет возможности наблюдать окончательный результат, тот делает неверные выводы, наблюдая промежуточные состояния. Поэтому правильное решение может быть вынесено только тем, кто знаком с окончательным видом творения.

Но поскольку мы не в состоянии наблюдать своего окончательного, исправленного состояния, каббалисты объясняют его нам из своего опыта, постижения на себе.

И это ясно, что нет творящего без цели, ведь только в умалишенном обнаружишь действия без цели. В нашем мире только умалишенные и дети действуют без заранее известной цели, причем у последних это происходит под природным давлением, потому как необходимо для их развития. Нет ничего созданного без цели. Все создано только для достижения человеком высшего состояния – соединения со своим Творцом.

Причем, насколько бы нам не казалось, в настоящем состоянии невооруженным глазом, что сотворены миллиарды видов творений, время существование которых подчас доли секунд, далекие, невидимые нами, небесные тела, не имеющие никакого контакта с человеком и пр., все, что создано, создано только по необходимости помочь человеку достичь своей цели!

И знаю я, что есть умники за пределами Торы и Заповедей, утверждающие, что Творец создал все творение, но оставил его на произвол судьбы, ввиду ничтожности творений, поскольку не подходит Творцу, столь возвышенному, управлять их путями ничтожными и презренными.

Не находя логического ответа на предыдущий вопрос, не наблюдая ничего разумного в поведении нашей вселенной, философы отвечают на него в рамках своего земного разума:

1) Творца не существует,

2) Творец, Высшая сила, создала все и предоставила далее развиваться по законам, которые вложила в свое творение,

3) Творец создал все, но увидев порочные пути развития природы и ее поведение, оставил все свое творение, предоставив его самому себе и пр.

Если Творец совершенен, то любое Его действие, даже в наших восприятиях, обязано ощущаться нами как совершенное – это возражение философов. Каббала же отвечает на этот вопрос именно так: действия Творца совершенны всегда и во всем, но человек не в состоянии ощутить их таковыми, пока не исправит свои органы ощущений – лишь тогда он почувствует совершенство Творца, свое совершенство и совершенство своего состояния, ведь совершенно все, кроме нашего восприятия. Изменить наше восприятие – наша задача и работа в этом мире. Достичь истинного ощущения нашего Создателя – цель нашей работы.

Кстати, и в нашем мире нам подчас видятся действия, происходящие с нами или с другими как несправедливые, но затем, узнав их настоящую причину и цель, мы сами одобряем их. Т.о. ошибка происходит из-за того, что мы видим только маленький фрагмент происходящего и воспринимаем его в своих представлениях.

Как например, хирург, оперирующий тело человека, или мать, заставляющая ребенка пить горькое лекарство, или желающий похудеть – ограничивающий себя в питании, и другие подобные примеры, кажущиеся непонимающему плохим отношением людей друг к другу или человека к самому себе. И потому нет иного решения, как необходимость исследовать окончательное состояние – цель творения.

Но не от мудрости их речи, потому как невозможно что-то решить о нашем ничтожестве и низости, прежде чем решим, что мы сотворили себя и всю свою природу испорченной и презренной в нас.

Если мы решаем, что сами являемся причиной наших порочных свойств, это говорит о том, что мы ограничиваем действие Творца и решаем, что не все в нас создал Он.

Но если мы решаем, что Творец абсолютно совершенен, и Он, как задумал, так и создал наши тела, со всеми их хорошими и плохими качествами-свойствами, то из-под рук Совершенного Творителя никогда не могут выйти действия презренные и испорченные, ведь каждое действие доказывает качество творящего его. А в чем виновата испорченная одежда, если портной неудачно сшил ее?

Как в жизни, говоря о плохом качестве какого-либо изделия, мы тем самым указываем на качества изготовителя. Если мы о чем-либо в мире думаем, говорим плохо, как бы мы не воспринимали наше состояние, это чувство тотчас адресуется Творцу, как источнику всего происходящего.

То, что чувствует человек это и есть его отношение к Творцу, его молитва, его неосознанное обращение к причине своего состояния. Все, что в нас, исходит от Него. Все, что мы ощущаем, есть наши реакции на Его воздействия на нас. Все сводится к осознанию этого и достижению такого состояния, когда человек ощущает, что Творец абсолютно добр к нему.

Как повествуется, раби Элиэзер, сын раби Шимона, повстречав одного крайне безобразного человека, сказал ему: "Как безобразен ты". На что тот ответил: "Иди и скажи сотворившему меня: "Как безобразна вещь сотворенная тобою".

Здесь дается пример из книги Зоар, на котором можно увидеть каким образом она написана: что хотя в ней говорится о многих объектах, личностях и происшествиях, подразумевается во всем этом только внутренние душевные силы, желания, свойства человека и взаимодействие между ними.

Итак, повествует Зоар, раби Элиэзер, сын раби Шимона, автора книги Зоар, находился на берегу моря – море означает море мудрости – а раби Элиэзер дошел до этого своими занятиями Каббалой. И тогда он увидел кто такой он сам – он повстречал крайне уродливого человека в себе и поразился тому, насколько безобразен в своих качествах: каббалист, по мере работы над собой, над своей природой, желая постичь Творца подобием свойств, начинает раскрывать для себя, кто именно он есть на самом деле, насколько его эгоизм безграничен и безобразен.

Но, поскольку раби Элиэзер дошел в своих занятиях до Высшей мудрости – до берега моря, то одновременно, а иначе не бывает, ему открылось и то, что исправить себя он не в состоянии, потому как это деяние Творца, и только Творец сам в состоянии изменить его.

И поэтому сказано: "Иди и скажи это сотворившему меня" – если человек чувствует свои пороки, что постигается только по мере его ощущения Творца, по контрасту свойств его и Творца, то он осознает, что только к Творцу он может обратиться за помощью. И так специально сделано Творцом, чтобы человек вознуждался в Нем и искал с Ним связь и сближение.

Т.о. умники, утверждающие, что по причине нашей низости и ничтожности недостойно Творцу управлять нами, и потому оставил нас, утверждают этим отсутствие в них разума. Потому как решают о творении на основании видимой ими картины, не осознавая ограниченности своего познания творения в целом и не видя его конечного состояния.

Представь себе, если бы ты встретил человека, задумавшего изначально создать творения, чтобы страдали и мучились все дни своей жизни, как мы, и, более того, оставившего их после сотворения, не желая даже присмотреть за ними, чтобы хоть немного помочь им, как бы презирал и упрекал бы ты его. Возможно ли даже подумать такое о Всетворящем и Оживляющем?

Т.е. невозможно утверждать, что Творец совершенен, если его творения несовершенны.

5. Поэтому здравый смысл заставляет нас понять обратное, невидимое простым взглядом, и решить, что мы на самом деле наилучшие и наивысшие творения, и нет предела нашей

важности, под стать Сотворившему нас. Потому что любой недостаток, кажущийся тебе в наших телах, после всех оправданий, которые только сможешь придумать, падает только на Творца, создавшего нас и всю нашу природу, потому как ясно, что Он – Создатель, а не мы.

Знай также, что все это – следствия, исходящие из наших плохих природных качеств, созданных Им в нас. Но это случай, о котором сказано, что должны мы смотреть в конец действия. И тогда сможем понять все и поговорку в устах мира: "Не показывай незаконченную работу глупцу".

Только познав на себе завершение действия, творения, человек сможет оправдать действия Творца, но не ранее, потому как до достижения этого состояния он, поневоле, испытывает на себе страдания и несовершенство. Достижение этого состояния человеком и есть цель творения.

Достигающий его называется "цадик", потому как мацдик – оправдывает действия Творца, но может оправдать их, только достигнув такого состояния, и не ранее. А пока каббалисты, т.е. те, кто достигли этого, объясняют нам словами то, что ощущают на себе, призывая и нас достичь того же.

6. Как сказано мудрецами, сотворил Творец мир, чтобы насладить творения.

Цель творения, наслаждение Творцом, каббалисты испытывают на себе в мере своего духовного возвышения. Как уже говорилось, все что нам известно, известно из личного постижения на себе постигающими, называемыми каббалистами (от слова Каббала – получать), получающими.

Мы не говорим о самом Творце, а только о том, что постигаем, ощущаем как получаемое от Него. Таким образом, получили люди все, что мы знаем о Нем и Его желаниях. Это знание называется Тора.

Проблема в том, что непросто понять то, что пишут в своих книгах каббалисты. Дело в том, что все, что они описывают, – это действия и объекты духовного мира, о котором у нас нет ни малейшего представления, поскольку все, что мы бы не представили себе, взято из аналогий нашего мира. А в духовном мире нет масс, перемещений, времени, места.

Как же каббалист, наблюдая нечто духовное, может описать его и то, что с ним происходит, если это вовсе не подобно нашим представлениям?

Вся наша речь происходит из образов нашего мира, из наших ощущений того, что попадает в наши сенсоры, или вернее, наши реакции на внешние воздействия. Естественно, что то, что мы представляем себе, есть не более чем рисуемая нашими ограниченными органами ощущений искаженная картина бесконечно малого фрагмента чего-то внешнего, что нас окружает или то, что желает это нечто внешнее, нечто, находящееся до ощущения нами, чтобы мы так его ощутили и потому так представляется нам.

Но еще большая проблема с правдивым описанием духовного мира, там, где ни наши органы ощущений, ни наша фантазия, подобия и аналогии совсем не могут нам помочь. А ведь речь идет о передаче истинной информации, строго научной и практически ценной, предназначенной служить нам, не ощущающим того, о чем говорится, инструкцией, по освоению совершенно неизвестного. Причем каббалисты предупреждают, что если изучающий ошибется в истинном понимании хоть одного понятия, не поймет правильно всю науку и вовсе собьется с пути.

Как уже объяснялось в статье "Язык Каббалы" (Каббала. Тайное еврейское учение т.1, стр.51), каббалисты избрали для изложения своей науки особый язык, называемый "язык ветвей" – "Сфат анафим". Это возможно, потому как нет в нашем мире ничего, как среди объектов, так и среди их действий, что не имело бы источника своего происхождения в высшем т.е. духовном мире, из которого этот объект исходит и управляется.

И более того, начало всех объектов и действий находится именно в высшем мире, а затем уже нисходит в наш мир. Поэтому каббалисты взяли названия объектов и действий нашего мира для обозначения, соответствующих им, духовных источников, откуда эти объекты и действия происходят. Т.е. каббалист, наблюдая и ощущая что-либо в духовном мире, описывает это названиями объектов нашего мира, являющимися ветвями этих духовных корней. Поэтому каждое имя в науке Каббала как бы прямо указывает на свой духовный корень в высшем мире.

Но после того, как приняли на себя обязательство описания духовных миров языком их ветвей в нашем мире, уже обязаны строго следовать ему и ни в коем случае не менять названия. Поэтому в Каббале можно встретить такие понятия, как поцелуй – нэшика, удар – акаа, половой акт – зивуг, поломка – швира и пр., потому как именно таковы следствия этих действий в нашем мире.

Но есть несколько ограничений на использование этого языка:

1. Ни в коем случае не следует забывать о том, что говорится о духовных объектах и их действиях, о которых мы не имеем совершенно никакого представления, и потому запрещено представлять себе формы, вид, действия, как подобные, описываемые теми же словами, в нашем мире.

2. Любой человек нашего мира может произносить понятия Торы или Каббалы, цитируя из книг целые понятия и выражения. Это еще абсолютно не значит, что он понимает о том, что произносит, потому что слова одни и те же, но каббалист постигает что за ними стоит и ощущает то о чем говорит явственно, а не просто произносит и этим может убедить начинающего, будто и впрямь он знает о чем говорит.

Ведь начиная от нашего мира и до самых высших духовных ступеней, все миры подобны друг другу, а только отличаются своим "материалом". Поэтому название объекта в нашем мире одинаково для ему подобных духовных объектов во всех мирах, от нашего мира и до самого высшего как бы пронизано ниточкой все подобные объекты во всех мирах.

Говорящий слово или фразу из Торы, произносит слова нашего мира, каббалист понимает эту фразу согласно уровню его постижения в каком-то из более высших миров. Непонимающему же кажется, что тот, кто произносит отрывки из Торы якобы понимает и постигает их духовные корни.

3. Начинающий изучать Каббалу не в состоянии самостоятельно понять истинного значения привычных ему слов в их духовном значении, и, только получив от каббалиста подробное объяснение, подобно переводу, с разговорного языка на язык ветвей, и постоянно контролируя, не сбился ли он снова в понимании каббалитических терминов в понятиях нашего мира, постепенно начнет осознавать истинные значения и понятия духовных категорий.

И здесь мы должны всмотреться и вдуматься, потому что это конец – цель замысла и действий творения мира. Потому как если это цель творения, то все действия Творца над творением, над нами, определяются и производятся, только исходя из нее. Поэтому, как ощущается нами подчас, его действия вызывают в нас страдания, но цель их – наше наслаждение. И еще, зная цель каждого действия Творца, возможно понять Его намерения и Его отдельные действия.

И вдумайся: если замысел творения был в наслаждении творений, это обязывает сотворить в душах огромное желание получить то, что задумал дать им.

Действительно, если Творец желает насладить собою или своим светом (что для нас одно и то же, потому как мы не в состоянии говорить о самом Творце, а то, что мы воспринимаем от Него, мы называем светом), то единственное, чего "недостает" для воплощения этого – сотворить желание насладиться тем, что Он желает дать.

Это подобно матери, сожалеющей, что у ребенка нет желания скушать предлагаемое ею. И как бы она хотела сотворить в нем такое желание! Поэтому все творение представляет собой не более, чем желание насладиться тем, что желает дать Творец. Кроме желания насладиться, эгоизма, Творец не создал ничего, потому как само наслаждение есть в Нем.

Все творение – это всего лишь различные величины желания насладиться: все, чем отличаются духовные или материальные объекты друг от друга, все, что определяет их любые свойства, на всех уровнях жизни, развития, цивилизаций, все, что делит природу на неживую, растительную, животную, человека – это всего лишь разница в величине желания насладиться.

Только желание насладиться и сотворено, и лишь его различные порции порождают как духовные, так и материальные, объекты, а также и их поведение, потому как поведение есть следствие желания.

Изменяя же в нас наши желания, Творец вызывает в нас мысли и действия достичь желаемого и т.о. управляет нами. Поэтому, если человек хочет изменить себя, т.е. свои желания, то он должен просить Творца произвести эти изменения в нем.

Но для этого надо осознать, что именно Творец дает нам желания; что бы я хотел в себе изменить; что Творец слышит мою просьбу; что Он в состоянии помочь мне; что только Он дает, создает мне все эти обстоятельства для того чтобы я обратился к Нему и пр.

А величина наслаждения измеряется величиной желания получить его, и насколько желание получить больше, в той же мере больше величина наслаждения, а насколько желание получить меньше, настолько уменьшается наслаждение от получения. Поэтому замысел творения сам обязывает создать в душах чрезмерное желание получить, соответствующее чрезмерному наслаждению, которым Всемогущий задумал насладить души, ведь большое желание и большое наслаждение взаимосвязаны.

Только жажда наслаждения, голод, стремление к чему-либо определяет величину наслаждения при получении желаемого. Не дадут никакого наслаждения изысканные блюда, если нет чувства голода, если человек сыт или болен. И, наоборот, если голоден, то из самого неприхотливого извлекается чувство огромного наслаждения. Поэтому наша задача – приобрести именно желание к тому, что желает дать нам Творец.

У человека в нашем мире есть потребность в получении наслаждения от объектов, которые он видит перед собой, знакомых ему ранее, оставивших от прошлых наслаждений воспоминания (решимот). Наши исходные желания крайне ничтожны. Причем, потому как наш эгоизм автоматически избегает неприятных ощущений, то тех наслаждений, которые мы не в состоянии достичь, мы не желаем: человек не может желать, чтобы все дома на его улице принадлежали ему. В Торе это указано как правило "Эйн адам хошек бэ бат Мелех" – "простой человек не желает дочку царя".

Все люди желают наслаждений, от мала до велика, отличие только в левушим – одеждах той же искорки Божественного наслаждения. Чем менее развит человек, тем легче ему найти чем наслаждаться. Ребенок может наслаждаться от большого количества разнообразных внешних одеяний наслаждения, а чем образованнее, духовнее человек, тем труднее ему найти одежды для своих наслаждений, о чем сказано: "Увеличивающий знание, увеличивает страдание".

Но если цель творения обязывает наличие в творении огромного желания наслаждения, то как и где его приобрести? Как будет объяснено ниже, именно для этого и создан наш мир, множество предметов и людей, окружающих каждого из нас. Как сказано, "Таава, кина вэ кавод моциим адам мин аолам" – "наслаждения, зависть и почести выводят человека из мира" – дают ему такой развитый эгоизм, что начинает желать Творца, самонасладиться Им.

А в духовных мирах, т.е. после выхода человека из ощущения только нашего мира, когда начинает ощущать и духовные наслаждения, желания человека развиваются с помощью системы нечистых сил, которая поставляет ему все новые желания, и т.о. он растет, как сказано, "Коль агадоль ми хавейро, ицро гадоль мимейно" – "Кто больше других, его желания больше, чем у других". Для этой цели система нечистых сил и создана. Пока человек не разовьет в себе огромное желание, равное по величине и по стремлению тому, что исходит из Творца, и лишь тогда сливается с Творцом.

7. Поняв вышесказанное, сможем понять исследование 2). Мы исследовали, что это за действительность, о которой можно решить, что она не находится в самом Творце, настолько, что сказано, что она вновь создана из ничего. Но теперь поймем, что замысел творения, заключающийся в усаждении творений, обязывает создать желание получить от Творца все лучшее, что Он задумал.

Только желание наслаждаться и создано Творцом, потому как только в нем нуждается для осуществления своей цели. Понятно также, что до замысла творения "усладить", не было никакой потребности в сотворении "желания насладиться". Поскольку Творец совершенен, то не имеет в себе желания насладиться и должен был его сотворить. И это единственное творение. Единственное, потому как это – суть всех творений и это же суть управления ими.

Меняя наши желания, Творец вызывает в нас все нужные Ему действия, физические или духовные. И потому более ни в чем не нуждается, чтобы привести каждого из нас и все творение в целом к намеченной Им цели.

Желание получить, конечно, не находилось в самом Творце, прежде чем сотворил его в душах, ведь от кого получит? Поэтому создал нечто новое, не бывшее в Нем. И вместе с тем понятно, по замыслу творения, что не должен был сотворить ничего, кроме желания получить, потому что это новое творение уже достаточно Ему для выполнения всего замысла творения.

Творец показывает нам, тем, кто Его постигает, ощущает, что желает нашего наслаждения. Как хозяин показывает гостю, что страдает от того, что гость не желает у него откушать, чтобы дать гостю возможность, после многих уговоров, ощутить себя оказывающим одолжение хозяину, принимая желаемое угощение. Причем хозяин создает в госте уверенность, что чем больше тот примет, тем большее удовольствие доставит хозяину.

Но никоим образом нельзя уподобить желание Творца насладить нас нашему желанию "дать", т.к. все наши желания исходят из первородного, эгоистического, и поэтому даже желание насладить кого-то основано на нашем желании насладиться, как мать наслаждается, насыщая ребенка, но если бы Творец не дал бы ей этого эгоистического желания насладить, ребенок умер бы с голода.

Наше желание отдать, усладить исходит только из желания насладиться, отдавая. Как и все подобные наши "красивые" чувства, когда под словами "люблю рыбу" мы подразумеваем "наслаждаюсь, поглощая рыбу".

Нашу природу изменить, а тем более искоренить, нельзя, мы всегда будем желать получить, ведь это то, что создал Творец.

Человек может ограничить свои действия, например, не есть в Йом Кипур, но он не властен над чувством голода, над желанием. Поэтому исправление подразумевает изменение намерения, изменение источника, причины наслаждения. Не действие, а мысленаправленность действия нам надо изменить. Причем то, что Он создал нас именно с необходимостью дальнейшего нашего исправления – это не прихоть Творца, а необходимость, вытекающая из совершенства Его действий, чтобы творение не почувствовало стыда от получения наслаждения, как в примере с гостем и хозяином, когда хозяин показывает гостю, что последний оказывает услугу хозяину, откушав у него.

Желание "отдавать", наслаждать без желания получить – это Творец. Желание "отдавать", находящееся над желанием "получить"

– это творение. Созданное Творцом желание получить наслаждение изменить нельзя, можно и необходимо исправить НАМЕРЕНИЕ его действий: ради кого человек получает наслаждение.

Всего в творении возможны сочетания 4-х действий и намерений: а) получать ради себя – грубый эгоизм, нечистое кли (клипа).

б) отдавать ради себя – "культурный" эгоизм.

в) отдавать ради Творца – промежуточное состояние, среднее между Творцом и творением, духовная чистота (кдуша).

г) получать ради Творца – подобие свойств Творцу, потому как получение ради Творца равносильно отдаче Ему.

В состояниях в) и г) человек получает душу, часть Творца. но все, наполняющее замысел творения, т.е. всевозможные наслаждения, задуманные для нас, они-то исходят прямо из самого Творца, и нет Ему необходимости творить их заново, потому как они исходят из уже существующего к большому желанию душ. Т.о. ясно нам, что весь материал, от начала и до конца, во вновь созданном творении, он только "желание насладиться".

Все наслаждения, все, что притягивает нас, исходит непосредственно от самого Творца, даже если мы получаем их через систему нечистых духовных сил. В песнях, стихах, в каждом нашем действии и мысли мы только и делаем, что выражаем наше стремление к мини-порции Высшего света, одетой в различные одежды нашего мира. Меняя местонахождение искры света в различных объектах нашего мира, Творец управляет нашими стремлениями. Цель нашего развития – дойти до ощущения духовного наслаждения, а не воспринимать его неосознанно в различных обличиях нашего мира.

8. После вышесказанного сможем понять исследование 3): недоумевали мы, как могут каббалисты говорить, что души – это часть Творца свыше, подобно камню, отделенному от скалы, где все отличие только в том, что один – часть, а другой – все, целое.

Творец внес в Себя желание получить (наслаждение), чем отделил, отдалил его от себя. Творец находится в абсолютном покое, заполняя все. До тех пор, пока творение не аннулирует введенное в него желание получить, эгоизм, невозможно ощутить Творца, Высшее наслаждение, свет, потому как в духовном разделении, неощущение, отдаление, скрытие происходит вследствие отличия свойств двух объектов.

Но, как только творение искореняет свое желание получить, единственное, чем оно отделено, удалено от Творца, сразу же сливается с Ним. В таком случае человек ощущает свою душу, Творца, в себе и благодарит Его благословением: "Элокай, нэшама ше натата би..." – "Творец мой, душа, которую ты поместил в меня...".

Этапы исправления желания получить на желание отдать называются ступенями духовной лестницы, сфирот, парцуфим, мирами. Как желание получить, так и желание отдать, и все промежуточные состояния творения находятся и происходят внутри самого творения, только оно изменяется и этим меняет свои ощущения. Вне ощущения творения существует один Единый Творец...

На языке Каббалы творение состоит из ор – света – наслаждения, исходящего из Творца, и кли – сосуда – желания получить, насладиться им. Свет находится везде, в простом, т.е. содержащим все, состоянии, а сосуд ощущает из света только те наслаждения, которые желает ощутить.

Камень отделяясь от скалы, становится частью, посредством топора, созданного для этого, но в самом Творце, как можно представить подобное, чем же отделяются души от Творца, выходят из Него и становятся созданием. Из ранее выясненного, понимаем, что как топор рубит и разделяет материальный объект на два, так отличие свойств выделяет в духовном и разделяет на два.

Естественно, при совпадении свойств, т.е. желаний вновь исчезает причина отделения, приводящая к неощущению Творца.

Поэтому все наше исправление сводится к очищению наших желаний от эгоизма, созданного Творцом, для нашей работы над ним.

Зачем создавать эгоизм, если его придется уничтожать? Потому что, уничтожая эгоизм, в борьбе с ним человек приобретает огромные желания получить наслаждения, исправляет их на получение "ради Творца" и приобретает знания и разум, необходимые для оценки духовных наслаждений.

Например, когда два человека любят взаимно, говорят, что они связаны вместе, как одно тело. Поэтому, если двое ненавидят друг друга, говорят, что они далеки друг от друга, как два полюса. Но не говорится о близком или дальнем расстоянии, а имеется в виду подобие свойств, что если равны свойствами оба: один любит то, что любит другой и ненавидит то же, что ненавидит другой, поэтому любят друг друга и близки друг к другу.

А если есть между ними какое-то отличие, т.е. любит что-то, хотя друг ненавидит это, то в меру этого отличия, они ненавидят и далеки друг от друга. Если же они, к примеру, противоположны друг другу, т.е. все что любит один – ненавистно другому, а все что первый ненавидит – любимо другим, то удалены они друг от друга, как два полюса.

Поскольку все, что отличает и удаляет человека от Творца, – это отличие свойств, то все, что необходимо исправить – это наши свойства, желания. Для этого необходимо знать, каковы свойства, желания Творца.

Поскольку свойство Творца – это абсолютно бескорыстное желание "отдавать", мы не в состоянии осознать, почувствовать это свойство на себе, поскольку оно нам абсолютно чуждо. Только постепенно, в процессе своего изменения изучением Каббалы, человек начинает поначалу познавать свою настоящую эгоистическую природу.

Этот первый этап духовного развития называется "акарат ра" – "осознание зла". Называется этот этап так, потому что постигается только при желании человека сблизиться с Творцом, только тогда он воспринимает свои эгоистические желания получить (наслаждения) как зло, потому что они отделяют его от Творца.

Все, что желает Творец, должно быть принято человеком теми же чувствами, а все, что противно Творцу, должно быть отторгнуто человеком. Это подобно простому примеру: Шимон поссорился с Леви, и если друг Шимона, Рувен начинает говорить с Леви, то Шимон перестает говорить с Рувеном, т.к. есть отличие свойств между Шимоном и Леви, то у всех друзей Шимона должно быть такое же отношение к Леви.

В ту часть своих свойств, которую человек уподобил Творцу, он получает ощущение Творца, Его свет, свою душу, духовное наслаждение. Это все одно и то же понятие, называемое в Каббале свет – ор, а часть желаний человека, которые в состоянии, подобием Творцу, получить, ощутить этот свет, называется сосудом души, или кли. Часть Творца, которую ощущает человек, называется его душой.

Относительно человека эта часть отделена от Творца, потому как человек постигает ее как часть, но это только относительно человека.

Относительно Творца мы не говорим, поскольку, как уже объяснялось, все наши познания проистекают только из того, что постигается нами на нас самих, получаемо внутрь нашего кли. О том, что происходит вне нашего кли, мы не имеем права говорить, поскольку немедленно пропадает всякая основа верности наших предположений и выводов, ввиду невозможности никакой опытной проверки.

9. Находим, что в духовных объектах отличие свойств действует, как топор в нашем мире, разделяющий материальное, и мера удаления определяется мерой отличия свойств.

Ведь только тем, что Творец придал своей части отличное от себя свойство, желание, Он отсёк ее от Себя и отдалил на бесконечно большое расстояние.

И отсюда поймем, что поскольку придано душам желание "получать" наслаждение, и, как уже выяснено нами, свойство это не находится вообще в Творце, ведь от кого он получит, то это отличие свойств, приобретенное душами, действует, отделяя их от Творца, подобно топору, отделяющему камень от скалы.

Ощущение собственных желаний и есть вся суть творения, и это отделяет его от Творца настолько, что если ощущает только свои желания, то вообще не в состоянии ощутить Творца, и такое состояние творения называется человеком а нашем мире.

Т.о. посредством этого отличия свойств выходят души из Творца и отделяются от Него, становясь творением. Но все, что получают души от Его света, исходит из ранее существующего, от самого Творца.

Если душа исправляет себя, достигает подобия своих свойств свойствам Творца, то то, что она ощущает при этом в себе, и есть часть Творца. Творец, или Его свет, находится в абсолютном покое. Свет не приходит и не уходит, а само кли, меняя свои свойства, ощущает, в зависимости от изменения своих свойств, то большее, то меньшее наличие света, что ощущается ею как приход или уход света, приближение или отдаление Творца.

Поэтому сказано: "Ани авая ло шинити" – "я себя не меняю", говорит Творец, постоянно желая изменения душ до состояния слияния с ними, а изменения происходят только в самих душах, раскрывающих в той или иной степени свет Творца.

Мы постигаем не все, что входит в нас, а то, что ощущают из всего существующего наши органы чувств. Мы находимся в самом Творце. Он пронизывает, наполняет и окружает нас. Причина того, что мы не ощущаем Его, в том, что наши органы чувств имеют задерживающие фильтры-экраны (масахим), называемые также мирами, покрывалами, одеждами и пр. Эти скрывающие Творца экраны и дают нам вместо ощущения самого Творца ощущение некоей картины, называемой нами "наш" или "этот" мир.

В любом случае мы видим то, что рисуется нам нашими органами ощущений внутри нас. Мы смотрим как бы внутрь себя и не в состоянии увидеть то, что снаружи, потому как нет в нас органов ощущения простого света (ор муфшат) или самого Творца. Для ощущения самого Творца необходимо совершенно неограниченное кли, а такого кли нет, потому что кли – это всегда ограничение.

Любое кли может ощутить только то, что сопрягается с его личными свойствами, то, что подобно его свойствам. Как настроенный на определенную волну ощущает ее именно потому, что у источника и получателя появилось общее свойство.

Отсюда поймем, что как только человек сможет какое либо из своих свойств-желаний уподобить желанию Творца "отдавать", он сразу же в этом желании ощутит Творца и тот свет, который наполнит это желание, и будет частью его души. А, исправив, -уподобив все свои желания желанию Творца, человек получит всю свою душу, полное свое наполнение Творцом, что определено как слияние с Творцом (двекут).

Поэтому в свете, получаемом в сосуд души, в желание "получать", нет никакого отличия души и самого Творца, потому как получает его прямо из Творца.

Сосуд души – это ее исправленные желания. Просто желание, желание получить наслаждение, не может быть сосудом для получения наслаждения, потому как в эгоистические желания свет не входит; Творца ощутить нельзя. Но если на эгоистические желания есть экран, противодействующий получению ради себя и обращающий намерение в получение ради Творца, то такое намерение, называемое отраженным или обратным светом (ор хозэр), превращает эгоистическое желание в альтруистическое, и тогда это исправленное желание называется сосуд, кли.

А все отличие между душами и Творцом в том, что души – это ЧАСТЬ самого Творца, т.е. часть света, получаемого в свои кли, в желание получить, это уже отделенная от Творца часть, тем, что находится внутри отличных свойств, желания получить, и отличие свойств делает ее частью, вследствие чего выходит из "общего" и становится "частью".

Ведь нет иного отличия между ними, кроме как это "все", а это "часть", как камень, отделенный от скалы. И вдумайся вглубь, ведь невозможно пояснять более столь возвышенное.

По мере аннулирования своих личных желаний и интересов человек устраняет то, что отделяет его от Творца настолько, что при полном исправлении, т.е. про полном неощущении собственного "Я", подавленного им ради слияния с Творцом, человек ощущает только Творца в себе и становится проводником только Его желаний, ощущая во всем своем теле вселившегося в него Творца, и только желания Творца начинают руководить им.

10. Теперь сможем понять исследование 4): Как возможно появление из чистоты Творца нечистой системы, ведь она крайне далека от Его чистоты, и как возможно, что Он наполняет и оживляет ее.

Но прежде необходимо понять суть нечистой системы. Знай, как говорили, что большое желание получить это и есть суть душ, вытекающая из самого их творения, и потому-то они готовы получить все наполнение, что в замысле творения, но это свойство не остается в душах в таком виде, ведь если бы оставалось в них, обязаны были бы души остаться навсегда отделенными от Творца, ведь отличие свойств в них отделяло бы их от Творца.

Хотя желание получить необходимо для исполнения замысла творения, ведь без желания невозможно насладиться, но само наслаждение должно быть совершенным и потому необходимо исправление, а не аннулирование желания получить.

В противоположность прочим верованиям и неправильному пониманию творения мы видим, что путь умерщвления нашей природы абсолютно не соответствует процессу духовного возвышения.

Запрещено механически ограничивать себя и налагать на себя добровольно любые страдания.

Правильный путь – если только в результате своего духовного возвышения, как следствие полученных свыше новых свойств и желаний, человек естественно меняет свое поведение.

И чтобы исправить это удаление (от Творца), наложенное на кли душ, создал Творец все миры, и разделил их на 2 системы, как сказано, "это против этого создал Творец", 4 мира чистой системы АБЕ"А и против них 4 мира нечистой системы АБЕ"А.

И придал свойство желания отдавать (альтруистические) системе чистых АБЕ"А, и отнял от них желание "получать" для себя, и дал его системе нечистых миров АБЕ"А, вследствие чего ставшей отделенной от Творца и всех чистых миров.

Мироздание в целом подобно нашему миру, где все приготовлено для развития и продвижения к цели, задуманной Творцом. Создание миров, вплоть до нашего мира, называется нисхождением миров и сфирот сверху-вниз и является подготовительной фазой процесса Творения.

Все мироздание состоит из 5 миров: Адам Кадмон, Ацилут, Брия, Ецира, Асия. Три последних мира состоят из двух противостоящих систем светлых – чистых – альтруистических и темных – нечистых – эгоистических сил-желаний.

Затем происходит появление человека в нашем мире, самой низкой точке мироздания, и с этого начинается процесс возвышения душ и постижения творениями Творца снизу-вверх.

И потому называются нечистые мертвыми, а также грешниками, происходящими из них, как сказано мудрецами, грешники в жизни называются мертвыми, ведь желание получить, созданное в них, противоположное свойству чистоты Творца, отделяет их от источника жизни, и они крайне удалены от Него,

ведь нет у Него никакой связи с получением, и лишь отдает, а в нечистом нет никакой связи с отдачей, только получать себе, для самоудовольствия, и нет противоположности большей, чем эта.

Проще: есть в природе только две силы – подобная Творцу и противоположная Творцу; обе исходят из желания Творца, обе проявляются только относительно человека, который под влиянием этих сил продвигается вынужденно или сознательно к намеченной Творцом цели.

Система, представляющая сторону, свойства Творца, называется чистой системой миров АБЕ"А. Система, представляющая противоположные Творцу силы и качества, называется системой нечистых миров АБЕ"А.

И как уже известно, духовное расстояние, начинаясь незначительным отличием свойств, заканчивается обратными свойствами, определяемыми как бесконечное удаление.

В Каббале нечистые, т.е. эгоистические желания получить наслаждение для себя, называются клипот – кожура. Потому что, как кожура защищает плод в период созревания от вредителей и сохраняет его, поспевший уже, так и духовные нечистые отвлекающие силы предназначены для развития человека, а сыгравши свою роль, пропадают.

Бааль Сулам говорит, что не только нечистые желания называются мертвыми, но и те, кто происходят от них. И потому грешники, согласно своим, грешным, т.е. противоположным чистоте Творца, желаниям, называются мертвыми, потому как крайне удалены от Творца, источника жизни.

"Грешники мертвы еще при жизни". Известно, что человек может изменить свои убеждения и действия, только если приходит к выводу, что они вредят ему. И это смысл осознания зла: когда человек познает, какие из его свойств является злом в нем, потому что осознает их как несущие ему зло, и потому в мыслях и в действиях отстраняется от его использования.

И до осознания этого не может быть праведником. Отсюда видно, что под "грешниками" – подразумеваются не те, кто совершили проступки, а те, кто ощущают себя такими, потому как ощущают, осознают и чувствуют зло, что в них. "Мертвы еще при жизни". Жизнь – это постоянное получение. Но человек чувствует, что получение – смерти подобно, поэтому по собственному ощущению так себя и называет: "Грешник, мертвый еще при жизни". РАБА"Ш.

В нашем настоящем состоянии мы представляем себе смерть как прекращения физиологической жизни телесной оболочки. Более резкие переходы от одного состояния к другому мы не представляем. Но сопоставление можно привести: наше физиологическое существование, называемое жизнью, по сравнению с ощущением реального пребывания в духовных мирах, подобно сну или, как говорится в Торе, наша жизнь, по сравнению с духовной, – это всего лишь "зэат хаим" – "пот жизни", маленькая капля от настоящего ощущения существования в свете Творца.

Свет Творца называется ор хохма или ор хаим – свет жизни, потому что мы созданы так, что только его наличие в нас воспринимаем как жизнь. По мере удаления от Источника света-Творца, свет Творца уменьшается, пока в нашем мире, т.е. в наших эгоистических желаниях, мы получаем только искорку этого света, хотя, в общем, и этой искорки света не положено нам, поскольку мы диаметрально противоположны, бесконечно удалены от ее Источника.

Но для того, чтобы у нас была возможность развиваться и подниматься из глубин нашего состояния, Творец поместил в эгоистические желания микродозу своего света. Благодаря ей, мы живем, т.е. тянемся к предметам, в которых она находится, пытаясь поглотить ее.

Все наши страдания и радости, горе и любовь, все, что нас питает духовно и физически, только эта искорка света. Без нее ни духовное кли, ни физические тела не могут существовать – если бы она исчезла, все исчезло бы с нею. Эта бесконечно малая порция света и называется в нашем мире жизнью!

В общем виде клипот властвуют над человеком, чтобы ни от чего не смог полностью насладиться, а только временно, с ограничением. Это дает человеку страдание и вынуждает его к развитию. Клипот заставляют нас ограничиться только поверхностным познанием; как будто вместо того, чтобы насладиться плодом, человек срезает и съедает только его кожуру, а мякоть – главное – оставляет. И не поможет человеку понимание творения, не в состоянии настолько понять Тору, чтобы хватило сил противодействовать своей природе и принять желания Творца как свои...

11. И снизошли миры до действительности этого мира, т.е. до места, где существует в нашем мире наличие тела и души, а также время порчи и исправления, ведь тело, как желание самонасладиться, исходит из своего корня в замысле творения, и, проходя путь системы нечистых миров, остается под властью этой системы до 13 лет, и это время порчи.

"13 лет" здесь – это условное обозначение периода пребывания человека под влиянием эгоистических сил его развития и не имеет никакой связи со временем, протекающим в нашем мире.

Для того, чтобы довести душу до ее окончательного, крайне удаленного от Себя состояния, являющимся желательным, а потому первоначальным, действительным состоянием душ в нашем мире, Творец совершил следующие действия:

а) Придал душе желания законченного эгоизма, называемого гордостью, вследствие чего человек перестал ощущать Творца, как сказано в Торе "С гордецом, говорит Творец, не могу Я быть вместе", потому как противоположность свойств отсекает их друг от друга, вплоть до абсолютного неощущения Творца, или, на языке Каббалы, "свет покинул кли".

б) Разделил созданное Им творение на мельчайшие отдельные части и поместил их в тела нашего мира. Чтобы вовсе не исчез, уничтожился мир, передал 288 искр света в систему нечистых сил, потому как система чистых сил не может питать человека в нашем мире вследствие их противоположных свойств.

Эта система нечистых сил питает человека и весь наш мир до окончания исправления. И потому эти силы называются клипот – кожура, ведь их роль, как роль твердой кожуры – сохранять плод, пока не созреет и не станет пригодным к желаемой цели. Так и 288 искр света, переданных системе нечистых сил, поддерживают жизнь мира и человека в нем и, перемещаясь из одних своих одежд-облачений в другие, доводят человека до желательного состояния.

Но даже эту маленькую искру света, оставшуюся в человеке, крошечную часть от его настоящей души, и ту забирает себе система нечистых сил, посредством того, что дает человеку свет от своих 288 искр.

Все миры подобны один другому, а отличие их только в материале. Все, что есть в высшем мире, нисходит и повторяется в низшем, как копия из другого материала, из которого нисходит в еще более низший и т.д. Источник объекта в каком-либо мире, находящийся в более высшем мире, называется корень, а его порождение, следствие в более низшем мире называется ветвь. Все миры подобны, будто две капли воды, как по их строению, так и по их функционированию.

Поиск наслаждения заставляет двигаться и развиваться животное тело. Поэтому Высшее управление придало ребенку возможность находить везде вокруг себя наслаждения от самых незначительных вещей, потому как именно его, требующее развития, состояние обязывает увеличить ему ощущение жизни, дабы доставить достаточно наслаждения для роста и развития, и потому во всем может найти источник наслаждения.

Свет-наслаждения – это основа жизни. Но таким он является только при получении его в духовные, альтруистические килим.

Если же наслаждение получает эгоистическое кли, то часто этот закон дает обратный эффект. Например, наслаждение при расчесывании пораженного участка кожи, заставляет продолжать действие и создает нарастающий отрицательный эффект: чем больше расчесывает, тем больше потребность в этом действии, пока не наступает момент смертельной опасности.

Как ни парадоксально, но свет жизни, источник всех наших наслаждений, может привести к смерти. А причина отрицательного эффекта, в том что эгоистическое наслаждение ощущается только в части кли и потому приводит к обратному от наслаждения результату – смерти, в отличие когда наслаждение, если оно альтруистическое, ощущается полным кли.

Из вышеприведенного примера поймем строение системы нечистых миров: ее основа – это желание самонасладиться, желание получить для себя, ничего не отдавая от себя, поэтому ее требование наслаждений невозможно удовлетворить, потому как удовлетворение требования наслаждения немедленно создает увеличенную вдвойне новую потребность, совершенно не наполняя наслаждением прошлую.

В результате получения эгоистического наслаждения ощущается не удовольствие, а немедленная жажда нового наслаждения, т.е. страдание от его отсутствия. Заканчивается же тело системы нечистых сил наркотической каплей смерти, манящей и отделяющей даже от оставшейся, последней искры света, каплей, убивающей человека животного уровня развития тем, что отделяет его и от этой маленькой искры.

Из системы нечистых сил произошли все пороки и в теле человека, потому как поначалу создано желание получать насыщение от системы чистых миров. Но когда впоследствии тело человека начинает получать от системы нечистых миров, то оказываются в нем множество ненужных частей-органов-желаний без какой-либо надобности в них, потому как не получают от системы нечистых сил им необходимое.

Перемещая искру света из одного объекта в другой, Творец заставляет нас менять занятия в этом мире, привлекая нас все к новым объектам. И так в период накопления эгоистического кли – до "13 лет".

А затем, помещая искру света-наслаждения в одеяния, приносящие нам вслед за наслаждением ощущение страдания, Творец постепенно показывает нам, на нас самих же, что использование эгоизма порочно, потому что погоня за наслаждением приводит к страданию, и этим Он помогает нам стремиться освободиться от эгоистических желаний и начать просить Его об этом.

Именно для более быстрого и полного прохождения человеком всех стадий накопления эгоизма (время порчи, "13 лет") и осознания зла и созданы мы связанными с эгоизмом в рамках нашего мира. Поэтому каббалисты – это не прячущиеся по потайным местам отшельники, а работающие и живущие (внешне) обычной жизнью, люди.

Только во взаимодействии с этим миром человек продвигается к исправлению. А с помощью выполнения заповедей ради услаждения Творца, человек продвигается вперед.

Любое действие человека с намерением доставить этим удовольствие Творцу можно назвать Заповедью. Действие против эгоистического желания называется Заповедью, а свет наслаждения, получаемый человеком в результате этого действия, называется Тора.

В общем есть два вида действий в мире: альтруистическое – ради Творца – "ли шма", чистое – кдуша, Заповедь – мицва и эгоистическое – ради себя – "ло ли шма", нечистое – тума – клипа, прегрешение – авера.

Главное в этих действиях не их физическое выполнение, строго ограниченное законами, изложенными в Торе, о котором сказано, что не прибавлять и не убавлять ничего в них нельзя, а постоянное совершенствование намерения, ради кого и ради чего человек выполняет то или иное действие. Ведь именно намерение определяет поступок.

Например, кассир в банке, выдающий вам деньги не определяется вами как альтруист, потому как его действие не определяет его намерения, а намерения и только они определяют характер действия.

Никогда по внешнему действию мы не можем сказать, на каком духовном уровне находится человек, потому что это определяется только силой его намерений, а они скрыты от всех, а зачастую, и от самого исполнителя – и это еще одна причина того, что Каббала называется тайной частью Торы.

Он начинает очищать желание самонасладиться, созданное в нем, и обращать постепенно в желание отдать, чем вызывает нисхождение чистой души из ее корня в замысле творения, и она, проходя систему чистых миров, одевается в тело, и это время исправления.

Постепенно на смену желания получать ради-для себя, получить или отдать, но ради своей выгоды (лекабэль аль минат леашпиа или леашпиа аль минат леашпиа), приходит желание отдавать себя, свои чувства и мысли Творцу, желание отдавать ради Творца – леашпиа аль минат леашпиа.

И далее продолжает осваивать и приобретать чистые ступени замысла творения, что в мире Бесконечности, помогающие человеку изменить желание "получить себе" на обратное, получить ради услаждения Творца, а вовсе не для собственной выгоды.

Получать ради Творца, лекабэль аль минат леашпиа, получать наслаждения, потому как этого желает Творец. Действие то же самое, как и исходное, эгоистическое, но намерение меняет его смысл на обратный. Из нижеприведенного примера также видно, что главное – не само действие, а намерение, потому как только оно характеризует действие.

И этим обретает человек подобие Творцу, ведь получение ради отдачи считается свойством чистой отдачи, (как сказано, уважаемому человеку вручила невеста кольцо, и принял он, это считается, будто он дал ей, ведь получение ради услаждения считается отдачей).

Если к человеку пожалует известный и уважаемый обществом гость, насколько будет важно хозяину, чтобы уважаемый гость что-либо взял у него, потому как этим гость делает одолжение, услугу хозяину, причем величина оцениваемого одолжения зависит от степени величия гостя в глазах хозяина.

По закону Торы, жених покупает невесту, вручая ей свадебный договор и какой-то предмет (обычно кольцо), стоимостью не менее прута (совершенно незначительная сумма). Но если жених уважаемый человек, то получение им кольца от невесты достаточно, чтобы брачная сделка состоялась, поскольку получая, он доставляет невесте наслаждение, подобное тому, как обычный человек доставляет вручением.

Из этого примера мы видим, что главное не действие, а его намерение, которое, в свою очередь, может изменить смысл действия на противоположный. В нашем мире мы делаем выводы о поступках человека по внешнему проявлению, в то время как духовные действия оцениваются именно по истинному намерению выполняющего.

Именно на намерение (кавана), а не на действие, был сделано сокращение и сокрытие света. Свое действие душа, кли, не меняет: в конце исправления она получает, как и до него, но намерение меняет действие на обратное, и кли из получающего становится дающим. Свою природу кли изменить не может, а исправляя намерение, становится подобной Творцу.

И этим обретает полное слияние с Творцом, ведь духовное слияние – это равенство свойств, как сказано, что слиться с Творцом значит слиться с Его свойствами, в результате чего человек становится достойным получить все то хорошее, что в замысле творения.

Пример: вокруг нас все пространство наполнено радиоволнами, но только радиоприемник, специально созданный прибор, в состоянии ощутить наличие радиоволн и принять их, если его внутренние свойства (колебание приемного контура) равны свойствам (колебаниям) волн.

Пример: Представь себе, что ты находишься в глубине спокойной прекрасной нежной среды, обтекающей твое тело со всех сторон, обволакивающей тебя, как вода. Среда настолько приятна, что ты не ощущаешь себя, а только всеми клеточками своего тела ощущаешь лишь ее и наслаждаешься ею.

Ты как бы ощущаешь не себя, а окружающее тебя. Конечно ощущаешь это окружающее через поры своего тела, через все свои ощущения, но поглощен только окружающим тебя. Если твои свойства и свойства этой среды будут подобны, ты не будешь ощущать ничего кроме нее. А если твои мысли и мысли этой среды будут одни, ты сольешься с нею без всякого отличия от нее, растворишься в ней.

Творец наполняет собою все творение, всех нас, Он снаружи и внутри. Но ощутить Его может лишь подобный Ему по свойствам. Только если какое-то из своих свойств-качеств человек уподобляет свойству Творца "отдавать", то в этом своем исправленном свойстве он начинает ощущать Творца, и только в таком случае это его свойство называется кли – сосуд на получение наслаждения, света, ощущения Творца.

Отсюда понятно, что хотя Творец находится везде "физически", но Он неощутим нами, потому что крайне отдален от нас "духовно". Постепенно очищая себя от эгоизма, коим пропитаны все наши органы чувств, мы постепенно, в степени приобретения подобных Творцу свойств, духовно сближаемся с Ним и начинаем ощущать Его. А полное подобие свойств, т.е. абсолютное слияние человека с Творцом и есть цель творения (конец исправления).

Проблема передачи духовной информации подобна проблеме передачи любой информации, с которой мы не знакомы, не ощущали, не имеем никаких аналогий и представлений. Как например, я, побывав в дальнем космическом полете и вернувшись, хочу поведать вам о чем-то совершенно необычном, ни на что не похожем, не имеющем подобия в нашем привычном и знакомом мире. Как же мне поступить?

Я могу использовать язык нашего мира, названия, принятые в нашем мире, но при этом я подразумеваю совсем другие понятия, чем вы, знакомые только с понятиями нашего мира. Тогда я могу воспользоваться названиями объектов и действий нашего мира для описания мира, где я побывал, если есть в нем подобные по своим функциям объекты и процессы.

Можно электрическим раздражением мозга вызвать в человеке чувства голода, любви, страха, экстаза и пр. Но это возможно только потому, что есть понимание соответствия сигналов нашим ощущениям.

Каббалист, переживающий необычайные для нашего мира ощущения при чтении текста "Песни-Песней" не может передать свои чувства другому, даже каббалисту, как и мы в нашем мире. Но он, получая вместе с ощущениями и абсолютное знание, может изложить все свои ощущения на языке Каббалы, научном языке описания состояний его души, внешних воздействий на нее, ее реакции на эти воздействия.

Духовное кли каббалиста (масах, ор хозэр) отталкивая приходящее наслаждение, ощущение Творца (ор яшар) получает наслаждение от результата своего действия (ор пними).

Эти ощущения каббалист описывает в виде символов в книге. Те, кто в состоянии по этим символам воспроизвести те же (или подобные им, но на порядок ниже-выше) действия, ощутят то же, что и каббалист.

Чувства каббалиста (свет) — внутренняя обработка ощущаемого (взаимодействия света и экрана) — описание ощущаемого на языке Каббалы (бхинот, сфирот) — чтение другим каббалистом на языке Каббалы – внутреннее воспроизведение описываемого состояния кли (действие с экраном) – получение того же ощущения (света).

Этот процесс подобен применяемым приемам при записи любой информации (слов, музыки и пр.), но в нашем случае нам недостает органов ее воспроизведения – экрана, на языке Каббалы, или более понятно – альтруистических органов ощущений.

Килим относятся к ступени 4 (бхина 4), желание получить ради самонаслаждения (лекабэль аль минат лекабэль), которые остались без изменения после прихода в них света при получении ради Творца (лекабэль аль минат леашпиа), и эти килим перешли к системе нечистых сил АБЕ"А.

Кли – это желание получить наслаждение – свет ради себя или ради Творца. После сокращения получения света (Цимцум Алеф) малхут принимает свет, делая расчет: часть света, которую она может получить ради Творца, она получает, то, что не в состоянии взять с этим намерением – не берет.

После расчета, называемого голова (рош) духовного объекта (парцуфа), свет принимается внутрь (тох парцуф). Часть кли, оставшаяся незаполненной, ввиду отсутствия силы намерения получить наслаждение ради Творца, называется конец (соф парцуф). Все кли рош-тох-соф называется парцуф. Тох и соф называются телом (гуф) кли.

Тох – это место в кли от рта (пэ) до пупа (табур), а соф кли – это место от табур до ее конца (сиюм). Табур называется малхут дэ тох, которая заканчивает получение света (малхут месаемет). А от табур и далее остаются килим пустые, т.к. если получит свет, то для самонаслаждения, и поэтому не получает.

Потому часть гуф под табур называется соф – конец получения света. Свет, который кли получает в тох, называется внутренний свет (ор пними), а свет, который должен был бы заполнить соф парцуф, но не заполняет, ввиду отсутствия силы намерения получить его ради Творца, называется окружающий свет (ор макиф). Этот свет остается снаружи и ждет, пока в кли не появится сила его принять.

Но поскольку кли не желает принять свет в соф парцуф, не желая удаляться своими свойствами от Творца, то оно получает в соф парцуф особое наслаждение от подобия Творцу – ор хасадим, а также немного ор хохма, потому как желает быть подобной Творцу наперекор предлагаемому ор хохма.

Т.о. полученный в желание самонасладиться до Цимцум Алеф свет, после Цимцум Алеф частично принимается в тох кли, а остальная часть его остается вне кли. Но чтобы все кли получило весь свет, ор макиф аннулирует масах, тем, что оказывает давление на кли получить весь свет, независимо от условий.

А потому как кли не желает прерывать состояние подобия по свойствам с Творцом, оно исторгает из себя вообще весь свет, т.е. и свет из тох парцуф, и остается пустой, как и до приема порции света. Но от этого действия не только ор хохма, полученный кли в тох парцуф, но и ор хасадим с малым количеством ор хохма, находящиеся под табур, в соф парцуф, также покинули соф кли. А вся причина исхода света из кли в том, что кли не желает получать дополнительный свет, потому что не может получить его ради Творца, а ради себя не желает, ведь этим удалится от Творца.

Аннулирование масах в табур (издахахут) означает, что тот масах, который ограничивал в табуре получение света и поэтому сделал возможным его получение в тох кли, теперь ослабел, что и привело к аннулированию его ограничительной силы, и поэтому невозможно уже для кли вообще принимать свет.

Потому масах из табур поднимается со всеми решимот (воспоминаниями) в пэ дэ рош, где находится его источник, и там он получает силу принять следующую порцию света.

Но откуда же масах может взять желание получить (авиют)? Оттуда, где находятся все килим – из-под табур. Табур – это малхут месаемет – заканчивает получение света из-за отсутствия силы намерения получить ради Творца. Вследствие действия ор макиф, масах дэ табур поднимается в пэ – малхут дэ рош, малхут, которая обладает силой намерения получать ради Творца.

Тогда как до поднятия масах, не было у него сил намерения получить ради Творца. Исходя из этого видно, что последующий парцуф исправляет килим из-под табур предыдущего парцуф, т.е. придает им силу намерения получить свет ради Творца.

Но несмотря на то, что все 5 парцуфим мира Адам Кадмон получили себе килим из-под табур, остались там еще килим, не имеющие силы намерения ради Творца, относящиеся полностью к желаниям получить, килим, находящиеся без света, до заполнения которых не будет полного исправленного состояния (гмар тикун).

И поэтому эти килим, свойство которых желание получить ради себя, смешались с килим нэкудот СА"Г, спустившихся под табур, вследствие чего произошел Цимцум Бэт. До Цимцум Бэт не было, желаний использовать эти килим для исправления, придания им намерения ради Творца. Поэтому затем был создан человек, который до 13 лет находится под влиянием системы нечистых миров, желающий получить все ради себя. А когда уже есть у него эти килим, он, с помощью Торы и Заповедей, может исправить их, чтобы смогли получить ради Творца.

Т.о. выясняется принцип исправления желания "получить" данный душам, исходя из замысла творения, тем, что приготовил Творец им 2 вышеописанные противостоящие системы, по которым проходят и делятся на 2 объекта, тело и душу, одевающиеся друг в друга.

Период, в который человек приобретает, постигает полное свое желание получить, условно называется периодом до 13 лет. Затем он начинает исправлять полученное желание. Вначале Творец сотворил общее желание получить, называемое общая душа или Адам аРишон – Первый человек.

Но потому как не под силу душе за один раз произвести над собою исправление и получить весь свет ради Творца, то разделил ее Творец на множество отдельных частей, каждая из которых в состоянии произвести собственное исправление, получить свою порцию света ради Творца, потому как постепенно, в течение времени, т.е. деля частную порцию света еще на части во времени, человек в состоянии преодолеть собственный эгоизм, противостоять небольшому наслаждению и постепенно получить весь уготованный его душе свет.

Такое состояние называется гмар тикун прати – конец частного (личного) исправления. А после того, как все частные килим, души, исправят себя, все они соединяются в одну общую душу, как и в начале творения. Такое состояние называется гмар тикун клали – конец общего исправления.

В итоге мы видим, что весь процесс необходим только для изменения намерения души: она получает наслаждение также как и в своем начальном состоянии, но уже с намерением не самонасладиться, а насладиться потому, что этого желает Творец.

И с помощью Торы и Заповедей в итоге обращают свойство "получать" в свойство "отдавать", и тогда могут получить все хорошее, что в замысле творения, а также достигают слияния с Творцом, вследствие выполнения Торы и Заповедей, совпадения свойств с Творцом. И это определяется как конец исправления.

Не только начальное наслаждение получает человек в своем исправленном состоянии, но дополнительно еще огромное наслаждение от слияния с Творцом своими свойствами, наслаждение от слияния с Совершенством.

И тогда, потому как нет более надобности в системе нечистых сил, она исчезает, и навсегда уходит смерть. А вся работа в Торе и Заповедях, данная всему миру в течение 6000 лет существования мира, а также каждому лично в течение лет его

жизни, только чтобы довести их до конца исправления – совпадения свойств.

Также выясняется необходимость создания Творцом системы нечистых сил, что обязан был сотворить ее, чтобы произвести из нее сотворение тел, чтобы затем исправили тела с помощью Торы и Заповедей, а если бы наши тела не вышли в виде неисправленного желания получить из системы нечистых сил, не было возможности исправления, ведь исправить человек можно лишь то, что есть в нем.

Условно ступени-состояния исправления делятся на 6000 последовательных состояний, называемых годами ("6000 лет времени существования"), а частные ступени исправления делятся на состояния, называемые "лет".

Человеку не надо лет, чтобы постичь свой духовный корень, – достичь свойства "отдавать" возможно только просьбой, молитвой, ощущаемой в сердце, не обязательно тщательно механически выговаривать вслух слова. Просьба сердца, чтобы получить свыше: силы "ради Творца", изучать Его творение, силы просить Его, силы работать над собой, получает ответ свыше в виде высшего света (ор А"Б-СА"Г), очищающий его желания.

Находящийся в процессе духовного развития испытывает на себе постоянно меняющиеся воздействия, воспринимаемые им, как изменения своего отношения к жизни, цели жизни, важности цели, месте и важности Творца в его жизни.

Подчас его ощущения (от невыполнения его планов, от того, что Творец желает показать, насколько отношение человека к духовному зависит от вознаграждения и др. причин) получают оттенок отчаяния, усталости. В таких случаях необходимо получать наслаждение от работы, детей, потому как без наслаждения в данный момент или перспективы его получения, человек не в состоянии существовать.

Поэтому каббалисты обязывают желающего духовно расти работать, воспитывать детей, участвовать в общественной жизни, а не замыкаться в четырех стенах, становиться отшельником, как обычно представляют каббалиста далекие от Каббалы.

Работать каббалист обязан вовсе не ради денег, а чтобы при духовном падении, наступающем вследствие добавления желания получить, необходимого для дальнейшего духовного роста, он, несмотря на переживаемое им состояние упадка в стремлении учить, молиться и пр., вынужден был бы продолжать выполнение своих повседневных обязанностей, чтобы сама жизнь, ее течение, заставляли его продолжать обычно функционировать.

И на это дается также четкое указание Торы: "Яфэ талмуд Тора им дэрэх эрэц" – "Хорошо сочетание Торы с мирскими делами" (Пиркей авот, 2,2). Но основной смысл работы и других занятий, самых обыденных, быть связанным во время их выполнения своими мыслями с Творцом, еще больше чем во время учебы!

Но это обязательно только для стремящихся духовно расти, потому как их цель измениться еще в этой жизни до сходства свойств с Творцом, в то время как имеющие намерение получить вознаграждение только в будущем мире, вся цель которых не этот мир, а будущий, в котором их ожидает вознаграждение за долгие годы учебы, не ожидают в этом мире никаких результатов, не проходят полосы давления целью творения и увеличившегося эгоизма, вся жизнь их ровна в постоянном стремлении изучения Торы и выполнения Заповедей для будущего мира.

Система нечистых сил создана Творцом специально для постепенного развития в нас желания получить, такой величины, чтобы мы смогли получить весь уготованный нам свет. В общем виде система нечистых миров состоит из 3 нечистых сил – Руах сэара, Анан гадоль, Эш митлакахат.

Эти три вида эгоистических духовных желаний предстают пред человеком в бесчисленном виде вариаций своих внешних обличий (одежд – левушим). Творец оживляет систему нечистых сил только для того, чтобы она могла существовать и придавать человеку все более сильные эгоистические желания.

Преодолевая их, человек духовно растет. Иными словами, желание получить, находящееся в системе нечистых сил и есть то кли, которое человек должен исправить, чтобы ощутить в нем Творца.

На третьем этапе (дне) творения Творец сотворил эгоизм, желание самонаслаждения, ангела (силу) смерти (исхождение света из кли, вследствие эгоистического желания). Этот этап назван в Торе вдвойне хорошим, именно потому, что при исправлении человек выигрывает вдвойне: от получения наслаждения и от слияния с Творцом.

В неисправленное кли возможно временно получить наслаждение только от искры света, находящейся в системе нечистых сил, но при исправлении кли, чем более исправлено кли, тем больше человек наслаждается.

Сказано в Торе, "Коль агадоль ми хавейро, ицро гадоль мимейно" – "Чем больше человек, тем больше его желания". Большой человек желает насладиться и наслаждениями духовными, а не только наслаждениями нашего мира. Но праведник желает насладиться только потому, что этого желает Творец, иначе, хотя и желает наслаждения, как и грешник, но не позволяет себе этого, желая слияния с Творцом.

Поэтому праведник подавляет в себе желание получить, как сказано, "Эйн аТора миткаемет, элэ бе ми ше мемит эт ацмо элея" – "Тора существует только в том, кто умерщвляет себя", что означает, свет, называемый Тора, входит только в того, кто убивает свой эгоизм.

Процесс исправления прекрасен, человек на себе постепенно постигает свою природу и ощущает весь мир, но подчас он довольно болезненный, потому как антиэгоистические ощущения болезненны для нас. Все зависит от осознания необходимости излечиться: ребенок, т.е. неосознающий необходимости излечиться и грозящих последствий болезни, не согласен принимать горькое лекарство, но взрослый больной, т.е. осознавший болезнь и желающий быть здоровым, готов на прием горьких лекарств или даже на операцию во имя жизни.

13. Но еще осталось нам понять: если все же желание получить для себя настолько плохое и испорченное, как оно произошло и было в замысле Творения в мире Бесконечности, единство которого нет слов описать.

Дело в том, что сразу же в замысле создать души Его мысль закончила все, потому как не нуждается в действии, как мы.

Потому как в духовном – мысль, желание и есть действие, ведь и в нашем мире только наличие тел требует выполнения замысла в механическом действии. И это относится не только к действиям Творца, но и духовным действиям человека, находящегося своими свойствами в духовных мирах.

И немедленно, как только возник замысел творения, вышли и появились все души и все миры, должные родиться в будущем, полные всем наслаждением, которое задумал для них Творец, во всем своем конечном совершенстве, которое достигнут души в конце исправления, т.е. после того как их желание "получить" получит все исправление полностью и обратится в чистую "отдачу", в полном подобие свойств с Творцом.

И поэтому вовсе не было в замысле творения создать нечто испорченное, а сразу же в замысле творения появилась наша исправленная форма полного подобия Творцу.

И это потому, что в вечности Творца прошлое, будущее и настоящее используются как одно, и будущее используется как настоящее. И нет понятия времени в Нем.

Поскольку духовный мир это мир – желаний, вне тел, масс, расстояний, мир, где действуют только одни желания, то само желание и есть действие и потому отсутствует понятие времени. Под временем в духовном мире мы подразумеваем сумму последовательных изменений желаний, вытекающих одно из другого, как причина и следствие, и потому называемые, как их ветви в нашем мире, дни, месяцы, годы.

Поэтому слова: прежде, ранее, позднее, вследствие, затем, позже и пр. означают только причину и следствие, а не время их появления.

Верх и низ означают изменение свойств человека относительно Творца или отношение свойств между двумя ступенями, где более высший означает более исправленный, более духовный, более "близкий" по свойствам к Творцу.

Высший – более важный. Место – желание получить и есть то "место" в которое творение получает свет Творца. Близкий – по свойствам относительно другого. Соприкасающийся – если его свойства не настолько отличны от породившей его предыдущей ступени, его корня, чтобы отделить его от корня. Это необходимое состояние между двумя соседними (по свойствам) духовными объектами.

Движение – любое изменение свойств от прошлого свойства-желания к настоящему, подобно отделяющейся части в материальном теле. Название – название духовного объекта объясняет пути получения света на этом духовном уровне. Кли – желание получить. Творец – всякая причина называется "творящей" относительно тому, что исходит от нее, как порожденное кли, так и наполняющий это кли свет.

И поэтому не было вообще неисправленного желания получить, отличного от свойств Творца в мире Бесконечности, а наоборот, то будущее подобие свойств, которое должно проявиться в конце исправления, появилось сразу же в вечности Творца.

И об этом сказано мудрецами: "Прежде сотворения мира было единство Его и творения". Ведь отличие желания получить не проявилось никак в душах, вышедших из замысла творения, а они были слиты с Творцом подобием свойств, тайной единства.

Здесь у ученика обычно возникает вопрос: "Если все уготовлено заранее, и мы находимся в состоянии "гмар тикун", в слиянии с Творцом, и только в наших ощущениях еще не достигли этого, то стоит ли нам работать над собой, ведь можем продолжать существовать, как и сейчас, а когда придет время исправления каждого, то приведут его к нужному состоянию свыше?"

Два пути к цели заготовил нам Творец: путь Торы и путь страданий.

И только в них мы существуем. Обычно человечество движется вперед путем страданий, и уж тем более народ Израиля, как избранный первым достичь цели творения. Страдания толкают человечество вперед: пытаться найти

удовлетворение в материальном или техническом прогрессе, в бегстве личности в отвлеченные занятия, в увлечение религиями и верованиями, наркотиками или фанатизмом.

Можно было бы, действительно, предоставить человечество само себе, чтобы продвигалось к цели путем страданий. Но именно каббалисты, достигшие цели творения, прошедшие на себе все этапы собственного исправления, которые нам еще предстоит пройти, поднявшись до уровня связи с Творцом и осознав все Его пути, приняли от Него и вручили нам Тору и изложили в сотнях своих сочинений относительно безболезненный и короткий путь достижения поставленной перед нами цели.

Дело в том, что понятие "путь страданий" это не путь, как таковой, а только жестокая толкающая сила, вынуждающая принять путь Торы.

Но так или иначе у нас существует право выбора: сразу же принять путь Торы, изучением Каббалы (Каббала от слова лекабэль – получать, учение о достижении цели творения), выполнением ее предписаний, или же продолжить неосознанно существовать, пока страдания не заставят нас искать спасение от них, как уже привели нас слушать лекцию и раскрыть книгу.

Мы видим, как страдания могут вызвать человека идти даже на смерть, жестоко толкая его сзади. А Творец, создавая нам подобные давящие ситуации, приближает нас к определенным полезным вещам, вкладывая в них искру зовущего света-нэр дакик. Постепенно меняя местонахождение искры света, Творец приведет нас, маня спасением от страданий, и к желанию отторжения эгоизма.

14. Отсюда обязательно следуют 3 состояния в душах.

В душах, имеется в виду, относительно душ, поскольку относительно Творца нет никаких изменений состояний, поскольку нет никаких изменений желаний, как говорится "Ани авая ло шинити" – "Я своих намерений не меняю". Поэтому в том виде, в каком Творец желает нас видеть, он и видит нас, а только мы сами относительно себя должны пройти изменения в своих свойствах и, как следствие этого, в ощущениях духовного.

Состояние 1 – это состояние в мире Бесконечности в замысле творения, где души уже имеют будущий вид конца исправления.

Состояние 2 – это состояние 6000 лет, когда делится двумя системами на тело и душу, и дана им работа в Торе и Заповедях, чтобы обратить желание "получить", что в них, и довести его до желания "давать" Творцу.

И в течение этого состояния нет никакого исправления телам, а только душам, т.е. они должны вывести из себя все желания получать для себя, что и есть свойство тела, и остаться только с желанием отдавать, что и есть вид желания в душах. И даже души праведников не могут находиться в раю после смерти, а только после разложения их тел в земле.

Под понятием "состояние" подразумеваются исправленные в той или иной степени свойства человека, определяющие его духовное состояние. 6000 лет – это не период времени в нашем мире, иначе как бы могли праведники достигнуть его ранее календарного срока!

Это период работы человека над собой, когда с помощью высших сил, находящихся в Торе и выполнении Заповедей, он приобретает свойство "отдавать", а получает для себя только минимум для поддержания существования, по необходимости, потому что существует пока еще в физическом теле. Но поскольку был бы рад не принимать и этого для себя, то подобное получение не считается проявлением эгоизма.

Но после того, как желание получить (тело) оставило (умерло) человека, он может начинать получать удовольствия (свет Творца), потому как желает усладить Творца. И чем больше получает наслаждений, тем больше делает ради Творца.

Поэтому его ощущения наслаждений в таком случае не насыщаются никогда, а возможности получения воистину безграничны, в то время как любое эгоистическое желание наслаждения имеет свои границы пресыщения, за которыми наступает разочарование. Праведник, наслаждаясь тем, что услаждает Творца, наоборот требует все большего наслаждения, желая все больше порадовать Творца и слиться с Ним.

Все, что мы должны сделать, чтобы перейти к такому состоянию, это всего лишь отказаться от надуманного (небольшого, мимолетного) наслаждения от маленькой искры Высшего света, но как тяжело это для человека! Представим же себе, что самое небольшое духовное наслаждение в миллионы раз больше этой искры – насколько невозможным представляется отказ от него!

Именно поэтому Творец создал наш мир, особые условия, когда на искре Высшего света, облаченной в различные одежды – объекты нашего мира, мы можем безнаказанно для себя тренироваться в попытках изменить свою природу. В то время как неудачная попытка получения света в высших мирах чревата крушением сосуда, так называемым "швират кли" – разбиением кли.

Но как только человек в состоянии получать наслаждение от искры света ради Творца, тут же начинает ощущать наслаждение от отдачи (ашпаа). А до достижения такого состояния нам открыто наслаждение от искры света, а от альтруистических, духовных действий, 613 Заповедей, скрыто.

Процесс приближения к духовным постижениям постепенный и происходит в нашем мире в рамках времени, по мере нисхождения в наш мир душ. Каждое мгновение в наш мир нисходят все новые души. Есть определенный порядок их нисхождения – от более светлых до более грубых. Но в каждом поколении есть определенный вид душ, называемых Исраэль, которые быстрее остальных должны достичь своего исправления.

Поэтому люди, обладающие таким видом души, ощущают в себе как особый, увеличенный по сравнению с имеющимся у остальных людей, эгоизм, так и особое, хоть и хранящее, но более жесткое отношение к ним Высшего управления. Среди душ типа Исраэль есть несколько душ в каждом поколении, испытывающих на себе еще более сильное воздействие Высшего управления, доводящее их до гмар тикун прати – частного исправления.

Имеющие такие души называются каббалистами. Процесс исправления начинается с каббалистов, затем с их помощью продолжается в людях типа Исраэль, а затем уже наступает очередь исправления и всего остального человечества. Только в этой первоочередности в работе по исправлению нашей природы и есть исключительность Израиля.

Возможны следующие действия с определенными намерениями:

1. "получать" ради себя – "лекабэль аль минат лекабэль", абсолютный эгоизм, наша истинная природа.

2. "отдавать" ради себя – "леашпиа аль минат лекабэль", "вежливый" эгоизм, поведение воспитанных людей в нашем мире. Кассир, выдающий зарплату также дает по своему действию, но можно ли его считать при этом альтруистом! Такое состояние называется в Торе "ло ли шма" – "не ради Творца".

3. "отдавать" ради Творца – "леашпиа аль минат леашпиа", духовный альтруизм, причем отдавать другому или Творцу это одно и то же, потому как отдавая от себя, не ради себя, человек не ощущает получения себе, а все вне своего тела воспринимается им как абсолютно несуществующее.

В Торе такое состояние называется "ли шма" – ради Творца" или "матан бэ сэтэр" – "тайная отдача", потому как человек не только не ощущает что отдает, но и кому отдает, потому как эти ощущения уже вознаграждение. В нашем же мире "матан бэ сэтэр" называется состояние 2, отдача ради себя.

Как мы уже говорили, наша эгоистическая природа автоматически вынуждает наше тело быть в поисках удобного положения, а наши мысли – постоянно искать пути самоудовлетворения. Та же природа никогда не позволит нам совершить хоть какое-то истинно альтруистическое физическое или духовное движение. Как же можем мы выйти из себя, кожуры своего эгоизма, и достичь состояния 3?

Действительно достичь этого состояния можно только с помощью Творца. Как мы уже изучали, если свет входит в кли, он передает кли свои желания, свою природу. Но в эгоистическое кли свет войти не может из-за запрета Цимцум Алеф. Позднее мы разберем, каким путем Творец выводит человека из его состояния, называемого "олам азэ" – "этот мир" в "олам аба" – "будущий мир".

4. "получать" ради Творца – "лекабэль аль минат леашпиа", равносильно чистой отдаче, поскольку действие изменяет свое значение ввиду намерения "ради Творца". Этим творение становится полностью подобно Творцу. Поэтому такое состояние и есть цель творения: наслаждаться потому, что именно этого желает Творец.

Но достигается это состояние только после полного овладения предыдущим, когда закончил работу над искоренением, отказом от своего эгоизма, прошел все 6000 ступеней своего исправления. Состояние 4 называется поэтому седьмое тысячелетие (элеф ашвии). Именно в нем действует Заповедь (обязанность) наслаждаться светом Творца. Человек получает наслаждение, но называется "дающим".

До достижения этого состояния, человек может получать наслаждения даже самонаслаждаться, только если они исходят из изучения Торы и выполнения Заповедей – все равно это желаемо Творцом, хотя и делается человеком для самонаслаждения, в то время как другие наслаждения нашего мира называются "клипа" – кожура.

Отличие состояния 3 от состояния 4 можно понять из примера: человек одевает цицит (одежду с 4 углами, на которые по закону привязаны цицит – специальным образом изготовленные нити). Потому как само действие не приносит ему наслаждение, то без указания (Заповеди) Творца, не делал бы его. Поэтому такое действие называется отдача (машпиа).

Намерение человека в этом действии может быть ради себя – аль минат лекабэль или ради Творца – аль минат леашпиа. Лишь после того, как человек достиг состояния 3 (ли шма), он начинает ощущать огромные наслаждения в Заповедях и наслаждается ими потому как этим радует Творца.

Действие "получать наслаждение ради Творца" называется каббала, а инструкцией для достижения такого состояния является наука, учение "Каббала".

Состояние 3 – это окончание исправления душ после воскрешения мертвых, когда доходит полное исправление также и до тел, потому как преобразуют получение, свойство тел, в отдачу, и становятся достойными получить все хорошее, что в замысле творения.

И вместе с тем удостоятся полного слияния, вследствие подобия свойств Творцу. Потому как наслаждаются не от своего желания получить, а от своего желания отдать, усладить Творца, потому как есть у Него наслаждение, если получают от Него. И для краткости далее называем мы эти три состояния душ, как состояния 1, 2, 3. И запомни их.

Состояние 3 означает конец исправления всего кли, т.е. получение всего уготовленного наслаждения. Естественно, что этого состояния возможно достичь, закончив все исправление кли в состоянии 2 и только пройдя его.

После того, как человек полностью исключает из употребления свой эгоизм – "умертвляет свое тело" (не потому что его свойство "получать", с этим он ничего поделать не может, ведь это свойство создано Творцом, это и есть само творение, а потому как это свойство используется им с намерением "ради себя"), он приобретает свойство света, намерение отдавать, и тогда он начинает постепенно вызывать свои желания "получать" (воскрешение мертвых тел) и исправлять свой эгоизм, все отвергнутые им свойства, не потому что они – "получать", а потому что они – "ради себя" и постепенно начинает в них "получать ради Творца".

Свет, приходящий в исправленное кли, "получение ради Творца" называется Тора. Как сказано в ней самой: "Тора существует только в том, кто умертвил самого себя ради Нее" – наслаждение слияния с Творцом достигает только тот, кто умертвил свое желание "получить ради себя". А как только входит в состояние "получить ради Творца" – сразу же достигает слияния с Ним.

15. Но всмотревшись в эти 3 состояния, находим, что они обязывают существование друг друга, настолько, что если бы могло не существовать одно из них, исчезли бы остальные состояния.

Например, если бы не проявилось состояние 3, обращение свойства "получать" в свойство "отдавать", то не могло

бы проявиться состояние 1, что в мире Бесконечности, потому как проявилось там во всем совершенстве только потому, что в будущем, в состоянии 3, уже служит, благодаря вечности Творца как настоящее, а все совершенство, имеющееся там в том состоянии, оно только как копия из будущего состояния в настоящем, которое там, но если бы будущее могло не исполниться, не было бы там никакой его действительности в настоящем. Поэтому состояние 3 обязывает к существованию состояние 1.

А если бы не было состояния 2, где происходит вся будущая работа, заканчивающаяся состоянием 3, т.е. работа в духовном нисхождении, а затем в его исправлении, как могло бы наступить в будущем состояние 3? Т.о. состояние 2 обязывает наличие состояния 3.

А также состояние 1, что в мире Бесконечности, где уже действует все совершенство состояния 3, обязывает всем своим совершенством проявление состояний 2 и 3. Т.е. само состояние 1 обязывает появление противоположных систем в состоянии 2, чтобы появилось тело в испорченном желании "получить" с помощью системы нечистых сил, чтобы была возможность нам его исправлять.

А если бы не существовала система нечистых миров, не было бы в нас такого желания получить, и не было бы возможности исправить и достичь состояния 3, ведь нельзя исправлять того, чего не имеешь. Поэтому нет места вопросу, как появилась из состояния 1 система нечистых сил, ведь именно состояние 1 обязывает ее появление и поддержку Творцом ее существования в состоянии 2.

Нет состояния 3 в состоянии 1, но обязательность достижения состояния 3 дает совершенство состоянию 1, без которого состояние 1 не было бы совершенно.

До 13 лет человек набирает желание насладиться от системы нечистых сил. С 13 лет, изучая Тору с намерением исправиться с ее помощью, получить желания отдавать наслаждения, человек переводит желания получить из нечистых сил в чистые (меварэр нэцуцот дэ кдуша).

Пример: если учится с намерениями исправить себя час в день – переводит этот час из власти нечистых сил в чистые. Ест Пасхальное жертвоприношение в Храме (Курбан Пэйсах) – переводит еду из власти нечистых сил в чистые.

Поскольку творение-человек – это только желание получить (наслаждение), то все зависит от его намерения в действии, и лишь намерение определяет, какого типа будет действие, потому что все зависит от желания, стремления, а не физического воплощения данного действия.

Под творением имеется в виду только желание получить, называемое душой или душой Первого человека (нэшмат Адам аРишон). Потому как невозможно получить все наслаждение сразу с намерением "ради Творца" (ведь это действие противоположно природе души!), Творец разделил эту душу на 600,000 частей, каждая из которых не за одну, а за многие жизни в этом мире, постепенно получает исправление эгоизма и свою долю из общего уготованного наслаждения с намерением "ради Творца".

После исправления все части общей души собираются снова в одно целое, как и в начале творения, и получают совместно все, что Творец уготовил своему созданию.

Поскольку такое получение не вызывает чувство стыда в получателе (намерение получить ради Творца является отдачей), не ограничено только его исходным желанием (чем больше получает, тем больше услаждает Творца), в итоге получения постигается слияние с Творцом (постигает Высшее совершенство, абсолютное Знание, наслаждение Творцом и наслаждение от подобия Творцу), то этим достигает Творец совершенства своего действия. Именно поэтому только такой процесс творения был Им задуман.

Человеку даны все возможности определить, какие его желания являются нечистыми и подлежат исправлению. Сказано в книге Зоар, что все миры, как высшие так и низшие, со всеми их населяющими, находятся в самом человеке и все они, т.е. все созданное, создано только для человека. Но неужели недостаточно человеку этого мира, а еще необходимы ему и высшие, духовные миры и их населяющие?

Целью Творца является наслаждение творений. В духовном нет материальных тел, нет физического движения, а только мысли и желания. Потому как в Творце мысль и есть действие, Он не нуждается, в противоположность нам, ни в каких-либо еще действиях помимо мысли. Поэтому, как только возникла в Нем мысль создать души, чтобы их насладить, сразу же и появилось все творение в своем законченном окончательном виде, полностью наполненное, исходящим от Творца наслаждением.

Но если Творец может создать все в окончательном состоянии – полных наслаждения творений, зачем же Он создал множество нисходящих, удаляющихся от Него, миров, вплоть до нашего наинизшего мира и поместил души в тела этого мира?

Другими словами, если Он совершенный, как мог совершить столь несовершенные (незаконченные) действия, что необходимы действия созданий в нашем мире для доведения творения до его совершенства, состояния полного наслаждения?

Единственное, что создано Творцом – желание насладиться Его светом. В нашем мире свет Творца облачается в различные материальные оболочки, неосознанно притягивающие нас находящимся в них светом. В нашем настоящем состоянии мы не ощущаем сам свет, а тянемся к тому, в чем он находится.

Единственное создание, желание насладиться, называется душой, а свет это и есть то наслаждение, которым Творец задумал наполнить творения, т.е. души.

Потому как Творец задумал усладить души, обязан был создать их в виде желания получить наслаждение, причем, только величина желания насладиться определяет силу ощущаемого наслаждения. Это желание насладиться и есть вся суть души, а наслаждение является светом, исходящим из самого Творца.

Сближение и отдаление в духовном пространстве происходит по подобию или отличию духовных свойств:

а) если два духовных объекта полностью равны по своим свойствам, то они сливаются в один объект,

б) в мере подобия своих свойств или в мере их отличия, духовные объекты взаимно сближаются или удаляются,

в) если все свойства двух духовных объектов противоположны, то они определяются как бесконечно (полярно, абсолютно, крайне) удаленные.

Судя по действиям Творца относительно нас, мы определяем Его свойство как "желание наслаждать", потому как сотворил все творение для того, чтобы насладить нас своим светом.

Это знание мы получили от каббалистов, людей, удостоившихся еще при жизни в нашем мире духовно подняться до уровня ощущения Творца и сообщивших нам о Нем и Его отношении к нам.

Души находятся в абсолютном удалении от Творца, потому как Он по своим свойствам "дающий", нет в Нем совсем желания получить наслаждение, а души созданы как желающие самонасладиться, что является свойством полярно противоположным свойству Творца. Если бы души оставались желающими самонасладиться, остались бы всегда отделенными от Творца.

Творение есть желание получить (наслаждение). И хотя этим оно несовершенно, противоположностью свойству Творца, и потому полярно удалено от Него, но именно это свойство "получать", сотворенное как новое из ничего, необходимо, чтобы получить все то наслаждение, которым задумал Творец наполнить творения.

Причина творения миров – в необходимости Творца быть совершенным во всех своих действиях. Если бы творения оставались отдаленными своими свойствами от Творца, не смог бы и Он называться Совершенным, потому как от Совершенного не могут произойти несовершенные действия.

Поэтому скрыл свой свет Творец, создал миры последовательными отдалениями от Себя, вплоть до нашего мира и поместил душу в тело нашего мира. Но с помощью изучения Каббалы постигает душа совершенство, отсутствующее в ней, приближаясь своими свойствами к Творцу, так, что становится достойной получить все наслаждение, задуманное Творцом в замысле творения, а также достигает полного слияния с Ним, подобием свойств.

Изучение Каббалы приводит человека к овладеванию духовными желаниями и, как следствие этого, к получению Высшего света и к слиянию с Творцом, т.е. двойному вознаграждению.

В уподоблении свойствами Творцу от начального (нулевого духовного уровня нашего мира) и до наивысшего (слияние, подобием свойств, с Творцом) есть 5 последовательных, снизу вверх, ступеней. Духовное восхождение по ним есть следствие получения душой порций света (нэфэш, руах, нэшама, хая, йехида), получаемых соответственно от 5 миров (Асия, Ецира, Брия, Ацилут, А"К), каждый из которых состоит из 5 ступеней (парцуфим), каждый из которых также состоит из 5 ступеней (сфирот).

Занятие Каббалой вызывает на изучающего излучение Высшего света. Это излучение поначалу неощущаемое, ввиду отсутствия в душе аналогичных свету свойств. Но оно постепенно рождает в душах альтруистическое желание "отдавать", а затем души достигают явного получения света от ступеней, последовательно, ступень за ступенью и т.о. душа (человек) достигает полного совпадения свойств с Творцом – и тогда исполняется в душах замысел творения: души получают все наслаждение, задуманное для них Творцом и, кроме того, дополнительно, получают большое наслаждение от ощущения Абсолютного Совершенства, слившись, подобием свойств, с Творцом.

Отсюда поймем сказанное выше, что все миры – высшие, низшие и все что в них – созданы для человека: потому как все эти ступени (миры) существуют только для того, чтобы довести души до слияния с Творцом. Поэтому, уменьшаясь, спустились ступени от Творца, мир за миром, до нашего материального мира, чтобы поместить душу в окончательную форму желания самонасладиться, не обладающую никаким альтруистическим желанием отдавать, чем и определяется человек, как противоположный Творцу.

Но затем, силами света, получаемого от занятия Каббалой, человек постигает свойство давать наслаждение другим, как Творец: постепенно, раз за разом, поднимаясь снизу-вверх, он постигает свойства ступеней нисходящих сверху вниз, имеющих только свойства отдавать – пока не постигает человек свойство полностью отдавать и не "получать" ничего для себя. Этим он полностью сливается с Творцом, для чего только и создан. Поэтому все миры и населяющие их созданы для человека.

Души получают свет, исходящий от Творца, в мере, отмеряемой им ступенями. В итоге души-получатели приобретают свойства, а потому и действуют, в соответствии с духовными свойствами-желаниями, получаемыми от света той или иной ступени. Сам же свет Творца внутри самих ступеней находится в своем постоянном виде, без всяких изменений.

Таким образом, все миры (ступени) – это изменения проявления бесконечного, однородного света относительно душ, чтобы смогли постепенно получить бесконечный свет ступень за ступенью. Но сами эти ступени никак не влияют на бесконечный свет, находящийся в них, как не влияет покрытие на скрывающегося в нем, а Его полное или частичное сокрытие

проявляется только относительно посторонних, желающих ощутить Его.

Как человек, закрывающий себя покрывалами от посторонних, остается открытым себе, так Творец скрывает себя 5 мирами и элементами этих миров (всего 125 ступеней – последовательных занавесей-укрытий Творца от нас).

Исходя из вышесказанного, есть 3 участника творения:

Творец,

души,

свет.

Самого Творца мы не постигаем. В душах есть 2 противоположных свойства – сокрытие и раскрытие: вначале – сокрытие Творца, но после того, как душа получает в соответствии со своими свойствами, то эти ступени сокрытия обращаются в ступени раскрытия Творца для душ.

Т.о. души совмещают в себе 2 противоположных свойства, которые в общем одно: потому как мера раскрытия Творца душой (мера получения ею света Творца), точно соответствует предварительной величине сокрытия, причем, более грубая душа затем по исправлении – более раскрывает Творца, и т.о. две противоположности едины.

Свет в ступенях – это именно та мера света, которая должна раскрыться душам. Потому как все исходит от Творца, и постигнуть Его возможно только в мере подобия свойств души Его свойствам, то 5 светов в 5 мирах есть 5 ступеней раскрытия Творца получающими. Причем, Творец и Его свет – это одно и то же относительно душ, а отличие в том, что сам Творец непостигаем, а постигаемо нами только то, что приходит к нам от Него через 125 (5x5x5) ступеней. **И то что мы постигаем, мы называем светом.**

16. Но не следует из вышесказанного делать вывод, что нет у нас свободы выбора, если мы поневоле обязаны исправиться и получить состояние 3, потому как оно уже существует в состоянии 1.

Если бы души не могли влиять на процесс исправления в состоянии 2, со стороны личного и общего управления, то мы не получили бы Тору, потому что Тора дана как инструкция достижения цели творения. Вообще наше состояние было бы абсолютно пассивным, как у животных, и переход из одного состояния в следующее проходил бы только путем страданий.

Но именно для того, чтобы мы воспользовались данным нам правом выбора пути из состояния 1 в состояние 2, дана нам Тора. Ее вручение нам, разрешение свыше на издание каббалистических сочинений и проведение непосредственного инструктажа каббалистами, людьми, уже поднявшимися в духовный мир, говорит именно о наличии свободы воли.

Дело в том, что два пути приготовил нам Творец в состоянии 2, чтобы провести нас к состоянию 3:

путь выполнения Торы и Заповедей, о котором уже говорилось,

путь страданий, когда сами страдания мучают тело и заставляют нас в конце концов изменить желание "получать", что в нас, и получить свойство желания "отдавать" и слиться с Творцом. И как сказано мудрецами: "Если сами вы возвращаетесь к исправлению – хорошо, а если нет, то Я ставлю над вами жестокого царя, и он поневоле вернет вас к исправлению".

Не следует понимать, что есть два пути и можно прийти к цели Творения также и путем страданий. Путь страданий – это не путь, а реакция на использование эгоизма, возвращающая нас вновь на путь Торы. И любой отход от пути Торы сразу же вызывает к действию на нас пути страдания, возвращающего нас вновь на путь Торы. Переход с пути страданий на путь Торы человек должен сделать в одной из своих жизней. Читающему эта возможность уже дана тем, что высшее управление вручило ему книгу, повествующую об этом.

Для всего человечества путь страданий не закончен, пока оно не осознает необходимости перехода к духовному развитию путем Торы. Все тысячелетия своего существования человечество накапливает отрицательные результаты материально-эгоистического прогресса, чтобы затем, этот накопительный процесс прервался в искреннем желании пойти путем духовного развития.

Роль Израиля в том, чтобы первым пройти этот путь. До тех пор, пока Израиль находится сам в развитии путем страданий, все человечество "помогает" ему выбрать путь Торы, преследуя и инстинктивно ненавидя его. Подробнее об этом – в конце данной книги.

Как сказано: "Злом или добром. Если заслужите – добром, а если нет – злом, страданиями". Заслужите – посредством 1-го пути, через исполнение Торы и Заповедей, что ускоряет наше исправление, и не нуждаемся в горьких страданиях и в удлинении времени успеть их получить, дабы поневоле вернули нас эти страдания к исправлению. А если нет – страданиями, т.е. только тогда, когда страдания закончат наше исправление, и придет наше исправление поневоле. И в путь страданий включаются также наказания душ в аду.

Но тем или другим путем, конец исправления, т.е. состояние 3, обязателен и предрешен из состояния 1. А вся свобода выбора наша только между путем страданий и путем Торы и Заповедей. Таким образом, выяснилось, как 3 эти состояния душ связаны и полностью обязывают друг друга к исполнению.

Конец исправления есть личный, частный, когда человек во время нахождения в нашем мире, достигает полного ощущения и слияния с Творцом, и общий, полный, когда все человечество в одном поколении взойдет на такой духовный уровень.

Отличие в том, что до общего конца исправления каждый из нас имеет возможность достичь этого состояния индивидуально, а затем, когда наступит общий конец исправления, то каждая душа получит не только свое личное постижение, но и постижения всех остальных душ, вследствие чего слияние и ощущение Творца становятся во много раз сильнее.

Двумя путями человек может прийти к осознанию необходимости исправления себя, своих желаний:

Путь Торы (дэрэх Тора) – это путь осознания эгоизма как источника всех наших зол и поэтому называется осознанием зла (акарат ра). Этот путь дает досрочное освобождение из заключения в нашем эгоистическом жестоком мире, т.е. быстрее приводит к концу исправления (гмар тикун).

Путь страданий (дэрэх исурим) – это путь естественного развития событий, когда обстоятельства вынуждают человека, тем, что нет иного выхода, как получать наслаждения только от действий "отдачи", потому как от действий "получения", от использования эгоизма испытывает огромные страдания. (Это подобно тому, как рыбам, находящимся в воде, можно создать страдания, вытащив их из воды, или выпустив из водоема воду).

У маленьких детей есть наслаждение в их играх, но по мере развития, наслаждение пропадает, и надо менять одеяния наслаждений, менять род занятий, искать новые игры, чтобы вновь ощутить наслаждение. Приходит время, когда ни от чего человек не испытывает наслаждения и удовлетворения, и тогда осознает, что только через желание отдавать можно получить удовлетворение – и от этого обращается к Торе.

Отличие между двумя путями только во времени: или теперь достичь личного конца исправления (гмар тикун прати) или вместе со всеми. Того кто возразит, что может подождать, можно спросить, а если он голоден, согласен ли месяц подождать до получения еды?

Значит, если бы ощущалось наслаждение конца исправления, его бы желали все.

Но в конце всеобщего исправления, нет различия кто шел по 1 или 2 пути, 1-ый путь ускоряет прохождение до окончания исправления, и в этом – вознаграждение выбирающих его. Но этот выбор возможен только до того, как человек обязан вступить на путь исправления. Потому что как только наступает его черед, он попадает под жесткое, бессердечное действие природных сил, лишающих его наслаждений во всем, давящих, вынуждающих искать спасение от страданий даже в отказе от эгоизма.

Заблаговременно увидеть, что не сможет никогда насладиться от одеяний искры наслаждения (постоянно необходимо менять одеяние), от утоления эгоизма (кто получил 100, начинает желать 200), очень сложно.

Для этого надо заранее предвидеть страдания, чего наше тело ни в коем случае не желает. А умножающий знание, умножает скорбь – кто не желает испытывать страдания, да не умножит свои знания! А все вознаграждение праведников (оправдывающих уже сегодня действия Творца) – до конца творения и именно в том, что могут оправдать Его действия.

Из вышесказанного следует, что все отличие между праведниками, получающими вознаграждение, каждый согласно своему духовному уровню, имеет место только до достижения состояния полного исправления. Т.е. их вознаграждение от правильного выбора в том, что выигрывают время тем, что сделали правильный выбор.

Но в состоянии конечного исправления, когда все исправлено, и все частные исправленные души соединятся в одну исправленную душу, все будут равны, и все насладятся от сияния Единого Высшего света, полностью наполняющего их, и не будет отличия между душами.

А все отличие между душами, оно только до достижения этого состояния, когда каждый получает согласно своему выбору, в последовательном получении света, собирающегося затем, в конце исправления, в один общий свет.

Для успешного преодоления пути исправления существуют несколько вспомогательных средств:

1. Каббалисты призывают всех изучать Каббалу, потому как вокруг каждой души, вокруг каждого из нас, находится окружающий его душу, свет, который, после исправления души, заполнит ее. Во время занятий, даже если человек не понимая произносит имена и названия духовных объектов, этот свет еще больше светит на него, хотя никак не ощущается человеком. Занятия в группе важны именно потому, что совместно изучение духовных структур вызывает на каждого из участников общий, возбуждающий к духовному и очищающий свет.

2. После подготовительного периода, когда начинающий изучает "Вступление в науку Каббала" по вечерам в удобное для него время, занятия желательно проводить в предутренние часы, с 3-4 часов утра, перед тем как человек уходит на работу, а затем, хотя бы недлительные, 1-2 часовые занятия вечером.

Даже если человек живет далеко от места занятий, желательно приезжать, потому что время, проведенное в пути, даст свои плоды, большие чем сами занятия. Но если это невозможно, желательно самому вставать до рассвета и изучать то, что изучает группа в другом месте.

3. Сказано в Торе "Сделай себе рава и купи себе друга". Тем, что человек вкладывает свои усилия, средства, помощь, мысли и заботу в другого, этим он создает в нем часть себя, а потому, как себя мы любим, то и эту нашу часть в другом мы любим, и только таким образом возникает любовь к другим.

Поэтому необходимо создать группу учеников, и во всех поколениях каббалисты учились в таких тесных группах. И даже внутри самой группы желательно выбрать себе несколько товарищей и работать над собой, отдавая им, потому как относиться с желанием "купить" друга ко всем сразу тяжело и непродуктивно.

4. "Сделай себе рава": найти себе учителя и, если можно, рава. Отличие учителя от рава в том, что от учителя воспринимаются только его знания, как от преподавателя, но не его путь в жизни, а рав является советником во всех вопросах, потому что считающий его равом, принижает свое понимание относительно понимания рава и заранее согласен принять любое его мнение и совет, потому как и сам стремится к тому, чтобы его мысли были в будущем, как мысли рава.

Творец помогает нам, позволив некоторым, духовно выходящим за пределы нашего мира, состоять с нами в непосредственной связи и передавать свои знания. Простой человек не осознает, что каббалист – это воистину пришелец из другого мира, специально присланный к людям Творцом.

Поскольку ученик желает приобрести духовные свойства рава, а не его сухие знания, то любая его деятельность, сближающая его с равом, предпочтительнее учебы. Прямое указание об этом следует из самой Торы: Иошуа стал предводителем выходцев из Египта после Моше не потому, что учился у него, а потому что помогал в организации работы с массами.

И именно он называется учеником Моше, а не те, кто сидел и просто учился у Моше, потому как, помогая Моше, перенял все его свойства, мысли, путь. В желании жить головой рава, его мыслями, помогать ему, и состоит это самое действенное средство достижения духовного, потому как человек использует мысли рава и свое тело для их исполнения, т.е. духовные мысли и материальные, эгоистические желания и постепенно мыслями рава исправляет свои желания. В этом и состоит отличие учебы "пэ ле озэн" от "пэ ле пэ".

17. Из выясненного, найдем ответ на вопрос 3: когда мы смотрим на себя, мы находим себя испорченными и низкими, и нет более презренных, но если мы смотрим на Того, Кто создал

нас, то мы ведь обязаны быть вершиной всего, превыше всего, под стать Тому, Кто создал нас, ведь от природы Совершенного совершать совершенные действия.

Если человек видит свои истинные качества как ничтожные и презренные, то это следствие сравнения их, пока даже подсознательного, с качествами Творца, которые начинает ощущать, еще даже не ощущая их источника. Только свет Творца дает нам представление о Его качествах и об отличии наших и Его свойств.

Из выясненного поймем, что это наше ничтожное тело, во всех его низких желаниях, вовсе не наше настоящее, совершенное, вечное тело, потому как наше настоящее тело, вечное, совершенное во всем, уже находится и существует в мире в состоянии 1, получая там совершенные свойства от будущего состояния 3, в виде получения ради отдачи, которая подобна свойству в мире Бесконечности.

И только наши, пропитанные эгоизмом, органы ощущения дают нам такое изображение Творца, которое мы называем "наш мир". Но по мере нашего исправления, т.е. в меру очищения наших органов чувств от эгоизма, мы начинаем все более явно ощущать самого Творца, а не дошедшую к нам через множество ослабляющих и искажающих экранов-ширм, картину "действительности". А конец исправления заключается именно в том, что мы ощущаем только Его и поэтому сливаемся с ним.

Ощущение Творца в нас, вернее наши реакции на Его влияние на нас, мы называем светом, потому как Он воспринимается нами, как нечто самое приятное и совершенное.

И хотя наше состояние 1 само обязывает придачу нам в состоянии 2 нечистых сил нашего тела, в его ничтожном и испорченном виде, т.е. желании получать себе, что является силой, отделяющей нас от мира бесконечности, чтобы исправить это тело, и позволить нам получить наше вечное тело в действии в состоянии 3, нет нам причин жаловаться на это вовсе, потому как наша работа возможна только в теле ничтожном и временном, ведь человек может исправить только то, что имеет.

В данном состоянии мы находимся в самом наинизшем нашем духовном уровне. Но поднимаясь духовно именно из этого состояния, мы приобретаем по мере духовного возвышения все те ощущения и навыки, которые необходимы для полного ощущения наслаждения Творцом.

Это подобно притче: король пожелал сделать из своего раба самого близкого себе приближенного. Но как это возможно, ведь это раб, невежественный и далекий от знаний и положения приближенных короля. Как же он может его возвысить выше всех?

Что сделал король? Поставив раба служить сторожем, приказал слугам своим разыграть будто они собираются свергнуть и убить короля. Так и было сделано, слуги разыгрывали интриги и нападения, а несчастный раб, не щадя жизни, спасал своего короля с необычайным героизмом, настолько, что все убедились в его великой преданности королю.

Тогда, раскрыли всем секрет, что это была всего лишь шутка. И все преисполнились смеха и веселья, особенно, когда нападающие пересказывали, как они разыгрывали эту шутку и каким страхом преисполнился от их действий раб.

Но, поскольку этого еще недостаточно, чтобы возвысить раба до положения самого приближенного к королю, придумал король еще много подобных розыгрышей, и каждый раз несчастный раб доказывал свою верность королю, стоя за него насмерть, не щадя себя, и каждый раз разыгрывающие смеялись, рассказывая, как они обыгрывают нападения на короля.

И хотя раб уже заранее знал, что нет никаких врагов короля, а все нападающие это только переодетые слуги короля, выполняющие его желания, нападающие каждый раз выдумывали такие обстоятельства, что несчастный вынужден был верить в их истинность.

Но, борясь с "нападающими" на любимого короля, приобрел раб разум – от познания в конце -, и любовь – от познания в начале -, и стал в итоге достойным находиться вблизи короля.

Самое невероятное и прекрасное, что несмотря на то, что хотя и знает человек, что все исходит от любящего его Творца, и как игра, все перемены его состояний, и только к лучшему все, но все равно галут утверждает свою силу, и нет никакой возможности облегчить себе войну с эгоизмом и страшными угрозами посылаемых Творцом внешних обстоятельств.

Поэтому мы находимся в совершенстве, достойном нашего совершенного Создателя, также и в состоянии 2, ведь тело нисколько не обесценивает нас, потому что уготовано умереть и исчезнуть и приготовлено нам только на определенное время, необходимое для его уничтожения и получения взамен его вечной формы.

Наше состояние можно представить так: человек находится в вечном, полном совершенства и бесконечных наслаждений, Создателе и сам же таков, но только пелена, наброшенная на все его чувства, называемая эгоизмом, не позволяет ему ощущать свое истинное состояние.

Поэтому и в состоянии 2 мы находимся в том же совершенстве, что и состоянии 1 и 3, а все отличие между истинным ощущением и теперешним – только в нашем ощущении. И вот чтобы исправить наши ощущения от этой пелены, мы и должны своими силами пройти ряд состояний до исправления нашего ощущения, уничтожением эгоизма, как помехи нашему чувственному слиянию с Творцом.

Желание самонаслаждения должно перейти в желание получить наслаждение ради Творца – изменить необходимо только наше намерение, но не действие, да и кли создано только "получающим", способным только получать или не получать, но не отдавать. Отдавать оно может только свое намерение, но как трудно, а без помощи Творца и невозможно это совершить.

Совпадением свойств называется состояние, когда человек просит Творца: "Дай мне наслаждения, потому что я хочу доставить тебе радость!", хотя желает получить для себя, но отказывается ради Творца от своего природного желания.

Но человек не может исправить то, что не чувствует испорченным. Поэтому он должен прежде всего дойти до обнаружения, выявления порчи, сидящей в нем. Только тогда у него появляется настоящая возможность исправить ее, потому что выявление порчи дает четкое осознание и ощущение того, что отделяет его от Творца. А ощущение отдаленности от Творца рождает в человеке ненависть к тем свойствам в нем, которые виновны в этом.

Поэтому после выявления зла в состоянии 1, начинает человек достигать соответствия намерений с Творцом (иштавут цура) в состоянии 2: насколько

Творец желает дать человеку, настолько человек желает все отдать Творцу. И это называется качество, свойство "хасид": твоё твоё и моё твоё, т.е. только желание отдачи. Как уже указывалось, получение для поддержания существования физического тела, то что необходимо для семьи – не считаются получением, потому как вытекают из самого нашего существования в рамках требований природы нашего мира.

Другими словами, все что не с намерением самонасладиться – не получение. Можно много есть без наслаждения, или мало с самонаслаждением, или много ради другого. Не количество поглощаемой пищи, а интенсивность намерения определяет сколько человек отдал или получил. Но само наслаждение должно быть от мысли, что меня избрал Творец приблизить к себе, и я могу ответить Ему.

18. Заодно, поймем вопрос 5, как возможно, что из вечного произойдут действия временные и ничтожные. Из сказанного понятно, что в действительности мы находимся относительно Творца, в состоянии достойном Его вечности, т.е. как творения

вечные во всем совершенстве, и наша вечность обязывает к тому, что эгоизм тела, данный нам только для работы, должен быть уничтожен, ведь если бы оставался вечным, оставались бы мы отделенными от вечного существования.

И уже говорили в п.13, что эта форма нашего тела, желание получать только для себя, совершенно отсутствует в замысле вечного творения, поскольку там находимся мы в нашем состоянии 3, но оно навязано нам в состоянии 2, чтобы дать нам возможность исправить его.

И нет места вопросу о прочих творениях нашего мира, кроме человека, ведь поскольку человек есть центр всего творения, то совершенно не важны прочие творения, и нет им значения, а только в той мере, в которой они помогают человеку достичь совершенства, и потому они поднимаются и опускаются с ним, без всякого личного расчета с ними.

Осознание зла (акарат ра) означает видеть свое зло, как видишь в других их пороки. Поскольку Каббала говорит только о постижении человеком Творца, то мы никогда не говорим о свойствах абстрактно, отделяя их от носителя, а только о том, как свойство воспринимается человеком.

Поэтому грешником мы называем человека, который достиг такого уровня духовного роста, что постиг все свои дурные качества и именно поэтому утверждает, что он грешник. Праведник – это человек, достигший такого духовного уровня, на котором он уже в состоянии оправдать все действия Творца, как следствие своего постижения творения. Это в корне расходится с принятым в нашем мире, когда грешником мы называем другого, а праведником считаем себя, потому что готовы оправдать все наши действия.

Человек обязан верить (верить обязать нельзя! Такие фразы указывают, что есть уровень, когда человек верит, и этот уровень человек обязан постигнуть, и это значит "обязан верить") в сказанное мудрецами, что все наслаждения нашего мира – всего лишь маленькая искра света, упавшая (вброшенная силой, желанием Творца, против закона подобия света и кли – желания, получающего свет) в наш мир, чтобы пока человек не дошел до состояния получения наслаждений от действий отдачи Творцу, мог хоть чем-то наслаждаться, потому что без получения хоть какого-то наслаждения человек, эгоизм, существовать не может.

На настоящий свет, называемый Тора, есть запрет а потому и сокрытие его, до тех пор, пока не достигнем состояния "ради Творца". Тогда, в соответствии с силой наших намерений ради Творца, мы сможем получать наслаждение от света, что называется получить Тору. Например, при одевании цицит, ощутим огромное наслаждение, большее чем все наслаждения как нашего, так и духовного миров.

Действие никогда не сложно совершить. Подтверждение этому, что все покупается и продается, вопрос только в размере вознаграждения.

Потому как совершить действие или нет зависит только от желания самого человека. А за хорошее вознаграждение работать согласится каждый. Но не так обстоит дело с намерением: ни за какие вознаграждения невозможно изменить намерение, потому что меняя намерение, мы превращаем действие из маленького в большое, из тяжелого в легкое и вовсе меняем действие, из получения обращаем его в отдачу.

Только отказом от наслаждение искрой света, т.е. через эгоистические ее одеяния, можно выйти к состоянию отдачи (леашпиа аль минат леашпиа), а затем и к получению ради Творца (лекабэль аль минат леашпиа).

19. Одновременно с этим понятен вопрос 4, поскольку Добрый не может совершать зло, как же мог задумать создать творения, чтобы страдали в течение всей своей жизни.

Но как сказано, все эти страдания обязываются нашим состоянием 1, где совершенство и вечность, которые там, получаемые из будущего состояния 3, вынуждает нас идти путем Торы или путем страданий, и достичь состояния 3 навечно.

Причина и цель всех страданий в мире – дабы человечество осознало как факт, что источником всех его страданий является эгоизм и что только пожелав отказаться от него, человечество обретет совершенство.

Оторвавшись от эгоизма, мы тем самым отрываемся от всех неприятных ощущений, которые проходят по нему, как по форме обратной Создателю.

А все эти страдания связаны только с эгоизмом нашего тела, который и создан только для смерти его и погребения, что учит нас, что находящееся в нем желание получить себе, создано лишь для его искоренения из мира и обращения в желание отдавать, а все наши страдания, не более, чем раскрытие ничтожности и вреда, находящихся в нем.

И пойми, когда весь мир согласится освободиться и уничтожить желание получить себе, и будет во всех только желание отдавать другим, исключат этим все тревоги и все вредное в мире, и каждый будет уверен в здоровой и полной жизни, потому как у каждого из нас будет весь большой мир, заботящийся о нем и о его нуждах.

Но когда у каждого есть только желание получить себе, отсюда и исходят все тревоги и страдания, убийства и войны, и не избавиться от этого. И это ослабляет тело всякими болезнями и болями.

Отсюда видно, что все страдания в нашем мире, чтобы раскрыть наши глаза, подтолкнуть нас избавиться от злого эгоизма тела и получить совершенную форму желания отдавать.

И как сказано, путь страданий сам в состоянии привести нас к желательному состоянию. И знай, что заповеди отношения

между людьми важнее заповеди отношения к Творцу, потому как отдача другим приводит к отдаче Творцу.

Творцом созданы 2 противостоящие системы эгоистических и альтруистических сил, а цель в том, чтобы тьма светила как свет (хашеха ке ора яир), т.е. весь эгоизм обратился в альтруизм и получилось в итоге двойная альтруистическая сила, двойной выигрыш. Но как соединить эти 2 противоположные системы?

Это возможно только в человеке, находящемся под течением времени: поначалу на него в течение "13 лет" действует нечистая система сил, от которой он приобретает эгоистические желания. А затем, с помощью "Торы и Заповедей" – изучая Каббалу, прилепляясь к Учителю, вкладывая во все свои поступки в жизни мысль о том, что все они являются средством сближения с Творцом, он преобразует свои эгоистические желания в альтруистические и т.о. переводит противоположную, нечистую систему в чистую. В итоге две противоположности сливаются в одно целое, и поэтому исчезает система нечистых сил.

Поскольку наша природа – это абсолютный эгоизм, то мы не в состоянии понять, как можно отдавать без всякого вознаграждения. Если бы не помощь Творца в этом, мы бы не смогли измениться: только когда свет входит в эгоистическое кли, он меняет его природу на противоположную, на свою.

Но как свет может войти в эгоистическое кли, ведь они полярно отдалены друг от друга? Есть особый свет исправления (ор А"Б-СА"Г), который приходит не для услаждения, а для исправления. Поэтому вся наша работа в молитве-просьбе к Творцу, чтобы сделал нам это, послал нам свет для нашего исправления. Но для этого мы должны настолько захотеть исправления, чтобы Творец ответил нам.

Для того, чтобы достичь такой просьбы, есть несколько вспомогательных средств. Одно из них – это выполнение альтруистических действий (не намерений, их мы еще не может дать) Творцу или себе подобным.

К Творцу нам очень трудно совершать какие-либо действия: не видя результата мы не ощущаем никакого удовлетворения от проделанного. К себе же подобным мы можем совершать альтруистические действия, потому как есть удовлетворение от наших действий, их результата.

Поэтому "любовь к ближнему", "возлюби ближнего" есть главное средство Торы для достижения цели – любви к Творцу. Потому как наблюдения за хорошими следствиями наших альтруистических поступков к себе подобным помогают нам постепенно осознать и оценить свойство альтруизма и просить о возможности делать такие же действия Творцу. Причем наши действия могут оставаться теми же, но меняется их мотивировка: накормит бедного не из чувства сострадания (успокоения своей эгоистической боли от ощущения его состояния), а ради Творца.

20. После всего выясненного разрешается вопрос 1: кто мы? Потому как наша суть, как суть всех частей творения не более и не менее, как желание получить, но не в том виде, как это предстает нам в состоянии 2, как желание получить только для себя, а в том виде, в каком находится в состоянии 1, в мире Бесконечности, т.е. в своей вечной форме, как желание давать наслаждение Творцу.

Наша суть – это желание получить наслаждения ради Творца – форма подобная Творцу, совершенная и вечная. А ощущаемая нами на данный момент свойство насладиться ради себя – это не наше свойство, а искусственно данное нам, пелена на наши настоящие, совершенные качества.

И хотя еще в действительности не достигли состояния 3, и еще мы в рамках времени, все равно это нисколько не умаляет нашу суть, потому что наше состояние 3 гарантировано нам из состояния 1, а получающий в будущем подобен получившему.

Ведь фактор времени является недостатком только там, где есть сомнения, закончит ли, то что должен в отведенное время. А поскольку у нас нет никакого сомнения, то это подобно тому, как будто пришли мы уже в состояние 3.

А наше плохое тело, данное нам в настоящем, не принижает нашу суть, потому как оно и все его приобретения исчезнут вместе с системой нечистых сил, его источником, а исчезающий подобен исчезнувшему, и будто никогда не существовавший.

Более того, мы не только отказываемся от нашего тела, но и преобразовываем его в те же свойства, которыми обладает наша душа. В итоге мы выигрываем вдвойне: получаем наслаждения, не ограниченные размером нашего желания, а бесконечные, потому как отдавать можно бесконечно и достигаем нашим исправленным телом слияния с Творцом.

Но душа, одетая в это тело, суть которой тоже желание, но желание отдавать, исходящее нам из системы чистых миров АБЕ"А, существует вечно, потому как вид этого желания отдавать подобен вечной жизни, и она не меняется.

21. И не верь мнению философов, утверждающих, что суть души это материал разума, и жизненная сила ее исходит только из ее познаний, от этого растет и этим оживляется, и ее бессмертие после смерти тела полностью зависит от меры приобретенных знаний, настолько, что без них нет у нее основы, на которой покоится бессмертие – все это вовсе не мнение Торы.

А также сердце не согласно на это, и каждый, приобретающий знания, знает и чувствует, что ум – это приобретение, а не суть.

Ум это такое же точно приобретение, как приобретение материальной вещи, покупка чего-либо. И все наслаждение, получаемое от использования ума, исходит также, как и остальные эгоистические наслаждения, от системы нечистых сил. Ведь только наслаждение от отдачи, чистого альтруизма, исходит от системы чистых миров АБЕ"А.

А как сказано, что весь материал нового творения, как материал духовных объектов, так и материал материальных объектов, не более и не менее как желание получить (а то, что сказано, что душа – это желание только отдавать, то это от ее исправления, облачением в отражаемый свет, получаемый ею от высших миров, из которых она нисходит к нам, но суть души – это тоже только желание получить).

Наслаждение, исходящее от Творца, называется прямым светом, ор яшар, потому как исходит прямо из Его желания относительно нас. Наше намерение при получении света Творца, называется отраженным светом – ор хозэр. Изменение намерения изменяет само действие с получения на отдачу.

Получение наслаждения, исходящего из Творца, возможно только в той мере, в какой отраженный свет облачает прямой свет. Ощущение Творца возможно только в мере наличия у человека отраженного света, в мере силы противодействия эгоистическому наслаждению.

А все отличие, данное нам различать объекты, поэтому, есть не более, чем различие в их желаниях.

Желание определяет все свойства в творении – физические, химические, функционирование на всех уровнях биологического организма и пр., на всех уровнях неживой, растительной, животной природы и в человеке.

Сами желания человек получает свыше, но уже затем, своими занятиями, сознательно прося Творца, может их изменить.

Потому как желание каждой сути рождает ее потребности, а потребности рождают ее мысли и познания в мере, необходимой для достижения желаемого, которое желание получить вынуждает ее.

И как желания людей отличны один от другого, также их потребности, мысли и знания отличны один от другого. Например, желания получить, ограниченные только животными наслаждениями, используют и подчиняют ум исключительно для достижения этих желаний.

А те, желание получить которых требует человеческих наслаждений, таких как почести и власть над другими, не имеющимися у животного типа, то их основные потребности, мысли и знания, только чтобы наполнить это их желание, чем только возможно.

Мы видим, что чем выше желание, тем оно более способно подавлять более низкие желания. Например, человек во имя познаний или славы в состоянии пренебречь своим имуществом или здоровьем — животными желаниями и т.д.

А те, чье желание получить требует в основном знания, то основные их потребности, мысли и знания, чтобы наполнить их желание требующимся.

Человек рождается с желаниями:

а) наслаждения животные — получаемые от неживого, растительного, животного уровней творения;

б) наслаждения почестями — получаемые от неживого, растительного, животного, человеческого уровней творения; от страданий равных себе, как посторонних, так и близких себе;

в) наслаждения знаниями — получаемые от неживого, растительного, животного, человеческого уровней творения С этими тремя видами человеческих желаний рождается каждый из нас. Вид а) самый примитивный, с видами желаний б) и в) человек использует свой разум.

г) наслаждения от работы ради Творца человек получает из более высших, чем неживой, растительный, животный, человеческий уровень творения, духовных источников.

Если человек находится в процессе духовной работы, то все предыдущие виды наслаждения: а),б),в) включаются также в его работу, весь мир т.о. поднимается вместе с ним и получает собственное исправление через такого человека.

Поэтому сказано, что Творец помещает в каждом поколении несколько праведников (праведником называется оправдывающий действия Творца, тем, что духовно поднялся, достиг цели творения и утверждает всеми своими ощущениями, что Творец прав), которые включают в себя остальной мир, его мелкий эгоизм, и продвигают его т.о. все ближе и ближе к осознанному восприятию цели творения, до тех пор, пока остальные люди не достигнут уровня сознательного понимания и внутреннего стремления к цели творения.

Но весь неживой растительный и животный миры, не имея достаточного развития, вследствие незначительной в них меры эгоизма, не могут исправить свою природу, а человек, исправляя себя, исправляет их. И также уровни неживого, растительного, животного в человеке (а, б, в), не могут исправить себя, а человеческий уровень в человеке (г), желающий связи с Творцом, исправляя себя, включает в себя и их исправление.

22. И эти 3 вида желаний находятся в основном во всех людях, но сочетаются в каждом в разных пропорциях, и отсюда все отличие людей друг от друга. А из материальных свойств поймем духовные свойства, по их духовной величине.

Не только эти три вида желания находятся в каждом из нас в различной пропорции, но они также постоянно меняются, и т.о. человек постоянно стремится к различным одеяниям высшего света в нашем мире и этим развивается.

Первые три вида желания насладиться находятся в нас с момента рождения, т.е. с момента нашего рождения мы готовы к наслаждению ими, в противоположность четвертому желанию

– его получают избранные, имеющие так называемую "нэкуда ше ба лев" – "точку в сердце", обратная часть (ахораим) чистой души.

23. Также и души людей, духовны, облачением в отражающий свет, получаемый от высших миров, из которых они нисходят, нет в них ничего, кроме желания отдавать ради Творца, желание это и есть суть души, а после облачения ее в тело человека, она рождает в нем потребности, мысли и разум, наполнить полностью ее желание отдавать, т.е. отдавать наслаждение Творцу, согласно величине желания в ней.

Благодаря стремлению, создаваемому точкой в сердце, человек с помощью изучения Каббалы достигает желания "получать" ради Творца.

В Заповедях есть огромные наслаждения, но и, соответственно им, большое скрытие этих наслаждений, чтобы не привлечь недостойных, т.е. еще не подготовленных к получению этих наслаждений ради Творца, дабы не почувствовали этих огромных наслаждений и не стали еще большими рабами эгоистического стремления самонасладиться.

И чем большее наслаждение есть в Заповеди, тем меньше простого смысла есть в ней, потому что чем больше света в духовном действии, тем значит оно более удалено от нас, нашего разума и постижения и поэтому кажется более лишенным смысла.

Смысл Заповеди (таам мицвот) начинает ощущаться только при получении ради Творца, потому как иначе получит ради себя, еще глубже погрязнет в эгоизме, еще труднее будет выйти из него.

И поэтому до появления в человеке соответствующих сил, на все, несоответствующие его уровню, духовные наслаждения, наброшено покрытие (астара). Поэтому все наслаждения ощущаются как незначительные.

В общем, вознаграждение от выполнения заповеди может ощущаться или не ощущаться человеком: вначале ощущается наслаждение, например от субботней трапезы, наслаждение, по сравнению с духовными, незначительное, данное для того, чтобы человек дошел до состояния получать это наслаждение ради Творца, а затем ему уже предлагается наслаждение, например, от цицит, ранее скрытое от него, потому как намного большее, чем от трапезы, чтобы и его мог получить ради Творца.

Если наслаждение от выполнения заповеди не ощущается, то это по причине несоответствия свойств человека духовному уровню, выполненной механически Заповеди. Как только человек достигнет подобия желаний с той духовной ступенью, на которой находится данная Заповедь, он тут же ощутит наслаждение при ее выполнении.

24. А потому как суть тела – это только желание получить для себя, а все что получает – это наполнение испорченного желания получить, изначально созданного только для уничтожения из мира, чтобы придти к состоянию 3, что в конце исправления.

Поэтому оно (тело) меняющееся, несовершенное, как и все его приобретения, проходящие как тень, не оставляющие за собою ничего. Поэтому все человеческие приобретения, даже включая самые высокие из них – знания, умирают вместе с телом и помогают человеку только в той мере, в которой дают ему возможность осознать их временность и никчемность.

Но потому как суть души – это только желание отдавать, а все ее приобретения – это наполнения желания отдавать, которое уже существует в вечном состоянии 1, как и в состоянии 3, приходящем в наши ощущения в будущем, поэтому (душа) совершенна неизменяема и незаменяема, а как сама, так и все ее приобретения – вечные и навечно, не пропадающие от смерти тела, а наоборот, когда испорченная форма тела исчезает, душа укрепляется и может подняться ввысь, в рай.

Только усилия человека исправить себя и постичь Творца остаются в вечном его владении и не пропадают вместе с исчезновением тела, а продолжают участвовать в исправлении, а затем и в получении света Творца.

Т.о. мы выяснили, что вечность души не зависит вовсе от знаний, которые получила, как считают философы, а ее вечность сама ее суть, потому как ее суть желание отдавать. А знания, приобретенные ею, это вознаграждение ее, а не сама она.

25. Отсюда мы находим ответ на исследование 5: если тело настолько испорченное, что пока оно не разложится, не может душа войти в него, зачем же возвращается и оживает воскрешением мертвых. Причем, как сказали мудрецы, мертвые оживают со своими недостатками, чтобы не сказали, что это не те.

Поймем это, исходя из самого замысла творения, т.е. из состояния 1, потому как замысел насладить творения обязывает создать в душах огромное желание получить, получить то наслаждение, что в замысле творения, потому как огромное наслаждение требует огромного желания.

Уже сказано, что огромное желание получить – это весь новый материал творения, потому, что не нуждается более ни в чем, чтобы выполнить замысел творения, а совершенный Создатель не создает ничего лишнего.

Также сказано, что это чрезмерное желание получить абсолютно исключено из системы чистых миров и придано системе нечистых миров, из которой выходят испорченные тела, их питание и управление в нашем мире, до достижения человеком 13 лет, когда выполнением Торы, начинает постигать чистую душу, питаясь из системы чистых миров, в мере той души, которую постиг.

Время, необходимое для постижения полного эгоистического желания, называется "13 лет", но никоим образом не связано с годами, временем в нашем мире. В этот период времени человек меняет одеяния своего эгоизма, постепенно развиваются желания наслаждаться от все больших одеяний эгоизма и т.о. человек продвигается.

Происходит это всевозможными изменениями ситуаций в нашем мире, когда человек попадает по замыслу Творца в различные, подчас кажущиеся ему безысходными, ситуации. Состояния, в которых он оказывается настолько давят на него, вызывая страдания, что вынуждают отказываться от прежних источников наслаждений и искать новые: человек постепенно разочаровывается в стремлении к животным наслаждениям, к наслаждению от власти, почета, знаний и пр., т.е. постоянно меняет внешнее облачение искры наслаждения.

Движения человека всегда вынужденные, потому как наш эгоизм стремится к состоянию покоя. Для того, чтобы человек двигался существуют две силы, которые понимает наш эгоизм: наслаждение (тянет вперед) и страдание (толкает сзади).

Человек может двигаться только от страданий к наслаждениям. Но есть еще сила веры: человек встает на работу, хотя это вызывает в нем страдание, потому что знает, что так надо. И в этом наша свобода выбора – поверить, что нам надо спасать себя!

Нет у человека выбора быть умным, богатым и пр. – есть выбор только быть грешником или праведником и необходимо просить Творца, чтобы помог сделать правильный выбор, чтобы Творец дал человеку потребность в духовном. Но вслед за ступенями постижения управления наказанием и вознаграждением (ашгаха схар вэ онэш) человек постигает личное управление (ашгаха пратит).

Это две последовательные ступени постижения Высшего управления и нельзя, прежде чем человек не находится на ступени личного управления, утверждать, что он поступает в соответствии с законами этой ступени, утверждать, что все делает Творец, а от человека ничего не зависит. Человек должен постоянно осознавать, что всегда есть что-то выше того, что он знает!

Также и в учебе, человек постепенно постигает, что он ничего не знает, это и есть настоящее истинное знание, а далее, если страдает от этого, то Творец наполняет его страдания-кли светом знания. Поэтому ощущение того, что "ничего не знаю" обычно предшествует пониманию и духовному подъему.

И все это для роста, чтобы не остался недоразвитым. Недоразвитым называется человек, который вовремя не меняет внешнее обличие наслаждений: как, например, невеста еще желает куклу, вместо жениха. Смена внешних одеяний искры наслаждения происходит только по причине разочарования в имеющемся одеянии, потому что уже не может человек насладиться искрой в данном обличие. И так он меняет левушим – одеяния искры света, пока не приблизится к истине.

После достижения уровня "13 лет", человек начинает приобретать силу противодействия эгоизму (экран – масах), желание отдавать ради Творца (леашпиа аль минат леашпиа). Этот период приобретения альтруистических желаний все отдавать называется 6,000 лет. А затем человек начинает и "получать" ради Творца (лекабэль аль минат леашпиа). И это называется седьмое тысячелетие.

Также сказано, что в течение 6,000 лет, данных нам для работы в Торе и заповедях, нет никаких исправлений для тела, т.е. для огромного желания получить, заключенного в нем.

После периода накопления, взращивания эгоизма, именуемого 13 лет, человек вступает в период, называемый 6,000 лет. В течение 6,000 лет или на языке Каббалы, пройдя 6,000 ступеней приобретения желания отдавать, человек достигает своего исправления в уничтожении стыда при получении наслаждения и поэтому может после приобретения свойств этих 6,000 ступеней начать оживлять свое тело и получать в него наслаждения ради Творца.

На языке Каббалы исправление в течение 6,000 лет называется приобретение силы отдачи – ор хозэр – отраженного света, намерения все делать только ради Творца, все отдавать Творцу. Достичь этого совершенства обязаны все творения. В той мере, в которой человек еще не достиг желания отдавать, он находится в астара – сокрытии Творца от него.

Сокрытие Творца от нас, сокрытие того, что все мы получаем только от Него, что получаем от Него только доброе, необходимо для того, чтобы мы не сгорели от стыда. Поэтому сокрытие Творца – для нашего блага.

А все исправления, приходящие в это время от нашей работы, они приходят только для души, которая вследствие этого поднимается на высшие ступени чистоты, что значит, только для увеличения желания отдавать, нисходящего с душой.

Отсюда конец тела умереть, быть погребенным и сгнить, потому как, не получив для себя никакого исправления, не может оставаться таким, ведь в конце-концов, если исчезнет это огромное желание получить из мира, не исполнится замысел творения, т.е. не получат все огромные наслаждения, уготовленные творениям, потому как огромное желание насладиться и огромное наслаждение взаимосвязаны. И в той мере, в которой уменьшится желание получить, в той же мере уменьшится наслаждение от получения.

После того, как человек приобрел масах, желание отдавать Творцу, он воскрешает свой эгоизм во всех его пороках, но с помощью масаха использует уже эгоизм на получение ради Творца и наслаждается от отдачи Творцу. (Со стороны Творца тот, кто наслаждается в любой ситуации, от любых наслаждений, выполняет замысел творения).

В итоге исправления намерения насладиться, человек получает двойное вознаграждение: наслаждение от самого наслаждения, потому что если не наслаждается, не наслаждает Творца и, кроме того, наслаждение от слияния с Творцом

26. Как уже говорилось, состояние 1 совершенно и обязывает состояние 3, чтобы вышло во всей полноте, что в замысле творения, что в состоянии 1, ни в чем не менее, чем задумано.

И поэтому, обязывает состояние 1 воскрешение мертвых тел. То есть их огромное желание получить, уже разложившееся в состоянии 2, обязано воскреснуть заново, во всем своем чрезмерном виде, без всяких сокращений, т.е. со всеми своими недостатками, бывшими в нем.

И начинается заново работа, чтобы обратить огромное желание получить в желание отдавать ради Творца. Этим выигрываем вдвойне:

а) есть место в нас получить все наслаждение, что в замысле творения, тем, что есть у нас огромное тело, желающее получить в себя, соответствующее этим наслаждениям.

б) поскольку получение на условии получения только в мере отдачи ради Творца, то такое получение считается как полная отдача, этим достигли также подобия свойств, т.е. слияния с Творцом, что является состоянием 3. Т.о. состояние 1 обязывает воскрешение мертвых.

После периода 6,000лет, называемого состоянием 2, человек переходит к работе в состоянии 3 – получению ради Творца. И при этом он уже не испытывает никакого чувства стыда, поскольку получает не в свои эгоистические желания, а в новое желание-намерение, называемое отраженный свет – ор хозэр, и в соответствии с величиной этого отраженного света, или что то же, в соответствии с величиной своего экрана – масаха, противоэгоистической силы, он получает, не более и не менее, а точно по силе своего чистого намерения (кавана) наслаждение, еще в начале творения уготованное для него (получает свет не в АХА"П дэ алия, а в АХА"П дэ ерида, ба маком).

27. Поэтому воскрешение мертвых будет вблизи окончания исправления, т.е. в конце состояния 2. Потому как удостоились

искоренить наше огромное желание получить и получили желание отдавать, и после того, как удостоились всех прекрасных чистых ступеней, что в душе.

Душой называется как желание отдавать, так и свет, наполняющий это желание, светящий человеку, пришедшему к уровню отдачи ради Творца (леашпиа аль минат леашпиа).

Виды души, которые мы получаем согласно входящему в нас свету, называются нэфэш, руах, нэшама, хая, йехида. В этом наша работа по искоренению желания получить.

Не желая использовать желание получить самонаслаждения, человек достигает ступеней наранха"й – сокращение названий светов: нэфэш, руах, нэшама, хая, йехида.

Вот тогда он приходит к огромному совершенству, настолько, что можно воскресить заново тело.

Тело – это наше желание получить. Воскресить тело – возвратиться использовать эти желания. И оно не вредит нам более, отделяя нас от слияния, а наоборот, мы преодолеваем его и даем ему свойство отдавать.

И так происходит в каждом плохом частном свойстве: если желаем мы избавиться от него, поначалу мы должны отстранить его полностью, до конца, чтобы не осталось от него ничего.

Отстраниться полностью от использования желания означает желать только все отдавать Творцу (леашпиа аль минат леашпиа). Желание Творца насладить творения. Поэтому создал их и придал им желание получить наслаждение. Поэтому каждый из сотворенных заботится только о своем благополучии.

Обычно воспитывают человека так, что все его действия должны быть "ради Творца" (ле шем шамаим). Но когда он начинает пытаться сделать своим намерением намерение "ради Творца", он обнаруживает, что это невозможно, потому как его тело сопротивляется этому. А причина этого сопротивления в том, что человек создан с желанием получить самонаслаждение, поэтому нет у человека иной причины, которая могла бы обязать его действовать!

И если человек видит, что все мысли только для собственного блага, но желает придти к правде, т.е. намерению "ради Творца", то ощущает потребность в помощи.

Поэтому сказано мудрецами: "Приходящему исправиться, помогают". Приходящему – означает, что человек обязан сам начать работу по своему исправлению.

Почему же Творец не делает все сам? Сказано: "Эгоизм человека восстает против него каждый день, и если Творец не поможет, не в состоянии человек сам ничего сделать". Отсюда видим, что человек обязан начать, а Творец приходит на помощь ему.

Но почему не дано человеку самому не только начать, но и закончить эту работу по исправлению себя? Все положительное мы относим к Творцу, а все отрицательное относим к творениям: отдача и наслаждения, свет и совершенство относятся к Творцу, а всевозможные недостатки относятся к творениям. Другими словами, действие отдачи относится к Творцу, а действие получения относится к созданию.

Потому как желание Творца в том, чтобы человек удостоился света и постижения, то Творец делает так, чтобы без помощи Творца человек не смог достичь намерения "отдавать". Видим, что в замысле творения было то, что человек не сможет сам достичь цели Творения, закончить свою работу и будет нуждаться в помощи свыше. И это для того, чтобы смог удостоиться света свыше, каждый раз от все более высшей ступени.

И поэтому сказано: "Приходящему исправиться, помогают". И спрашивает Зоар: "Чем помогают?" И отвечает: "Душой". Т.е. если человек просит силы для того, чтобы преодолеть себя, помогают ему "душой", т.е. силой противодействия эгоизму: когда он рождается дают ему нэфэш, стремится быть еще чище – дают ему руах, желает стать еще чище, т.е. еще больше увеличить свои намерения "ради Творца" – дают ему нэшама.

Видим, что каждый раз человек получает все более высокую душу, чтобы она, этот свет, помог ему достичь цели, чтобы он стал только все отдавать Творцу (машпиа аль минат леашпиа). А вследствие того, что желает быть весь только в отдаче Творцу, он удостаивается всех светов наранха"й.

А когда человек достиг всей ступени нэфэш (наранха"й дэ нэфэш), то он знает, что желание получить можно использовать только с намерением отдавать и поэтому у него уже есть силы "получать" ради Творца. И он получает все с его желанием получить, и также находится в слиянии с Творцом, потому что получает с намерением ради Творца. И это состояние называется воскрешение мертвых: желание получить, бывшее в состоянии смерти, потому как не использовал его, возвращается к жизни, используется.

Поэтому сказано: "Грешники мертвы еще при жизни". Известно, что человек может изменить свои убеждения и действия, только если приходит к выводу, что они вредят ему. И это смысл осознания зла: когда человек познает, что есть для него зло в нем, в его мыслях и действиях, тогда он оставляет свой путь. Но до осознания такого состояния не может быть праведником.

Отсюда видно, что "грешники" – это не те, кто совершили проступки, а те, кто осознают себя такими, потому как ощущают зло свое, зло в себе, осознают свое зло. "Мертвы еще при жизни" – жизнь это постоянное получение. Но он чувствует, что получение смерти подобно, поэтому по его ощущению так себя и называет: "Грешник, мертв еще при жизни".

Но когда человек приходит к осознанию всего этого, не желает использовать свое желание получить, а использует желание отдавать. А когда заканчивает всю работу отдачи (машпиа аль минат леашпиа), он может использовать и свои прошлые желание получить, для получения ради Творца (лекабэль аль минат леашпиа).

И все прошлые желания получить, мертвые, потому как не желал их использовать, начинает их использовать, воскрешает к жизни, потому как жизнью считается возможность отдавать, и теперь он может использовать даже желания получать ради отдачи, потому как может "получать" с намерением "отдавать". И этот уровень человека называется его воскрешением.

А затем возможно вернуться, получить и управлять им, как средством. Но до тех пор, пока не отвергли его мы полностью, невозможно вообще управлять им, как нужным средством.

28. И так говорят мудрецы: " В будущем мертвецы воскреснут в своих пороках, а затем излечатся, т.е. вначале воскресает к жизни то же тело, ничем не ограниченное желание получить, как взращенное от системы нечистых миров, прежде чем удостоились очистить его Торой и Заповедями, во всех его недостатках.

И тогда мы начинаем новую работу: обратить это огромное желание получить в отдачу для его исправления.

В то время, когда человек в состоянии принять на себя намерение "ради Творца", то его желание получить не считается пороком, а наоборот. Это подобно примеру, приведенному Бааль Сулам: чем больше гость восхищается угощением, тем больше доволен хозяин. Но если гость не в состоянии откушать, то хозяин огорчается.

Вывод: когда есть у человека желание получить, в которое он может получить, потому что есть у него намерение ради Творца и находится в подобии свойств Творцу, чем его желание получить больше, Творец наслаждается больше (РАБА"Ш).

А причина того, чтобы не сказали, что это другое тело – чтобы не сказали, что оно с другими свойствами, чем задумано в замысле творения, где находится это огромное желание получить, но временно, пока еще даны нам нечистые силы для очищения. Нельзя, чтобы это было другое тело, ведь если будет меньше каким-то желанием, то будто оно совсем другое, и не подходит вовсе к наслаждению, что в замысле творения в состоянии 1.

Желание насладить творения создало нас, чтобы получили все лучшее наслаждение. Схематически: желает Творец дать 100 ступеней наслаждения, отсюда величина желания насладиться должна быть в 100 ступеней.

В состоянии Эйн Соф – бесконечности, когда все 100 ступеней наслаждения наполнили все 100 ступеней желания, считается, что все творение наполнено светом Творца , потому что не остается ничего не заполненного, ни одного незаполненного желания.

Находим, что если остается какая-либо часть желания получить, которая не используется, то будет отсутствовать свет, соответствующий этому желанию. А как может быть конец исправления, если еще недостает чего-то? И поэтому сказано, что все обязано прийти к своему исправлению (РАБА"Ш).

29. Из всего выясненного, находим ответ на вопрос 2, какова наша роль в длинной цепочке действительности, в которой мы отдельные звенья, в течение нашей краткой жизни.

Знай, что наша работа в течение лет делится на 4 периода: Период от рождения и до смерти человека делится на частей, независимо от того, сколько лет тянулась его жизнь.

Период 1) приобрести огромное неограниченное желание получить во всей его неисправленной величине, под властью системы 4 нечистых миров АБЕ"А. Ведь если бы не было в нас этого неисправленного желания получить, невозможно было бы исправить его, ведь исправить можно то, что имеется.

И поэтому недостаточно того желания получить, имеющегося в теле от его рождения в мире, но еще, обязана быть система нечистых сил не менее 13 лет, то есть, чтобы нечистые силы управляли им, и давали ему от своего света, под влиянием которого увеличивалось бы его желание получить, ведь

наслаждения, которыми нечистые силы снабжают желание получить, расширяют и увеличивают его требования.

Чтобы достичь замысла творения, необходимо огромное желание получить, а эти огромные желания есть только в системе нечистых сил. Рост желания получить наслаждения происходит под влиянием наполнения этого желания.

Не менее 13 лет – до тех пор, пока не приобретет полное количество желания получить, которое должен затем исправить, согласно личному замыслу Творца относительно именно конкретного человека. Поэтому говорится в Торе, что до 13 лет у человека есть только ецер ра – дурное начало, а после 13 лет приходит к нему и ецер тов – доброе начало. Конечно, имеется в виду только внутреннее состояние человека, потому как если не работает над собой, то и за сотни лет не пройдет состояния, называемого "13 лет".

Например, когда рождается, есть в нем желание только на одну порцию и не более, но когда нечистые силы наполняют его этой порцией, немедленно расширяется желание получить и желает вдвойне, а когда нечистые силы дают ему желаемое, немедленно расширяется желание и желает вчетверо.

Каково отличие материального (гашмиют) от духовного (руханиют)? Бааль Сулам ответил на это так: если человек не имеет материального, то ощущает страдания. Например, нет у него еды – страдает. Но если есть еда и наслаждается ею, ощущает отсутствие дополнительного наслаждения: в ту минуту когда ест, удовлетворение пропадает и вновь начинает стремиться к наслаждению...

Духовное же совсем противоположно этому, доступно всему миру, но тот, кто удостаивается его – чувствует себя оказавшимся в самом лучшем мире, где только хорошее и доброе ощущается им.

А причина этого в том, что духовное называется совершенное. Если человек ощущает недостаток хоть в чем-то, уже не находится в состоянии духовном. Даже на наименьшей духовной ступени человек должен ощущать себя совершенным и должен ощущать себя самым счастливым в мире, но обязан верить в то, что есть ступени, еще большие, чем та, на которой он находится.

Старший сын и первый ученик Бааль Сулама, мой рав, Барух Ашлаг (РАБА"Ш) задал здесь вопрос: если ученик знает, что его рав больше его, таким образом он знает, что есть и более высокое состояние, чем его собственное. Как же он, зная это, может ощущать себя совершенным?

На это Бааль Сулам ответил, что ученик должен ВЕРИТЬ, что его рав больше его. Но если он ЗНАЕТ, что рав больше его, то такое его состояние не определяется как духовное, потому как любое духовное состояние совершенно (РАБА"Ш).

Но если с помощью Торы и Заповедей не может очистить желание получить и обратить его в отдачу, то его желание получить расширяется в течение всей жизни, и умирает с полунаполненным желанием. И этим определяется, что он находится в плену нечистых сил, роль которых расширить и увеличить его желание получить и довести его до бесконечных размеров, чтобы предоставить человеку весь материал творения, который он должен исправлять.

Именно от системы нечистых сил исходит причина того, что тот, кто получил наслаждение на 1 порцию, тут же начинает желать вдвойне. Это свойство нечистых сил придано им Творцом специально для развития в человеке огромных желаний для получения цели творения – огромного наслаждения.

Если нет удовлетворения, человек думает, что может достичь большего наслаждения, но обнаруживает, что именно наслаждения постоянно не хватает, как только оно приходит, удовлетворение пропадает. Если нет материальных наслаждений, есть страдания. Если есть материальные наслаждения, все равно удовлетворения нет. Если нет духовных наслаждений, нет страданий. Появление страданий от отсутствия духовных наслаждений, говорит о том, что человек становится духовным. Удовлетворение возможно, если страдал от его отсутствия.

Бедный более радостен чем богатый, но желает быть богачом, а богатый не чувствует удовлетворения. Поэтому необходимо приобрести большие желания насладиться материальным, чтобы затем обменять их на большие духовные желания. Но если еще испытывает хоть какое-либо к чему-то желание материального, т.е. находится в состоянии ощущения недостатка материальным наслаждением, не может быть еще духовным.

Овладев же духовной, даже самой маленькой ступенью, человек ощущает себя совершенным, не видит более высокого состояния, чем свое, потому что каждое духовное состояние совершенно, ведь если чувствует что есть что-то большее, чем он имеет, это дает ощущение несовершенства и поэтому не может быть духовным, и поэтому только верой выше своих чувств, что есть еще более совершенное в мире, может подниматься выше.

30. Период 2 – с 13 лет и далее, когда придается точке, находящейся в сердце человека, являющейся обратной стороной чистой души, облаченной в его желание получить с момента его рождения, пробуждение, тогда человек начинает входить под влияние действий системы чистых миров в той мере, в которой он занимается Торой и Заповедями.

Точка в сердце человека, темная точка (нэкуда ше ба лев, нэкуда шхора) – ощущение отсутствия света. Ясно, что для ощущения страдания от того, что желаешь света, ощущения Творца, ощущения чего-то духовного, человек должен пережить ряд стадий роста.

Точка в сердце существует с момента рождения человека, но необходимое условие начала проявления ее действий, ощущение ее человеком, заключается в осознании своей эгоистической природы, "акарат ра", а лишь затем уже начинается путь исправления ощущаемого эгоизма и, кроме того, должен верить в существование духовного.

До 13 лет – желание получить наслаждения от материального – гашмиют, все что видит, о чем слышит в нашем мире. С 13 лет и далее – желание получить духовное – "руханиют" с верой, что существует будущий мир – "олам аба", наслаждение от Торы и Заповедей, наслаждения вечные и вознаграждение за его действия. При наличии света в точке, находящейся в сердце, она называется "сфира".

Процесс поиска все новых источников-одеяний наслаждения, как при получении наслаждения, так и при получении наслаждения от отдачи (эгоистический альтруизм): если я даю, то я выбираю кому и сколько стоит дать – бедному, просящему в двери подаяние, даю меньше, чем прилично одетому, собирающему на какое-то мероприятие. Получать же вообще неважно от кого, главное – сколько получить, не имеет значение от хорошего или плохого человека, но давать – важно именно какому человеку даешь!

Выражения "лицевая и обратная сторона", "лицо и спина" – "паним вэ ахораим" имеют много значений. Лицо здесь означает раскрытие, свет, а обратная часть означает, что человек не ощущает, не видит ничего, не чувствует точку в своем сердце. В таком случае все же существует возможность возбудить ее.

Это подобно тому, как, глядя на ребенка, говорят, что он сильный и умный, подразумевая, что при соответствующем воспитании, действительно станет таким.

И главная цель в это время достичь и увеличить духовное желание получить, ведь с момента рождения есть в человеке желание получить только к материальному.

И потому, хотя и достиг огромного желания получить до 13 лет, но это еще не конец роста желания получить, а основной рост желания получить именно в духовном, как, например, до 13 лет хотело его желание получить поглотить все богатство и славу, что в нашем материальном мире, где каждому ясна его временность, мир проходящий и исчезающий, как тень. Тогда как, достигнув духовного желания получить, он желает проглотить для самонаслаждения все наслаждения будущего, вечного мира, остающегося навечно.

Поэтому огромное желание получить заканчивается только в желании получить духовное. Если в точку, что в сердце человека, дать правильным изучением Каббалы настоящее наполнение, то человек ощутит желание получить духовные наслаждения вместо материальных, бывших в нем до уровня 13 лет. Необходимо приобрести огромное желание насладиться духовными наслаждениями, а только затем можно начинать исправлять их намерение.

31. Сказано в "Тикунэй Зоар" у пиявки две дочери гав-гав, где пиявка означает ад, а грешники, попадающие в западню ада, лают как собаки "гав-гав", т.е. желают проглотить оба, и этот и будущий, миры. "Гав" означает "дай мне этот мир", просьба любого человека в нашем мире. "Гав-гав" – дай еще и "олам аба" – будущий мир, просьба верующего в будущий мир человека.

Но все же эта ступень необычайно важна в сравнении с первой, ведь, кроме того, что постигает истинное огромное желание получить, и дан ему этим для работы весь требуемый материал, эта ступень также приводит к отдаче, как сказано мудрецами, должен человек заниматься Торой для себя, а от этого придет к занятиям Торой ради Творца.

И поэтому эта ступень, наступающая после 13 лет, определяется как чистая, и как служанка, прислуживающая своей госпоже, чистому желанию, и приводящая человека к состоянию "ради Творца" – "ли шма" и получению Высшего света.

Чистая служанка – "шифха дэ кдуша" – состояние, когда человек находится еще в "каванот" – намерении не ради Творца, желает насладиться ради себя, всем, что он обнаруживает в Торе, как ранее желал получить наслаждения от этого мира, потому что видит наслаждение в Заповедях. Т.е. его желание самонасладиться перешло с объектов этого мира на объекты духовные.

Но и это уже большой уровень предварительного развития и не каждый заслуживает его достичь! Человек должен желать ощутить стремление к духовным наслаждениям. А уже затем наступает этап облачения этих стремлений в нужное намерение, в желание порадовать Его.

Потому как каждый из нас имеет часть от общей души, единственного творения, сотворенного Творцом (так называемой души Первого человека Адам аРишон), то мы можем, с помощью особых действий и мыслей, называемых Торой и Заповедями, пробудить в себе исходную точку, зародыш (решимо) нашей личной души, дремлющую в нас, по этой причине не ощущаемую нами... И тогда возжелаем насладиться светом!

Если бы не эта точка в сердце, часть нашей души, свыше помещенная в нас, не было бы у нас никакой возможности достигнуть желания, даже эгоистического к свету Творца, поскольку мы его никогда не ощущали. Рост желания наслаждаться все более значимыми предметами этого мира происходит естественным путем. Но развить в себе желание насладиться духовным требует особой работы человека над собой, так называемой работы в Торе и Заповедях. И не обязан прежде исправлять свои желания к наслаждениям этого мира.

Исправление намерения к наслаждениям нашего мира и духовного он осуществляет одновременно: "Я наслаждаюсь, потому что наслаждается Творец". Развитие желания к духовным наслаждениям происходит в действии, а не в уме, через изучение, как и в науке, но именно с надлежащим намерением.

Как ребенку, не желающему принимать горькое лекарство, дают его, смешивая со сладким сиропом, в том виде, в котором он согласен принять. Так и Творец дает нам средство исправления, свет, потому как наш эгоизм никогда бы не согласился получить его. И если человек обнаруживает, что его ум согласен на намерения ради Творца, но тело против, только молитва о том, что желает любить Творца всем своим сердцем, может помочь ему.

Только Творец может помочь в исправлении тела. Как говорится, "Ба летаэр, месайим ло" – "Приходящему очиститься помогают". В чем заключается помощь Творца? "Нотним ло нешмата кадиша" – "Дают ему чистую душу". Как сказано, "Ор махзир ле мутав" – "Свет возвращает к источнику". И в итоге человек ощущает, что его сердце "Рахаш либи давар тов" – "Приобрело мое сердце нечто хорошее", тем, что "Маасай ле мелех" – "Все мои действия Творцу".

Как же человек ощущает, что его желания Творцу? Это чувство, как и все остальные чувства, дает ему сам Творец. Ведь все наши ощущения мы получаем только из источника всех наших наслаждений (страдания ощущаются как отсутствие наслаждений). Молитва это ощущение сердцем желания, чтобы Творец дал желание того, чего тело не желает.

Работа в сердце это работа, чтобы сердце почувствовало истинные желания, что называется очищением сердца. Совершенство действий человека сводится к тому, чтобы почувствовать поначалу чувство стыда при получении от Творца, хотя бы как при получении от себе подобных.

Поэтому просьба к Творцу должна быть, чтобы снял свое сокрытие, тогда человек ощущает Его и начинает стыдиться. А до этого, человек должен верить, что скрытие существует, причем вера в это может быть такая, что уже в состоянии сокрытия начнет ощущать чувство стыда.

А если появилось чувство стыда, то, поскольку это уже исправление, скрытие Творца исчезает. Об этом сказано: "Праведники постигают величие Творца, а грешники постигают свое величие". А высший свет приходит к тому, кто может отказаться от него.

Но обязан делать все необходимое, чтобы достичь этого, а если не приложит к этому все свои силы, не достигнет состояния "ради Творца", то упадет в глубины нечистой служанки, которая наследует место госпожи, поскольку не дает человеку приблизиться к госпоже, к состоянию "ради Творца".

А последняя ступень этого периода, чтобы возжелал насладиться Творцом, подобно страстному желанию в нашем мире, настолько, что только это желание горело бы в нем день и ночь, как сказано, постоянно помнит настолько, что не может спать.

Сказано: "Познай Творца отцов своих и служи Ему" ("да эт Элокей авиха ве авдэу"). Познание означает полную связь, и поэтому, когда человек ощущает, что стремится, но не находится в связи с Творцом, он страдает. Но хотя и ощущает желание этой связи, все равно, пока не поможет ему свыше Творец, не в состоянии сам сделать шаг вперед.

Сказано в Торе, "Ты тень Творца": как тень человека повторяет все его движения, так и человек повторяет все движения Творца. И поэтому, если человек начинает ощущать духовный подъем и стремление к связи с Творцом, он должен сразу же осознать, что это чувство возникло у него, потому что прежде Творец пожелал приблизить его к Себе и потому вызвал в нем подобное чувство.

Но после некоторых попыток ощутить Творца приходит к человеку ощущение, что Творец не желает связи с ним. И если, несмотря на это чувство, человек все же верит, что это только испытание его верности Творцу, то постепенно приходит к осознанию того, что Творец открывается ему, и тогда уже от всего сердца, естественно, человек сливается с Творцом.

Самое большое наслаждение в эгоистических килим, максимальное "ло ли шма", это огромная всепоглощающая страсть к Творцу. В накоплении эгоистического кли есть много ступеней и желание самонасладиться Творцом, как самым большим из существующих наслаждений, есть самый большой эгоизм, предшествующий прорыву в духовный мир к альтруистическим качествам.

Как сказано, "древо жизни явление страсти", т.к. 5 ступеней души есть древо жизни, продолжительностью 500 лет, поскольку каждая ступень 100 лет приводит человека получить все эти 5 ступеней наранха"й, выявляющиеся в состоянии 3.

32. Период 3) это работа в Торе и Заповедях "ради Творца", т.е. ради отдачи, а не для получения вознаграждения. Эта работа очищает желание получить для себя в человеке и обращает его в желание отдавать, и в мере очищения желания получить, становится достойным и готовым получить 5 частей души, называемых наранха"й, поскольку они находятся в желании отдавать и не могут облачиться в тело, пока желание получить, властвующее в нем, находится с душой в противоположных свойствах или в разности свойств, поскольку наполнение и подобие свойств однозначны.

А когда человек удостаивается желания отдавать совершенно не ради себя, то достигает этим совпадения свойств с его высшими наранха"й, (которые нисходят из своего источника в мире Бесконечности из состояния 1 через миры чистых АБЕ"А) и те сразу же нисходят к нему и облачаются в него по порядку ступеней.

Период 4) это работа после воскрешения мертвых, т.е. когда желание получить, после того как уже исчезло вследствие своей смерти и погребения, затем воскрешается в самом большом и наихудшем виде, как сказано "в будущем мертвые встанут в своих пороках", и тогда обращают их в получение ради отдачи. Но есть отдельные особые личности, которым дается эта работа еще при их жизни в нашем мире.

Период 1 до "13 лет", человек приобретает желания к объектам этого мира. Период 2 с "13 лет", приобретает желание самонасладиться духовными наслаждениями, что называется "ло ли шма" – "не ради Творца", но это ступень, приводящая к духовной чистоте и поэтому называется "ахораим дэ кдуша"-" обратная сторона святости, чистоты".

Это желание облачается в точку, что в сердце человека. Период 3 начинает обращать часть полученного в период 2 желания в намерение "ради Творца" (рацон леашпиа) и, соответственно этому, получает в это исправленное желание, часть от света, заранее уготованного его душе. Этот свет облачается в человека согласно соответствию желаний человека к свету.

Период 4 начинает получать ради Творца. Ранее убил свое тело (желания), как сказано, "Тора существует только в том, кто убивает себя ради Нее", не желая использовать свои эгоистические желания, а теперь оживляет эти желания (воскрешение мертвых), чтобы получать в них наслаждения ради Творца.

В соответствии с этим поймем, почему Тора говорит, что нельзя человеку смотреть более чем на 4 метра – "амот" далее себя: человек это 4 качества желания самонасладиться (4 бхинот) и только по ним он должен судить себя и смотреть только в себя, потому как вне человека, вне этих 4 амот, находится только Творец. Но если "Нотель ядаим" – омывает свои руки от получения то может идти и более 4 амот.

33. А теперь осталось нам выяснить исследование 6, что все миры, как высшие так и низшие, созданы только для человека, что, вообще, совершенно странно, что для такого незначительного создания как человек, ничтожного относительно нашего мира, а тем более относительно высших духовных миров, старался Творец сотворить все это для него.

И еще более странно, зачем для человека эти великие высшие духовные миры. Но ты должен знать, что вся радость Творца в наслаждении созданных, в той мере, в которой творения почувствуют Его, что Он дает и Он желает их насладить.

Тогда есть у Него огромные забавы с ними, как у отца, играющего с любимым сыном, и в той мере, какой сын ощущает и знает величие и силу отца, отец показывает ему все сокровища, что приготовил для него, как сказано, "Разве Эфраим не дорогой Мне сын? Разве он не любимое мое дитя? Ведь каждый раз, как Я заговорю о нем, Я долго помню о нем. Поэтому ноет нутро Мое о нем, смилуюсь Я над ним, сказал Творец".

И присмотрись внимательно в сказанное, и сможешь понять огромную любовь Творца к тем совершенным, которые удостоились почувствовать и познать Его величие, пройдя все те пути, которые Он уготовил им, пока дошли до ощущения Его отношения к ним, как отец с любимым сыном, как говорят нам постигшие это.

И невозможно более говорить об этом, но достаточно знать нам, что для этих наслаждений любовью с теми совершенными, стоило Ему создавать все миры, и высшие, и низшие, как мы еще выясним.

В работе над собой человек использует свои возможности: разум (сэхэль) кетэр, желание (рацон) хохма, мысли (махшава) бина, слова (дибур) зэир ампин, действие (маасэ) малхут. Ввиду необходимости скрытия истинного образования и воспитания от масс, далее разъяснения обязаны быть менее открытыми, но, по мере своей духовной подготовки, читатель сам поймет все необходимое ему на каждом этапе своего духовного роста.

Все наслаждение и радость Творца в том, чтобы творения ощутили Его как источник их наслаждений. Творец получает удовольствие оттого, что человек видит, что имеется у Творца для человека. Это именно ощущают постигающие Творца. Именно таким образом Творец желает, чтобы мы Его ощутили.

Если бы человек получал наслаждения в свои эгоистические желания, ради себя, он был бы ограничен рамками своих желаний, поскольку не развил бы их в периоды 1 и 2. Все равно, его возможности наслаждения были бы ограничены рамками, границами, величиной его желаний. То, что человек может получать не ради себя и при этом наслаждаться, наслаждаться не в свои желания, дает ему возможности бесконечного, безграничного, без пресыщения, наслаждения.

Человек должен достичь уровня ощущения Творца как дающего ему. Творец наслаждается тем, что человек постигает Его величие. Совершенство это цель, которую мы все обязаны достичь: ощутить величие Творца во всех наших постижениях как источник нашего существования и наслаждений. Все, что создал Творец, создал не потому, что нуждается в этом. Но если человек возвышает Творца, он наслаждается Его величием и исходящим от Него светом.

34. И чтобы привести творения до столь высокой особой ступени, пожелал Творец действовать по порядку 4 ступеней, переходящих одна в другую, называемых неживая, растительная, животная, человек. И в этом 4 отличия в желании получить, и каждый из высших миров состоит из этих желаний.

Хотя главное это 4 ступень желания получить, но невозможно, чтобы она раскрылась немедленно, а только силой предварительных 3 ступеней, по которым она развивается и раскрывается постепенно, пока не достигает совершенства во всех своих свойствах 4-ой ступени.

35. В 1-ой ступени желания получить, называемой неживой, есть начало раскрытия желания получить в нашем материальном мире, есть в ней только общая сила движения для всех неживых видов, но не распознается глазом частное движение ее частей.

Потому как желание получить рождает потребности, а потребности рождают движение, достаточное, чтобы достичь необходимого. И потому как желание получить крайне мало, оно господствует только над всем общим одновременно, и не распознается его власть над частями.

Как нет своей личной свободы движения у неживого, так и человек, достигший ступени "домэм дэ кдуша" – "чистое неживое" (желание), ощущает только общее наслаждение от Торы и Заповедей и не в состоянии различить всевозможные наслаждения в Заповедях.

Человек на неразвивающемся уровне выполняет действия и совершенно не меняется, поскольку желание получить в нем настолько мало, что не вынуждает его ни к чему более, чем к сохранению своей формы того же процесса существования.

36. Дополнительно к этому у растительного (2-ая ступень желания получить), величина желания больше, чем величина неживого, и господствует над всеми своими частями, над каждой частью. У каждой части есть свое частное движение в распространении в длину и в ширину и колебания в сторону восхождения солнца, а также проявляется в нем питание, питье и выделение отходов в каждой из его частей. Но все же не имеется еще в них ощущения свободы личности каждого.

Как все цветы сразу открываются навстречу солнцу, и нет личного желания, а поэтому, движения, у каждого цветка в отдельности, нет свободы воли, так и человек, достигнув растительной ступени чистого духовного развития, ощущает наслаждения от каждого действия, но дифференцировать может вкусы по группам Заповедей (альтруистических действий).

Например, ощущает одинаковый вкус во всех благословениях, один вкус, но отличный от первого, во всех просьбах, как например, ощущал бы в нашем мире один вкус от всех видов мяса и другой вкус от всех видов овощей. Т.е. все наслаждения, ощущаемые им, он делит по группам.

37. Дополнительно к нему, вид животного, это 3-я ступень желания получить, свойства которого уже настолько совершенны, что это желание получить уже рождает в каждой своей части ощущение свободной личности, представляющее собой особую жизнь каждой части, отличную от ему подобных.

Но еще отсутствует в них чувство ближнего, т.е. нет в них никакой основы сочувствовать страданиям другого или радоваться удаче другого. Животная ступень духовного развития уже различает по характеру каждое отдельное наслаждение. Например, в каждом благословении ощущает соответствующее, отличное от других, наслаждение.

Но еще не различает внутренний характер, поскольку животное от природы лишено ощущения ближнего. Если мы видим проявление сострадания со стороны животных в нашем мире, это исходит из их природы, а не от их свободного решения.

38. Дополнительно к животному виду, человеческий вид это 4-ая ступень желания получить, по величине уже окончательно совершенная, потому как желание получить что в ней, вызывает в ней чувство постороннего.

И если пожелаешь знать абсолютно точно, каково отличие 3-ей ступени желания получить, что в животном виде, от 4-ой ступени желания получить, что в человеческом типе, скажу тебе, что это как отношение одного индивидуума ко всему творению.

Потому, что желание получить, что в животном, не имеющее ощущения себе подобных, не в состоянии породить свои желания и потребности, а только в мере, приданной им Творцом, находящееся в этом виде творения, тогда как в человеке, обладающим также ощущением себе подобного, возникает потребность также во всем, что есть у другого, и наполняется завистью обладать, имеющемуся у других. То если имеет порцию, желает вдвойне, и его потребности расширяются и растут, настолько, что желает обладать всем, что есть в мире.

Эта последняя ступень развития и есть цель всего, но достичь ее возможно только постепенно развиваясь через предыдущие ступени. Поскольку есть ощущение подобных себе, ощущает зависть, любовь и пр. и поэтому может наслаждаться тем, что постиг другой, поскольку общие ощущения создают связь.

Поэтому может наслаждаться знаниями другого и каждый может передать другому свои постижения, поскольку есть чувство себе подобного. В то время как язык животных не может развиваться, человек развивает свой язык для связи и передачи ощущений другим. Поэтому может, поднявшись, поднять с собою других и сам, приложив усилия, подняться вместе с учителем...

39. После выясненного, что вся желаемая Творцом цель создания всех, им созданных, творений, в наслаждении их, чтобы постигли Его величие и истину, и получили от Него все то прекрасное, что уготовил им, в мере сказанного: "Дитя дорогое мое Эфраим, мой любимый сын", мы ясно обнаруживаем, что цель эта не относится к неживым большим телам, как земля, луна, солнце, несмотря на их размеры и излучения, и не к растительному и не к животному видам, поскольку не имеют ощущения других, даже им подобных, как же они смогут ощутить Творца и его доброту.

Но только человеческий вид, поскольку заложена в нем основа для ощущения других, себе подобных, в процессе работы в Торе и Заповедях, когда обращают желание получить, что в них, в желание отдавать, и приходят к подобию Творцу, то получают все ступени, заготовленные им в высших мирах, называемые наранха"й, в результате чего становятся способными получить цель творения. Поэтому цель замысла творения всех миров задумана только для человека.

Поскольку есть чувство другого, постороннего, кого-то, кроме и вне собственного тела, то человек способен ощутить Творца. Ощущение должно быть не в том, что он наслаждается, а в том, что он наслаждается оттого, что дает другому или Творцу. Отдача это только связь для возможности постижения дающего!

Любовь ощущается не от того, что получает от Творца, а от постижения величия Творца. Животное же не в состоянии наслаждаться чувством от КОГО получает, а наслаждается только от того ЧТО получает. Человек же на этом уровне духовного развития желает только одного ощутить дающего ему.

В этом и заключается особое свойство сочинений раби Егуды Ашлага, потому как в них человек быстрее всего находит самого себя и своего Творца, как получателя и дающего. Поэтому, несмотря на сопротивление отдельных кругов, в результате придут к изучению книг только этого великого каббалиста и с их помощью начнут настоящую свою работу.

40. И знаю я, что это совершенно не признается философами, и не могут они согласиться, что человек, столь ничтожный в их глазах, есть центр всего великого творения. Потому как смотрят на мир своими "земными" глазами, без знания конечного состояния творения, а судят по его настоящему, промежуточному состоянию.

Да и величие творения они явно не в состоянии оценить, потому что под творением они подразумевают только наш мир, а без собственного постижения, ощущения своими чувствами, т.е. совпадением свойств, духовных миров, же в состоянии ничего постичь, чтобы истинно судить об их величии!

Но они подобны тому червяку, родившемуся внутри горького плода, сидящему в нем и думающему, что весь мир Творца так же горек, лишен света и мал, как тот горький плод, в котором он родился.

Так утверждает каждый из нас о нашем мире, судя по своим ощущениям. Также утверждают и философы, не осознающие цели Творения.

Но в то мгновение, когда пробивает кожуру и выглядывает наружу горького плода, пробивает кожуру отказавшись от эгоизма, выглядывает получает свет Творца, обретает зрение (видеть можно только в отраженном свете, как в нашем мире, в реакции на внешнее воздействие своим экраном-противодействием эгоизму), наружу видит в истинном свете все миры и их пропорции, он поражается и восклицает: "Я считал, что весь мир подобен горькому плоду, в котором я родился, но теперь, я вижу пред собой огромный, светящийся, прекрасный мир".

Так и те, погруженные в свою кожуру желания получить, в которой родились, и не пытались получить особое средство, Тору и Заповеди, действия, способные пробить столь жесткую кожуру и обратить в желание отдавать наслаждения Творцу, конечно же, они поневоле решают, что они ничтожные и пустые, такие они и есть на самом деле, и не смогут осознать, что все это огромное творение создано только для них.

Никогда невооруженным глазом в своих природных желаниях человек не сможет ни понять ни поверить в цель Творения.

Но если бы занимались Торой и Заповедями с чистыми мыслями, отдавать все Творцу, пробили бы кожуру желания получить, в которой родились, и получили бы желание отдавать, то немедленно **открылись бы их глаза и смогли узреть** и постичь себя и все ступени мудрости и явного познания, прекрасного и приятного, до насыщения души, уготовленного им в высших мирах, и сами бы утверждали **то, что сказано мудрецами: "Хороший гость говорит все, что сделал хозяин, сделал для меня"**.

Намерение означает то, что в данный момент желает человек, поэтому любое действие, а тем более Заповедь, выполненная без намерения, подобна мертвой. Но не имеется в виду без намерения вообще, потому что само тело не даст возможности ничего совершить без осознанной мотивации, а имеется в виду, что он еще не в состоянии сделать настоящего намерения, но стремится к этому.

41. Но еще осталось нам выяснить, зачем же все-таки человеку все эти высшие миры, созданные Творцом для него? Но необходимо знать, что вся действительность миров делится в общем на 5 миров, называемых:

1) Адам Кадмон,

2) Ацилут,

3) Брия,

4) Ецира,

5) Асия.

И в каждом из них есть бесконечное число деталей, сводящихся в общем к 5 сфирот:

кетэр,

хохма,

бина,

тифэрэт,

малхут.

Т.к. мир Адам Кадмон – это кетэр, и мир Ацилут – это хохма, и мир Брия – бина, и мир Ецира – тифэрэт, и мир Асия – малхут. А свет, одевающийся в эти 5 миров, называется наранха"й:

свет йехида светит в мир Адам Кадмон,

свет хая – в мире Ацилут,

свет нэшама – в мире Брия,

свет руах – в мире Ецира,

свет нэфэш – в мире Асия.

И все эти миры и все, что в них, входят в святое имя Творца АВА"Я, потому как первый мир мир Адам Кадмон, не постигается нами, и поэтому обозначается только как начальная точка буквы юд в имени Творца, и поэтому мы не говорим о нем, а говорим только о 4 мирах АБЕ"А:

юд – мир Ацилут,

хэй – мир Брия,

вав – мир Ецира,

последняя буква хэй – мир Асия.

Имя Творца АВА"Я означает скелет всего творения, подобно скелету нашего тела. Это имя означает, что любое творение, т.е. желание, состоит из 5 частей или 5 знаков: точка с которой начинает писаться буква юд, буква юд, буква хэй, буква вав, буква хэй.

И нет отличия в этом между самым высоким объектом творения, самым высоким кли и самым низким, как нет отличия в количестве органов и частей тела у взрослого и ребенка, а все отличие в том, каким светом (милуй) это кли наполняется в зависимости от меры исправления кли (величины экрана – "масаха").

42. Итак мы выяснили 4 мира, включающие в себя все духовное творение, исходящее из мира бесконечности до нашего мира. Но они также включают взаимно друг друга и поэтому каждый из 5 миров состоит из 5 сфирот: кетэр, хохма, бина, тифэрэт, малхут, в которых находятся света наранха"й, соответствующие 5 мирам.

Но кроме 5 сфирот: кетэр, хохма, бина, тифэрэт, малхут каждого мира, есть также 4 духовных отличия (аспекта, уровня), подобно как в нашем мире, в каждом из них: неживое, растительное, животное, человек, где душа человека это отличие "человек", которое в том мире, отличие "животное" это ангелы, которые в том мире, отличие "растительный" называется одеждами, и отличие "неживое" называются чертогами.

И эти отличия облачаются друг в друга: человек, душа человека облачается в 5 сфирот: кетэр, хохма, бина, тифэрэт, малхут, являющиеся частью Творца в том мире. Животное, ангелы, облачается в души; растительное, одежды, облачается в ангелов; неживое, чертоги, облачается на все предыдущие.

Одевание (облачение) означает, что они служат друг другу и развиваются друг от друга, как мы уже выясняли это в материальных объектах: неживом, растительном, животном, человеке нашего мира, и как указали, что 3 отличия: неживое, растительное, животное не были созданы для самих себя, а

только для того, чтобы 4-ая ступень, человек, могла с их помощью развиться и возвыситься.

И потому все их предназначение только прислуживать и помогать человеку. И также во всех духовных мирах, где 3 отличия: неживое, растительное, животное, которые в них, созданы только для того, чтобы прислуживать и помогать отличию "человек", в данном мире, душе человека. И поэтому считается, что все они одеваются на душу человека, т.е. помогают ей.

43. И вот, человек в момент рождения, имеет сразу же чистую нэфэш, но не саму нэфэш, а только обратную часть души, что означает ее последнюю часть, называемую, ввиду своей незначительности, точкой. Общее название духовного в человеке называется душа, а на иврите нэшама (не путать с светом нэшама из 5 светов наранха"й).

Человек при рождении получает последнюю, самую маленькую часть ближайшей к нему духовной ступени малхут мира Асия. Потому как она не ощущается человеком, то называется обратной частью его души. А потому как она крайне мала, называется точкой. И она одета в сердце человека, т.е. в желание получить, что в нем, ощущаемом, в основном, в сердце человека.

Духовная точка облачается в желания человека. Сама она не ощущается, но действует через эти желания. И знай абсолютное правило: закон общего в творении выполняется в каждом мире и даже в каждой его самой малой части, какую только можно выделить в том мире, как существуют 5 миров, составляющих все творение, и они являются 5 сфиротами: кетэр, хохма, бина, тифэрэт, малхут.

Соответствие миров и сфирот: мир А"К Кетэр, мир Ацилут Хохма, мир Брия Бина, мир Ецира Тифэрэт, мир Асия Малхут. Так же есть 5 сфирот: кетер, хохма, бина, тифэрэт, малхут в каждом мире:

Мир А"К: **Кетэр** + хохма + бина + тифэрэт + малхут

Мир Ацилут: кетэр + **Хохма** + бина + тифэрэт + малхут

Мир Брия: кетэр + хохма + **Бина** + тифэрэт + малхут

Мир Ецира: кетэр + хохма + бина + **Тифэрэт** + малхут

Мир Асия: кетэр + хохма + бина + тифэрэт + Малхут

(жирным шрифтом обозначена основная сфира, свойство мира) и также есть 5 сфирот в каждой, самой малой части, каждого мира.

Каждая сфира состоит из 5 подсфирот, а каждая из них, в свою очередь, также состоит из 5 подсфирот ее и т.д. В итоге получается система в виде дерева, называемая Древо Жизни, в котором каждая часть связана со всеми и поэтому самое незначительное исправление, духовное действие человека, вызывает реакцию и приводит к увеличению света во всех мирах!

Поэтому все действия человека связаны со всем Творением, и все мы связаны в одно единое целое душу, созданную Творцом, что и раскроется нам в конце исправления. Для того, чтобы понять, почему созданное желание насладиться, называемое творением, состоит из 5 частей, необходимо понять его рождение:

1. ЕДИНСТВЕННОЕ, ЧТО НАМ ИЗВЕСТНО О ТВОРЦЕ ЭТО ЕГО ЖЕЛАНИЕ: ЖЕЛАНИЕ СОЗДАТЬ ТВОРЕНИЕ, ЧТОБЫ ЕГО НАСЛАДИТЬ. ЭТО НАМ ИЗВЕСТНО ОТ КАББАЛИСТОВ, КОТОРЫЕ ПОДНЯЛИСЬ ДО ЭТОЙ НАИВЫСШЕЙ СТУПЕНИ ПОЗНАНИЯ И ПОЧУВСТВОВАЛИ НА СЕБЕ, ЧТО ИЗ ТВОРЦА ИСХОДИТ АБСОЛЮТНОЕ НАСЛАЖДЕНИЕ.

ЭТО НАСЛАЖДЕНИЕ МЫ НАЗЫВАЕМ СВЕТ (ОР). ИСХОЖДЕНИЕ СВЕТА ИЗ ТВОРЦА НАЗЫВАЕТСЯ СТАДИЯ 0.

2. СВЕТ РОЖДАЕТ ЖЕЛАНИЕ ИМ НАСЛАДИТЬСЯ. ЖЕЛАНИЕ НАСЛАДИТЬСЯ МЫ НАЗЫВАЕМ СОСУД (КЛИ). ПОСКОЛЬКУ СВЕТ СОЗДАЛ ЖЕЛАНИЕ ИМ НАСЛАДИТЬСЯ

САМ, ТО ТАКОЕ КЛИ НЕ ОЩУЩАЕТ ЖЕЛАНИЕ СВЕТА КАК СВОЕ, А КАК ПОЛУЧЕННОЕ ОТ СВЕТА И ПОДОБНО ЗАРОДЫШУ В ТЕЛЕ МАТЕРИ: НЕОСОЗНАННО ПОЛУЧАЕТ ВСЕ, ЧТО ДАЕТ ЕМУ МАТЬ, ПРИ ОТСУТСТВИИ СОБСТВЕННЫХ ЖЕЛАНИЙ. ЭТО СОСТОЯНИЕ НАЗЫВАЕТСЯ СТАДИЯ 1: СОЗДАННОЕ КЛИ НАПОЛНЕНО СВЕТОМ ТВОРЦА. НАСЛАЖДЕНИЕ ОТ ПОЛУЧЕНИЯ СВЕТА НАЗЫВАЕТСЯ ОР ХОХМА.

ДЛЯ ТОГО ЧТОБЫ НАСЛАЖДАТЬСЯ, НЕОБХОДИМО НАЛИЧИЕ ДВУХ УСЛОВИЙ: САМОСТОЯТЕЛЬНОЕ СТРЕМЛЕНИЕ НАСЛАДИТЬСЯ И ЖЕЛАЕМОЕ НАСЛАЖДЕНИЕ. ПРИЧЕМ ВЕЛИЧИНА ПОЛУЧАЕМОГО НАСЛАЖДЕНИЯ ЗАВИСИТ ТОЛЬКО ОТ ВЕЛИЧИНЫ СТРЕМЛЕНИЯ НАСЛАДИТЬСЯ (ВЕЛИЧИНЫ ОЩУЩЕНИЯ ГОЛОДА, РАЗМЕРОВ КЛИ).

ВСЕ ОТРИЦАТЕЛЬНЫЕ ОЩУЩЕНИЯ ПРОИСХОДЯТ ОТ НЕДОСТАТКА НАСЛАЖДЕНИЯ И ЯВЛЯЮТСЯ СЛЕДСТВИЕМ ПРИРОДЫ КЛИ. ВСЕ ПОЛОЖИТЕЛЬНЫЕ ОЩУЩЕНИЯ ЯВЛЯЮТСЯ СЛЕДСТВИЕМ ДЕЙСТВИЯ СВЕТА.

3. ПОСКОЛЬКУ СВЕТ В СТАДИИ 1 ПОЛНОСТЬЮ НАПОЛНЯЕТ КЛИ, ОН ПЕРЕДАЕТ КЛИ С НАСЛАЖДЕНИЕМ И СВОЁ СВОЙСТВО, ЖЕЛАНИЕ "НАСЛАЖДАТЬ", И ПОЭТОМУ КЛИ ПОСТЕПЕННО ПЕРЕСТАЕТ НАСЛАЖДАТЬСЯ ПОЛУЧЕНИЕМ СВЕТА: ЕСЛИ ЖЕЛАНИЯ НЕТ, ТО НАСЛАЖДЕНИЕ НЕ ОЩУЩАЕТСЯ. ОБЪЕКТЫ ДУХОВНОГО МИРА ЭТО "ГОЛЫЕ", БЕЗ МАТЕРИАЛЬНЫХ ОБОЛОЧЕК, ЖЕЛАНИЯ: ДУХОВНЫЙ ОБЪЕКТ ЭТО ЖЕЛАНИЕ НАСЛАДИТЬСЯ ИЛИ НАСЛАДИТЬ.

ПОЭТОМУ НОВОЕ ЖЕЛАНИЕ РОЖДАЕТ НОВЫЙ ОБЪЕКТ: ОТДЕЛЕНИЕМ НОВОГО ЖЕЛАНИЯ ОТ ПРОШЛОГО, ОТДЕЛЯЕТСЯ ОДНО СОСТОЯНИЕ ОТ ДРУГОГО, РОЖДАЕТСЯ НОВОЕ ЖЕЛАНИЕ, ЗНАЧИТ, РОЖДАЕТСЯ НОВЫЙ ДУХОВНЫЙ ОБЪЕКТ. ПОЭТОМУ, КАК ТОЛЬКО СТАДИЯ 1, НАПОЛНИВШИСЬ СВЕТОМ, НАЧИНАЕТ ОЩУЩАТЬ НОВОЕ, ПОЛУЧЕННОЕ ОТ СВЕТА, ЖЕЛАНИЕ ОТДАВАТЬ, ЭТИМ ВЫДЕЛЯЕТСЯ ИЗ СТАДИИ 1 НОВОЕ СОСТОЯНИЕ СТАДИЯ

2. НАСЛАЖДЕНИЕ, ПОЛУЧАЕМОЕ КЛИ ОТ ЖЕЛАНИЯ ОТДАВАТЬ, Т.Е. ОТ ПОДОБИЯ ТВОРЦУ, ТОЖЕ НАЗЫВАЕТСЯ СВЕТОМ, НО ЭТО ДРУГОЙ, ОТЛИЧНЫЙ ОТ СТАДИИ 1, СВЕТ, НАЗЫВАЕМЫЙ ОР ХАСАДИМ НАСЛАЖДЕНИЕ ОТ ОТДАЧИ, АЛЬТРУИЗМА.

СТАДИЯ 2 ПОДОБНА ТВОРЦУ, НО СЧИТАЕТСЯ УДАЛЕННОЙ ОТ НЕГО БОЛЕЕ СТАДИИ 1, ПОТОМУ ЧТО МЕРА УДАЛЕНИЯ КЛИ ОТ ТВОРЦА ОПРЕДЕЛЯЕТСЯ ОЩУЩЕНИЕМ САМОГО КЛИ (ПОТОМУ КАК ОТНОСИТЕЛЬНО ТВОРЦА МЫ НЕ МОЖЕМ НИЧЕГО ГОВОРИТЬ И ВООБЩЕ ОТНОСИТЕЛЬНО НЕГО КЛИ НАХОДИТСЯ СРАЗУ ЖЕ ПО ВОЗНИКНОВЕНИЮ ЗАМЫСЛА ТВОРЕНИЯ В ЕГО КОНЕЧНОМ СОСТОЯНИИ), А КЛИ В СТАДИИ 2 ЧУВСТВУЕТ СЕБЯ БОЛЕЕ УДАЛЕННОЙ ОТ ТВОРЦА, ЧЕМ КЛИ В СТАДИИ 1 И ИМЕННО ПОЭТОМУ ИСТОРГАЕТ СВЕТ. ПРИЧИНА ТОГО, ЧТО КЛИ ПОЛУЧАЕТ ОТ СВЕТА ЕГО СВОЙСТВА ЗАКЛЮЧАЕТСЯ В ТОМ, ЧТО КАЖДОЕ СЛЕДСТВИЕ ЖЕЛАЕТ БЫТЬ ПОДОБНО СВОЕЙ ПРИЧИНЕ, ЕГО ПОРОДИВШЕЙ. ИЗ СТАДИИ 0, ВЫХОДЯТ ДВА ДЕЙСТВИЯ:

а) ЖЕЛАНИЕ ТВОРЦА НАСЛАДИТЬ СОЗДАНИЯ ПОРОЖДАЕТ ЖЕЛАНИЕ НАСЛАДИТЬСЯ, КЛИ, ТВОРЕНИЕ,

б) ЖЕЛАНИЕ НАСЛАДИТЬ ДЕЙСТВУЕТ В СОЗДАННОМ КЛИ ТАКИМ ОБРАЗОМ, ЧТО ОНО НАЧИНАЕТ ОЩУЩАТЬ, ЧТО ПОЛУЧАЕМОЕ ИМ НАСЛАЖДЕНИЕ ИСХОДИТ ИЗ ЖЕЛАНИЯ ТВОРЦА НАСЛАДИТЬ ЕГО И ПОЭТОМУ ВОЗНИКАЕТ В КЛИ ТАКОЕ ЖЕ ЖЕЛАНИЕ НАСЛАЖДАТЬ. ПОДОБНУЮ РЕАКЦИЮ МЫ НАБЛЮДАЕМ И В НАШЕМ МИРЕ: ЧЕЛОВЕК, ПОЛУЧИВШИЙ ПОДАРОК, ЕСЛИ ОЩУЩАЕТ СЕБЯ КАК ПОЛУЧАЮЩИЙ, НЕМЕДЛЕННО ЖЕЛАЕТ ИЛИ ВЕРНУТЬ ЕГО ИЛИ СДЕЛАТЬ АНАЛОГИЧНОЕ ДЕЙСТВИЕ ОТНОСИТЕЛЬНО ДАРЯЩЕГО, ЧТОБЫ ИЗБАВИТЬСЯ ОТ ЧУВСТВА ПОЛУЧАЮЩЕГО.

ТОЛЬКО ЕСЛИ ЧЕЛОВЕК МОЖЕТ УБЕДИТЬ СЕБЯ, ЧТО ТО ЧТО ОН ПОЛУЧАЕТ "ПОЛОЖЕНО ЕМУ", ИЛИ "ВСЕ ТАК ПОСТУПАЮТ", ИЛИ "ВЕРНЕТ В БУДУЩЕМ" И Т.П., ОН

МОЖЕТ ПРИНЯТЬ, ПОТОМУ КАК УБЕДИЛ СЕБЯ В ТОМ, ЧТО ОН НЕ ПОЛУЧАТЕЛЬ, ИНАЧЕ НЕ В СОСТОЯНИИ ПРИНЯТЬ ОТ ДРУГОГО, ПОТОМУ КАК НЕПРИЯТНОЕ ОЩУЩЕНИЕ ПОЛУЧАЮЩЕГО НЕ ПОЗВОЛИТ ЕМУ ПРИНЯТЬ.

ТАКЖЕ И СТАДИЯ 1, КАК ТОЛЬКО ОЩУТИЛА СЕБЯ ПОЛУЧАЮЩЕЙ, ЭТО НЕПРИЯТНОЕ ОЩУЩЕНИЕ ВЫНУДИЛО ЕЕ ИЗБАВИТЬСЯ ОТ СВЕТА, ПОТОМУ КАК ОЩУТИЛО ДАЮЩЕГО, СВЕТ. ПОЭТОМУ В НАШЕМ МИРЕ НАМ НЕДОСТАЕТ ТОЛЬКО ОДНОГО – ОЩУТИТЬ ТВОРЦА И ТОГДА ЛЕГКО ОСВОБОДИМСЯ ОТ ЖЕЛАНИЯ ПОЛУЧИТЬ НАСЛАЖДЕНИЕ, В ТОЙ МЕРЕ, В КОТОРОЙ ОЩУТИМ ТВОРЦА.

А ПОТОМУ КАК СТАДИЯ 2 СЛЕДСТВИЕ ОЩУЩЕНИЯ КЛИ КАК УДАЛЕННОГО ОТ ТВОРЦА, ПОЛУЧАЮЩЕГО, ТО ОНА СЧИТАЕТСЯ И БОЛЕЕ УДАЛЕННОЙ И ГРУБОЙ, ЧЕМ СТАДИЯ 1, ХОТЯ СТАДИЯ 1 ПОЛУЧАЕТ, А СТАДИЯ 2 ОТДАЕТ. ЕСТЬ ДВА ВИДА СВЕТА В ОЩУЩЕНИИ КЛИ:

а) СВЕТ ЦЕЛИ ТВОРЕНИЯ, КОТОРЫМ ТВОРЕЦ ЖЕЛАЕТ НАСЛАДИТЬ КЛИ, ИДУЩИЙ НЕПОСРЕДСТВЕННО ОТ ТВОРЦА, НАЗЫВАЕМЫЙ ОР ХОХМА,

б) СВЕТ ИСПРАВЛЕНИЯ ТВОРЕНИЯ, ИСХОДЯЩИЙ ОТ ТВОРЦА ТОЛЬКО ПРИ УСИЛИИ КЛИ ИСПРАВИТЬ СЕБЯ, СТАТЬ ПОДОБНЫМ ТВОРЦУ, НАЗЫВАЕМЫЙ ОР ХАСАДИМ – НАСЛАЖДЕНИЕ ОТ СЛИЯНИЯ, СХОЖЕСТИ С ТВОРЦОМ.

4. НО, РАССТАВШИСЬ ПОЛНОСТЬЮ СО СВЕТОМ ОР ХОХМА, КЛИ НАЧИНАЕТ ОЩУЩАТЬ "УМИРАНИЕ", ПОТОМУ ЧТО ОНО СОЗДАНО ДЛЯ ПОЛУЧЕНИЯ ОР ХОХМА. (ТО, ЧТО КЛИ ВОЗЖЕЛАЛО ПОЛУЧИТЬ ОР ХАСАДИМ ЭТО ТОЛЬКО СЛЕДСТВИЕ ДЕЙСТВИЯ В НЕМ ОР ХОХМА, НО НЕ ЕГО ПРИРОДА).

СУЩЕСТВОВАТЬ БЕЗ ОР ХОХМА КЛИ НЕ В СОСТОЯНИИ. ПОСКОЛЬКУ ВСЯ ПРИРОДА, ВСЯ СУТЬ КЛИ ЭТО ЖЕЛАНИЕ НАСЛАДИТЬСЯ ОР ХОХМА И КРОМЕ ЭТОГО ЖЕЛАНИЯ НЕТ

В НЕМ НИЧЕГО, ТО АННУЛИРОВАТЬ ЭТО ЖЕЛАНИЕ, СЕБЯ САМОГО КЛИ НЕ В СОСТОЯНИИ. ЕГО РЕАКЦИЯ НА НАПОЛНЯЮЩИЙ ЕГО ОР ХОХМА ЭТО ТАКЖЕ РЕАКЦИЯ ЖЕЛАНИЯ НАСЛАДИТЬСЯ, ПОТОМУ КАК ЖЕЛАНИЕ НАСЛАДИТЬСЯ, ПОЛУЧАЯ ОР ХОХМА, ЧУВСТВУЕТ СТРАДАНИЕ ОТ ОЩУЩЕНИЯ СЕБЯ ПОЛУЧАТЕЛЕМ И ПОТОМУ ОТКАЗЫВАЕТСЯ ПОЛУЧАТЬ ОР ХОХМА. НО КТО ОТКАЗЫВАЕТСЯ?

ТО ЖЕ КЛИ, ТО ЖЕ ЖЕЛАНИЕ НАСЛАДИТЬСЯ ОР ХОХМА. ПОЭТОМУ ИЗГНАВ ОР ХОХМА, КЛИ ОЩУЩАЕТ НЕВОЗМОЖНОСТЬ СУЩЕСТВОВАНИЯ БЕЗ НЕГО, ПОТОМУ КАК ЭТО ЕГО ПРИРОДА И РЕШАЕТ ПРИНЯТЬ ТОЛЬКО НЕОБХОДИМОЕ ДЛЯ СУЩЕСТВОВАНИЕ КОЛИЧЕСТВО ОР ХОХМА, А В ОСТАЛЬНОМ СВОЕМ ЖЕЛАНИИ ОН НАСЛАЖДАТЬСЯ СЛИЯНИЕМ С ТВОРЦОМ ОР ХАСАДИМ. ТАКОЕ, НЕОБХОДИМОЕ ДЛЯ СУЩЕСТВОВАНИЯ, ПОЛУЧЕНИЕ ОР ХОХМА НЕ СЧИТАЕТСЯ ПОЛУЧЕНИЕМ,

ПОДОБНО КАК В НАШЕМ МИРЕ МЫ ГОВОРИМ, ЧТО ЧЕЛОВЕК, НАПРИМЕР, ЖИВЕТ ТОЛЬКО НАУКОЙ, ТО ИМЕЕМ В ВИДУ, ЧТО ОН КОНЕЧНО ПОЛУЧАЕТ ВСЕ НЕОБХОДИМОЕ ДЛЯ СУЩЕСТВОВАНИЯ, НО ЭТО НЕ СЧИТАЕТСЯ ПОЛУЧЕНИЕМ, ПОТОМУ КАК ДИКТУЕТСЯ НЕ ЕГО ЖЕЛАНИЕМ, А НЕОБХОДИМОСТЬЮ ЕГО ПРИРОДЫ И ЕСЛИ БЫ НЕ ОНА, ОН БЫ И ЭТОГО, НЕОБХОДИМОГО ДЛЯ ЖИЗНИ, НЕ ПОЛУЧАЛ.

В ЭТОМ ОТЛИЧИЕ МЕЖДУ СТАДИЯМИ 2 И 3: В СТАДИИ 3 УЖЕ ЕСТЬ, ХОТЯ И ПО НЕОБХОДИМОСТИ, ЖЕЛАНИЕ ПОЛУЧАТЬ ОР ХОХМА. НО КАК ЖЕ МОЖЕТ СУЩЕСТВОВАТЬ СТАДИЯ 2 БЕЗ ОР ХОХМА, ЕСЛИ ЭТО СВЕТ ЖИЗНИ КЛИ? ДЕЛО В ТОМ, ЧТО В СТАДИИ 2 ЕСТЬ ОР ХОХМА И ОТСЮДА РЕАКЦИЯ НА ЕГО НАЛИЧИЕ ЖЕЛАНИЕ ОТДАВАТЬ, НАСЛАЖДАЯСЬ ОР ХАСАДИМ. ОЩУЩАЯ В СЕБЕ ДВА ПРОТИВОПОЛОЖНЫХ ЖЕЛАНИЯ ПОЛУЧАТЬ ОР ХОХМА И ПОЛУЧАТЬ ОР ХАСАДИМ,

Кли решается на компромисс: получать немного Ор Хохма, в количестве, необходимом для своего существования, а в остальном быть подобным свету. Такое комбинированное (немного желания получать, а в остальном отдавать).

Желание Кли называется стадия 3. Но если стадия 3 получает под давлением своей природы Ор Хохма, почему это не является получением ради Творца?

Потому что его природа, т.е. Творец, сотворивший Кли таким, вынуждает его получать, но Кли получает ради себя, потому что оно не в состоянии существовать без Ор Хохма. Поэтому человек, получающий в нашем мире все, что требует его природа, не считается что выполняет волю Творца, потому как наслаждается получением, а не тем что услаждает Творца своим ощущением наслаждения, наслаждается, потому что это приятно Творцу.

5. Изменение желания, каждое новое желание это отдельное состояние, отдельное Кли, отдельный духовный объект. Поэтому после получения, согласно своим желаниям Ор Хасадим и немного Ор Хохма, Кли в стадии 3 начинает желать полностью насладиться Ор Хохма, как было наполнено им в стадии 1.

Каждая последующая стадия есть следствие предыдущей, следствие действия света в Кли в предыдущей стадии: от наполнения светом в стадии 1, Кли возжелало действовать подобно свету и появилась стадия 2. От ощущения необходимости в Ор Хохма в стадии 2, появилась стадия 3.

ОТ ОЩУЩЕНИЯ ЕСТЕСТВЕННОСТИ НАСЛАЖДЕНИЯ ПОЛУЧЕНИЕМ СВЕТА ПРИ ВЫБОРЕ ИЗ ДВУХ ДЕЙСТВУЮЩИХ В СТАДИИ 3 НАСЛАЖДЕНИЙ, ПОЯВИЛАСЬ СТАДИЯ 4: ЖЕЛАНИЕ ПОЛНОСТЬЮ НАСЛАДИТЬСЯ ПОЛУЧЕНИЕМ НАСЛАЖДЕНИЯ, КОТОРОЕ ТВОРЕЦ ЖЕЛАЕТ ЕЙ ДАТЬ ОР ХОХМА.

ЭТА ПОСЛЕДНЯЯ СТАДИЯ РАЗВИТИЯ КЛИ ЕСТЬ ОКОНЧАТЕЛЬНАЯ СТАДИЯ ЕГО РАЗВИТИЯ, ПОТОМУ ЧТО В ЭТОМ СОСТОЯНИИ В КЛИ ПРОЯВЛЯЮТСЯ ДВА НЕОБХОДИМЫХ УСЛОВИЯ:

а) ЖЕЛАЕТ ПОЛНОСТЬЮ ПОЛУЧИТЬ ВЕСЬ СВЕТ ИСХОДЯЩИЙ ОТ ТВОРЦА,

б) ЖЕЛАНИЕ ОЩУЩАЕТСЯ ЕЮ КАК "СВОЕ".

В СТАДИИ 1 ЖЕЛАНИЕ НАСЛАДИТЬСЯ ОЩУЩАЛОСЬ КАК ДАННОЕ СВЫШЕ И ПОТОМУ ОТСУТСТВОВАЛО В ЭТОМ ЖЕЛАНИИ СТРЕМЛЕНИЕ СО СТОРОНЫ КЛИ ДОСТИЧЬ НАСЛАЖДЕНИЯ. ВЫНУЖДЕННОСТЬ В 4 СТАДИЯХ РАЗВИТИЯ КЛИ ИСХОДИТ ИЗ ТОГО, ЧТО В СТАДИИ 1 КЛИ НЕ ЧУВСТВУЕТ, ЧТО ОНО ПОЛУЧАЕТ!

КРОМЕ ТОГО, СТАДИЯ 1 БЫЛА УЖЕ НАПОЛНЕНА СВЕТОМ-НАСЛАЖДЕНИЕМ И ПОТОМУ ВСЕ ЕГО ЖЕЛАНИЯ БЫЛИ ПОЛНОСТЬЮ НАПОЛНЕНЫ И КЛИ НЕ ОЩУЩАЕТ В ТАКОМ СОСТОЯНИИ СЕБЯ, А ТОЛЬКО СВЕТ, И ПОЛНОСТЬЮ ПОДАВЛЕНО НАСЛАЖДЕНИЕМ (КАК ОГРОМНОЕ НАСЛАЖДЕНИЕ СВОДИТ ЧЕЛОВЕКА С УМА И НЕ ДАЕТ ЕМУ ВОЗМОЖНОСТИ РАЗУМНО, БЕЗ ДИКТАТА НАСЛАЖДЕНИЯ, ДЕЙСТВОВАТЬ).

НАПОЛНЕННОЕ КЛИ ПОДАВЛЕНО ПОЛУЧАЕМЫМ И СТАТЬ САМОСТОЯТЕЛЬНЫМ МОЖЕТ ТОЛЬКО ОТКАЗАВШИСЬ ОДИН РАЗ ОТ СВЕТА. НО ПОСЛЕ ТОГО КАК СВЕТ ХОТЬ РАЗ ПОКИНУЛ КЛИ, И КЛИ ОЩУТИЛО СВОЕ САМОСТОЯТЕЛЬНОЕ ЖЕЛАНИЕ, УЖЕ ПРИ ВОЗВРАЩЕНИИ СВЕТА,

КЛИ И СВЕТ ЯВЛЯЮТСЯ ДВУМЯ САМОСТОЯТЕЛЬНЫМИ ЖЕЛАНИЯМИ, А НЕ ОДНИМ, ПРОДИКТОВАННЫМ СВЕТОМ.

ЭТО ПОТОМУ, ЧТО ИЗ ТВОРЦА ОНИ ВЫХОДЯТ ОДНОВРЕМЕННО, СВЕТ И КЛИ, И ПОТОМУ ДОЛЖНЫ РАССТАТЬСЯ ХОТЬ ОДИН РАЗ, ЧТОБЫ КЛИ СТАЛО НЕЗАВИСИМЫМ И НАЧАЛО ПОЛУЧАТЬ СВЕТ СОГЛАСНО СВОЕМУ ЖЕЛАНИЮ, Т.Е. КЛИ СТАЛО ПЕРВИЧНЫМ, ДИКТУЮЩИМ, А НЕ СВЕТ. ПОЭТОМУ СТАДИЯ 1 НЕ МОЖЕТ БЫТЬ КЛИ И НУЖДАЕТСЯ В ДОПОЛНИТЕЛЬНОМ РАЗВИТИИ.

И ТОЛЬКО ПОСЛЕ 4 СТУПЕНЕЙ РАЗВИТИЯ, КЛИ ОЩУЩАЕТ СЕБЯ, СВОИ ЖЕЛАНИЯ И ЧТО ОНО ЯВЛЯЕТСЯ ПОЛУЧАТЕЛЕМ. (НО ОКОНЧАТЕЛЬНО ПРИГОДНОЕ КЛИ ДЛЯ ВЫПОЛНЕНИЯ ЦЕЛИ ТВОРЕНИЯ ДОЛЖНО БЫТЬ ПОЛНОСТЬЮ ОТОРВАНО ОТ СВЕТА, ЧТО И РЕАЛИЗУЕТСЯ ТОЛЬКО В ЧЕЛОВЕКЕ НАШЕГО МИРА).

СТРЕМЛЕНИЕ НАСЛАДИТЬСЯ СУЩЕСТВУЕТ ТОЛЬКО ПРИ ОТСУТСТВИИ ЖЕЛАЕМОГО. ПОЭТОМУ ТОЛЬКО РАСПРОСТРАНЕНИЕ СВЕТА В КЛИ, ЧТО СОЗДАЕТ В КЛИ ВКУС К НАСЛАЖДЕНИЮ, И ИСЧЕЗНОВЕНИЕ СВЕТА ИЗ КЛИ, ЧТО ЗАСТАВЛЯЕТ КЛИ СТРЕМИТЬСЯ ВСЛЕД НАСЛАЖДЕНИЮ, РОЖДАЮТ ПРИГОДНОЕ ДЛЯ ЦЕЛИ ТВОРЕНИЯ КЛИ: КЛИ ОЩУЩАЕТ СОБСТВЕННОЕ ЖЕЛАНИЕ ЗАПОЛНИТЬ СВОЕ ЧУВСТВО ГОЛОДА, УСПОКОИТЬ СЕБЯ, АННУЛИРОВАТЬ СТРАДАНИЕ ОТСУТСТВИЯ НАСЛАЖДЕНИЯ.

СТАДИЯ 4, ПОЛНОСТЬЮ НАПОЛНЕННАЯ, СОГЛАСНО СВОЕМУ ЖЕЛАНИЮ САМОНАСЛАДИТЬСЯ, ОР ХОХМА, НАЗЫВАЕТСЯ ОЛАМ ЭЙН СОФ МИР БЕСКОНЕЧНОСТИ (БЕСКОНЕЧНОГО = НЕОГРАНИЧЕННОГО ПОЛУЧЕНИЯ НАСЛАЖДЕНИЯ).

ГРАФИЧЕСКИЕ ИЗОБРАЖЕНИЯ 4-Х СТАДИЙ РАЗВИТИЯ КЛИ:

СТАДИЯ 0: Распространения наслаждения от Творца с желанием создать творения, чтобы насладить их этим наслаждением.

СТАДИЯ 1: Исходящий из Творца свет создает точно под свои свойства желание насладиться именно им по количеству и по качеству. Но создание еще не ощущает желание насладиться как свое, нет стремления к наслаждению. Получая от света наслаждение, кли получает и его свойство наслаждать, противоположное своему желанию "получать", и изгоняет ор хохма.

СТАДИЯ 2: Желание услаждать, отдавать с наслаждением от этого ор хасадим. Но достигнув 100% отдачи, обнаруживает невозможность существовать без ор хохма и решает принимать необходимое для жизни его количество.

СТАДИЯ 3: Получая оба наслаждения (90% свет хасадим и 10% свет хохма), кли ощущает наслаждение ор хохма как прямое и потому желает принимать только его. З"А называется также тифэрэт.

СТАДИЯ 4: Желает наслаждаться только ор хохма в том количестве и свойствах, которые в нем, каким он исходит из Творца в стадии 0. Отличие от стадии 1 в ощущении желания насладиться как свое, т.е. наличие стремления насладиться.

ОЛАМ ЭЙН СОФ полностью наполненная светом ор хохма согласно СВОЕМУ желанию, называется олам эйн соф мир бесконечности, потому что не создает ограничения на получение света.

ОЛАМ АЦИМЦУМ, наполнившись ор хохма, ощущает себя получающей, а Творца дающим и потому изгоняет свет и решает более никогда не принимать свет для самонаслаждения.

МАЛХУТ ДЭ КАВ, изгнав свет, малхут решает принимать только ради Творца. Такой вид получения называется кав, а кли масах и ор хозэр.

6. СВЕТ, НАПОЛНИВ КЛИ В СТАДИИ 4, ВНОВЬ РОЖДАЕТ В НЕМ ЖЕЛАНИЕ ОТДАВАТЬ, БЫТЬ ПОДОБНЫМ ЕМУ. ПРИЧЕМ

ЕСЛИ В СТАДИИ 1 КЛИ НЕ ОЩУЩАЛО ЖЕЛАНИЯ НАСЛАДИТЬСЯ КАК "СВОЕ", А В СТАДИИ 4 ОЩУЩАЕТ ЖЕЛАНИЕ САМОНАСЛАДИТЬСЯ КАК "СВОЕ", ТАК И ЕСЛИ В СТАДИИ 2 КЛИ НЕ ОЩУЩАЛО ЖЕЛАНИЯ ОТДАТЬ КАК "СВОЕ", ТО ТЕПЕРЬ, НАПОЛНИВШИСЬ СВЕТОМ В СТАДИИ 4, ОНО НАЧИНАЕТ ОЩУЩАТЬ ЖЕЛАНИЕ ОТДАВАТЬ КАК "СВОЕ".

ПОЭТОМУ КЛИ РЕШАЕТ ПОЛНОСТЬЮ ИЗГНАТЬ СВЕТ ИЗ СЕБЯ И В ДАЛЬНЕЙШЕМ НИКОГДА НЕ ПОЛУЧАТЬ ЕГО РАДИ СЕБЯ, ДЛЯ САМОУДОВЛЕТВОРЕНИЯ, ПОТОМУ КАК ПОЛУЧАЕМОЕ НАСЛАЖДЕНИЕ-СВЕТ ТУТ ЖЕ ВЫЗЫВАЕТ В НЕМ

НЕПРИЯТНОЕ ОЩУЩЕНИЕ ПОЛУЧАТЕЛЯ, ПОСКОЛЬКУ ПЕРЕДАЕТ ЕМУ СВОИ СВОЙСТВА. ИЗГНАНИЕ СВЕТА ИЗ КЛИ И РЕШЕНИЕ НИКОГДА ВПОСЛЕДСТВИИ НЕ ПРИНИМАТЬ СВЕТ ОР ХОХМА ДЛЯ САМОНАСЛАЖДЕНИЯ НАЗЫВАЕТСЯ СОКРАЩЕНИЕМ ПЕРВЫМ, ИЛИ ЦИМЦУМ АЛЕФ (Ц"А).

А СОСТОЯНИЕ КЛИ ПОСЛЕ ИСТОРЖЕНИЯ СВЕТА ИЗ НЕГО НАЗЫВАЕТСЯ МИРОМ СОКРАЩЕНИЯ ОЛАМ аЦИМЦУМ.

7. НО, ОСТАВШИСЬ ПУСТЫМ, ПОСЛЕ ИЗГНАНИЯ СВЕТА, КЛИ, ИССЛЕДУЯ СВОЕ СОСТОЯНИЕ, ПРИХОДИТ К ВЫВОДУ, ЧТО ТАКОЕ ЕГО СОСТОЯНИЕ АБСОЛЮТНО НЕСОВЕРШЕННО: ОНО НЕ НАСЛАЖДАЕТСЯ СВЕТОМ ОР ХОХМА, КАК ТОГО ЖЕЛАЕТ ТВОРЕЦ, ДЛЯ ЧЕГО ОН И СОЗДАЛ КЛИ, И ТЕМ САМЫМ ХОТЯ И НЕ ЯВЛЯЕТСЯ ПОЛУЧАТЕЛЕМ, НО НЕ ПОДОБНО ТВОРЦУ: ТВОРЕЦ ЖЕЛАЕТ НАСЛАДИТЬ КЛИ.

КЛИ, ЕСЛИ ОНО ЖЕЛАЕТ УСЛАДИТЬ ТВОРЦА, ДОЛЖНО ПРИНИМАТЬ – НАСЛАЖДАТЬСЯ ОР ХОХМА. НО, ПРИНИМАЯ-НАСЛАЖДАЯСЬ ОР ХОХМА, КЛИ НЕМЕДЛЕННО ОЩУЩАЕТ СЕБЯ КАК ПОЛУЧАТЕЛЯ, УДАЛЕННЫМ ОТ ТВОРЦА, ПОТОМУ КАК ОР ХОХМА, ДАВАЯ ЕМУ НАСЛАЖДЕНИЯ, ПЕРЕДАЕТ ЕМУ СВОИ СВОЙСТВА "ДАВАТЬ", А НЕ ПОЛУЧАТЬ.

И ПОЯВЛЕНИЕ В КЛИ ПРОТИВОПОЛОЖНОГО ПЕРВОНАЧАЛЬНОМУ ЖЕЛАНИЮ, СОЗДАЕТ В НЕМ КОНФЛИКТ: ДВА ПРОТИВОРЕЧИВЫХ ЖЕЛАНИЯ, ВСЛЕДСТВИЕ КОТОРОГО, КЛИ ИСТОРГАЕТ СВЕТ, НЕ ЖЕЛАЯ ОЩУЩАТЬ СЕБЯ ПОЛУЧАТЕЛЕМ НАСЛАЖДЕНИЯ, А ЖЕЛАЕТ БЫТЬ ПОДОБНЫМ СВЕТУ-ТВОРЦУ.

ПОЭТОМУ КЛИ ВЫБИРАЕТ ЕДИНСТВЕННОЕ ВОЗМОЖНОЕ РЕШЕНИЕ: ПРИНИМАТЬ-НАСЛАЖДАТЬСЯ СВЕТОМ, НО НЕ РАДИ СЕБЯ, А РАДИ ТВОРЦА В ТАКОМ СЛУЧАЕ ОНО СМОЖЕТ ПОЛНОСТЬЮ НАСЛАЖДАТЬСЯ САМИМ СВЕТОМ, ИСХОДЯЩИМ ОТ ТВОРЦА ОР ХОХМА, И ПРИ ЭТОМ БУДЕТ НЕ ПРОТИВОПОЛОЖНО, А ПОЛНОСТЬЮ ПОДОБНО ПО ДЕЙСТВИЮ ТВОРЦУ, УСЛАЖДАЯ ЕГО, КАК ОН ЖЕЛАЕТ УСЛАДИТЬ КЛИ.

ПОЭТОМУ КРОМЕ 100% ПОЛУЧЕНИЯ ОР ХОХМА, КЛИ ПОЛУЧИТ ЕЩЕ 100% ОР ХАСАДИМ, НАСЛАЖДЕНИЕ ОТ АЛЬТРУИЗМА, ОТДАЧИ, ПОДОБИЯ ТВОРЦУ, СЛИЯНИЯ С ТВОРЦОМ.

8. НО ПРИНИМАТЬ НЕ ДЛЯ САМОНАСЛАЖДЕНИЯ, А ПОТОМУ КАК ЭТОГО ЖЕЛАЕТ ТВОРЕЦ, КЛИ В СОСТОЯНИИ ЛИШЬ НЕБОЛЬШУЮ ЧАСТЬ ПРИХОДЯЩЕГО СВЕТА-НАСЛАЖДЕНИЯ (НАПРИМЕР, 20%). ОСТАЛЬНАЯ ЧАСТЬ КЛИ (80%) ОСТАЕТСЯ НЕЗАПОЛНЕННОЙ ОР ХОХМА, А ЗАПОЛНЯЕТСЯ НАСЛАЖДЕНИЕМ ОТ ПОДОБИЯ ТВОРЦУ ОР ХАСАДИМ.

ПОЭТОМУ ПОСЛЕ ЦИМЦУМ АЛЕФ (Ц"А) КЛИ ИЗОБРАЖАЕТСЯ УЖЕ НЕ ОКРУЖНОСТЬЮ, А ПРЯМОУГОЛЬНИКОМ, ГДЕ СУЩЕСТВУЕТ ВЕРХ-НИЗ ОТНОСИТЕЛЬНО ТВОРЦА. ПОЛУЧЕНИЕ СВЕТА СОГЛАСНО СВОЕМУ ПРЕДЫДУЩЕМУ РЕШЕНИЮ НАЗЫВАЕТСЯ ПОЛУЧЕНИЕМ СВЕТА В ВИДЕ ЛИНИИ (КАВ), ПОТОМУ КАК КЛИ ОБЯЗАНО ВЫПОЛНЯТЬ ЗАКОНЫ, ПРИНЯТЫЕ ВЫСШИМ КЛИ. ТАКИМ ОБРАЗОМ ПОЯВЛЯЕТСЯ ВЕРХ И НИЗ ПО СТЕПЕНИ ВАЖНОСТИ, ЧЕГО

НЕ БЫЛО ДО ПРИНЯТИЯ РЕШЕНИЯ О Ц"А И ПОЛУЧЕНИИ ТОЛЬКО РАДИ ТВОРЦА ВСЕ ПРИНЯТЫЕ РЕШЕНИЯ ОТ СТАДИИ К СТАДИИ БЫЛИ ДОБРОВОЛЬНЫ И НЕ ОБЯЗЫВАЛИ НИ В ЧЕМ ПОСЛЕДУЮЩИЕ СОСТОЯНИЯ.

ПОЭТОМУ СОСТОЯНИЯ КЛИ ДО ПОЯВЛЕНИЯ ЗАПРЕТА НА ВСЕ ПОСЛЕДУЮЩИЕ СОСТОЯНИЯ ПОЛУЧАТЬ ОР ХОХМА ДЛЯ САМОНАСЛАЖДЕНИЯ, НАЗЫВАЮТСЯ ИГУЛИМ КРУГИ ИЛИ ОКРУЖНОСТИ. А С ПОЯВЛЕНИЕМ ЗАПРЕТА ПОЯВЛЯЮТСЯ СТЕПЕНИ МЕРЫ ВАЖНОСТИ И ГРУБОСТИ В КЛИ ПО БЛИЗОСТИ К ЖЕЛАНИЮ САМОНАСЛАДИТЬСЯ (МАЛХУТ), КОТОРАЯ СТАНОВИТСЯ НАИБОЛЕЕ НИЗКОЙ, НАИМЕНЕЕ ВАЖНОЙ, ПОТОМУ ЧТО ЕЮ ЗАПРЕЩЕНО ПОЛЬЗОВАТЬСЯ.

ТАКЖЕ И В САМОЙ МАЛХУТ ЕСТЬ НЕСКОЛЬКО РАЗЛИЧНЫХ ПО СТЕПЕНИ ВАЖНОСТИ ЧАСТЕЙ: ТАМ, ГДЕ ОНА ДЕЛАЕТ РАСЧЕТ "КАКОЕ КОЛИЧЕСТВО НАСЛАЖДЕНИЯ В СОСТОЯНИИ ПОЛУЧИТЬ РАДИ ТВОРЦА" (РОШ), ТА ЧАСТЬ МАЛХУТ, В КОТОРУЮ ОНА ПРИНИМАЕТ НАСЛАЖДЕНИЕ (ТОХ) И ТА ЧАСТЬ МАЛХУТ, КОТОРАЯ ОСТАЕТСЯ НЕЗАПОЛНЕННОЙ ВВИДУ ОТСУТСТВИЯ МАСАХА (СОФ).

И ПОЭТОМУ В САМОЙ МАЛХУТ ЭТИ ТРИ ЧАСТИ ТАКЖЕ РАСПОЛАГАЮТСЯ ПО СТЕПЕНИ ВАЖНОСТИ: ВЫШЕ ВСЕГО РОШ, ПОСКОЛЬКУ ОНА РЕШАЕТ ВСЕ ПОСЛЕДУЮЩИЕ ДЕЙСТВИЯ. ПОД НЕЙ НАХОДИТСЯ ТОХ, ПОТОМУ КАК В НЕМ КЛИ ПОЛУЧАЕТ СВЕТ И ПОТОМУ ЭТА ЧАСТЬ ВАЖНЕЕ, И ДАЛЕЕ СОФ.

ПОЭТОМУ ВИД ПОЛУЧЕНИЯ СВЕТА ПОСЛЕ Ц"А НАЗЫВАЕТСЯ КАВ. ЖЕЛАНИЕ САМОНАСЛАДИТЬСЯ НАЗЫВАЕТСЯ НИЗКИМ ПО ВАЖНОСТИ ОТНОСИТЕЛЬНО ТВОРЦА, ПОТОМУ ЧТО ТВОРЕЦ ПРОТИВОПОЛОЖЕН ЕМУ ПО ЖЕЛАНИЮ И ПОТОМУ ЧТО ЕГО НЕВОЗМОЖНО ИСПОЛЬЗОВАТЬ И НИЧЕГО В НЕГО НЕЛЬЗЯ ПОЛУЧИТЬ. НО ВСЕ, В ЧЕМ ЕСТЬ ХОТЬ НЕМНОГО ЖЕЛАНИЯ ОТДАВАТЬ, УЖЕ ВЫШЕ СТАДИИ 4, ПОТОМУ ЧТО БЛАГОДАРЯ ЭТОМУ ЖЕЛАНИЮ В НЕГО

МОЖНО ПОЛУЧИТЬ СООТВЕТСТВУЮЩУЮ ЧАСТЬ ВЫСШЕГО СВЕТА.

ЧАСТЬ КЛИ, ОЩУЩАЮЩАЯ ПРИХОДЯЩИЕ ОТ ТВОРЦА НАСЛАЖДЕНИЯ И РЕШАЮЩАЯ, КАКУЮ ЧАСТЬ ПРИХОДЯЩЕГО НАСЛАЖДЕНИЯ В СОСТОЯНИИ ПОЛУЧИТЬ НЕ РАДИ СЕБЯ, НЕ ДЛЯ САМОНАСЛАЖДЕНИЯ, НАЗЫВАЕТСЯ ГОЛОВА – РОШ.

В РОШ ПРИХОДИТ ОР ЯШАР. МАСАХ, НАХОДЯЩИЙСЯ В ПЭ, ОТТАЛКИВАЕТ ВЕСЬ ПРИХОДЯЩИЙ СВЕТ, СОЗДАЕТ ОР ХОЗЭР, ЗАТЕМ КЛИ РЕШАЕТ КАКУЮ ЧАСТЬ СВЕТА В СОСТОЯНИИ ПРИНЯТЬ НЕ ДЛЯ САМОНАСЛАЖДЕНИЯ, ПРИНИМАЕТ ЭТУ ЧАСТЬ СВЕТА-ОР ПНИМИ В ТОХ ОТ ПЭ ДО ТАБУР, ОСТАВШАЯ ЧАСТЬ СВЕТА ОР ЯШАР ОСТАЕТСЯ СНАРУЖИ КЛИ И НАЗЫВАЕТСЯ ОР МАКИФ.

ЭТА ОСТАВШАЯСЯ ЧАСТЬ СВЕТА, ОР МАКИФ, ДОЛЖНА БЫЛА БЫ ЗАПОЛНИТЬ СОФ КЛИ ОТ ТАБУР ДО СИЮМ. ПОТОМУ КАК КЛИ НЕ ПОЛУЧАЕТ В ЭТУ СВОЮ ЧАСТЬ СВЕТ, ИЗ-ЗА НЕДОСТАТКА СИЛЫ СОПРОТИВЛЕНИЯ САМОНАСЛАЖДЕНИЮ, ТО ОТ ТАКОГО СОСТОЯНИЯ ЖЕЛАНИЯ ПОДОБИЯ ТВОРЦУ, ОНО ПОЛУЧАЕТ НАСЛАЖДЕНИЕ ОР ХАСАДИМ, ОЩУЩАЕМОЕ, РАСПРОСТРАНЯЕМОЕ В СОФ.

7. НЕСКОЛЬКО ОПРЕДЕЛЕНИЙ:

ПРИХОДЯЩИЙ ОТ ТВОРЦА СВЕТ ПРЯМОЙ СВЕТ – ОР ЯШАР

СИЛА СОПРОТИВЛЕНИЯ САМОНАСЛАЖДЕНИЮ ЭКРАН – МАСАХ

МЕСТО НАХОЖДЕНИЯ МАСАХА РОТ – ПЭ

ОТРАЖЕННЫЙ ОТ ЭКРАНА СВЕТ – ОР ХОЗЭР

РЕШАЮЩАЯ ЧАСТЬ КЛИ ГОЛОВА – РОШ

ПРИНИМАЮЩАЯ ЧАСТЬ КЛИ ТЕЛО – ГУФ

ПРИНИМАЕМЫЙ ВНУТРЬ СВЕТ ВНУТРЕННИЙ СВЕТ – ОР ПНИМИ

ОСТАЮЩИЙСЯ СНАРУЖИ СВЕТ ОКРУЖАЮЩИЙ СВЕТ – ОР МАКИФ

МЕСТО ПОЛУЧЕНИЯ ОР ПНИМИ ВНУТРЬ – ТОХ

МЕСТО, ОСТАЮЩЕЕСЯ НЕЗАПОЛНЕННЫМ В КЛИ КОНЕЦ (ПОЛУЧЕНИЯ) – СОФ

МЕСТО ВХОЖДЕНИЯ СВЕТА В ТОХ РОТ – ПЭ

МЕСТО ОГРАНИЧЕНИЯ ПОЛУЧЕНИЯ СВЕТА ПУП – ТАБУР

МЕСТО ОКОНЧАНИЯ КЛИ ЗАВЕРШЕНИЕ – СИЮМ

ОР ЯШАР = ОР ПНИМИ + ОР МАКИФ

ГУФ = ТОХ + СОФ РОШ + ГУФ = ПАРЦУФ ДУХОВНЫЙ ОБЪЕКТ.

9. НИСХОЖДЕНИЕ СВЕТА ОТ ТВОРЦА СОЗДАЕТ В ПРОЦЕССЕ 5 СТАДИЙ-БХИНОТ РАЗВИТИЯ САМОСТОЯТЕЛЬНОЕ ЖЕЛАНИЕ САМОНАСЛАДИТЬСЯ МАЛХУТ. КЛИ, НАПОЛНЕННОЕ ОР ХОХМА ИЛИ ОР ХАСАДИМ, НАЗЫВАЕТСЯ СФИРА, ОТ СЛОВА САПИР-СВЕТЯЩИЙСЯ. КЛИ БЕЗ СВЕТА НАЗЫВАЕТСЯ БУКВА-ОТ.

ЛЮБОЕ КЛИ, ПОТОМУ КАК ДЛЯ ЕГО СОЗДАНИЯ НЕОБХОДИМО РАЗВИТИЕ ПО 5 СТУПЕНЯМ, ТАКЖЕ СОСТОИТ ИЗ 5 ЧАСТЕЙ БХИНОТ-СТАДИЙ, БУКВЫ-ОТИЁТ (АВА"Я), СФИРОТ. КАК ЕСТЬ 5 ЧАСТЕЙ В КЛИ, ТАКЖЕ ЕСТЬ 5 ЧАСТЕЙ В КАЖДОМ МИРЕ, НАЗЫВАЕМЫХ ПАРЦУФИМ.

КАК ЕСТЬ 5 ЧАСТЕЙ В ОБЩЕМ КЛИ МАЛХУТ МИРА ЭЙН СОФ, ТАК ЕСТЬ 5 МИРОВ А"К И АБЕ"А. КАК ЕСТЬ 5 ЧАСТЕЙ ЖЕЛАНИЯ САМОНАСЛАДИТЬСЯ-АВИЮТ, ТАК ЕСТЬ И 5 СИЛ ПРОТИВОДЕЙСТВИЯ ЭГОИЗМУ 5 СИЛ В ЭКРАНЕ-МАСАХ.

10. КАББАЛА ИЗУЧАЕТ СОТВОРЕНИЕ СВЕРХУ ВНИЗ, ОТ ТВОРЦА ДО НАШЕГО МИРА:

Творец БХ.0 БХ.1 БХ.2 БХ.3 БХ.4.

Бх.4 является единственно созданным кли. Оно называется Творением. Все миры, их населяющие, наш мир, человек, все, кроме Творца, это и есть Бх.4.

Сама Бх.4, получая свет от предыдущих ступеней, делится на 5 ступеней и любая ее часть также обязана состоять из 5 частей, потому что, для того, чтобы появилось определенное желание насладиться, свет должен пройти 4 ступени, а 5-ая ступень уже будет творением, нужным желанием. Бх.4 состоящая из 5 частей, делится на составные части: миры А"К и АБЕ"А каждый из которых также состоит из 5 частей-парцуфим:

А"К: 1 – ГАЛЬГАЛЬТА, 2 – АБ, 3 – САГ (нэкудот дэ САГ, Ц"Б), 4 – МА (олам аНэкудим, швират килим), 5 – БОН.

АЦИЛУТ: 1 – АТИК, 2 – АРИХ АМПИН, 3 – АБА ВЭ ИМА + ИШСУТ, 4 – ЗЭИР АМПИН, 5 – НУКВА.

БРИЯ: 1 – АТИК, 2 – АРИХ АМПИН, 3 – АБА ВЭ ИМА + ИШСУТ, 4 – ЗЭИР АМПИН, 5 – НУКВА.

ЕЦИРА: 1 – АТИК, 2 – АРИХ АМПИН, 3 – АБА ВЭ ИМА + ИШСУТ, 4 – ЗЭИР АМПИН, 5 – НУКВА.

АСИЯ: 1 – АТИК, 2 – АРИХ АМПИН, 3 – АБА ВЭ ИМА + ИШСУТ, 4 – ЗЭИР АМПИН, 5 – НУКВА.

Сердце человека является сосудом ощущения (сфира малхут) от всех 5 органов чувств, от 9 сфирот от кетэр до есод. Разум, ум, мозг человека являются только вспомогательным орудием для поиска возможностей достижения тех желаний, которые человек ощущает в сердце.

Желания человек получает свыше и не в состоянии их изменить. Но изучая и постигая цель творения, он может начать осознавать, что его желания ему во вред. Когда в сердце возникает осознание, человек автоматически отстраняется от них.

Части малхут Эйн Соф составляют 5 парцуфим, из которых состоит каждый из миров, части из малхут эйн соф это населяющие миров, части ее наш мир и его населяющие (неживая, растительная, живая природа, а самая последняя, эгоистически самая низкая часть это человек).

Поэтому исправляя себя, человек духовно поднимается из нашего мира в состояние полного слияния с Творцом и достигает полного получения света ор хохма, как того желает Творец, как в малхут эйн соф до Ц"А. А получая этот свет ради Творца, он наслаждается также слиянием с самим Творцом (ор хасадим).

В итоге своего последовательного духовного огрубления нисхождением по ступеням от состояния "олам эйн соф" вниз, творение достигает такого состояния, когда оно полностью противоположно по своей природе Творцу: ЖЕЛАЕТ ТОЛЬКО "ПОЛУЧАТЬ" И НЕ ПОНИМАЕТ ЖЕЛАНИЯ "ОТДАВАТЬ". И это состояние считается желательным для начала исправления и возвышения.

В таком состоянии находимся все мы, и называется оно "наш мир" или мир действия. Наши желания получить наслаждение диктуют наши действия. Действия могут быть "получать" или "давать", но исходят из желания "получить" и потому называются "получить ради получения (наслаждения)" или "давать ради получения (наслаждения)". Иного мы не только не можем желать, но и не в состоянии понять!

Материальным в Каббале называется не физический материал нашего мира, а абсолютно эгоистическое желание без какого-либо желания "отдавать". Также и нечистые миры АБЕ"А называются материальными ввиду отсутствия в них желания "отдавать". Человек находится в своем физическом теле: если его желание самонасладиться, то оно называется материальным, а он называется находящимся в нашем мире и таким себя ощущает.

Если же его желание отдавать, то такое желание называется духовным, и он ощущает и считается находящимся в каком-либо из миров АБЕ"А, в том мире, который ощущает в соответствии с величиной своего альтруистического желания.

Вся физическая природа нашей вселенной неживая, растительная и животная, кроме человека не имеет никакого духовного значения, и только в мере содействия человеку в его духовном подъеме она поднимается вместе с ним, а при духовном падении человека, опускается вместе с ним.

43. Как уже указывалось, наш мир делится на неживое, растительное, животное, человек, которые соответствуют 4 сфирот: хохма, бина, тифэрэт, малхут, потому как неживое соответствует малхут, растительное тифэрэт, животное бина и человек соответствует хохма, а корень их всех соответствует кетэр.

Но, как сказано, даже в каждой части неживого, растительного, животного, человек есть в нем также 4 отличия: неживое, растительное, животное, человек. Т.о., в одном типе, что в типе человек, т.е. даже в одном человеке, есть в нем также неживое, растительное, животное, человек, являющиеся 4 частями желания получить, которое в нем, в которых одета точка от чистой души.

44. До "13 лет" невозможно никакого явного проявления точки в сердце. Но после "13лет", когда начинает заниматься Торой и Заповедями, даже без всяких намерений, что значит без любви и страха, которые должны быть при выполнении желаний Творца, даже выполняя ради себя, человек видит, что не в состоянии выполнять что-либо ради Творца, потому что его желание "получить" не позволяет ему. И выполняет Тору и Заповеди, чтобы исправить свое эгоистическое желание.

В таком случае, Тора и Заповеди в состоянии привести его к исправлению и очищению желания получить в 1-ом уровне, неживом. Тогда если выполняет Тору и Заповеди ради получения вознаграждения и не стремится к тому, чтобы их выполнение очистило его желание получить, это называется обратное действие.

Потому что таково его намерение при выполнении Торы и Заповедей, намерение получить вознаграждение за свое выполнение. **Точка в его сердце начинает расти и выявлять свои действия, потому как Заповеди не требуют намерений, и даже действия без намерений.**

Не только Заповеди, но любые действия человека, выполняемые с желанием приблизиться к духовному, независимо от намерений, имеют силу очистить-исправить желание получить, наш эгоизм, имеют силу очистить желание получить в человеке, но только в размере 1 ступени, что в нем, называемой "неживое".

Т.о. видим, что начальное состояние человека может быть каким угодно, только бы было в нем желание продвигаться с любым намерением. И это естественно, потому что после "13 лет" он находится с большими эгоистическими желаниями. И в той мере, в которой очищает неживую часть своих желаний получить, в той мере он строит 613 частей (органов) тела точки, находящейся в его сердце, которая есть неживая часть его души (домэм дэ нэфэш дэ кдуша).

А когда завершает все 613 Заповедей в действии, завершает этим построение всех 613 частей тела точки в сердце, которая есть неживой уровень его чистой души, 248 частей тела которой строятся выполнением 248 Заповедей действия (таасэ), а 365 частей тела которой строятся выполнением запретных Заповедей (ло таасе-не делать).

В итоге появляется целое тело чистой нэфэш, и тогда это тело нэфэш поднимается и облачается на сфира малхут мира Асия. Духовное тело, объект, называется парцуфом. Парцуф состоит из 5 сфирот (или иногда говорят из 10, потому что одна из его сфирот тифэрэт состоит из 6 подсфирот, итого 10).

Парцуф состоит из 3 частей: голова (рош), место ощущения приходящего наслаждения и принятие решения, какую его часть получить в себя; тох (внутренняя), место, где принимаются наслаждения, о принятии которых было решено в рош; соф (конец), место, в которое парцуф не может принять наслаждения, потому что не сможет придать своему получению должное альтруистическое намерение "ради Творца".

Потому как получающая часть парцуфа тох, то она должна наполниться светом, если в ней будут исправленные желания. Поэтому говорится, что человек строит 248 желаний получить с намерением ради Творца этим он строит тох своего парцуфа.

Выполнением 365 запретных желаний, не получить, ограничить себя, потому как еще не в состоянии получить в них наслаждение с намерением ради Творца человек строит соф своего парцуфа. В итоге у него получается законченный чистый духовный парцуф, который, одеваясь на сфира малхут мира Асия, получает от нее свет.

И все духовные части неживое, растительное, животное в том мире, соответствующие сфира малхут мира Асия, помогают парцуфу нэфэш человека, поднявшемуся туда, т.е. в той мере, в которой тело нэфэш постигает их, эти знания становятся его духовной пищей, дающей ему силу развиваться и расти, настолько, чтобы смогло принять свет от сфира малхут мира Асия во всей его желательной силе и светить им в теле человека.

И этот совершенный свет помогает человеку добавить усилия в Торе и Заповедях и постичь еще большие ступени. Потому как свет, входящий в желания исправляет их, придает им свою природу. И как сказано было ранее, что сразу же с рождением тела человека, рождается и одевается в него точка света ор нэфэш, так и здесь, когда родился его парцуф нэфэш, родилась с ним точка более высшей ступени последняя точка света ор руах мира Асия, одевающаяся в парцуф нэфэш.

При рождении в человеке желания "получать", оно рождается с находящейся в нем духовной точкой более высшей духовной ступени. И таков процесс во всех ступенях: когда ступень рождается, входит в нее сразу же последняя точка более высокой ступени, что над ней, потому что это вся связь между высшим и низшим до самой высшей ступени.

Таким образом, с помощью этой точки высшего становится возможным подняться на более высокую ступень. Без того, чтобы в нижней ступени была часть более верхней ступени невозможно подняться выше своего состояния.

45. И этот свет ор нэфэш называется светом неживого мира Асия. И он соответственно направлен на очищение-исправление части неживого желания получить, что в теле человека.

Потому как именно такова сила этого света, потому как, проходя все ослабляющие покрывала, оболочки, миры, состоящие из парцуфим, состоящие из сфирот, этот свет настолько слаб, что в состоянии исправить только неживые желания человека.

И это действие его свечения в духовном подобно действию неживого в нашем мире, не имеющего личного движения его частей, а только движение общее, охватывающее все его части поровну также и свет парцуфа нэфэш мира Асия, несмотря на то, что есть в нем 613 частей, которые представляют собой 613 различных видов получения наслаждения, все равно не проявляются в нем их различия, а только общий свет, действие которого охватывает все части поровну в общем, без всяких проявлений индивидуальности частей.

Именно таким свойством начинают обладать получающие помощь в исправлении от мира Асия и поэтому именно таких духовных свойств они достигают.

46. И знай, что хотя сфирот это божественное, и нет никакого отличия первой сфиры кетэр в мире А"К от последней сфиры малхут мира Асия, потому как все сфирот, миры, парцуфим это частичное ощущение Творца человеком по мере его духовного исправления и очищения от эгоистических желаний.

Название сфиры, парцуфа, мира говорит о степени ощущения Творца. Наш мир называется полным неощущением Творца. Самое малое ощущение Творца называется сфира малхут мира Асия, самое большое ощущение Творца, полное слияние с ним называется эйн соф бесконечное, без конца, т.е. ничем не ограниченное, не ограниченное никаким проявлением эгоизма, полное слияние с Творцом.

Поэтому все миры, сфирот, парцуфим есть частичное ощущение Творца и они есть градации раскрытия наших органов духовного ощущения по мере их очищения от эгоизма. Поэтому все они существуют только внутри человека и они это фильтры, через которые мы ощущаем Творца в той или иной мере.

Есть большое отличие в них относительно получающих от них. Только относительно человека и существует неощущение, чатичное или полное ощущение Творца. Сфирот состоят из света (ор) и килим (органов-частей). Свет в них есть чисто божественное, Свет в сфирот это свет Творца или сам Творец, что одно и то же. Ощущение Творца в наших ощущениях мы называем свет.

Вернее, реакция на Него наших органов ощущений, те ощущения, которые Он в нас вызывает и называется светом. О самом Творце мы не можем говорить, потому как говорим только о том, что постигаем, ощущаем. Поэтому вместо слова "Творец" в Каббале употребляется слово "свет".

В зависимости от степени ощущения Творца, мы определяем эти ощущения, градируем их и даем им номера и названия. Потому как каждое наше ощущение состоит из 5 составляющих, то каббалисты дали светам названия: нэфэш, руах, нэшама, хая, йехида по мере все большего ощущения Творца.

Степень ощущения Творца зависит от свойств человека: чем свойства человека более подобны свойству Творца "отдавать", тем больше человек ощущает Творца. Поскольку человек сотворен с желанием получить наслаждение, и это свое единственное свойство, природу он изменить не может, ему остается возможность изменить намерение при получении: если он получает потому как этого желает Творец, потому как радует этим Творца, то подобное получение равнозначно "отдаче" и подобно свойствам Творца.

Исправленные в той или иной степени желания человека называются кли. Если в это исправленное желание входит соответствующий свет, то оно называется сфира, от слова сапир – светящийся (светом). Ощущение Творца на определенной ступени исправления называется парцуф – тело. Парцуф это исправленное желание, наполненное светом.

Парцуф (объект) состоит из 5 сфирот (частей) : кетэр, хохма, бина, тифэрэт, малхут. Или из 10 сфирот, поскольку сфира тифэрэт, в свою очередь, состоит из 6 подсфирот: хэсэд + гвура + тифэрэт + нэцах + ход + есод.

Поэтому 5 сфирот часто перечисляются как 10: кетэр, хохма, бина, хэсэд, гвура, тифэрэт, нэцах, ход, есод, малхут, а килим называются каха"б ту"м. Каха"б сокращение имен сфирот кетэр, хохма, бина; ту"м сокращение имен сфирот тифэрэт и малхут.

В трех последних мирах, называемых Брия, Ецира, Асия, это не божественное, а покрывала, скрывающие свет бесконечности, который в них. Свет бесконечности, свет светящий в мире бесконечности, свет Творца без каких-либо преград и ослабляющих покрывал. И отмеряющие меры своего свечения получателям, согласно мере толщины покрывала, т.е. мере исправления желания получить, чтобы каждый получатель получил только согласно мере своей исправленной части.

Т.о. покрывала отмеряют количество пропускаемого им света от Творца потребителю духовному телу человека, точно в количестве, которое он сможет принять с надлежащим намерением, чтобы не повредить человеку: если величина света-наслаждения будет больше величины защитного экрана (масах), силы воли человека, то в нем немедленно возникнет желание самонасладиться этим светом.

И в этом смысле, хотя свет один, свет Творца, находящийся в сфире, не имеет названия и потому называется простой (ор пашут), потому что в нем нет никаких отличий, видов, а только одно его свойство наслаждать человека.

Мы называем света в сфирот по именам наранха"й. Наранха"й сокращения имен светов: нэфэш, руах, нэшама, хая, йехида. Потому что свет делится согласно свойству кли: Свет ощущается только при наличии кли – желания его получить и в зависимости от свойств кли, оно раскрывает из бесконечного количества свойств света только то свойство, которое в состоянии ощутить.

Ранее приводился пример о том, что электрический провод содержит в себе энергию, которую кли – потребитель извлекает в соответствии со своими свойствами: охлаждение, обогревание, сжатие, расширение и прочие, даже противоположные качества.

В самом свете этих качеств нет, но кли ощущает его в мере своего подобия свойствам света. Кли малхут, самое толстое покрывало, скрывающее свет бесконечности. Свет, который она пропускает от Творца к получателям, очень мал и предназначен для исправления только неживого в теле человека, и поэтому называется нэфэш.

Поскольку свет, приходящий от малхут мал, то он в состоянии исправить только незначительную часть желания получить, называемую неживой. Но процесс исправления начинается именно с этой части, подобно нашему миру, где все происходит из неживого, как основы всего.

Кли тифэрэт уже более прозрачно, чем кли малхут, и поэтому свет, который оно пропускает из бесконечности, предназначен для исправления части растительного, что в теле человека, потому как действует сильнее, чем свет ор нэфэш, и называется ор руах.

Поскольку свет больше, он в состоянии совершить еще большее исправление. Величина исправления зависит только от величины света, приходящего для исправления. Кли бина еще более прозрачно, чем кли тифэрэт, и поэтому свет, который оно пропускает из бесконечности, предназначен для исправления части животного, что в теле человека и называется ор нэшама.

Кли хохма самое прозрачное и поэтому свет, который оно пропускает из бесконечности, предназначен для исправления части человек, что в теле человека, и называется ор хая, и нет границ его воздействию, как еще выяснится. Этот свет может довести все творение до состояния полного исправления.

47. И как сказано, в парцуф нэфэш, который приобрел человек, работая в Торе и Заповедях без всякого намерения, уже одета точка от света ор руах. Как сказано в п.44: "До "13 лет" невозможно никакого явного проявления точки в сердце. Но после "13 лет", когда начинает заниматься Торой и Заповедями, даже без всяких намерений, что значит без любви и страха, которые должны быть при выполнении желаний Творца, даже выполняя их ради себя, точка начинает проявляться.

Это и есть точное определение слова "без всякого намерения". **И если человек напрягается выполнять Тору и Заповеди с желательным намерением, ради Творца, он исправляет растительную часть своего желания получить, что в нем. И в этой мере строит из точки руах парцуф руах, посредством выполнения 248 исполнительных Заповедей с намерением, распространяется эта точка в 248 органов, а посредством выполнения 365 запретительных заповедей, распространяется эта точка в 365 органов.**

Развивая каждое свое желание и сопоставляя ему намерение "ради Творца", человек создает этим себе свое внутреннее, духовное кли, называемое парцуф. А когда заканчивается создание всех 613 органов парцуфа, он поднимается и одевает сфира тифэрэт мира Асия, которая проводит из бесконечности более важный свет, более сильный свет, называемый ор руах, предназначенный для исправления части растительного, что в теле человека. И все виды: неживой, растительный, животный, что в мире Асия, относящиеся к уровню сфира тифэрэт, помогают парцуфу руах человека получить свет от сфира тифэрэт

во всей полноте, как ранее с ор нэфэш. И поэтому называется духовное растительное, и природа его свечения как растительное в нашем мире, у которого есть уже изменение движения, у каждого растения в отдельности. Также и свет растительного духовного уже обладает большей силой светить особыми путями каждому из 613 органов парцуфа руах, и каждый из них проявляет силу действия, относящуюся к этому органу. Также с появлением парцуфа руах, появляется точка более высшей ступени, точка света нэшама, одевающаяся внутрь него.

48. А занятиями тайн Торы и смысла Заповедей, человек исправляет часть животного своего желания получить, что в нем, и в этой мере строит точку нэшама, одевающуюся в нем, в 248 и 365 органов тела. А когда заканчивается строительство и становится парцуфом, то поднимается и одевает сфиру бина чистого мира Асия, кли, намного более светлое, чем кли тифэрэт и малхут. И потому оно пропускает человеку большой свет из бесконечности, называемый ор нэшама. А все виды неживой, растительный, животный, что в мире Асия, относящиеся к уровню бина, помогают парцуфу нэшама человека получить весь свет от сфиры бина. И это называется также чистое животное, потому как предназначено для исправления части животного, что в теле человека. И такова природа его свечения, как природа у материального животного (см. п.37), он дает личное ощущение всем 613 органам парцуфа быть животным и ощущать лично, индивидуально свободно, без всякой зависимости от всего парцуфа, настолько, что считаются 613 органов его как 613 отдельных парцуфим, отделенных своим светом, каждый, согласно своей особенности. А преимущество этого света над светом ор руах в духовном примерно, как разница между животным и растением или неживым в нашем мире. И также выходит точка света ор хая (свет сфиры хохма) с появлением парцуфа нэшама и одевается внутрь него.

49. А когда человек удостоился столь большого света, называемого нэшама, когда 613 органов этого парцуфа светят каждый своим полным светом, предназначенным ему, каждый как отдельный парцуф, раскрывается ему возможность заниматься каждой Заповедью с ее настоящим намерением.

Потому что из каждого органа парцуфа нэшама светит ему путь каждой Заповеди, предназначенной тому органу, и большой силой этих светов он исправляет часть "человек", что в его желании получить и обращает его в желание отдавать. И в мере этой строится точка света ор хая, одетая в нем, в 613 духовных органах.

И когда закончен парцуф, то поднимается к сфира хохма мира Асия, кли которое необычайно прозрачно и поэтому проводит человеку огромный свет из бесконечности, называемый ор хая. А все части мира Асия, т.е. неживое, растительное и животное, относящиеся к сфира хохма, помогают человеку получить свет сфиры хохма полностью.

И называется духовным человеком потому как направлен для исправления (очищения) части человек, что в теле человека. Важность этого света в духовном, как важность человека в нашем мире, т.е. приобретение ощущения себе подобных.

Таким образом, мера величины этого света по сравнению с неживым, растительным и животным духовными, как мера величины человека относительно неживого, растительного и животного в нашем мире. А часть света бесконечности, одетая в этот парцуф, называется ор йехида.

50. Но знай, что все эти 5 светов наранха"й, получаемые от мира Асия, всего лишь наранха"й света нэфэш и нет в них ничего даже от света ор руах, потому что ор руах есть только в мире Ецира, а ор нэшама в мире Брия, а ор хая в мире Ацилут и ор йехида в мире А"К. Миры-света: А"К-йехида, Ацилут-хая, Брия-нэшама, Ецира-руах, Асия-нэфэш.

Но как сказано выше, что все, что есть в общем творении, раскрывается даже в его самой маленькой последней части.

Поэтому есть 5 светов наранха"й и в мире Асия, но это наранха"й света ор нэфэш. И также есть 5 светов наранха"й в мире Ецира и они всего лишь 5 частей света ор руах. Мир Ецира соответствует кли тифэрэт, кли тифэрэт соответствует свет ор руах, состоящий из 5 составляющих светов: нэфэш, руах, нэшама, хая, йехида.

И также есть 5 светов наранха"й в мире Брия, и они всего лишь 5 частей ор нэшама. И также есть 5 светов наранха"й в мире Ацилут, и они всего лишь 5 частей ор хая. И также есть 5 светов наранха"й в мире А"К, и они всего лишь 5 частей ор йехида. А отличие между ними, как отличие между светами наранха"й в мире Асия, как мы рассмотрели выше.

51. Знай, что желание духовно возвыситься и очиститься принимается Творцом только, если оно постоянно и неизменно, когда есть полная уверенность в том, что это безвозвратно.

Но как может знать человек, что его желание совершенно, постоянно и безвозвратно, когда наш жизненный опыт не позволяет ручаться за постоянство наших желаний, причем, как мы уже говорили, желания человек получает свыше.

Поэтому сказано, что желание считается действенным, если сам Творец свидетельствует, что человек не вернется к прошлым желаниям. Творец знает, каково желание в сердце человека, потому как он управляет им. Но как узнает об этом человек?

Но если человек исправляет неживую часть своего желания получить, отчего он получает парцуф нэфэш мира Асия, поднимается и одевает сфира малхут мира Асия, то этим он обязательно достигает очищения и безвозвратного исправления неживой части своего желания получить и уже не вернется к этому прошлому состоянию.

И поэтому может подняться в мир Асия, ведь есть в нем полное соответствие и подобие этому миру. Потому как весь мир Асия соответствует неживому духовному желанию, то поднявшись в мир

Асия, по этому результату изменения своего состояния человек понимает, что он полностью исправил определенную свою часть, чему свидетельствует сам Творец, потому как Он поднимает человека на новый духовный уровень.

Но остальные ступени: руах, нэшама, хая, йехида мира Асия он еще обязан исправить и очистить растительную, животную и человеческую части своего желания, чтобы оделись и получили свои света. Их очищение должно быть постоянным, неизменным и безвозвратным, настолько, чтобы сам Творец засвидетельствовал это.

И это потому, что весь мир Асия со всеми 5 сфирот каха"б ту"м его, не более как малхут, позволяющая исправление и очищение лишь неживой части желания получить, а 5 сфирот его это только 5 частей малхут. А потому как человек уже достиг исправления и очищения неживой части своего желания получить, у него есть соответствие и подобие свойств всему миру Асия.

Каждая сфира мира Асия получает от соответствующей ступени более высших миров. Например: сфира тифэрэт мира Асия получает от мира Ецира, который весь есть тифэрэт, и свет ор руах, сфира бина мира Асия получает от мира Брия, который весь есть бина, и свет ор нэшама, сфира хохма мира Асия получает от мира Ацилут, который весь есть хохма, и свет ор хая.

И поэтому, хотя безвозвратно и постоянно исправил и очистил только неживую часть своего желания получить, все же, несмотря на то, что не безвозвратно исправил 3 остальные части своего желания получить, он может получить также свет ор руах, нэшама, хая от тифэрэт, бина, хохма мира Асия, но не постоянно.

Потому как в то мгновение как просыпается одно из его трех желаний получить, тут же теряет эти света. А эти желания просыпаются в человеке именно для того, чтобы подтолкнуть человека к их постоянному исправлению.

52. А после того, как исправил и очистил безвозвратно и постоянно растительную часть своего желания получить,

человек безвозвратно поднимается в мир Ецира и безвозвратно постигает там ступень света ор руах. И может постичь там также ор нэшама и хая от сфирот бина и хохма, определяемые как нэшама и хая ступени руах, даже прежде чем удостоился постоянно и безвозвратно исправить части животное и человек, своего желания получить, подобно как рассмотрено в мире Асия.

Но это не постоянно, потому как постижение постоянного исправления и очищения растительной части своего желания получить, этим он уже в подобии и соответствии свойств со всем миром Ецира до самых высших его ступеней, как объяснено на мире Асия.

53. А после того, как исправляет животную часть своего желания получить и обращает его в желание отдавать, настолько, что сам Творец свидетельствует, что это безвозвратно, то достигает этим подобие миру Брия, поднимается и получает там свет нэшама постоянно.

А также исправив человеческую часть желания получить своего тела, часть, относящуюся к миру Брия, человек может подняться до сфира хохма и получить также свет ор хая, который там. Но поскольку исправил эту часть не безвозвратно и не постоянно, то свет светит ему непостоянно.

54. А когда удостаивается исправить безвозвратно и постоянно человеческую часть своего желания получить, этим он уподобляется миру Ацилут, и поднимается, и получает там свет ор хая постоянно. А когда удостаивается еще большего, постигает свет бесконечности ор эйн соф и получает ор йехида.

55. Вот и выясняется более подробно, о чем говорилось в п. 41, зачем человеку все эти высшие миры, которые Творец создал для него.

Как пишет РАБА"Ш (Шамати, Игрот. стр.82): До своего духовного падения Адам состоял из тела бины малхут малхута мира Асия со светом нара"н из миров БЕ"А и нара"н мира Ацилут. Но вследствие духовного грехопадения, упало тело Адама в малхут. И в это тело одето внутреннее тело из клипа Нога, состоящее из равных частей хорошего и плохого.

Все действия человека происходят только над телом Нога: если его действия к самоисправлению, то он исправляет тело Нога, чтоб было полностью хорошим, и внешнее тело оставляет его, и он удостаивается соответствующего света нара"н.

Свет нара"н человек получает от малхут трех сфирот бина, з"а и малхут миров Асия, Ецира, Брия, Ацилут:

нара"н нэфэш человек получает от бина, з"а, малхут мира Асия;

нара"н руах от бина, з"а, малхут мира Ецира;

нара"н нэшама от бина, з"а, малхут мира Брия;

нара"н хая от бина, з"а, малхут мира Ацилут.

Под телом человека понимаются его желания, ощущаемые в сердце. Эти желания состоят из 4 составляющих: неживое, растительное, животное, человек. После своего падения Адам, или что то же, человек в нашем мире, находится в рабстве своих эгоистических желаний, называемых землей или прахом.

Если человек выполняет Заповеди только, чтобы доставить этим радость Творцу, то Тора, Заповеди, все его попытки выйти из эгоистических желаний и мыслей, очищают его тело-желания и в итоге земное, эгоистическое тело оставляет его, а тело Нога из половины хорошего и плохого, превращается в полностью хорошее.

И тогда человек удостаивается света Творца нара"н нэфэш мира Асия. После того, как человек очистил все желания, относящиеся к миру Асия, он получает нара"н руах мира Ецира и т.д., пока не достигает получения нара"н хая мира Ацилут.

Т.о. каждый раз все более сильный свет входит в его сердце-желания, т.е. там, где ранее царствовали желания внутреннего тела Нога, наполовину доброго и злого, теперь под воздействием света это тело стало полностью добрым.

Поэтому, ранее, когда желания человеку диктовало земное тело, он был обязан думать только, как достичь желаемого эгоистическим сердцем, как удовлетворить желания, диктуемые нечистыми силами, и не было никакой иной возможности, как только думать и намереваться о том, что желало его сердце, т.е. самые низкие мысли.

Так и сейчас, когда своими усилиями в выполнении Торы, Заповедей, всеми попытками выйти из эгоистических желаний и расчетов, даже без желательного намерения (ло ли шма), но с просьбами и требованиями к Творцу о помощи ему во всем, что он делает, дабы выйти из эгоизма, он надеется на милосердие Творца, достичь духовных желаний, альтруизма (ли шма), то ВСЯ НАГРАДА, КОТОРУЮ ОН ТРЕБУЕТ ЗА СВОИ УСИЛИЯ, В ТОМ, ЧТОБЫ ОН УДОСТОИЛСЯ ПОРАДОВАТЬ СВОИМИ ДЕЙСТВИЯМИ ТВОРЦА.

А поскольку свет очищает желания (ор махзир ле мутав), эгоистическое тело-желания отделяется от человека и удостаивается совершенно нового тела-желаний тела мира Асия. А затем, продолжая работать над собой, человек достигает ступени получения нара"н от бина, з"а и малхут мира Ацилут.

И как ранее он мог желать и думать только о том, что диктовало ему его эгоистическое сердце, так и сейчас он не может поступать против того, что диктует ему новое, чистое, духовное сердце, тот свет, который он получает.

И не может думать против той ступени, на которой находится, т.е. обязан думать и вынужден поступать только с намерением делать все ради Творца, доставить радость Творцу, как обязывает его наполняющий его свет. Итог вышесказанного: не в состоянии человек исправить свои мысли, а только сердце.

И только сердце надо настроить прямо к Творцу, а тогда поневоле все мысли будут только как бы радовать Творца. А когда исправляет сердце и становится источником только чистых желаний, то этим оно становится сосудом (кли), заполняемым высшим светом.

От этого света сердце еще более очищается, и вновь заполняется еще более высоким светом, и так последовательно человек возвышается. Видим т.о. что свет, или Творец, производит всю работу исправления человека, меняя желания в сердце человека, отдаляя от человека его земное тело и создавая новое, святое тело, а внутреннее тело Нога, наполовину хорошее и наполовину плохое, становится полностью хорошим, и наполняется светом нара"н, которого достиг человек.

Но до тех пор, пока не удостоился новых желаний, хотя и всеми силами стремился освободиться от прошлых, ничего не мог поделать со своим сердцем. Но именно усилия в таких состояниях и привели человека к совершенству, потому что не мог сам очиститься от эгоизма и от желаний эгоистического сердца, ведь мысли есть следствие желаний, а мозг, как верный слуга, работает только для достижения желаемого сердцем.

И только свет, ощущение Творца может изменить желания человека, тем, что его тело, отделяющее, скрывающее, отгораживающее его от Творца, оставляет его, а внутреннее тело, Нога, становится полностью хорошим. И теперь можно видеть, что невозможно вообще человеку достичь совершения удовольствия Творцу, как только с помощью всех этих миров.

Поскольку в мере исправления и очищения своего желания получить, человек постигает свет и ступени своей души, называемые наранха"й. И все ступени, постигнутые им, свет этих ступеней помогает ему очиститься и исправиться, и так поднимается по ступеням своим, пока не удостаивается достичь состояния общения с Творцом, являющееся замыслом Творения (см. п.33). Здесь уместно напомнить, что все эти миры и ступени находятся в человеке и являются стадиями ощущения, постижения Творца, а кроме человека и Творца нет ничего во всем мироздании.

Если бы наши органы ощущения не были бы пропитаны эгоизмом, желанием самонасладиться, желанием получить наслаждение только ради себя, то мы бы ощутили себя как интегральную часть Творца, вне всяких разделений и отличий. И только пропитанные эгоизмом наши органы чувств рисуют нам ту картину окружающего, которую мы видим, ощущаем вместо ощущения самого Творца.

Но не следует думать, что то, что нас окружает это истинная действительность и вне нас, и в нас существует только Творец. И мы в этом убедимся, как только сменим наши эгоистические стремления на альтруистические мы сразу же обнаружим, что наш мир это то же явление Творца, только так Он ощущается нами в наших неисправленных чувствах.

Поэтому нет никакой разницы делать что-либо альтруистически, т.е. без всякого вознаграждения, "ради Творца" или "ради другого". И даже "ради другого" предпочтительнее, говорит Тора, потому что в этом случае мы не можем себя обмануть и видим хорошие следствия наших поступков, которые помогут нам продолжить и далее наше исправление.

Да и сам эгоизм свидетельствует, что нет разницы альтруистически "давать Творцу" или " давать кому либо", потому как все, что вне нашего тела, воспринимается нами, как не существующее вообще, и мы не в состоянии совершить ни малейшего движения, не оплачивая нашему эгоизму за усилие.

И поэтому на изречение "Приходящему очиститься, помогают", сказано в Книге Зоар (глава Ноах п.63): "Помогают тем, что дают чистую душу". Потому как достичь очищения, необходимого для достижения замысла творения, возможно только с помощью всех ступеней наранха"й души.

Как уже не раз отмечалось, исправить эгоизм можно только тем, что в него войдет свет Творца и передаст эгоизму свои свойства. Для постепенного исправления желания получить в желание отдать и созданы все ступени миров, все миры А"К и АБЕ"А.

56. И необходимо знать, что все эти ступени наранха"й, о которых говорилось выше, это элементы, из которых состоит все творение. Но все, что есть в общем творении, действует даже в его самой малой части.

Это следует из того, что творение есть желание получить (наслаждение). Чтобы появилось желание, свет Творца должен пройти 4 предварительные стадии и только 5-ая стадия есть появление самостоятельно ощущаемого желания на свет.

Поэтому не может быть проявления, ощущения света без 5 стадий-бхинот или, что то же, 10 сфирот. И поэтому любое желание, т.е. любая часть творения и все оно в целом, состоит из 5 частей, в которые входят, соответствующие желанию данной части творения, света наранха"й.

Например, даже в части неживого мира Асия можно постичь все 5 светов наранха"й которые связаны с 5 светами наранха"й общими. Т.о. невозможно постичь даже свет неживого мира Асия, если не с помощью 4 видов вышеуказанной работы.

Т.е. поднявшись духовно на самую первую духовную ступень, самую нижнюю сфира мира Асия, каббалист уже получает представление о всем творении и намерениях Творца, потому что духовная ступень есть не что иное, как степень слияния, познания, ощущения Творца. Поэтому не может никто освободить себя от занятий всеми вместе частями Торы и обязан заниматься: Торой и Заповедями с намерением получить руах, тайнами Торы с намерением получить нэшама, смыслом Заповедей.

Т.е. выполнением Заповедей с исправлением намерения, ради кого они выполняются. И только в этом необходимо постоянное добавление, но не в выполнении, о котором сказано "Не более и не менее". Но по непониманию цели творения, и по незнанию истинных требований Торы, происходит именно преувеличение в действии и абсолютное невнимание к намерению, чему так радуется наш эгоизм и позволяет нам все более углубляться в поиски дополнительных преувеличений действий, отвлекая нас от истинной сути Заповедей.

Потому что невозможно постичь самый маленький свет, не занимаясь всеми этими частями Торы вместе, потому как этот самый маленький свет несет в себе все остальные света наранха"й.

57. Из вышесказанного можно понять тьму и незнание, обнаруживаемые в нашем поколении, какого еще не было во все времена. И это потому, что даже работающие на Творца, перестали заниматься тайнами Торы.

Как объяснял мой рав, рабби Барух Ашлаг, старший сын и продолжатель своего отца, великого рава Юды Ашлага, Бааль Сулама, до начала нашего века, все большие равы были также и каббалистами, но вообще со времени рава АШЛ"А даже не все даже, и тем более сочинители книг, являются постигающими духовные ступени.

И говорит об этом Рамба"м в своем истинном примере:" Что если колонна тысяч слепых людей идет по дороге, но есть в голове колонны хотя бы один зрячий, то все они могут быть уверены в том, что достигнут цели, потому как идут за тем, кто видит путь".

Видит путь в полном смысле этого слова, т.е. тот, кто прошел его, достиг своего личного исправления (что возможно только изучением Каббалы), и поэтому в состоянии вести массы за собой. **Но если не будет в голове колонны зрячего проводника, естественно, что сойдут с пути и затеряются.**

Что и происходит в наше время, когда уже несколько поколений вообще сошло с пути признания Торы как истины и поневоле проходим путь страданий к цели творения. Так и в нашем поколении, если бы хоть работающие на Творца занимались сердцевиной, внутренней частью Торы, т.е. Каббалой, а не искали повода не заниматься ею, то этим притянули бы свыше свет в наш мир из бесконечности, от Творца, то все поколение потянулось бы за ними, и все были бы уверены в своем пути. Силой света Творца такие предводители смогли бы убедить и повести за собой все поколение.

Но если и работающие на Творца отдалились от Каббалы, ничего удивительного, что все поколение ошибается по их вине. И от великой горечи, не в состоянии более я продолжать об этом! К сожалению не только по причине великой горечи, но и от страха преследования, постигшие высшие причины и истинное управление мирозданием, предпочитают молчать!

58. Но знаю я, что причина этого в том, что упала вера, особенно вера в великих мудрецов поколений, а книги Каббалы и Книга Зоар полны примеров, взятых из нашего мира. Поэтому страх возникает у каждого, чтобы не получилось у него больше ущерба чем пользы, потому как с легкостью можно начать представлять себе овеществленные образы.

Как пишет Рамба"м в Мишнэ Тора, Сэфэр мада п.1:

1. Основа основ и столп знаний, это знание, что есть там некто Первый и Он делает всю действительность. И все находящееся в небе и на земле и посреди их существуют только потому как существует Он.

2. И если представишь, что Он не существует, нет такого другого, что можно представить.

3. Если представишь, что нет никого, кроме Него, Он единственный существующий. И не исчезнет при их исчезновении. Ведь все находящиеся нуждаются в Нем, но Он не нуждается в них в целом и ни в одном из них в отдельности. Поэтому Его существование не как их существование.

4. Нет никого кроме Его. Т.е. нет там никого такого как Он.

5. Некто этот Он Создатель мира.

6. Он хозяин всего.

7. Он управляет всем силой, которой нет конца и предела.

Объяснено в Торе и пророками, что нет у Творца тела и размеров... и нет никакого образа. Если так, то почему сказано в Торе "под Его ногами", "рука Творца", "глаза Творца"... Все это по разумению человека и поэтому таким языком описано Торой".

Поэтому, чтобы начинающие поняли правильно сказанное в Книге Зоар и книгах Каббалы, а не рисовали в своем воображении овеществленные образы, что является прямым нарушением Торы, чтобы не запутывались в своих представлениях, трудился десятки лет Бааль Сулам над созданием истинных комментариев по всей Каббале, дабы открыть ее, без страха овеществления и неправильного понимания в образах нашего мира, перед всеми.

И это то, что обязало меня сделать подробные комментарии на сочинения великого Ари, а теперь и на Зоар и этим полностью ликвидировал страх, потому как выяснил духовные понятия, отвлеченные от наших земных, вне времени и вне места, как убедятся изучающие, дабы позволить каждому из масс изучать Книгу Зоар и умножать разум в ее свете.

И назвал я эти комментарии "лестница" ("Сулам"), показать, что их роль как предназначение лестницы, что если есть у тебя прекрасная вершина, не хватает только лестницы, подняться к ней, и тогда все хорошее достигнешь сам. А с помощью комментариев "Сулам", каждый желающий духовно возвыситься, может совершить восхождение к цели творения. Но лестница это не цель, а средство: потому что если остановишься на ее ступенях и не достигнешь вершины, не выполнишь требуемое и задуманное.

Изучение комментариев должно быть не для получения знаний, а для духовного исправления и возвышения, для чего они и созданы. Как и в исполнении Заповедей, результат зависит от намерения человека, что он желает приобрести в результате изучения.

Но Зоар помогает также понять человеку, выяснить его истинные намерения и изменить их в сторону желательных. Так и в моих комментариях на Книгу Зоар, потому как выяснил я самые глубокие понятия до конца, которым еще нет подобия слов в нашем мире, путь и врата для любого человека без ограничения пола, возраста, национальности, чтобы мог с помощью этого комментария подняться, углубиться и увидеть все в Книге Зоар, потому что только в таком случае исполнится мой замысел в издании этих комментариев.

Изучение Книги Зоар не является самоцелью, а только средством, более действенным, а в нашем поколении и единственным, для достижения цели творения. В итоге правильного изучения, человек действительно видит все то, что говорится в Книге Зоар.

59. Все понимающие Книгу Зоар согласны в том, что Книгу Зоар написал великий раби Шимон бар Ёхай, кроме далеких от Каббалы и потому сомневающихся в этом, и позволяющих высказывать мнение, на основании противников Каббалы, что Книгу Зоар написал раби Моше дэ Лион или другой кто-либо живший в то время.

Как я уже писал ("Каббала. Тайное еврейское учение", часть 3 "Необходимость изучения Каббалы", стр. 130), Тора вручена человечеству во всем своем объеме, устная и письменная. Письменная Тора поначалу представляла собой только пятикнижие "Хумаш", к которому постепенно добавлялись остальные книги, переходящие т.о. из собрания устной Торы в в Письменную.

Практически, поначалу вся Тора была в основном устная, в устном виде передавалась цель творения поколениям. Но после разрушения Храма вся устная Тора была записана: как ее практическая, исполнительная часть "Алаха" в виде Мишны и Талмуда

Вавилонского и Иерусалимского, так и тайная часть Торы, внутренняя работа человека в сближении с его Творцом в виде книги Зоар.

Но поскольку выполнение Заповедей обязательно для всех, то Мишна и Талмуд были открыты для всех и изучались всеми. В то время как Книга Зоардолжна была появиться только тогда, когда будет в ней потребность. Поэтому, была скрыта от масс до 13 века, пока раби Моше дэ Лион издал ее. **Поэтому светские "знатоки" истории религии приписывают авторство Зоара раби Моше дэ Лиону, хотя он сам это всегда отрицал.**

История Каббалы это последовательность нисхождения в наш мир определенных душ:

Раби Шимон бар Йохай (РАШБ"И), автор книги Зоар (4 век)

рав Ицхак Лурия Ашкенази (АР"И), автор основных каббалистических книг (16 век)

рав Исраэль Бааль-Шем-Тов, заложил основы массового изучения Каббалы (17 век)

рав Юда Лейб Алеви Ашлаг, Бааль аСулам, автор современного, подходящего для наших душ, изучения Каббалы, автор комментариев на Книгу Зоар и на все сочинения АР"И (1885-1955гг)

рав Барух Шалом Алеви Ашлаг, старший сын и продолжатель своего отца, написавший сотни методических статей по практической работе каббалиста нашего времени.

Между этими гигантами были многие сотни их учителей, последователей и учеников, но именно вышеперечисленные каббалисты были проводниками Творца в распространении науки Каббала в нашем мире. Двусмысленное отношение к Книге Зоар проистекает из того, что эта книга уже самим своим существованием обязывает человека задуматься о цели жизни, о том, что недостаточно механического соблюдения Заповедей, о том, что есть иные критерии оценки учителей и руководителей поколения.

Книга Зоар, даже если человек не изучает ее, уже одним упоминанием о себе, задевает в человеке какие-то болезненные струны, им ощущаемые, но не осознаваемые и непонятные. Поэтому, в основном, предпочитают не раскрывать ее, а говоря "Зоар-аКадош" – святой Зоар, оставлять в одиночестве на полке... это отношение к Книге Зоар верующих масс.

60. Но с того дня, как удостоился я света Творца, с его помощью увидел написанное в Книге Зоар.

Как пишет Бааль аСулам, он излагает в своих книгах только то, что постиг сам, поднявшись на, описываемые им, духовные уровни. Его основной труд шеститомник "Талмуд эсэр асфирот" начинает излагать материал с распространения простого света от Творца, ступени выше, чем мир бесконечности! Это говорит об абсолютном постижении всего творения и совершенном слиянии с Творцом.

Как пишет в предисловии к книге "При хахам" мой рав, старший сын Бааль Сулам, рав Барух Ашлаг, такие души нисходят в наш мир раз в десять поколений. Вот что означают слова "...как удостоился в свете Творца..."

Раньше не возникала во мне потребность исследовать вероятного автора этой книги. И это просто потому, что содержание книги подняло в моем сердце величие раби Шимона на недосягаемую высоту над всеми другими каббалистами. Но если бы выяснил я, что автор книги другой, например раби Моше дэ Лион, то поднялось бы во мне величие этого каббалиста больше, чем всех остальных, включая раби Шимона.

Но если вправду, то согласно глубине мудрости книги, если бы я узнал, что ее автор один из 48 пророков, мое сердце бы больше согласилось с этим, чем соглашаться, что каббалист-танаи написал такую книгу. А если бы я нашел, что сам Моше получил эту книгу на горе Синай от самого Творца, то полностью бы успокоился, настолько велика эта книга.

Это становится ясным только для постигающего сказано в Книге Зоар. Поэтому противники ее изучения свидетельствуют о своем невежестве.

И потому как удостоился я создать комментарий, подходящий для всех желающих, понять что написано в самой книге, я думаю, что уже выполнил все, чтобы устраниться впредь от подобных расследований, потому как всякий, понимающий в Книге Зоар, не сможет ограничиться менее, что автором книги может быть человек не менее святой, чем раби Шимон.

61. Но в соответствии с этим, возникает вопрос, почему была скрыта Книга Зоар от первых поколений? От первых поколений Книга Зоар была скрыта в течение 9 веков, с 4 по 13 век после ее написания, хотя, без сомнения, были они более великими, чем последние поколения и более заслуживали изучения этой книги.

Более великими в чистоте своих килим-желаний. Но именно поэтому и не нуждались в Книге Зоар, как в средстве для исправления. И кроме того возникает вопрос, почему не появилось разъяснений на Книгу Зоар до Ари? В течение 13 веков, с 3 века по 16 век, от РАШБ"И до АР"И ни один каббалист не достиг такого уровня, чтобы был в состоянии разъяснить Книгу Зоар и всю науку Каббала.

АР"И раби Ицхак Лурия (1534-1572) разъяснил нам основные положения в Каббале, но не написал никаких комментариев на Книгу Зоар. С 16 века Книга Зоар появляется в печатных изданиях.

И кроме того, возникает вопрос, почему не появилось истинного комментария на сочинения Ари и книги Зоар с дней Ари до нашего поколения? На Книгу Зоар не было такого комментария как Сулам в течение столетий, а на сочинения АР"И в течение 300 лет.

Только когда пришло время распространения Каббалы, снизошла в наш мир особая душа в виде каббалиста раби Юда Ашлаг, давшая нам в обличие этого человека всю эту науку в виде, понятном для нашего поколения.

Но не надо понимать, что до нашего поколения не было больших каббалистов они были, но то, что они постигали, постигали только для своей личной работы и им запрещалось свыше обучать Каббале. Даже до РАШБ"И были каббалисты, знавшие не менее его, но не имевшие права раскрывать тайны Каббалы.

В качестве примера можно привести ряд великих каббалистов последних веков: раби Моше Хаим Луцато (РАМХАЛЬ, 1707-1747), автор многих книг по Каббале; основатель хасидизма раби Исраэль Бааль Шем Тов (1698-1760); раби Элияу, гаон из Вильно (1710-1798), автор книг как по Каббале, так и по практическим и теоретическим вопросам Алахи, автор комментарий на каббалистические книги "Сэфэр Ецира", "Сэфэр Абаир", "Сафра дэ-Цниюта" и пр.

То, что в наше время позволено изучать и расширять круги изучающих Каббалу (на основании разрешения АР"И!, а кто встанет и скажет против него, уж, конечно, не наши современники!), говорит только об общем желании Творца дать в руки нашему поколению силу, приводящую к концу исправления.

Ответ таков: мир в течение 6,000 лет своего существования подобен парцуфу, имеющему три части рош, тох, соф или хаба"д, хага"т, нэх"и. 6,000 лет, как и 13 лет, и лет и другие даты и указания времени в Каббале подразумевают в основном количество ступеней, состояний, которое необходимо преодолеть до достижения определенной ступени: 13 лет накопления и развития эгоизма, лет создания целого духовного парцуфа из 7х10 сфирот, 6,000 ступеней миров АБЕ"А преодолеваемых поднимающимся из состояния "наш мир", эгоистического, в состояние слияния с Творцом, мир Ацилут.

Сказано мудрецами (Талмуд. Санхэдрин 97;1): 2,000 тоу (беспорядок), 2,000 Тора, 2,000 дни машиаха. Машиах – "избавитель", от глагола "лимшох" – вытаскивать, вытаскивающий человечество из бездны эгоизма к истинной, вечной жизни.

Потому что первые 2,000 лет, рош и хаба"д, имели малый свет и были как рош без гуф, когда есть в нем только свет ор нэфэш, потому как есть обратная зависимость между килим и орот, потому что первыми рождаются в парцуфе высшие килим, но появляются малые орот.

Поэтому вначале появляются килим хаба"д с ор нэфэш. И потому говорится о первых 2,000 лет состояния мира, как о состоянии тоу. Килим хаба"д чисто альтруистические килим по своей природе, близкие к свету по своим свойствам, первыми спускаются в наш мир, потому что исправление начинается с наименее испорченных желаний, чтобы затем с помощью уже исправленного, можно было исправить и более грубые желания-кли.

А во вторые 2,000 лет, килим хага"т, спускается в мир свет ор руах, называемый свет Торы. И потому сказано о средних 2,000 лет как о времени Торы. Килим хага"т подобны по своим желаниям-свойствам килим хаба"д и отличаются, в основном, только величиной.

А последние 2,000 лет это килим нэх"и и потому в это время нисходит и облачается в мире свет ор нэшама, еще больший свет. И потому это время дней машиаха. Килим нэх"и эгоистические килим, для исправления которых необходим большой свет нэшама.

Таков порядок и в каждом частном парцуфе: в килим хаба"д хага"т до его груди, свет скрыт и есть только ор хасадим, а ор хохма светит только от хазэ и вниз, в нэх"и парцуфа. И это потому что до того как начали раскрываться килим нэх"и в парцуфе мира , в последние 2,000 лет, была вся Каббала и мудрость книги Зоар в том числе, скрыта от мира.

Килим хаба"д хага"т не требуют света ор хохма для своего исправления и наполняются светом ор хасадим, потому как не только получают, а желают все отдать ради Творца. Килим нэх"и, ввиду их эгоистического характера, необходим большой свет для исправления, но исправляясь, они открывают в наш мир вход ор хохма – присутствие Творца, потому как получают ради Творца.

Но во время Ари, когда уже приблизилось время завершения килим под грудью парцуфа, раскрылась этим высшая мудрость через душу Ари, готовой получить этот огромный свет. И поэтому раскрыл основы книги Зоар и всей Каббалы настолько, что отстранил бывших до него. Килим хаба"д хага"т находятся над грудью духовного тела –парцуфа, а килим нэх"и находятся под грудью.

Линия груди духовного тела разделяет "дающие "кли от "получающих". Но потому, как эти килим не завершились полностью из-за смерти Ари в 5332 году, то мир еще не был готов к тому, чтобы раскрыть его постижения, а только единицы приняли раскрытое им, но и им не было позволено свыше раскрывать, полученное от Ари. Как Книга Зоарбыла написана заранее, так и сочинения АР"И были изданы много позднее его (большая часть из них была погребена в могиле, а затем извлечена учениками и издана в течение нескольких поколений). И как Книга Зоар, так и сочинения АР"И раскрылись миру комментариями Бааль аСулам уже в наше время.

И вот в нашем поколении, после того как мы уже недалеки от конца последнего двухтысячелетия, когда килим нэх"и полностью выходят в наш мир, дано разрешение на раскрытие мудрости книги Зоар в мире, чтобы это и последующие поколения, все больше раскрывали, сказанное в Книге Зоар, пока не раскроют его в полном объеме.

Поэтому абсолютно необоснованны замечания и сопротивление изучению Каббалы от различных кругов, и это их мнение говорит только об их непонимании развития мира, что естественно, ввиду незнания элементарных истин Каббалы.

63. Из этого поймем, что на самом деле нет сравнения высоты душ первых поколений с последними. Потому что есть правило, что во всех парцуфим миров и душ, самые светлые килим очищаются и исправляются первыми.

Высота кли определяется его подобием свету. Но величина исправления зависит именно от величины желания и чем эгоизм больше, тем больше исправление, тем больше постижение и величина сближения с Творцом. Но самый большой свет раскрывается в высших, подобных свету, килим. И потому вначале исправились и очистились килим хаба"д из мира и из душ. И потому были души в первые 2,000 лет самые высокие.

Но несмотря на это, не смогли получить весь свет, ввиду отсутствия низших килим из мира и из самих себя. Есть два свойства в любом творении: величина его желания самонасладиться (толщина желания) и сила противодействующая этому желанию во имя выбранной им цели (твердость желания).

Обе они соединяются в масахе – экране и определяют духовный уровень кли. В первые 2,000 лет в нашем мире появлялись души светлые (единицы из которых достигали Творца), с малыми эгоистическими желаниями, при исправлении которых получали малые света: килим хаба"д с ор нэфэш.

В следующие 2,000 лет появились в нашем мире души более грубые, с большим эгоизмом и при его исправлении получающие уже больший свет: килим хаба"д-хага"т с ор нэфэш-руах.

Поэтому уже удостоились получить Тору, нужную им для исправления, но их исправление могло произойти даже от выполнения Заповедей с небольшим намерением, в соответствии с величиной их эгоистического желания.

В последние же 2,000 лет постепенно спускаются в наш мир все более грубо-эгоистические души, особенно со времен Ари, которым для исправления необходимо изучение и применение Каббалы.

Поэтому Книга Зоар была скрыта все века, поскольку в ней не было необходимости, поэтому появились такие особые души как Ари и Бааль Сулам, завершившие подготовку Каббалы для нашего применения.

Поскольку души, спускающиеся сегодня в наш мир, самые грубые, относящиеся к килим нэх"и, то для их исправления требуется именно такое сильное средство как Каббала, но свет, который они вызывают своими исправленными действиями очень большой, ор нэшама.

И хотя этот свет нэшама входит в кли хаба"д, а не в кли нэх"и, т.е. основное его свечение остается в высших мирах, но в конце исправления получат его те души, которые вызвали его вход в кли. А пока, становятся все большими потребности и все поверхностней глубина мысли, даже у современных "великих философов", и все находятся в непрерывной погоне за материей, занимающей все мысли и желания, и "рабы погоняют хозяев" (эгоизм командует нашими душами. Талмуд.Сота).

Но как и в прошлых поколениях, так и нашем, как пишет Эвэн Эзра (Есод Морэ 8,2): "Всмотрись и знай, что все Заповеди, описанные в Торе или полученные от отцов, несмотря на то, что большинство исполняются действием или словами, все они для исправления сердца, потому как сердце требует от нас Творец.., чтобы просили Его исправить нас, потому что сотворил нас не для жалких приобретений этого мира, а чтобы исправили себя изучением Высшей мудрости.

Потому как буквы мертвы, а внутренний смысл их как души, и если не понимает духовного смысла сказанного в Торе, подобен листающему врачебную книгу и считающему ее страницы, от чего никак не придет излечение, или как верблюд, несущий шелк что проку ему от его ноши и что проку шелку от верблюда... так и человек если не понимает смысла требований Торы, все его усилия в ней напрасны!"

Из всех мыслей каббалистов, а кто лучше их знает о намерениях Творца!, вытекает, что главное это постоянно держаться цели творения слияния в течение этой жизни, с Творцом, и только для достижения этой цели действовать в течение всей своей жизни, т.к. "Тора дана только для постигнувших собственное сердце" постигнувших сердце, способное любить Творца, сердце, из которого при этом исчезает животный дух и которое сразу же наполняется Высшей мудростью.

А затем, в течение 2,000 средних, когда присоединились килим хага"т к миру и к душам, были души еще достаточно чистыми, потому что природа килим хага"т близка к килим хаба"д и поэтому еще был скрыт свет в мире, ввиду отсутствия килим ниже груди и в мире и в душах.

По своей природе, свойствам, желаниям килим – желания хага"т полностью подобны килим хаба"д, но намного меньше их, слабее в своих альтруистических желаниях и поэтому нуждаются уже в помощи Торы, в выполнении действий для своего исправления.

Но поскольку еще далеки от эгоистических желаний нэх"и, то нет им необходимости работать над мотивацией, намерениями с помощью Каббалы и потому Каббала была скрыта от тех поколений. Можно сказать, что для тех поколений путь Торы состоял в исполнении Заповедей, а намерения они могли исправить и без изучения Каббалы, настолько их желания были небольшими.

И поэтому в нашем поколении, хотя души крайне низкие, не сумевшие исправиться и очиститься до сего дня, но именно они заканчивают конструкцию парцуфа мира и парцуфа душ своими килим. Самые грубые души нисходят в наш мир именно в последних, наших поколениях, и их эгоизм настолько велик, что только вся сила Каббалы способна дать возможность исправить путем Торы мотивацию своих действий и желаний. И именно они заканчивают всю работу по исправлению творения-желания получить, созданного Творцом, для придачи ему нужного намерения.

Как мы видим, желание получить остается, его не уничтожить, это и есть творение и его еще необходимо многократно умножить с помощью нечистых миров БЕ"А для получения огромного наслаждения, уготованного нам Творцом.

На человеке лежит задача лишь в соединении желания с необходимой для получения неограниченного наслаждения мотивацией. Именно мотивация превращает ограниченное эгоистическое желание в неограниченное ни во времени, ни в размере. Потому как при окончании завершения килим нэх"и, находятся в парцуфе все килим в рош, тох, соф и нисходит полный комплект света в рош, тох, соф, всем, кому положено, т.е. полный свет наранха"й.

И поэтому только с завершением исправления всех этих низких душ, могут проявиться высшие света. Именно последние поколения вызывают вход самых больших светов. Этот же закон действует и в частном случае в каждом: чем эгоистичнее, грубее человек, тем при исправлении он становится выше, по правилу "Коль агадол ми хаверо, ицро гадоль мимейно"человек больше других тем, что его желания (исправленные) больше.

64. Но еще мудрецы задавали этот вопрос (Талмуд. Брахот 20) и отвечали, что ясно, что первые поколения были намного важнее последних по своим килим, свойствам, желаниям намного ближе к свойствам света. Но по Торе и Каббале последние поколения намного важнее первых по свету, вызываемому их действиями.

Отсюда видно, что хотя первые поколения важнее последних по свойству самих их душ, потому что более чистые исправляются первыми, первыми приходят в наш мир, но все же мудрость Каббалы и Торы раскрывается все больше в последних поколениях, потому что для их исправления необходим большой свет-помощь Творца.

И это оттого, что общее строение парцуфа заканчивается именно с помощью последних и потому к ним нисходят более полные света, хотя их свойства самые плохие. Первым входит свет-ор нэфэш в кли-сфира кетэр: потому что кли кетэр самое чистое кли, т.е. с наименьшим эгоистическим желанием и поэтому самое близкое по свойствам к свету.

Затем тот же свет ор нэфэш спускается из кли кетэр в кли хохма, освобождая место в кли кетэр для более сильного света – ор руах, и ор руах входит в кли кетэр. Затем ор нэфэш спускается из кли хохма в кли бина, ор руах спускается из кли кетэр в кли хохма и в освободившееся место в кли кетэр входит свет ор нэшама и т.д.

Из схемы видно, что вначале наполняются светом более чистые кли – сфирот, а потому как они наиболее чистые, то относятся к механическому выполнению Заповедей, поскольку их небольшой эгоизм относительно просто преодолеть и механически выполнять Заповеди для масс или даже с надлежащими намерениями для каббалистов того времени. В то время, как в наши, последние годы перед приходом машиаха, когда в мир спускаются души относящиеся к нижним кли малхут, требуются особые усилия для преодоления эгоизма и только сила Каббалы способна вывести нас на путь Торы, а не оставить в природном развитии по пути страданий.

И только Каббала в состоянии дать современному человеку разумный, требуемый им, подход к выяснению для себя необходимости работы в выполнении намерения "ради Творца".

65. И это нисколько не противоречит тому, что нельзя возражать первым поколениям в открытой части Торы. В том, что относится к завершению выполнения Заповедей в действии, отношение обратное первые поколения завершили их больше чем последние. И это потому, что действия происходят от чистых килим сфирот, а тайны Торы и смысл Заповедей исходят от света в сфирот.

Как в килим нет никаких изменений, так нет света, который бы не состоял из 10 сфирот, а все отличие одной сферы от другой только в их внутреннем намерении, называемом отраженный свет-ор хозэр, который и является намерением "насколько в состоянии получить ради Творца", так и выполнении Заповедей, нет отличия между простым верующим и большим равом, и все обязаны выполнять 613 Заповедей.

И здесь именно в силе правило "не прибавлять и не уменьшать". И большому праведнику запрещено добавлять, небольшому знатоку Торы запрещено уменьшать. И это в соответствии с правилом, имеющим место в 10 сфирот, как написано в книге "Сэфэр Ецира": "10, а не 9, 10, а не 11".

А как уже известно, есть обратная зависимость между килим и светом в них: первыми исправляются более чистые, высшие килим, и потому первые поколения завершили часть действия более последних. Тогда как в светах: последние света проявляются, входят первыми и потому завершают их последние поколения более первых.

Мы, на основе историко-общественно-религиозного развития общества, видим, что прошлые поколения, по причине свойств душ в них, не искали причин и основ веры и необходимости выполнения исполнительных Заповедей, в то время как в нашем поколении, практически у каждого, возникает потребность именно понять и осознать духовное, потребность духовного постижения Творца, а затем уже приходит компромиссное согласие и на выполнение исполнительных Заповедей.

Но поскольку любое проявление духовных свойств полное, то и в нашем поколении, в котором спускаются в наш мир наиболее эгоистические души, есть среди них также и относящиеся к душам типа хаба"д хага"т, но не к ним самим, а к хаба"д хага"т включенным (иткалелут) в нэх"и, потому как любая духовная ступень состоит из 10 сфирот, содержащих в себе части от всех ступеней, но главное ее свойство это она сама.

Поэтому и в нашем поколении есть удовлетворяющиеся только выполнением Заповедей, не испытывающие необходимости исправления своих намерений, отношений к Творцу. Среди возражающих изучению Каббалы как правило личности с небольшими желаниями, подобные желаниям хаба"д хага"т.

Единственное творение это желание получить наслаждение, единственное, что существует кроме Творца, потому что создано им, потому как Он желает дать наслаждение. Но поскольку

1) при получении наслаждения возникает неприятное ощущение стыда от ощущения себя получающим,

2) желание получить ограничено, то необходимо исправление этого желания получить добавление к нему мысли, мотивации, намерения. Если желание получить использует свое стремление насладиться, потому как это желание Творца, то его получение равнозначно отдаче, потому как получает, чтобы доставить приятное дающему, а не самонасладиться.

Для того, чтобы создать возможность такого исправления намерения в желании получить наслаждение, Творец создал 2 противоположные системы чистых и нечистых сил-желаний. Желание получить ради себя называется злом (дурное начало – ецэр ра), потому как именно его эгоистическая форма не позволяет получить духовное наслаждение. Через систему нечистых, эгоистических сил произошел человек в нашем мире, его тело желание самонасладиться всем, что он видит перед собой в нашем мире.

Эту природу, единственное творение, изменить нельзя, но можно исправить ее, привести к состоянию, когда с желанием получить можно будет получить все, что угодно во всех мирах! И это исправление формы намерения при получении получение наслаждения потому, что этого желает Творец, наслаждаться ради дающего, называется исправлением.

Достичь такого исправления можно только с помощью Торы и выполнения Заповедей Творца. Тора дана нам как орудие для исправления нашего зла, а Заповеди это желания Творца, Он как бы говорит нам, что эти действия желательны Ему, если Заповеди исполнительные, и нежелательны Ему, если Заповеди запретительные.

Из этого следует, что все наши действия можно разделить на: запретительные (нежелательные, "ло таасэ"), исполнительные (желательные, "таасэ"), нейтральные (свободные "рэшут"). В отношении к исполнительным или запретительным заповедям, поскольку это точное указание и желание Творца, необходима осторожность в их исполнении, даже без всякого намерения.

Но основная работа в достижении надлежащего, желательного намерения происходит именно в нерегламентированных Торой действиях, выполнение которых не ведет ни к заповеди, ни к ее нарушению: потому что выполняя свободное действие с намерением "ради Творца", человек вносит это действие из свободной зоны своих желаний в систему чистых сил и превращает его этим в Заповедь, пока не переведет всего себя, все свои свободные желания и мысли к Творцу.

Но именно в изменении мотивации выполнения свободных своих действий человек сталкивается с огромными трудностями, с борьбой против своего зла, эгоизма. Потому что его тело – желания говорит ему, что нет в его действиях ничего, что бы относилось к запрету или указанию выполнить, и нет поэтому в них никакого выигрыша, вознаграждения.

А без вознаграждения тело работать не в состоянии. Поэтому, если обязывающие Завоведи, исполнительные или запретительные, человек исполняет как обязанность, то в области свободных действий именно намерения человека делают из этого действия Заповедь, переводят его в систему чистых сил. Заповеди человек может выполнять без всяких намерений в силу воспитания, ожидаемого вознаграждения в этом или будущем мире или ради Творца, т.е. с намерениями или без них.

Но если человек берет нейтральное действие и желает его выполнить, то именно намерение вынуждает его к этому, против чего и выступает тут же эгоизм, поскольку нет запрета на само действие, а только на его намерение, ради Кого он делает это.

Как сказано: "Неважно Творцу, как именно резать скотину, с горла или с затылка, а Тора дана только для очищения Израиля", где под очищением подразумевается очищение нашего тела от эгоистических намерений, что является целью выполнения Торы и Заповедей" (Ю. Ашлаг. Матан Тора, стр. 27).

Отсюда следует, что только тогда, когда наши альтруистические намерения выступают вперед, тело резко и мгновенно отказывается повиноваться нам. И эта борьба против тела называется свободной войной, ненавязанной (милхэмэт рэшут), потому как только сам человек может определить свои намерения.

И эта война с телом происходит только по поводу намерений, а не выполнения действий, потому как на эти нейтральные действия нет никакого запрета, а вот в намерении человек явно желает уничтожить желание получения собственной выгоды, вознаграждения, убить свое тело, потому как "Тора живет только в том, кто убил себя" – "Эйн аТора миткаемет, эле ми ше мемит эт ацмо элея" – только тот, кто освобождается от эгоистических желаний, удостаивается получения высшего света, называемого Тора.

Отсюда понятно, что главное в творении это желание получить (наслаждение), но в своем исходном эгоистическом виде в нас оно не способно получить высшие наслаждения, уготованные нам Творцом, и только изменяя намерение при получении с "ради себя" на "ради Творца", мы приходим к желательному состоянию.

Поэтому желание получить, созданное Творцом, не исчезает, а наоборот, еще и возрастает многократно, с помощью системы нечистых миров, но необходимо изменение нашего намерения при получении наслаждения наслаждаться потому что этого желает Дающий.

А поскольку само творение – "желание получить" не исчезает, а только изменяется его намерение, то говорится "Барати ецер ра, барати Тора тавлин" – "Я создал эгоистическое желание в вас, и Я дал вам Тору как пряность к нему", потому как с помощью Торы мы только видоизменяем наше намерение, не меняя самого творения-я-желания насладиться, и поэтому Тора всего лишь делает пригодным наш эгоизм к употреблению, как пряности делают безвкусную пищу желанной, потому как может получить высшие наслаждения.

Выполнение с надлежащим намерением Заповедей, как обязательных, так и запретительных, возможно до конца исправления. Но только выполнение свободных действий ради Творца, приводит к полному исправлению эгоизма, к гмар тикун. (Языком Каббалы, вся борьба ведется за нейтральную часть среднюю треть тифэрэт дэ Зэир Ампина или Адам Аришон, и вся Тора практически говорит только об этом. См. "Бэйт шаар акаванот"; "Каббала. Тайное еврейское учение". Т.3, стр.25-30).

Как сказано в предисловии книги Зоар:" Заповеди Торы называются советами (эйцот) и залогами (пикадон-пкудот)." Отличие между ними в том, что когда человек выполняет Заповеди еще до того, как обрел альтруистические желания выполнять их ради Творца, Заповеди, которые он выполняет называются СОВЕТАМИ.

Если человек достиг ступени выполнения Заповедей в их духовном значении, то каждая из них несет человеку свой свет, называемый ЗАЛОГОМ, потому что в каждом из 613 духовных действий, называемых Заповедями, находится свой определенный свет, соответствующий одной из 613 частей души, духовного сосуда – кли человека.

Т.о. выполняя Заповеди, человек исправляет и наполняет по частям свое духовное тело, называемое душой. Эти два периода в работе человека, соответственно, "совету" предварительной, подготовительной стадии и "залогу" стадии получения света, называются НААСЭ (делать) и НИШМА (СЛЫШАТЬ). Есть 14 собирательных групп залогов, соединяющих в себе все 613 залогов, подобно тому как 7 дней творения соединяют в себе все 6000 лет существования мира. Поэтому есть прямая связь между 14 залогами и 7 днями творения.

Каждый день духовное состояние соответствует определенным Заповедям, но поскольку все они связаны, то необходимо выполнение всех Заповедей-духовных действий каждый день на каждом новом духовном уровне. Принцип пирамидального развития можно проследить на развитии человека: целью творения является постепенное развитие человека до состояния ощущения Творца, как самого близкого себе.

Чтобы взрастить в человеке, крайне отдаленном своими свойствами в начале своего пути от Творца, настоящее духовное желание, Творец посылает ему обстоятельства приводящие к ощущению никчемности, пустоты и бесцельности его жизни, мыслей, что не стоит жить ради тех временных, ложных целей и проходящих удовольствий, ради которых он жил до сего дня, что он должен искать настоящие ценности в жизни, ради которых действительно стоит жить, найти такие ценности, ради приобретения которых имеет смысл трудиться в этой жизни.

Затем человек получает осознание того, что подобные ценности находятся только в религии, потому как только она говорит о том, что не проходит, как наша земная жизнь, а о том, что существует вечно в душе человека, поскольку религия утверждает, что наша душа бессмертна.

Придя к мысли о необходимости заняться религией, человек начинает посещать всевозможные доступные ему учебные места, дабы понять далее то, к чему начал стремиться: узнать побольше о том, как достичь состояния, чтобы его жизнь не ощущалась им такой никчемной, чтобы его приобретения в этой жизни были вечными.

Человек создан Творцом во множестве вариаций, как говорится "Как непохожи люди лицом друг на друга, так и внутренне они не похожи". Кроме того, сам человек постоянно меняется, поскольку его душа бессмертна и постоянно обновляется, для неосознанного, а затем и сознательного, исправления.

Поэтому, среди заинтересовавшихся есть удовлетворяющиеся изучением или исполнением внешних религиозных ритуалов и останавливающихся на внешних атрибутах, таких как одежда, религиозные песни и пр., потому как на данном этапе духовного развития им не требуется ничего более для исправления души.

Есть среди этой массы, посещающих всевозможные кружки и лекции, такие, которые удовлетворятся изучением и точным выполнением Заповедей и посвятят свою жизнь максимально точному их выполнению.

Есть, которые в своем стремлении найти цель жизни дойдут до общественной работы по исправлению других, привлечению остальной массы к религии, потому что, осознав что-либо как важное, желают чтобы все приняли их мнение, что вытекает из необходимости самоутверждения и доказательства всему миру своей правоты, для повышения уверенности в правильности выбора пути жизни.

Есть такие, которые пройдут все эти стадии, но не смогут остановиться ни на одной из них, хотя, возможно, задержатся на каждой или какой либо из них, подчас, довольно продолжительный период времени, но все равно не успокоятся ни пониманием внешних форм религии, ни максимально точным выполнением Заповедей, ни общественной работой для самоутверждения или как средство к существованию, пока поиск приведет их, даже вопреки всему ранее слышанному против, к Каббале.

Есть те, что начав осторожно интересоваться Каббалой, остановятся на внешних рассказах об этой науке и ее истории, как удовлетворяются изучающие "Каббалу" в университете.

Есть удовлетворяющиеся научным изучением Каббалы, точным описанием элементов духовных структур.

Есть те, что удовлетворятся внешними атрибутами называться каббалистом и, как следствие этого, давать благословения для получения вознаграждения деньгами и почетом, а есть и такие, что ради почета и звания готовы платить сами.

Есть такие, которые пройдя всевозможные любительские кружки, махоны, лекции, где задерживаются, как при прохождении через все более мелкое сито, из начальной поисковой массы, вышедшей из дремотной жизни в поиск новых жизненных ценностей, находят себя в группе, изучающих настоящую Каббалу.

Есть и такое, что и там человек сидит, но слушает только то, что слышит его ухо, т.е. то, на что настроено его желание получить, его "Я" и так каждый слышит то, что ему надо услышать из книги или из урока.

В каббалистической группе каждый настолько уже индивидуален, что невозможно изобразить человека каким-либо постоянным, неизменным, потому, что он каждый день меняется, по мере своего развития, в зависимости от состояния в котором он находится, и в каждый момент времени представляется другим, с другими вопросами, вкусами и мыслями, будто только его внешность и имя остались без изменений, а вся его внутренняя часть полностью изменилась и уже не имеет никакой связи с тем, что было еще вчера, а подчас и несколько минут назад, в том же теле.

И такие же изменения постоянно происходят также в товарищах по учебе. Изменения настолько крутые, что описать их и их вариации просто невозможно. От самого человека скрыты его настоящие намерения, вследствие чего месяцами и даже годами он занимается автоматически, подталкиваемый рефлексом и осознает свои состояния только после того, как они прошли, и он поднялся на более совершенный уровень и может поэтому осознать прошедшее, став мудрее от постижения следующего уровня развития.

Человек в процессе какой-либо стадии своего развития, находится под действием сил, вынуждающих его действовать в соответствии с этой стадией, и потому советы другого не воспринимает, и может следовать им только исключив свой разум.

Все человечество в конце обнаружит себя дошедшим до серьезных занятий поиска цели творения и Создателя, но пока каждый из нас находится в какой-либо из промежуточных стадий своего развития и потому еще должен созреть, и нельзя искусственно ускорять развитие, потому как все промежуточные стадии необходимы для осознания и ощущения самой цели творения, как пишет Бааль аСулам, что цивилизованные народы несут своим "прогрессом" огромный вред "отсталым" народам, отнимая у последних самостоятельный путь естественного развития.

Им будет недоставать осознания цели и ее ощущения в конце исправления, поэтому можно только ненавязчиво подсказать им это в виде информации, но не более.

66. Знай, что во всем есть внутреннее и наружное, внешнее. Израиль относится к внутренней части всего мира, а остальных народов считаются как его наружная часть.

Корнем всех наших внутренних желаний и корнем всех народов мира (внешних желаний) является 7x10= сфирот парцуф Зэир Ампин мира Ацилут. То, что на сегодня есть большее количество народов, это чисто исторически возникшее деление.

Также и сам Израиль, делится на внутреннюю часть это совершенные, работающие на Творца, и наружную часть те, кто не занимаются этим.

Не занимаются этим имеется в виду именно внутренней работой, исправлением себя с помощью изучения Каббалы, а не просто те, кто занимаются Торой как наукой или с целью познания механического выполнения Заповедей.

Также и в народах мира, есть внутренняя часть это праведники народов мира, и есть наружная часть грубые и приносящие вред личности. Праведники определяются по своему стремлению действовать альтруистически и по своей необъяснимой ими самими подчас тяге и симпатии к евреям и Израилю.

Соответственно, грешники народов мира это эгоистические разрушители его и, как привило, природные антисемиты.

Также и среди Израиля, работающих на Творца, есть внутренняя часть это те, кто удостоился понять внутреннюю душу Торы и ее тайны. Как уже сказано, слово Исраэль происходит от слов Исра – прямо и Эль-Творец, и те, кто ощущают в себе это стремление называются внутренней частью Израиля, хотя еще и не постигли желаемого, принадлежность их к внутренней части определяется не их постижением, а их стремлением.

И наружная часть это те, кто занимается только действием, выполнением действия в Торе, те, кто изучают выполнение Заповедей и выполняют их, не присоединяя при этом цели исправления себя, а заботящиеся только о четкости внешнего выполнения действий Заповедей. **Также и в каждом человеке из Израиля есть внутренняя часть, часть Израиля, что в нем** точка в его сердце, ощущение человеком стремления к духовному.

И наружная часть, часть народов мира, что в нем само его тело, эгоистические стремления. Но даже народы мира, что в Израиле, считаются в нем как перешедшие в Израиль, потому как прилеплены к его внутренней части, они подобны праведникам, перешедшим от народов мира в Израиль, пришедших и приклеившихся к Израилю.

Если в человеке есть, кроме стремления к Творцу, еще и другие стремления, все они в конечном итоге вольются в его духовную работу и придут к своему исправлению. По духовной важности влияния на процесс исправления пирамида выглядит следующим образом:

в еврее: а) точка в сердце (Израиль в Израиле) б) тело-желания (народы мира в Израиле)

в народе Израиля: а) постигающие Творца (каббалисты), выполняющие Заповеди с соответствующим намерением "ради Творца" б) исполняющие указы Торы (верующие) в народах мира: а) праведники народов мира б) прочие из народов мира (разрушители).

67. Когда человек из Израиля возвышает свою внутреннюю часть, Израиль что в нем, над наружной, народы мира что в нем, т.е. дает основные свои усилия на возвышение и усиление своей внутренней части для пользы своей души, а малые усилия, только в необходимой мере, он дает для существования части народов мира что в нем, т.е. для потребностей тела, то как сказано, делает Тору постоянным своим занятием, а свою специальность второстепенной, т.е. ставит духовное возвышение, исправление, изучение Каббалы, как средство постижения Творца, как цель жизни.

Хотя в своей массе еще и не занимаются исправлением и приближением к совершенству Творцу. Но даже если один из евреев занимается духовным исправлением, это уже в какой-то мере отражается на общем отношении мира к нам.

А народы мира, представляющие собою наружную часть общего мира, осознают и оценивают величие сынов Израиля. Осознают и оценивают невольно, естественным образом, потому как Высшее управление находится под влиянием возвышающихся, увеличивается присутствие Творца в мире и влияние Его света на эгоизм народов мира.

Но если наоборот, человек из сынов Израиля, возвышает и ценит свою внешнюю часть, которая считается частью народов мира, что в нем, эгоистическое материальное развитие и накопление над частью Израиль, что в нем, над альтруистической частью желаний, устремленных к Творцу (от слова

Исра – эль прямо – Творец, прямо к Творцу), **то его наружная часть, гер** (перешедший в иудаизм), **что в нем, возвышается, а внутренняя его часть, Израиль что в нем, опускается.**

Согласно его желаниям и действиям, человек имеет свободу выбора в том, какую часть в себе возвысить. И если возвышает, ценит свой материальный и общественный прогресс более духовного, **то приводит этим к тому, что наружная часть в общем мире, народы мира, возвышаются над Израилем внешней своей частью, всем понятием Израиль, и унижают его до земли, а сыны Израиля, внутренняя часть мира, снижаются все ниже.**

68. И не удивляйся, как может один человек вызвать своими поступками возвышение или падение мира. Это закон, исходящий из того, что высшая сила включает в себя более низшие как свои составляющие, потому как любая высшая ступень является Творцом относительно более низшей.

Каббалист, овладевший определенной духовной ступенью, может вобрать в себя неисправленные желания окружающих и помочь, неощутимо для них, приблизиться к осознанию духовного возвышения. Поэтому в мире так мало Поднимающихся, ведь их духовные силы огромны по сравнению с мелкими желаниями масс.

Но прийти к состоянию духовного освобождения должен каждый лично. То, что один маленький человек может вызвать большие изменения и даже потрясения в мире, мы можем видеть из истории. Это оттого что есть закон, что общее и часть его равны как две капли воды. И все, что действует в общем строении, действует также и в его частях.

И более того, именно части делают и определяют все, что действует в общем, потому общее откроется только после раскрытия всех его частей, согласно мере и свойствам этих частей. Только осознанное духовное возвышение каждого приведет к общему возвышению мира, что и называется приходом машиаха.

И обязательно действие части, согласно его качествам, поднимает или опускает общее в целом. Самые большие силы в нашем мире невидимы и их вообще трудно познать и исследовать. И чем могущественнее сила, тем она неуловимее, как например радиоактивное излучение.

Духовные же силы вообще неуловимы нашими органами чувств, но именно они и держат весь наш мир на себе, пронизывая каждый атом и управляя всей материей на всех ее уровнях. Поэтому, естественно, человек умеющий влиять своими альтруистическими поступками на состояние этих сил, вызывает огромные изменения в Высшем Управлении нашим миром. Творец именно этого и желает и ждет от нас, дабы мы, духовно поднявшись, сами управляли мирами, как Он. Этим мы оправдываем Его деяния.

Этим мы становимся свободными. Этим мы влияем на весь мир. И теперь поймем, сказанное в Книге Зоар и в Каббале, о том, что удостоятся выйти из изгнания к полному освобождению. Непонятно, какое отношение имеет изучение книги Зоар к освобождению Израиля от народов мира.

69. Но из сказанного ясно, что в Торе также есть внутренняя и наружная части, как и в мире. Эти две ступени присутствуют и в занятиях Торой. Есть две возможности изучения Торы и выполнения ее Заповедей: внутренняя, когда человек желает внутренне принять это лекарство против своей болезни эгоизма, или внешняя, когда изучает Тору только для получения вознаграждения в этом или в будущем мире, потому как не желает принимать лекарство внутрь и внутренне изменяться то ли по причине своего воспитания, то ли по причине преклонения перед "авторитетами" и пр.

И если человек увеличивает свои усилия в изучении внутренней части Торы и ее тайн, то этим возвышает внутреннюю часть мира, которой является Израиль. Любой человек, стремящийся к Творцу, называется Исраэль, независимо ни от каких-либо других его данных, только по этому желанию. (Кстати, поэтому у евреев понятие национальности отсутствует, а в настоящее время сложилось исторически, как у других народов).

Когда возвышается внутренняя часть над наружной частью мира, которой являются народы мира, то все народы признают превосходство Израиля над ними, пока не исполнится сказанное (пророк Ишаяу, 14): "И возьмут все народы

Израиль, и приведут их в место их; и дом Израиля примет их (эти народы) в наследие на земле Творца, как рабов и рабынь".

И как сказано (пророк Ишаяу 49): "Так сказал Творец: вот Я вознесу к народам руку мою, и перед племенами подниму знамя мое, и они принесут сыновей твоих в поле, и дочери твои несомы будут на плечах".

Если человек поднимает во главе всех своих желаний связь с Творцом, это называется, что несет на своих плечах сынов Израиля, то и в общем мире изменяется линия управления с пути страданий на путь Торы и происходит у всех народов перераспределение оценки жизненных ценностей.

Сказано "сынов Израиля", потому что сын – бэн от слова мевин – понимание, постижение: все другие желание в человеке, все народы мира понесут во главе своих жизненных ценностей понимание, постижение Творца.

Но если, не дай Бог, наоборот: человек из Израиля принижает важность внутренней части Торы и ее тайн, говорящих о путях развития в исправлении наших душ и ступенях их духовного возвышения, а также смысл Заповедей, относительно наружной части Торы, говорит только об их механическом исполнении, и даже если занимается внутренней частью Торы, то уделяет этому минимум времени, как чем-то, в чем нет никакой надобности, то этим вызывает унижение и понижение до самого низкого уровня внутренней части мира, сынов Исраэля, и усиливает внешнюю часть мира, народы мира, которые унизят и устыдят сынов Исраэля, и будут считать сынов Исраэль как ненужную и лишнюю вещь в мире, в которой мир совершенно не нуждается.

И более того, не занимающийся Каббалой порождает этим то, что даже внешняя часть народов мира усиливается над их же внутренней частью, поскольку наихудшие из них, наибольшие вредители и разрушители мира, усиливаются и возвышаются все выше над внутренней частью их, над праведниками народов мира. Вот тогда и происходят все ужасные разрушения и убийства, чему было свидетелем наше поколение. Да пощадит нас Создатель далее!

Т.о. мы видим, что избавление Израиля и все его величие, зависит только от изучения Книги Зоар и внутренней части Торы. И, наоборот, все разрушения и все падения сынов Исраэля только вследствие того, что оставили внутреннюю часть Торы, унизили ее достоинство до самого низкого состояния и сделали ее вещью, в которой нет никакой потребности вообще.

Сказано в Книге Зоар (Тикунэй Зоар,30): "Встаньте и пробудитесь ради души Израиля, ведь пусто сердце ваше без мудрости знания и постижения Его, хотя Он и находится внутри вас." Творец наполняет и окружает все творение, каждого из нас, но цель творения в том, чтобы мы постигли и ощутили это сами совпадением свойств с Творцом.

А до достижения такого состояния наше сердце-чувства считаются пустыми, потому как заполнены желаниями этого мира. Смысл сказанного в том, что голос стучит в сердце каждого из сынов Израиля и призывает просить возвышения общей души Израиля (Пророк Ишаяу, 40).

Но душа говорит, что нет в ней сил поднять себя из пепла, потому как все, подобно животным, поедающим сено, выполняют Заповеди без всякого знания, а все милосердные поступки делают только ради себя, поскольку нет в исполнении Заповедей намерений сделать радость Творцу, а только ради себя, для своей выгоды, выполняют они Заповеди.

И даже наилучшие из них, отдающие время на занятия Торой, делают это только для выгоды их тела, без желательного намерения сделать радостное Творцу. В таком случае сказано о подобном поколении, что дух проходит и не возвратится никогда. Т.е. дух машиаха, необходимый для избавления

Израиля от эгоизма, от всех его страданий, до полного освобождения, до состояния о котором сказано: "И наполнится страна Израиля знанием Творца" - этот дух исчезает и не засветит более в мире.

Горе тем, кто является причиной того, что дух машиаха исчезает и может быть никогда не вернется в мир, потому что они делают Тору пресной, без всякой примеси ума и знания, потому как ограничиваются только исполнительной часть Торы и не желают пытаться понять науку Каббалы, знать и изучать тайны Торы и смысл Заповедей. Горе им, вызывающим своими поступками голод, бедность, жестокость, унижение, убийства и грабеж в мире.

Так говорит Зоар! Великий каббалист прошлых веков рав Авраам Азулай в предисловии к своей книге "Ор аХама" объясняет, что есть 4 группы людей, не желающих заниматься Каббалой. Особенно он выделяет из всех 4-х групп 3-ю группу: верующих в науку Каббала и знающих, что есть в них недостаток в том, что не знают Каббалы, но тем не менее, утверждающих, что нет уже в наше время таких, кто был бы в состоянии познать эту мудрость, вследствие ее необычайной глубины.

Именно против этой группы выступал раби Шимон в Книге Зоар (Зоар, Кдушим), где ясно указал, что все обязаны изучать Книгу Зоар ее и даже тот, кто ничего не знает. Но кроме того, пишет рав Азулай, нашел я, что запрет на изучение Каббалы в открытую, в массах, был только на ограниченное время до окончания 5250 года. Но с 5250 года и далее дается разрешение изучать науку Каббала и Книгу Зоар. А с 5300 года желательно, необходимо и предпочтительно, чтобы массы стали заниматься изучением Каббалы, большие и малые, великие и простые, потому как вследствие этого и только этого в будущем придет избавление, а не вследствие ничего иного.

Смысл сказанного книгой Зоар, как мы уже выяснили, в том, что если занимающиеся Торой, принижают свою внутреннюю часть и внутреннюю часть Торы Каббалу, и оставляют ее, как вещь, в которой нет никакой надобности в мире, они подобны в этом слепым, натыкающимся на стену.

И этим они: усиливают свою внешнюю часть, т.е. то, что полезно телу. Внешнюю часть Торы они возвеличивают над ее внутренней частью. Вызывают то, что все внешние части мира, усиливаются над внутренними частями, каждый против своей части по своему характеру потому как внешняя часть Израиля, представляющая собою народы мира внутри Израиля, усиливается и аннулирует внутреннюю часть Израиля, великих в Торе.

Внешняя часть народов мира, те из них, кто вызывает разрушения, усиливается и аннулирует их внутреннюю часть, праведников народов мира. Внешняя часть всего мира, сами народы мира, усиливается и аннулирует сынов Израиля, являющимися внутренней частью мира.

И в таком поколении все разрушители народов мира поднимают голову и, в основном, желают уничтожения сынов Израиля, как сказано в Талмуде (Явамот, 63): "Все беспорядки приходят в мир только для Израиля", в соответствии сказанному в Книге Зоар, что именно они (те из Израиля, кто пренебрегает изучением Каббалы) причина бедности, убийств, грабежей, уничтожения во всем мире.

А после наших больших прегрешений, мы стали свидетелями всего предсказанного в Книге Зоар, и тем более, что наказание касается в первую очередь лучших из нас, как сказано в Талмуде (Б"К, 60): "Начинается (расчет) именно с праведников". И от всего цвета Торы, что был у Израиля в Польше, Литве, не осталось нам ничего, кроме жалких остатков в нашей стране, то теперь только на нас, на эти остатки, возложено исправить это страшное искажение.

Только от наших занятий Каббалой зависит состояние как лично каждого из нас, так и нашего народа, так и всего мира и отношения к нам. И если каждый из нас, остатков прошлого,

примет на себя, всей душой и разумом, возвеличить, отныне и далее, внутреннюю часть Торы и предоставить положенное ей место в нашем сердце, занятиях и действии выше наших мелких и временных стремлений. какова и есть ее истинная важность над внешней частью Торы, этим каждый из нас: удостоится усилить внутреннюю свою часть, т.е. часть Израиль, что в нем, т.е. потребности его души, над внешней своей частью, народами мира, что в нем, являющейся потребностью тела.

И эта сила подействует также на весь народ Израиля, пока народы мира, что в нас, осознают и познают важность и величие великих Израиля над ними, послушаются их и повинуются им, тогда внутренняя часть народов мира, праведники народов мира, усилятся и покорят их внешнюю часть, разрушителей мира. Внутренняя часть мира, Израиль, превзойдет во всем величии и важности внешнюю часть мира, народы мира.

И тогда все народы мира осознают и примут важность Израиля над ними и исполнится сказанное (пророк Ишаяу, 14): "И возьмут их (Израиль) народы и приведут их (Израиль) в место их, и дом Израиля примет их (народы мира) в наследие на земле Творца", как сказано (Ишаяу,49): "И принесут сыновей твоих в поле и дочерей твоих на плечах".

И исполнится это, как предсказывает Книга Зоар (Насо, стр.124, 2): "Силой этой книги выйдут из неволи милостью Творца". Духовное, а как следствие этого, физическое освобождение взаимосвязаны, и только освобождение от рабства собственного эгоизма принесет избавление Израилю от преследования народами мира и приведет весь мир к подлинно счастливому существованию, без страха временности, болезней, смерти, в вечном слиянии с Источником всего существующего, в бесконечном истинном наполнении Высшим и Вечным наслаждением. Амэн!

Конец 5-ой книги

МИХАЭЛЬ ЛАЙТМАН

серия
**"КАББАЛА.
ТАЙНОЕ ЕВРЕЙСКОЕ УЧЕНИЕ»
часть VI**

ПРЕДИСЛОВИЕ К ТАЛМУД ЭСЭР АСФИРОТ

***

**KABBALAH
THE SPIRITUAL SECRET IN JUDAISM
volume VI**

BY MICHAEL LAITMAN

**INTRODUCTION TO TALMUD ESER ASPHIROTH
(in Russian)**

All Rights Reserved 2022
Michael Laitman
Laitman Kabbalah Publishers

Человек "смотрит" только в себя и только изнутри себя постигает окружающее его. Он представляет собою закрытую систему, получающую извне только ту информацию, которую могут воспринять его органы чувств. А органы чувств могут воспринимать только то, что есть в них самих.

Это подобно приемному контуру радиоприемника: из большого количества радиоволн, он может принять, т.е. ощутить, только ту, на которую настроен: потому как качества этой волны есть в самом приемнике, он ее ощущает, а остальные воспринять не может.

Так и человек, может ощутить из окружающего только то, что есть в нем самом. По мере своего развития, приобретения новых ВНУТРЕННИХ свойств (мыслей, понятий, качеств, знаний), человек начинает воспринимать окружающее, то, что и ранее существовало вокруг, но не воспринималось им, именно ввиду отсутствия В НЕМ САМОМ подобных свойств.

Поэтому все, что не воспринимается нами, как бы не существует. А развивая в себе новые качества и знания, человек "открывает" для себя все новое в окружающем его. Ощущаемое окружающее человек называет миром.

Поэтому, если ощущения человека выйдут за рамки обычных, ощущаемых всеми, он постигнет более высшие категории, духовные, и они будут ощущаться как то, что он ощущает сейчас и тогда это будет называться его миром.

Все возможные меры ощущения делятся на несколько частей, или миров. Воспринимая данными ему от рождения органами чувств окружающее, человек называет это НАШ или ЭТОТ МИР. Если человек может развить в себе свойства, адекватные свойствам более высших категорий, не данных ему от рождения, то ощущаемое им называется духовный мир.

Градация обретения внутренних свойств, дающих ощутить более высшие миры такова, что все, каждый из родившихся в нашем мире, способны, при обретении соответствующих свойств ощутить то же, что и другие.

Например, обретя свойства мира Ацилут, все ощутят одно и то же, как и ощущающие только наш мир. Весь процесс и вся цель обучения сводится именно к тому, чтобы взрастить в человеке необходимые ВНУТРЕННИЕ понятия.

В процессе обучения мы начинаем осознавать то, что ранее просто НЕ ВОСПРИНИМАЛИ, и потому казалось нам отсутствующим. Все, что входит в человека, как в "черный ящик", или все, что воспринимается им – зависит не от наличия в окружающем, а от свойств самого человека.

Только внутренние свойства самого человека определяют, что он воспринимает из окружающего его. А все отличие между всеми творениями только в том, насколько каждый вид творения может взрастить В СЕБЕ ощущения окружающего и т.о. станет способен ощутить это окружающее, в мере появившихся в нем соответствующих внутренних качеств.

Творец представляется, постигающим его, океаном духовного света. Единственное что Он создал – это желание ощутить Его. Это желание называется творением. Иными словами, нет ничего, кроме Творца и творения, или света и желания его ощутить. Ощущение Творца вызывает в творении чувство, называемое наслаждением, отсутствие ощущения Творца ощущается как отсутствие наслаждения и называется страданием.

Вся суть творения – желание наслаждения Творцом. Все наши стремления не более, чем неосознанное желание насладиться Творцом, неосознанное, потому как ввиду наших свойств, мы ощущаем не самого Творца, а его одеяние в объекты нашего мира. Различные меры ощущения Творца называются мирами.

Все, что окружает нас, даже в нашем материальном мире, это не более, чем воспринимаемые нами различные ощущения Творца, и только от наших ВНУТРЕННИХ свойств зависит, каким ощутить Его или, другими словами, как чувствовать себя в Нем.

Поскольку желанием Творца является взрастить человека до ощущения наивысшего совершенства, ощущаемое человеком как абсолютное наслаждение, до ощущения самого Творца, без каких либо одеяний в объекты нашего мира или даже более высших миров, Он создал в человеке возможность развития свойств "человек" до свойств самого Творца, возможность развить себя настолько, чтобы в самом человеке появились качества Творца, которыми он сможет ощутить и познать своего Создателя.

Для этого Творец, желая, чтобы человек постиг Его, т.е. стал выше всего творения, создал в человеке абсолютно все, из чего состоит все Им сотворенное. Именно поэтому человек может развить в себе уже заложенные в нем Творцом качества и в них постичь как наш мир, так и более высшие миры. Поэтому человек называется венцом творения.

Для познания окружающего человек совершенно не нуждается в том, чтобы видеть что-либо вне себя, а находя какое-то качество в себе, в меру его развития, тут же понимает что происходит вне его. А если не находится в человеке свойств из имеющегося вне его, то вообще не ощущает этого.

И даже усилия окружающих, имеющих эти свойства и потому понимающих существующее для них, объяснить и убедить в том, что человек сам не ощущает, не помогут до тех пор, пока сам не ощутит это внешнее, путем сопоставления с внутренними качествами.

Но, развиваясь, может совершенно правильно понять, что думают окружающие его, чего желают, как понравиться им, т.е. может постичь мысли другого, исходя из имеющихся в нем самом аналогичных качеств. И достаточно только смотреть в себя, чтобы понять других, потому что все творения одного вида одинаковы и равны, и каждый включает в себя свойства всех. И в каждом человеке заключен весь мир.

Поскольку высшее наслаждение есть ощущение Творца, то единственной возможностью ощутить Его, является создать в себе те же свойства, мысли, желания, которые характеризуют Творца.

Именно для этого дана нам Тора, и в каждом поколении Творец предусмотрительно позволяет, уже постигнувшим Его, называемым каббалистами, помогать остальным, пройти уже пройденный ими путь. Только в приобретении нами качеств Создателя есть цель всего творения и жизни каждого.

Методика развития в себе этих качеств, дающих возможность почувствовать окружающее нас в его истинном виде, т.е. ощутить все миры и сам Единственный Источник, называется Каббалой, от глагола "лекабэль" – получать, потому как дает возможность изучающему ее человеку получить наслаждение Творцом.

Талмуд Эсэр Асфирот венчает собою усилия раби Йегуды Лев Алеви Ашлага передать человечеству лекарство от всех наших страданий, единственная причина которых – отсутствие ощущения Творца.

Хотя раби Й. Ашлаг более известен как единственный создатель полного комментария на всю книгу Зоар, от чего и получил звание "Бааль Сулам", описавший лестницу (сулам), ступени постепенного ощущения Творца, но именно в Талмуд Эсэр аСфирот (ТА"С) им вложены те духовные силы, с помощью которых он хотел помочь нам возвыситься до уровня Творца.

В настоящей, 6-ой книге из серии "Каббала. Тайное еврейское учение" излагается вольный пересказ предисловия раби Ю. Ашлага к ТА"С. Для владеющих языком иврит, желающих параллельно изучать оригинал, оставлена нумерация пунктов оригинала.

Предисловие состоит из двух частей: пп. 1-37 – предисловие к 1-ой части Талмуд Эсэр Асфирот, пп. 38-156 – предисловие к 2-ой части Талмуд Эсэр Асфирот. Но при сдаче в печать раби Ашлаг объединил обе части в общее предисловие к ТА"С.

Как и предыдущие книги этой серии, чтение этой книги не требует никаких предварительных знаний или изучения предыдущих книг настоящей серии. При повторном чтении, автор рекомендует читателю параллельное чтение частей 4, 5, 6.

Опыт преподавания показывает, что начинающим трудно понять логический причинно-следственный характер духовного развития человека: от ощущения окружающего и до ощущения Творца. Помочь в этом призвано написанное мною "Содержание", предваряющее пересказ статьи раби Й. Ашлага.

ПРЕДИСЛОВИЕ К ТАЛМУД ЭСЭР АСФИРОТ

1. Прежде всего, я считаю необходимым разрушить железную стену, существующую уже 2000 лет, со времени разрушения Храма вплоть до нашего поколения, между нами и Каббалой, что крайне отягчает наше существование и вызывает тревогу, как бы вовсе не исчезла эта наука.

Как утверждают каббалисты ("Предисловие к книге Зоар" п. 61), причина всех наших несчастий, как мировых, так и личных – только в том, что мы не пользуемся инструкцией данной нам Творцом для достижения цели нашего существования.

Поэтому вопрос не в том, что исчезнет Каббала как наука, а в том, что поскольку весь мир создан и существует только для духовного возвышения, сближения с Творцом, то если Каббала, являющаяся руководством достижения этой цели, полностью исчезнет, мир продолжит свой путь к той же цели, но только путем страданий, без всякого смягчения его с помощью каббалистов.

Но когда обращаешься к сердцу человека о пользе занятий Каббалой, слышатся следующие возражения: "А зачем мне знать, сколько ангелов на небе и как зовут каждого?" – этот вопрос имеет место потому, что все считают, что Каббалу изучают для того, чтобы знать, а не для того, чтобы изменить свою себя.

"Неужели я не могу выполнять всю Тору во всех ее требованиях без этих знаний?" – этот вопрос имеет место потому, что согласно получаемому воспитанию, человек считает, что механическое выполнение заповедей и есть то, что требует от нас Творец.

Хотя четко сказано, что безразлично для Творца, как убивают скотину, с шеи ее режут или с горла, ведь даны заповеди только для того, чтобы очистить человека!

"Ведь запретили мудрецы изучать Каббалу тем, кто не достиг возраста 40 лет" – этот запрет исходит из того, что в Каббале число "40" обозначает зрелость, и этим каббалисты как бы говорят, что только тот, кто достиг душевной зрелости, **понимает для чего ему дана Тора**, имеет право заниматься Каббалой. Хотя великий каббалист АР"И разрешил изучать Каббалу всем.

"Ведь разрешили мудрецы изучать Каббалу только тем, кто наполнился изучением Талмуда? А кто может утверждать, что изучил всю открытую Тору, и только тайная Тора осталась неизученной им?" – этот вопрос и ответ на него, как и ответы на все остальные вопросы, мы разберем в ходе изучения настоящего предисловия.

Известны случаи в прошлых веках, что вследствие изучения Каббалы люди становились неверующими! Чем такое, уж лучше я спокойно просуществую как все, и как все получу в будущем мире, то что мне положено, зачем мне отличаться от других и подвергать себя такой опасности?" – обычный ответ воспитанного механически выполнять заповеди, для выполнения которых, потому как стали для него второй природой, не требуется приложения никаких усилий, а наоборот, если не выполняет чего-либо, ощущает страдание, потому что действует против своей природы.

"Даже интересующиеся изучением Каббалы, советуют изучать ее только преданным Творцу, а не каждому, кому вдруг захочется!" – это возражение от неправильного толкование слов "преданных Творцу", которые на самом деле означают не тех, кто уже достиг такого состояния, а тех, кто желает его достичь, потому как находящийся уже в таком состоянии, сам и на себе, без изучения Каббалы, постигает все духовные миры.

Но, как пишет великий АР"И, начиная с его поколения, Каббалу могут изучать все желающие. А как пишет рав Кук, если человек желает знать, сколько ангелов есть на небе, то не надо ему изучать Каббалу, но если он желает знать, как работать на Творца, то кто бы он ни был, он может изучать Каббалу, потому что относится к Торе и выполнению заповедей не как к работе, за которую получают вознаграждение, а как пишет Эвэн Эзра, что все заповеди даны только для очистки сердца, как средство исправления.

"Посмотри на всех верующих нашего поколения и ты увидишь, что все они согласны со мной в том, что не занимаются Каббалой, а также отвечают, спрашивающим их, что без всяких сомнений предпочтительней открыть Талмуд" – это главное возражение, потому что человек смотрит на других, не желает, боится выделяться, считая, что не могут ведь все ошибаться: предводители его поколения и предводители прошлых поколений в течение 2000 лет. "Ведь хотя мы не изучаем Каббалу, но сохраняемся как народ. Оставим же решение изучать ее или нет, а пока будем поступать как все!".

Как отличны эти отговорки от слов великого раби Пинхас из Корица: "Только Зоар удержал меня в иудаизме!". И это сказал один из основателей хасидизма!

2. К этим возражениям мы еще вернемся, но дело не в них. Возражает человек, которому безразлично, который считает, что занятия Каббалой ему ничего не прибавят, который уверен, в силу своего воспитания, что за чисто механическое выполнение заповедей, он получит то, что ему положено, и не должен быть лучше других, которые просто не могут поступать вопреки своему воспитанию, каким бы оно ни было, потому что воспитание превращает его в того, кем он стал исполнителем – и только.

В своем дальнейшем описании, раби Й. Ашлаг вообще не обращается к тем, кто возражает каким-либо доводом против изучения Каббалы, а обращается только к тем, чье сердце откликается на его призыв.

Поэтому не будем сейчас разбирать их возражения, а зададим себе вопрос, который часто возникает у нас, но несмотря на это, поражает нас и всегда застает врасплох, застает неподготовленными к нему, вопрос, от которого абсолютно все возражения, как вышеперечисленные, так и иные, исчезают, как дым, вопрос, встающий перед каждым, посетившим сей мир: "Для чего я живу?

Что дают эти, так тяжело проходящие годы моего существования, за которые так дорого мне приходится платить, где множество страданий никак не перекрываются немногими радостями, пока не заканчивает человек в полном изнеможении свое существование!" Над этим вопросом задумывается каждый, и конечно, великие умы, в течение всех поколений, поневоле или в искреннем желании исследовать его.

Но так или иначе он как и прежде встает перед каждым во всей своей горечи, зачастую застигает нас врасплох и унижает отсутствием в нас ответа, пока удается нам найти всем известное "решение" – закрыв на него глаза, забыться, продолжать влачить свое существование как и вчера.

3. Но именно как ответ на этот вопрос сказано в Торе "Познай Творца и увидишь насколько это прекрасно". Потому что те, кто выполняют заповеди Творца в их истинном смысле, т.е. с альтруистическим намерением "ради Творца", ощущают вкус жизни, и они видят и утверждают, что ощущение Творца – это самое большое наслаждение, для чего и создан человек. Т.о. ответом на все вопросы может быть только достижение ощущения Творца!

Но те, кто еще не вкусили этого наслаждения, вкус настоящей жизни, вследствие выполнения желаний Творца, с альтруистическим намерением наслаждаться ради Него, не в состоянии понять и почувствовать насколько прекрасно такое существование, ведь весь замысел Творца в создании человека именно в том и состоял, чтобы человек ощутил Его, еще будучи в этом мире, и т.о. вошел в полное бесконечным наслаждением существования.

Поэтому нет иного совета найти смысл жизни, как достижение цели творения – выполнять желания Творца, называемые Заповедями, с альтруистическим намерением ради Него, называемыми "ли шма", или "лефи алаха".

И поэтому сказано в Торе (недельная глава "Нэцавим"): "Смотри, дал Я сегодня тебе жизнь и хорошее, смерть и плохое" – т.е.

до тех пор, пока человек не дошел в своем духовном развитии до состояния "получение Торы" – нет у него свободы поведения, является рабом своей эгоистической природы, что называется "смерть и плохое", потому что не ощущает вечные духовные наслаждения, как сказано:

"Живые грешники называются мертвыми", потому что лучше смерть, чем такая жизнь, поскольку страдания и боль, которые испытывают, влача свое существование, намного превосходят немногие наслаждения, ощущаемые ими в такой жизни.

Но те, кто выполнением Заповедей с намерением их выполнения "ради Творца", а не ради собственной выгоды, достигают "получения Торы" – ощущения Творца, уже видят в этом смысл своего существования, постигают настоящую жизнь, полную радости и наслаждения, как и призывает Тора: "Вкусите и увидите как прекрасен Творец".

И потому сказано: "Вот видишь, даю я тебе (мертвому, потому как существование без ощущения света, Творца определяется как смерть) сегодня жизнь (ощущение Творца, духовного света) и хорошее, чего не было у тебя до вручения Торы (получения света, ощущения Творца)".

И далее следует призыв Творца: "Выбери (выполняя Заповеди – желания Творца с альтруистическими намерениями) жизнь (ощущение света, Творца), чтобы жил (в вечных наслаждениях и радости) ты и твое потомство (твои будущие состояния)".

Если под Торой и Заповедями понимается абсолютное наслаждение, то жизнь без Торы и Заповедей тяжела как смерть. Поэтому сказано: "Грешники при жизни называются мертвыми", "Выбери жизнь, чтобы жил ты и твое потомство" – ведь жизнь полна страданий не только для человека, но и для окружающих и для его потомства, ведь все делает вынужденно, как раб под диктатом своего эгоистического желания.

А, поступая чисто эгоистически, что может дать другим! потому сказано: Но достигший духовного выполнения Заповедей и получения света Торы, не только сам наслаждается своим состоянием, но и радуется сыновьям, потому как есть что дать им.

4. На указание Торы "Выбери жизнь" сказано у Раш"и: "Я указываю вам выбрать жизнь, как отец указывает сыну выбрать лучшее из возможного, и Я укреплю вас в выборе этого, и Я укажу вам, что именно вы должны выбрать", как говорят каббалисты: "Творец определяет мою судьбу и поддерживает, кладя мою руку на нужный, хороший выбор, говоря: "Это выбери себе!".

Но если сказано, что человек обязан выбрать, какой дорогой идти в жизни ("Выбери жизнь..."), то как же одновременно сказано, что сам Творец указывает человеку, что надо выбрать ("Я укажу вам...")? Ведь в таком случае нет права выбора у человека и нет вообще свободы воли!?

Действительно, сам Творец кладет руку человека на хороший выбор, тем, что дает покой и наслаждения в полной напряжения, страдания и горечи, пустоты и ненужного движения, жизни – и поневоле, когда видит человек, как луч света сквозь грозовые облака, возможность обрести спокойствие, убежать от его жизни – в этом и есть самая большая помощь Творца в выборе пути.

А свобода выбора человека сводится только к укреплению в продвижении в направлении, указываемом Творцом, потому что есть здесь огромная работа в усилиях, пока очистит свои эгоистические желания (тело) и сможет выполнять Заповеди (желания) Творца "ли шма" (с альтруистическими намерениями "ради Творца"), а не ради себя (ло ли шма), своей выгоды – потому как только тогда достигает жизни, полной спокойствия и наслаждений, сопутствующей альтруистическому выполнению Заповедей и получению света Торы.

Но прежде, чем достигает человек такого состояния очищения своих эгоистических желаний, постоянно обязан укрепляться в выборе правильного пути, используя все свои силы и возможности, в преодолении препятствий, **ставящиеся Творцом** на его пути, и обязан на все, происходящее с ним, смотреть как на средство достижения цели, все что вокруг и в себе использовать для этого, пока не закончит свое очищение от эгоистических желаний, чтобы не упал под тяжестью своих желаний посреди пути.

Процесс очищения человека называется в Торе "НААСЭ" – действие, а когда освобождается от эгоизма, зла, получает вознаграждение – "НИШМА".

5. После вышесказанного поймем изречение из трактата "Авот": "Таков путь Торы: хлеб с солью ешь, воды немного пей, на земле спи, страданиями живи и в Торе трудись – если сделаешь так, счастлив будешь ты в этом мире и в будущем". Чем же отличается Тора от других наук, не требующих от желающего их постичь, страданий и ограничений, а только прилежных занятий?

Тора же, кроме настойчивости и огромных усилий, требует от человека ощущения страданий, вплоть до ограничений в самом насущном. А еще более удивительно окончание высказывания: "если поступаешь так – счастлив ты в этом мире и в будущем" – может быть в будущем мире человек и будет счастлив, но как можно утверждать, что уже в этом мире, при ощущении страданий, отсутствия самого необходимого, он счастлив?

6. Дело в том, что выполнять Заповеди необходимо с альтруистическим намерением "ради Творца", а не ради себя. Достичь такого намерения возможно только огромными усилиями, очищая свое тело, т.е. желания, от эгоистических намерений.

Поэтому первое условие – это приучить себя ничего не получать для самонаслаждения, даже самое необходимое и разрешенное, как пища, вода и сон, настолько, что человек должен полностью устраниться от всех наслаждений в получении самых необходимых для существования вещей. Естественно, что при этом он ощущает в своих эгоистических желаниях огромные страдания.

Но после того, как приучил себя, привык к такому существованию, нет в его теле больше никаких желаний самонаслаждения, избавился от эгоизма, начинает выполнять Тору и Заповеди ради Творца, то получает при этом огромные наслаждения и вся его жизнь становиться целенаправленной, поскольку начинает ощущать духовный свет, ощущает Творца.

Если человек делает что-либо не ради себя, он, поневоле или намеренно, делает это ради Творца, потому что кроме человека и Творца нет в творении никого. Поэтому альтруистические намерения, намерения "не для себя" называются "ради Творца" или "ли шма".

Если действительно полностью избавился от намерений получить наслаждение, удостаивается ощутить счастливую, полную наслаждений, неомраченную страданиями, жизнь, постигаемую при выполнении Торы и Заповедей ради Творца, как говорит (Авот, 86) раби Меир: "Каждый, занимающийся Торой "ли шма", удостаивается всего, и весь мир его, и раскрываются ему тайны Торы, и становится как полный источник".

Именно о таком состоянии человека сказано: "Вкусите и увидите, как хорош Творец", потому как вкушающий занятия Торой и Заповедями ради Творца, сам видит цель творения, ощущая, что оно только для его блага и наслаждения, потому как исходит от доброго Творца, и он бесконечно счастлив количеством лет, получаемых от Творца, ощущает смысл в своей жизни, что ради него сотворен весь мир.

7. А теперь поймешь две стороны медали в занятиях Торой и Заповедями:

а) с одной стороны – это путь Торы – подготовительная часть, когда человек постепенно очищается от эгоистических желаний, поневоле выполняя Заповеди ради себя (ло ли шма), с примесью собственной выгоды, потому как еще не освободился от эгоистических желаний насладиться результатами своих усилий, еще не очистился от желаний получить наслаждения этого мира. В это время возложено на него вести жизнь полную страданий в занятиях Торой.

б) но после того, как завершил путь Торы, очистил свое тело – желания от эгоистических стремлений, становится годным к выполнению Заповедей "ли шма", не ради себя, только ради Творца, он переходит к другой стороне медали, полной совершенства, спокойствия и наслаждений жизни, о которой сказано, что именно она и есть намерение и цель Творца в сотворении человека – для наслаждения человека вечным совершенством, в этом и в будущем мире.

8. Таким образом, проясняется отличие между наукой Торы Каббалой и остальными науками нашего мира. Ведь остальные науки нашего мира вовсе не преследуют целью улучшение личной жизни человека в этом мире, ведь даже не в состоянии дать человеку самое необходимое за его страдания, постоянно, в течение всей жизни им ощущаемые, а наоборот, чем больше развиваются науки, тем больше страданий вызывает это в мире.

Поэтому для их постижения человек не обязан исправить себя, а достаточно его усилий в научных исследованиях, как и в остальных приобретениях этого мира, не изменяя свои качества и желания.

Тогда как занятия Торой и Заповедями, поскольку вся их задача в подготовке человека получить высшее наслаждение, как задумано Творцом, сводится к очищению желаний (тела), чтобы смог получить все уготованное ему Творцом. Все науки нашего мира ставят своей целью получение знаний.

Когда человек понимает глубину научных постижений, он ощущает наслаждение от науки. Но никакая наука не в состоянии улучшить жизнь человека и привести его в цели, ради которой человек создан и родился на земле.

Когда же достигает жизни в Торе, ощущения всего мироздания и его Источника, достигает огромных наслаждений, потому как еще и постигает цель своего существования. Поэтому человек должен начать свою работу в этом мире с очищения своего тела – природных желаний.

9. Также поймем сказанное выше, "...если ты делаешь так, счастлив в этом мире..." – потому как счастливая жизнь в этом мире уготована только для тех, кто заканчивает путь Торы. А страдания от ограничения в пище, сне и пр. имеют место только в состоянии "путь Торы", в период исправления.

И потому сказано: "Таков путь Торы..." – только путем страданий и ограничений. Но по окончанию этого пути, периода исправления (эгоизма), полного страданий пути "ло ли шма", вступает в период "...счастлив ты в этом мире", потому как удостаивается получить все бесконечное наслаждение, что в замысле творения и чувствует, что весь мир создан для него, как этот мир, так, подавно, мир будущий.

10. Говорит книга Зоар (Берешит-1. Сулам, п. 348): "Сказал Творец, будет свет и возник свет" – будет свет в этом мире и будет свет в будущем мире, что означает, что изначально сотворено все Творцом в полном совершенстве, включая и наш мир".

Т.е. человек обязан достичь ощущения света еще в своей жизни в этом мире. Но чтобы создать место для свободы выбора и работы в усилиях против эгоизма, скрыт этот свет для проявления в будущем, для тех, кто удостоится его в итоге усилий над собой. Поэтому сказано "..будет свет в этом мире", но добавляется: "...будет свет в будущем мире".

Т.е. выполняющие Тору и Заповеди "ради Творца" удостаиваются этого света только в будущем мире, т.е. после того, как очищают свое тело в пути Торы, вследствие чего становятся достойными получать Высший свет и в этом мире, как сказано мудрецами: "Мир свой увидишь еще при жизни".

11. Но мудрецы Талмуда сделали особое исправление в мире, вследствие чего теперь намного легче человеку достичь "ли шма" и потому дают нам свой совет по облегчению пути Торы: "Всегда

обязан заниматься человек Торой и Заповедями даже ради себя (ло ли шма), потому как этими занятиями, он придет к исполнению не ради себя (ради Творца, ли шма), вследствие того, что свет Торы возвращает человека к своему Источнику.

Этим мы находим совершенно новое средство достижения "ли шма" вместо ограничений и страданий, указанных в Мишне, в трактате "Авот", средство, называемое "свет Торы", в котором есть сила, достаточная чтобы исправить нас до достижения подобия Творцу, привести нас к выполнению Торы и Заповедей ради Творца (ли шма).

Это видно из того, что не упомянули в своем указании ограничений и страданий, а указали, что даже только в занятиях Торой и Заповедями есть достаточно света вернуть человека к Творцу, чтобы смог заниматься Торой и заповедями ради наслаждения Творца, а вовсе не для собственного наслаждения, что и называется "ради Творца" или "ли шма".

12. Но есть сомнения в этом совете, потому как среди занимающихся Торой и выполняющих Заповеди, есть и такие, которым не помогли их занятия, чтобы с помощью света Торы прийти к состоянию "ли шма". Причина этого в том, что под занятием Торой и Заповедями ради себя (ло ли шма) имеется в виду такое состояние человека, когда он "верит в Творца и Тору, вознаграждение и наказание, занимается Торой потому что Творец указал заниматься ею, но в действиях ради Творца преследует поневоле и свою выгоду, настолько, что если, после его усилий в Торе и Заповедях, проясняется, что лично он не получит никакого вознаграждения, он сожалеет о совершенных усилиях и страданиях, на которые шел, потому что считал, что и он лично получит вознаграждение, наслаждение от своих усилий.

Т.е. человек соединяет две цели, желает, чтобы одно действие принесло ему вознаграждение: Творцу и ему, чтобы оба стали партнерами по получению вознаграждения. И это называется, что занимается Торой "ло ли шма", т.е. занимается ради Творца, а также желает и сам иметь часть в деле. Такое состояние (Талмуд. Рош Ашана, 4) называется "ло ли шма".

Но несмотря на это позволили мудрецы начать заниматься Торой и Заповедями даже в таком состоянии, "ло ли шма", потому что из него можно придти к "ли шма".

Но если занимающийся еще не достиг веры в Творца и в Его Тору, а находится в сомнениях, несомненно, не о нем сказано, что из "ло ли шма" приходят к "ли шма", не о нем сказано (Мидраш Раба. Эйха; Талмуд Ирушалми. Хагига, 81), что от занятия Торой, скрытый в ней свет возвращает к Источнику, потому что **свет Торы светит только для верящих**. Причем, интенсивность света пропорциональна величине его веры.

А неверящие, наоборот (Талмуд. Шабат, 88), получают от Торы еще большее скрытие Торы, вплоть до полного духовного ослепления. Т.е. сомневающимся в вере, "ло ли шма" не помогает достичь "ли шма", а наоборот, они уходят в еще большую тьму...

13. На изречение (Амос, 5): "Зачем вам день Творца, ведь это тьма для вас, а не свет", приводят мудрецы притчу (Талмуд. Санэдрин, 98;2): "Петух и летучая мышь ждут света. Говорит петух летучей мыши: " Я ожидаю света, потому что для меня это свет, но чего ждешь ты, зачем тебе свет?".

Так и не обладающие верой, хотя и изучают Тору, не удостоятся из состояния "ло ли шма" придти к "ли шма, потому что исправляющий человека свет Торы, светит только обладающим верой. А потому останутся во тьме и закончат свою жизнь, не постигнув Высшей мудрости.

Но те, кто постигли полную веру, гарантированы заверением мудрецов, что из занятий Торой, даже в состоянии "ло ли шма", свет, находящийся в Торе, изменит их свойства из эгоистических на альтруистические, вернет к своему Источнику – Творцу, и удостоятся, даже без всяких ограничений и страданий, изучать Тору "ли шма", которая преподносит человеку, полную радости и наслаждений жизнь, в этом и в будущем мире.

О достигающих этого состояния сказано: "Тогда насладитесь вы Творцом...". Вывод: если занимающийся Торой в "ло ли шма" видит, что уже должен был достичь "ли шма", но еще не достиг – обязан знать, что причина этого в недостаточной вере. Потому что величина света Торы, определяющая меру возвращения к своему Источнику, пропорциональна величине веры человека.

Поэтому, если вера недостаточна, нельзя извлечь свет из Торы, становишься зачастую знатоком написанного, гордецом и приобретаешь всевозможные дурные качества. Но уже "ли шма" не в состоянии достичь, потому как недостает веры, приносящей свет занимающимся Торой в состоянии "ло ли шма".

14. Поэтому можно объяснить высказывание мудрецов: "У кого его Тора – это его вера". Ведь отношение человека к занятиям Торой показывает величину его веры в Тору, в спасительную силу Торы, способную исправить его, вытащить из эгоистических желаний.

Это подобно человеку, в меру своей веры, дающему в долг определенную сумму денег. Величина этой суммы определяется величиной веры: может поверить своему другу на 1 доллар, или на половину своего состояния, или на все что имеет, без всякого сомнения – в этом случае его вера считается полной, в противном случае – частичной. Также и в занятиях Торой: один, исходя из величины своей веры в силу Торы, уделяет ей один час из своего свободного времени, веря, что получит за это этот и будущий мир, другой – два часа, а третий – все свободное время, до последней минуты!

Естественно, что только у последнего есть полная вера в Тору, только он верит в Творца и готов отдать ему все свое состояние, потому как готов всего себя без оглядки посвятить занятиям Торой ради самоисправления. Поэтому только его вера называется полной.

Изречение "У кого его Тора – это его вера" обычно объясняют, что человек не занят ничем иным, кроме изучения Торы. Раби Ашлаг объясняет это иначе: в цели изучения Торы видна мера веры человека.

15. Поэтому только тот, кто знает в душе, что достиг полной веры в Творца и в Его Тору, может надеяться, с помощью занятий Торой, даже из состояния "ло ли шма" прийти к состоянию "ли шма". Потому что только в этом случае свет Торы возвращает его к Источнику света, изменяет его желания, делает их подобными желаниям Творца. И наступает день полный света. Потому как вера открывает глаза человека видеть свет Творца, настолько, что этот свет исправляет его.

А не имеющие веры, подобны летучим мышам, видящим только во тьме и слепым при свете, не могущим видеть в свете Творца, не видящим что такое свет дня, потому что свет делает их еще больше слепыми, чем тьма ночи, потому как питаются только от тьмы, и жизнь, альтруистические действия ради Творца, кажутся им смертью. Потому сказано о них: "Зачем тебе свет дня, ведь это тьма для тебя, а не свет!" Поэтому, вначале необходимо удостоиться полной веры.

16. Отсюда поймем сказанное в Талмуде (Таанит, 7): "Кто занимается Торой "ли шма", она становится ему эликсиром жизни, а кто занимается Торой "ло ли шма", она становится ему ядом смерти". Но также сказано: "Всегда человек должен заниматься Торой, даже в состоянии "ло ли шма", потому что из "ло ли шма" он придет к состоянию "ли шма". Как же может Тора быть ядом смерти?

Но из п.15 ясно, что если человек занимается Торой, в силу Заповеди изучения, верит в наказание и вознаграждение, то хотя и преследует свою выгоду тоже, вместе с намерением изучать ради Творца, свет Торы исправляет его желания и приводит к "ли шма".

Если же он изучает Тору не ввиду Заповеди изучения Торы, т.е. не для самоисправления, потому как не верит в наказание и вознаграждение, а изучает только для своей выгоды, Тора обращается для него в яд смерти, тем, что ее свет обращается ему в тьму.

17. Поэтому обязуется изучающий перед занятием укрепить свою веру в Творца и в Его управление наказанием и вознаграждением, как сказано: "Чтобы верил ты в хозяина, оплачивающего все твои действия", и направил намерения своих усилий на выполнения Заповеди изучения, чтобы изучал Тору потому, что Творец указал так, а не ради получения почестей и пр.

Хотя и сам наслаждается, но его намерением должно быть стремление изучать в силу выполнения Заповеди. Только в таком случае он удостоится воздействия на себя света Торы, и его вера возрастет от воздействия этого света, и ощутит в сердце уверенность, что из состояния "ло ли шма" придет в состояние "ли шма", настолько, что даже тот, кто еще знает, что не достиг полной веры в Творца, будет полностью уверен, что вследствие занятия Торой, придет к "ли шма", если обратит все намерения своего разума и сердца достичь, посредством своих усилий, веры в Творца.

И нет более высшей и более важной задачи для человека в этом мире, как нет более важной заповеди, чем обретение полной веры в Творца, как сказано (Талмуд, Макот, 24): "Пророк Хавакук установил одно условие – праведник живет своей верой".

Это самое важное, потому что такое учение приводит к двум достижениям: вере и к "ли шма". И более того – нет иного совета, кроме этого, как сказано (Талмуд. Бава Батра 16;1): "Просил Иов освободить весь мир от наказаний, сказав Творцу, Ты создал праведников и Ты создал грешников, кто же может воспрепятствовать Тебе!?

Как может поступать вопреки своим свойствам человек? Все поступают согласно созданным Тобою желаниям. Поневоле грешат грешащие!" Что же было отвечено: " Обратись к Творцу, ведь создав плохие желания, Он создал Тору противодействовать им", как сказано (Талмуд, Кидушин, 30): "Если ты чувствуешь порабощение себя плохими свойствами, беги учиться.

Не беззащитен и не порабощен своей эгоистической природой человек, потому как дана ему возможность спасти себя". Только воздействием Торы дано освободиться от эгоизма, зла, потому как она приводит человека к вере.

18. Теперь станет понятным, почему человек не может освободить себя от наказания за совершаемые проступки: хотя плохие склонности в человеке создал Творец, но Он же дал средство спасения от них, свет Торы. И потому человек виноват, что еще находится в сомнениях веры и не искоренил из себя плохие качества, порождающие страдания и не дающие почувствовать совершенные наслаждения.

Потому как Творец, создавая эгоистическую природу человека, создал идеально подходящее лекарство для ее исправления. А если человек занимается Торой и не удается ему искоренить свой эгоизм, это происходит вследствие того, что:

1) или поленился приложить необходимые усилия в занятиях Торой, как сказано: "Не верь говорящему, не трудился, но достиг",

2) или выполнил "норму" по количеству усилий, но недовыполнил ее по качеству, отвлек внимание разума и сердца во время изучения Торы притянуть ее внутренний свет, исправляющий человека, возвращающий его свойства к Источнику – Творцу, очищающий сердце, а углублялся в изучение, забыв, что надо требовать от Торы – ее свет, приносящий человеку веру. И хотя преследовал эту цель в начале своих занятий, впоследствии, во время учебы забыл об этой цели.

Но в любом случае, не может человек избавить себя от наказания, говоря, что таким плохим его создал Творец, после того как сказано: "Я сотворил эгоизм, но Я же дал Тору для его исправления".

19. Многие обвиняют ученика Ари раби Х. Виталя за его слова в предисловии к книге Шаар Акдамот: "Не имеет права говорить человек: "Если так, то я буду заниматься только Каббалой", еще до того, как начал заниматься Мишной и Талмудом.

Потому как уже сказано мудрецами, что не может человек войти в Пардэс, прежде чем наполнится всей Торой. Ведь это подобно душе без тела, которой нет вознаграждения, пока она не соединяется с телом в одно целое, исправленное 613 Заповедями.

А также наоборот, если занимается только Мишной и Талмудом и не уделяет время изучению тайн Торы, это подобно телу без души, находящемуся во тьме, потому как нет у него связи с Творцом и не может получить свет жизни из ее Источника.

Поэтому, занимающийся Торой "ли шма", должен поначалу заниматься Мишной и Талмудом, *насколько его разум сможет выдержать это*, а затем, изучением Каббалы, заняться знанием о Творце, как призывает царь Давид своего сына Шломо: "Познай Творца отца своего, дабы служить Ему". Но если изучение Талмуда тяжело человеку, позволительно оставить его и переключиться на занятия Каббалой.

Поэтому сказано (Талмуд. Хулин, 24): "Изучающий и не видящий нужного результата в течение 5-летней учебы, уже не увидит его". Но кому дается легко изучение Талмуда, обязан уделять ему 1 или 2 часа в день для изучения правил выполнения Заповедей" (конец цитаты Х. Виталя).

Творец передал нам знания о духовных мирах и нашем предназначении через ряд лиц, дав им возможность постигнуть Его и т.о. получить эти знания, а затем позволив им описать это.

Последовательный перечень этих лиц, от праотца Авраама до раби Й. Ашлага, займет не одну страницу, но основные наши учители – это трое каббалистов: Рашб"и – автор книги Зоар; Ари – автор основ Каббалы; Бааль аСулам – рав Й. Ашлаг, автор комментарий на все сочинения Рашб"и и Ари. Рав Х. Виталь, ученик Ари, записывая на занятиях каждое слово своего учителя, издал свои записи и т.о. мысли Ари дошли до нас.

Поэтому, сказанное им даже от себя, в предисловии к тексту Ари, чрезвычайно важно, потому как это слова человека, непосредственно общающегося с Творцом. Но именно за эти слова есть к нему претензии ряда верующих.

20. Говорит, что прежде чем ученик преуспел в изучении открытой Торы, может заниматься тайной Торой, что в противоречие со сказанным им же вначале, что Каббала без открытой части Торы как душа без тела. И не имеет в виду, что кому легче изучать Каббалу, может поэтому перейти к ней, оставив открытую Тору.

А доказательство, которое приводит, что "ученик, не видящий успеха…", еще более непонятно: неужели из-за этого должен оставить занятия Торой, а не советует попробовать заниматься у другого рава или по другим источникам. Но как может указывать вообще оставить занятия Торой, даже ее открытой частью?!

21. Также непонятно то, что из слов Х. Виталя и из Талмуда следует, что необходима человеку какая-то предварительная подготовка, чтобы удостоиться Мудрости Торы.

Но ведь сказано (Мидраш Раба, Вэ зот абраха): "Сказал Творец: "Моя мудрость и вся Тора – это простые вещи. Любой, кто боится Меня и выполняет Мои указания, постигает сердцем всю Тору и мудрость", из чего следует, что не требуется никакой предварительной подготовки, а только боязнь Творца и выполнение Его Заповедей позволяют немедленно овладеть всей мудростью Торы.

22. Поэтому точный смысл выражения "должен оставить свои занятия после того, как проверил свою удачу в открытой части Торы..." состоит в том, что говорится не о удаче в знаниях, а удаче в исправлении себя, как сказано "Я сотворил эгоизм и сотворил Тору для его исправления".

А если человек занимается открытой Торой, но не смог исправить свою природу, и его эгоизм по прежнему восстает против него, потому как не освободился от желаний самонаслаждения, то советуется ему оставить свои занятия открытой частью Торы и перейти к занятиям Каббалой, потому что намного легче притянуть свет

Торы во время изучения Каббалы, тайной части Торы, чем во время изучения Талмуда, открытой части Торы.

Причина этого очень проста: вся Тора говорит только о действиях Творца, Его управлении нами, о путях постижения Его, цели творения. Но открытая часть Торы говорит об этом языком нашего мира, описывая духовные действия словами и обстоятельствами нашего мира, такими как разбой, убийства, судебные тяжбы.

Поэтому тяжело во время учебы удерживать свое внимание на том, что говорится о Творце и Его действиях, а главное – помнить, что цель учебы заключается в достижении веры в Творца. А это является необходимым условием для того, чтобы скрытый в Торе свет воздействовал на человека, изменил его и довел до состояния духовных ощущений.

Если же человек тяжело воспринимает тонкости логики Талмуда, то ему чрезвычайно трудно одновременно с изучением законодательно-правовых вопросов Талмуда удерживать мысль о цели творения и его цели, намерении изучения "ради Творца".

Таким ученикам рав Х. Виталь и сам Талмуд советуют перейти к изучению Каббалы, потому как Каббала излагает то же что и Талмуд, но совсем другим языком, говорит непосредственно о действиях Творца "прямым" языком, потому что описываемое в Каббале и Творец – это одно и то же.

Поэтому без труда и особого напряжения сможет ученик в процессе изучения одновременно думать об изучаемом материале и о цели изучения, устремить себя всего, свое сердце к Творцу, даже трудно-понимающий, потому как Каббала, действия Творца, цель человека в творении – это одно и то же.

Т.е. учить Каббалу не легче чем открытую Тору, но с ее помощью легче открыть свет Торы, исправляющий человека.

23. Поэтому приводит в доказательство сказанное в Талмуде: "Ученик, не увидевший хорошего знака в своей учебе в течение пяти

лет, уже более его не увидит никогда" – ведь не увидел хорошего знака в итоге своей учебы именно потому, что не смог во время своих занятий удержать свое внимание на намерении достичь нужной цели, а вовсе не потому что не обладает особыми способностями.

Ведь сказано, что для овладения Торой человек не должен обладать никакими особыми данными, как сказано в Мидраш Раба (Вэ зот абраха): "Сказал Творец Исраэлю: "Моя мудрость и вся Тора – это простые вещи – любой, кто боится Меня и выполняет Мои указания – вся Тора и вся мудрость входят в его сердце".

Но поскольку необходимо определенное время воздействия света Торы на человека для его исправления, то может человек ждать этого результата всю жизнь. Поэтому предупреждает его Талмуд (Хулин, 24), что нечего надеяться более пяти лет, а раби Йоси говорит, более трех лет, потому как и этого совершенно достаточно чтобы достичь мудрости, света Торы (т.е. "ли шма").

А если не достиг этого, что означает, не увидел хорошего знака в итоге своих занятий, то уже более никогда не увидит. И потому нечего более надеяться, а обязан немедленно найти себе новое средство достичь мудрости Торы. Иначе не достигнет цели своей жизни.

Но Талмуд не говорит, какое именно средство должен выбрать человек, а только предупреждает, что не имеет права более оставаться в том же состоянии, так же учить и ждать. И поэтому говорит рав Х. Виталь, что самое надежное и успешное средство достичь "ли шма" – это изучение Каббалы.

А потому, да оставит ученик изучение открытой Торы, ведь уже испытал свою удачу с ее помощью и не преуспел, и приложит все усилия достичь этого же изучением Каббалы, потому как это самое надежное средство достичь цели человека в этом мире.

24. Но когда говорится о том, чтобы оставил занятия открытой частью Торы, не говорится о том, чтобы оставил изучение законов выполнения Торы, которые обязан ежедневно выполнять. Но

обязан уделять время систематическому изучению законов (алахот), с выполнением которых сталкивается.

Поэтому, чтобы его правильно поняли, приводит там же рав Х. Виталь, сказанное в Талмуде, что душа связывается только с телом, выполняющим все Заповеди Торы. Т.е. **указание перейти с изучения открытой части Торы на Каббалу, имеет в виду не прервать изучение выполнения законов**, а заменить Каббалой только ту, "теоретическую" часть Торы, которую изучают для выполнения Заповеди "лимуд Тора" , вследствие чего скрытый в Торе свет исправляет человека.

Как правило, основная часть времени человека, изучающего Тору, уходит на изучение материала, совершенно не связанного с повседневным выполнением Заповедей. Именно об этой "теоретической" части и говорит Х. Виталь и советует занять то же время изучением Каббалы.

Учась у великого Ари, раби Йосэф Каро понял насколько важно уделять время изучению Каббалы. Чтобы помочь каббалистам не отвлекаться от изучения Каббалы на изучение Талмуда для знания выполнения практических Заповедей, позволить им полностью углубиться в исправление мира, будучи учеником Ари в Каббале, раби Йосэф Каро написал краткое содержание практических законов "Шульхан Арух".

25. А теперь увидим, как исчезают все возражения против изучения Каббалы, приведенные в п.1, потому как они не более, чем искусственные препятствия на пути человека, дабы не позволить ему достичь цели своего создания, чтобы покинул этот мир, как и вошел в него.

Возражение 1 – что может выполнять Тору без знания Каббалы – конечно, если может выполнять Тору и Заповеди как положено, т.е. "ли шма", только ради Творца, естественно, не обязан изучать Каббалу, потому, как уже находится в исправленном состоянии, на таком духовном уровне, что сам ощущает и постигает все тайны Торы, и не нужна ему никакая помощь книг, потому как на себе ощущает все духовные действия.

Но если еще находится в "ло ли шма", то обязан спросить себя, сколько времени он занимается: если не более пяти лет, то еще может надеяться достичь "ли шма", но если более пяти лет, то Талмуд предупреждает, что уже более не увидит хорошего знака в своих занятиях. Так зачем же продолжать понапрасну вкладывать усилия, если есть Каббала – средство, гарантирующее достижение цели творения.

26. Возражение 2 – что необходимо прежде наполниться знанием открытой Торы, Талмуда. Это справедливо, если достиг состояния "ли шма" или если еще не достиг "ли шма", но еще находится в течение пяти лет, отведенных ему Талмудом для попыток достичь "ли шма" с помощью открытой Торы.

Но если пять лет прошли и не достиг "ли шма", сам Талмуд предупреждает, что уже не достигнет "ли шма" с его помощью и обязывает искать иное средство, как изучение Каббалы.

27. Есть две части в Каббале:

а) Ситрэй Тора (тайны Торы) – запрещено раскрывать. Включает "Первичное действие" (Маасэ Берешит) и "Действие Системы" (Маасэ Меркава), относящиеся к голове духовного объекта.

б) Таамей Тора (вкус Торы) – можно и необходимо раскрывать. Так называется в книге Зоар тело духовного объекта.

Любой духовный объект состоит из головы и тела. В том числе и душа человека, физически находящегося в нашем мире. Вкус Торы называется, потому что свет от головы духовного объекта, нисходит вниз, в его тело, где принимается и ощущается.

Тот кто в состоянии своими духовными действиями принять в свои альтруистические желания, в свое тело высший свет и ощутить т.о. его вкус, совершает этим огромное исправление в мире, сливается в этой мере с Творцом. Причем, тайны Торы, голову даже самого низшего духовного объекта запрещено раскрывать, а вкус Торы, получение света в тело духовного объекта, даже в самом высшем объекте, можно и нужно раскрывать.

28-29. Основание для вышесказанного находится в Талмуде (Псахим, 119), (Хагига), Ишаяу (23): тайны Торы каббалист обязан скрывать, а вкус Торы каббалист обязан раскрывать.

30. Отсюда есть ясный ответ на возражения 4 и 5 из п.1 против изучение Каббалы: в книгах Каббалы излагаются только "вкус Торы", который большая заслуга раскрывать, но ни в коем случае не тайны Торы, о которых ни в одной каббалистической книге нет даже намека, потому что их можно раскрывать только устно, на особых условиях.

Да и как мы можем подумать о таких великих, как автор "Сэфэр Ецира" наш праотец Авраам, автор книги Зоар Рашб"и, и прочие до Рамба"н, и прочие до Гаон ми Вильно, Гаон из Ляды и прочие, от которых мы получили нашу Тору, указаниями которых мы и пытаемся выполнить волю Творца – все они издавали свои сочинения по Каббале, а ведь нет более широкого раскрытия, чем выпуск книги, которая неизвестно в чьи руки попадает.

Так неужели можно предположить, что в каббалистических книгах говорится о тайнах Торы?! Поэтому все, что описано во всех книгах Каббалы – это только разрешенная часть, вкус Торы, которую необходимо раскрывать другим, и раскрывающему ее полагается огромное вознаграждение, потому что от раскрытия этой части Торы зависит наше исправление и избавление человечества от всех его страданий.

31. Обоснование того, что освобождение всего человечества зависит от распространения изучения Каббалы в массах описано в книге Зоар (Тикунэй Зоар, 30) – перевод с арамита: Во время нисхождения Творца в состоянии скрытия, ощущение Его посещает только тех, кто занимается Торой, потому что Творец находится среди них.

Все как животные поглощают все без разбора, а все кажущиеся добрыми их поступки – только ради себя, ради собственной выгоды. И даже те, кто изучает Тору, все доброе, что они делают, все только ради себя. В такое время Творец отдаляется и не возвращается.

А кто причина этого – те, кто делают из Торы сухое учение и не желают изучать Каббалу – именно они вызывают исчезновение высшей мудрости. Главное это любовь и страх, в добром и в злом, любовь не ради вознаграждения (см. "Предисловие к книге Зоар", п. 66).

32. Человек выполняет Заповеди и изучает Тору, потому как надеется получить за это вознаграждение. В таком случае его занятия называются служанка, потому как являются не истинным занятием, которое требуется. Ведь он выполняет их ради получения вознаграждения, как и любую иную работу в нашем мире.

Но ведь иначе он и не может, поскольку находится еще в неисправленном состоянии. Почему же его занятия называются "служанкой"?

33. Потому что разрешено заниматься Торой в состоянии "ло ли шма", когда преследует свои выгоды, только потому, что из "ло ли шма" можно перейти к "ли шма", потому как свет Торы исправляет человека до подобия Творцу.

Поэтому занятия "ло ли шма" называются служанкой, которая занимается предварительной работой по очищению человека от эгоизма для своей госпожи, ощущению Творца, которое почувствует человек, дойдя до "ли шма".

Тогда и служанка, его занятия в "ло ли шма", считается как госпожа, потому как эти занятия, хотя они и были с эгоистическими намерениями, привели его к "ли шма", и этот предварительный этап исправления называется миром Асия.

Но если не обрел еще полной веры, учит Тору и выполняет Заповеди только потому, что Творец обязывает его – от такой учебы и выполнения Заповедей не придет к человеку исправляющий свет Торы, потому как испорчены его глаза, и обращают свет в тьму.

Такое состояние человека называется нечистая служанка, потому что с ее помощью он никогда не достигнет "ли шма", все его усилия уходят к ней, на его эгоистические цели.

Есть большое отличие между желающими сблизиться с Творцом, обретя подобные Ему свойства, и изучающими Тору и пунктуально выполняющими Заповеди только в действии, а о намерении говорящими, что ведь сказано (Талмуд. Псахим 50,2): "Всегда обязан человек заниматься Торой и Заповедями и "ло ли шма", потому что из "ло ли шма" придет к "ли шма".

Поэтому на намерение "ло ли шма" они не обращают внимания, а считают, что оно придет само по себе. А все силы отдают только выполнению в действии, причем, с большими дополнениями и ограничениями, чем остальные. Их отношение к намерению подобно всем остальным, ожидающим, что само по себе придет к ним исправление "ли шма".

Такие люди думают, что есть в них большая вера, настолько, что могут поделиться ею с другими, от чего получаемые ими понятия веры, станут такими же, как они совершенными и счастливыми. Те же, кто желает, выполняя Тору и Заповеди, достичь только одного, достичь единственного желания, чтобы оно было единственным в них – все делать только ради Творца, а не ради своего эгоизма, они, постоянно проверяя себя, могут ли полностью себя отдать Творцу, обнаруживают отсутствие веры в такой мере.

И хотя постоянно идут вперед, увеличивая веру, обнаруживают постоянную нехватку сил и веры все мысли и желания отдать Творцу. Поэтому только те, кто ищут истину, просят веру.

34. Есть условие нисхождения света мудрости (ор хохма): прежде надо притянуть свыше свет милосердия (ор хасадим) с помощью альтруистических усилий в Торе, изучая и выполняя без личной выгоды, "ли шма". А, вызвав своими альтруистическими

усилиями свет милосердия, человек получает свет мудрости (ор хохма), облачающийся в свет милосердия, и этот свет называется Избавитель (Машиах).

Т.о. все зависит от усилий в Торе "ли шма", рождающем свет милосердия, одеваясь в который, нисходит свет мудрости.

35. Если в состоянии неощущения духовного (изгнания), когда человек занимается Торой и Заповедями в "ло ли шма", есть возможность достичь "ли шма", то ощущение Творца (госпожа, шхина) неощущаемо находится вокруг него. Неощущаемо – потому как еще не достиг "ли шма", но в будущем обязательно проявится явно, выйдет из изгнания присутствие, ощущение Творца.

А пока свет Избавителя от эгоизма, свет Машиаха постепенно очищает человека, окружая его, и побуждает дойти до "ли шма", как сказано: "Свет возвращает к своему Источнику".

Но если отсутствует в человеке вера, то нет в таких занятиях скрытого света Торы, приводящего к "ли шма", то не нисходит на человека свет Избавителя, потому что нечистая служанка забирает себе все плоды его усилий и этим наследует настоящую госпожу.

Но хотя не преуспевают изучающие открытую Тору, потому как нет в ней света избавления, (не потому что нет света в открытой Торе, а потому что ввиду слабости человека он не в состоянии извлечь этот свет из открытой Торы), потому как не в состоянии достичь "ли шма", вследствие ограниченности их разума (см. п.16) но могли бы преуспеть с помощью Каббалы, потому как свет, находящийся в ней, одет прямо в действия Творца, в имена духовных объектов (см. п.155) и легко могли бы перейти к такому "ло ли шма", из которого приходят к "ли шма", когда свет Избавителя нисходит на них, как сказано, "Свет возвращает к своему Источнику", ни в коем случае не желают, не стремятся к изучению Каббалы, отказываются под любыми предлогами, и потому исчезает навсегда свет Избавителя.

Другими словами, на тех, кто занимается Торой в состоянии полном "ло ли шма" и не думает о том, что "ло ли шма" должно привести их к "ли шма", не сходит на них свет Избавителя, который возбуждает прийти к "ли шма".

36. Из Книги Зоар следует, что не возбудят на себя изучающие Тору воздействия скрытого света, света милосердия и любви, до тех пор, пока намерения изучающих преследуют собственную выгоду и не изменятся на намерение ради Творца.

Поэтому все наши страдания, как личные, так и общечеловеческие, наполняющие наше существование, только до того момента, когда мы удостоимся достичь Торы "ли шма". А как только достигнем такого состояния, сразу же явится нам свет любви и милосердия, в силах которого привести нас к освобождению.

Но невозможно прийти к такому уровню очищения массам без изучения Каббалы, потому как это самое легкое и надежное средство достичь исправления, даже самым отсталым, ведь Каббала – это самое близкое к Творцу, и потому каждый в мире способен с ее помощью постичь Творца, тогда как изучение открытой части Торы, может быть средством исправления только для особо одаренных и при особых усилиях, но никак не для масс.

В итоге выяснилась ничтожность возражений в п.1 против изучения Каббалы, а также, что Каббала вовсе не изучает сколько ангелов есть на небе, а наоборот, изучение Каббалы совершенно не отвлеченное и не абстрактное, как изучение не относящихся к выполнению Заповедей частей открытой Торы, а изучением Каббалы постигает человек цель творения, потому как изучая, вызывает на себя нисхождение света Творца, света Машиаха – избавителя, вытаскивающего человека из нашего мира, эгоизма, в духовные, альтруистические миры, очищающего его, возвращающего к Источнику, сближающего, все большим подобием свойств, с Творцом и постепенно вводящего человека в совершенство.

37. Из прошлого известно несколько случаев, когда занятия Каббалой привели человека к неверию. Этому есть две причины:

а) нарушали указания мудрецов о дозволенных границах раскрытия, раскрывали недозволенное, т.е. тайны Торы.

б) понимали изучаемое в Каббале в виде овеществленных, материальных образов нашего мира, чем нарушали запрет "Не сотвори себе идола", представляли себе отвлеченные духовные объекты в виде объектов нашего мира.

Вследствие этого люди боялись и не хотели учить Каббалу, и потому возникла неприступная стена вокруг Каббалы почти на 20 веков. И это оттого, что книги Каббалы были полны материальных терминов был страх, что изучающий начнет представлять себе духовное в виде материального, чем нарушает запрет "Не сотвори себе идола и никакой картины", чем совершенно искажает правильное понимание духовного.

И все это вследствие обозначения духовных объектов именами нашего мира, такими как лицо, спина, сочетание, объятие, поцелуй и пр., но не поясняемое в их истинном духовном понимании. Поэтому в комментариях на книгу Зоар и книгах Ари раби Ашлаг приложил все усилия к отделению в представлении изучающего духовных объектов от материальных, чтобы помочь создать у изучающего правильное представление о духовном мире, отвлеченном от понятий места, времени, объема, движения.

38. Истинное намерение человека во всех его действиях должно быть ради Творца, в таком случае оно называется "ли шмо". Почему же правильное намерение при изучение Торы называется "ли шма", ради Торы, а не "ли шмо", ради Творца? Почему недостаточно намерения ради Творца, а необходимо еще и ради Торы?

39. Тора называется жизнью, потому что нашедший Тору, находит жизнь (Мишлей 4,22; Дварим 32,47). Поэтому если в Торе человек находит жизнь, счастье, совершенство, то его Тора называется "ли шма".

Если человек не намеревается получить от Торы духовную жизнь, счастье, совершенство, а учит для земных выгод, занятия Торой приносят ему обратное от духовного, потому что занимается Торой "ло ли шма", как сказано (Талмуд. Таанит 7,1): " Занимающемуся Торой "ло ли шма", она становится ядом смерти, занимающемуся Торой "ли шма", она становится эликсиром жизни".

Но как может быть Тора Творца ядом смерти? Если человек занимается Торой без требования в результате своих занятий Торой найти духовное возвышение, ощущение Творца, исправление своего природного эгоизма, т.е. не требует от Торы то, для чего она вручена человеку в нашем мире, то та же Тора обращается ему ядом смерти.

40. Сказано мудрецами (Талмуд. Мегила 6,2): "Стремился и нашел – верь, не стремился и нашел – не верь". Это логично. Но почему сказано "нашел"? Ведь прилагающий усилия желает получить определенный результат, и он его своими усилиями зарабатывает, а не находит.

Слово "нашел" употребляется, когда человек неожиданно получает то, чего совсем не ожидал, когда нет никакой связи между его занятием и тем, что ожидал получить. Даже в нашем мире человек обязан прикладывать усилия получить желаемое.

Но зачем Творец создал так, что без усилий ничего нельзя достичь? Потому как Творец желает дать человеку огромный подарок, Он заботится о том, чтобы человек этот подарок оценил и берёг. Человек же бережет только то, что важно для него, в чем он нуждается!

Для того, чтобы выявить все наслаждения в угощении, человек должен иметь большое желание, аппетит, ощущать страдания от отсутствия желаемого. Как в пищу, специально для увеличения аппетита, добавляются пряности и острые приправы. Но никто не возразит, почему увеличивают страдания желания к пище, потому что тут же, именно благодаря страданиям, ощущает наслаждение от наполнения страдания.

Поэтому для того, чтобы ощутить Творца, необходим также предварительный период страданий, стремлений, желаний. Эти желания возникают только вследствие усилий. И в той мере, в которой человек стремится ощутить Творца в состоянии скрытия, он ощущает потребность в Творце и в помощи Творца.

А как только его желание достигнет необходимого размера, Творец тут же помогает ему, потому как человек уже в состоянии беречь и оценить подарок Творца. Поэтому сказано, что наслаждение раскрывается только согласно величине страданий от его отсутствия, потому как страдания и есть то место, где затем человек ощутит наслаждение.

(Но если сказано: "Не стремился и нашел – не верь", почему есть такое понятие как просьба, молитва? Неужели человек может просить, вместо того, чтобы дать требуемые усилия? Если человек сможет обещать в своем сердце Творцу, дать требуемое количество усилий после открытия ему Творца, он получает помощь в виде открытия Творца.)

41. Где можно найти Творца? – Книга Зоар отвечает, что Творца можно найти только в Торе, потому что только в Торе Он скрывает себя. Но ведь должно быть иначе: во всех объектах нашего мира скрывается Творец, а именно в Торе Он раскрывается ищущим Его? Как можно найти только там, где скрывается?

Творец скрывается за всеми объектами и действиями нашего мира, но только в Торе он скрывается таким образом, что желающие могут найти Его, начать Его ощущать. А скрытие Творца в Торе означает, что человек, изучая Тору, получает желание найти Творца, и тогда Он раскрывается в его ощущениях. Как сказано: "Ищущий, отыщет Меня".

Как может быть, что человек, понимая, что нет ничего более совершенного и ценного, чем сближение с Творцом, ленится приложить все требуемые для этого усилия? Дело в том, что он желает приложить все усилия, но боится войны с нечистыми силами, со своим эгоизмом, которые сразу же начинает восставать, как только человек начинает прилагать усилия в нужном направлении.

Но кто может победить свой эгоизм, свою природу, не обладая никакими иными силами, кроме эгоистических? Единственное спасение человека в том, чтобы вспомнить: "Нет никого, кроме Него", нет никого, кроме Творца, нет иной силы и воли в мире, все делается только самим Творцом!

Но как только вспоминает это, возникает в нем сомнение: а правильным ли путем он идет? Тогда вспоминается ему, что "Душа человека ведет его" и поймет потом, что идет верным путем.

Но возникает следующее сомнение: ведь сказано "Не каждый желающий Творца может достичь Его" и т.д. Т.е. если человек в душе не желает сближения с Творцом, он найдет в себе тысячи всевозможных оправданий.

Но кто желает дать все количество и качество требуемых усилий, поступает иначе: убеждает себя, что многие достигли цели творения, что есть польза от усилий, потому что ничего не пропадает в духовном и т.п. И он то и достигает цели, а все остальные уходят из мира, как и пришли!

42. Есть только одна причина нашего столь далекого удаления от Творца, вследствие чего мы легко пренебрегаем Его желаниями и указаниями. И эта причина является источником всех наших страданий и болезней, всех умышленных и неумышленных наших постоянных прегрешений.

А поскольку эта причина одна, то при ее исчезновении, мы сразу же освобождаемся от всех страданий, болезней, несчастий и удостаиваемся слиться всем сердцем с Творцом. Причина эта заключается в нашем непонимании управления Творца Его творениями, мы попросту не понимаем Творца!

43. Если бы Творец явно проявлял свое управление, то например, съевший запрещенное – подавился, а исполнивший Заповедь

– ощутил огромное наслаждение. Кто бы тогда подумал о запрещенном, зная, что рискует жизнью, как не приходит человеку мысль прыгнуть в огонь.

А кто бы оставил выполнение Заповедей, зная какое огромное вознаграждение следует ему, как не может человек остановиться перед огромным наслаждением. Следует, что если бы управление Творца было явным, все Его творения были бы абсолютными праведниками.

44. Поэтому ясно, что нам недостает только ощущения управления Творца. И если бы мы ощущали Его управление явно, все бы выполняли Его желания, были бы абсолютными праведниками, любили бы Творца абсолютной любовью, за великий почет считалось бы сблизиться с Творцом, слиться с ним всей душой и сердцем навсегда, не расставаясь ни на мгновение, как с Источником самого большого удовольствия в мире.

Но потому как нет явных наказания и вознаграждения, не наказываются немедленно грешники и не вознаграждаются явно праведники, а наоборот, кажется нам, что именно грешники преуспевают, а праведники страдают, то лишь единицы приходят к осознанию высшего управления, как сказано: "Тысяча приходит заниматься, но один выходит к свету".

Поэтому понимание управления Творца является тем полюсом, вокруг которого и порождается наше хорошее или плохое отношение к происходящему.

45. Управление Творца ощущается человеком скрыто или явно. Причем есть две ступени, два ощущения человеком скрытого управления и две ступени, два ощущения человеком явного управления.

Духовный рост человека происходит обязательно последовательно по этим 4 ступеням постижения управления:

Скрытое управление: 1 – двойное скрытие Творца, 2 – скрытие Творца.

Явное управление: 3 – управление вознаграждением и наказанием, 4 – вечное управление.

46. Явное ощущение Творца называется Его лицом, а скрытие Его, неощущение Творца, называется Его спиной. Творец всегда управляет человеком, но если человек не ощущает управление Творца, то это определяется, что Творец находится своей спиной к человеку. Если же человек ощущает Творца, Его управление, это определяется как то, что Творец находится лицом к человеку.

47. Как в нашем мире, если человек видит знакомое лицо, то сразу узнает, а если видит только спину, может ошибиться, сомневается, может быть это не его знакомый. Творец абсолютно добр, и от Него исходит только приятное.

Поэтому, когда Творец добр с человеком, это определяется как открытие Его лица человеку, потому как человек видит и ощущает, что это Творец относится к нему так и управляет им в соответствии со своим свойством абсолютного добра.

48. Но когда человек получает страдания, несчастья, болезни, это определяется как спина Творца, потому как лицо Его, т.е. Его доброта, скрыта. Ведь не подобает абсолютно доброму Творцу такое отношение к человеку. А поскольку это подобно, будто человек видит Творца сзади, то может ошибиться: может это кто-то иной, а не Творец управляет им.

В таком случае требуется большое усилие человека в вере в Творца, в его управление, в то, что страдания, ощущаемые им, посылаются Творцом в наказание, потому что тяжело узнать Его сзади. И такое ощущение, вернее отсутствие ощущения Творца, называется Его простым скрытием.

49. Но если страдания, несчастья, болезни возрастают, это вызывает двойное скрытие Творца, т.е. даже Его спины не видно человеку, что означает, что вообще не верит, что это Творец сердится и наказывает его, а относит происходящее с ним к воле случая, законам природы (что называется отрицанием Творца и

обращением к идолами) и приходит к полному отрицанию управления мира Творцом вознаграждением и наказанием.

50. Тогда как при простом скрытии человек осознает, что не ощущает Творца, но верит в управление Творца вознаграждением и наказанием, верит, что испытывает страдания вследствие отдаления от Творца, вследствие своих прегрешений, что определяется, как будто видит Творца, но только Его спину. И потому называется простое скрытие – скрытием лица Творца, потому как вместо лица, т.е. добра, Он посылает человеку страдания.

(Получение наслаждения или отдача наслаждения называется лицом. Обратное действие, не дает или не получает, называется спиной. Поэтому человек, начинающий свой путь к Творцу, находится в состоянии "спина к спине", не имея еще истинных желаний получить то, что Творец желает дать ему.

Если бы получил ощущение Творца, высшее наслаждение, в свои желания, немедленно начал бы самонаслаждаться, потому что свет наслаждения исходит от альтруистического источника и поэтому не может находится в эгоистическом желании.

Если человек постепенно соглашается с этим условием, не желает получить наслаждение для себя, и Творец не дает ощущение Себя, такое состояние называется "спина к спине").

51. Итак, в ощущении человеком скрытия Творца есть два состояния: Скрытие Творца – скрытие лица, но видит спину, т.е. есть еще вера в управление Творцом, в то, что это Он посылает страдания, как наказания.

Поскольку тяжело постоянно распознавать Творца со спины, т.е. получая страдания, потому что это приводит к сомнениям в наличии управления и к нарушению выполнения Его воли, к прегрешениям, то в таком состоянии называется человек незаконченный грешник.

Незаконченным он называется потому что такие прегрешения подобны оплошностям, ненамеренным прегрешениям, невольным ошибкам, потому что приходят вследствие многих страданий, вызывающих сомнения в Творце и в Его управлении, но в общем он верит в вознаграждение и наказание.

52. Двойное скрытие Творца – скрытие не только лица но и спины, т.е. не верит в вознаграждение и наказание, а прегрешения его определяются как сознательные, злонамеренные. И называется законченный грешник, потому как ощущает, что Творец вообще не управляет творениями, верит в иные силы, управляющие миром, что называется "обращение к идолам".

Итак:

а) Скрытие Творца (простое скрытие) означает, что человек верит в то, что Творец управляет миром обратной стороной своей, т.е. страданиями. Потому что человек таким образом ощущает Управление Творца, ощущает не лицо Творца, а его спину, т.е. не видит абсолютное добро, исходящее от Творца.

А это и есть скрытие, скрытие доброты, истинного доброго управления, потому как человек ощущает страдания. Но все же верит, что это ни кто иной (случай, природа, окружающие), а сам Творец т.о. управляет им. Только не ощущается им истинное качество Творца – "доброта".

б) Двойное скрытие Творца (скрытие скрытия) означает, что от человека скрыта даже спина Творца. Т.е. скрытие настолько большое, что не видно человеку, что это скрытие, т.е. не видит, что это Творец, скрываясь, управляет им. И потому называется скрытием скрытия.

53. Вся работа в свободном выполнении Торы и Заповедей, выполнение их своим вольным решением, имеет место именно в состоянии скрытия Творца, простом и двойном, потому как управление Творцом неявно и можно видеть Его только в скрытии лица, со спины.

Как видящий знакомого сзади, сомневается: может быть это вовсе не его знакомый, так и человек, находящийся в ощущении скрытия Творца, постоянно находится в сомнении, в состоянии свободного выбора выполнить волю Творца или нарушить Его желания, потому как страдания приводят к сомнениям в управлении Творцом – от простого скрытия Творца, когда сомнения выглядят как оплошности, или от двойного скрытия Творца, когда сомнения выглядят как прегрешения.

Но так или иначе, в простом или в двойном скрытии, человек ощущает большие страдания и необходимость прикладывать большие усилия в укреплении веры в Творца и в Его управление.

И об этом периоде сказано (Коэлет, 9): "Все что сможет делать – делай", т.е. приложи максимальные усилия верить в Творца и в Его доброе управление, потому как не достигнет человек открытия лица Творца, т.е. ощущения совершенного добра, духовных наслаждений, не увидит, как Творец управляет абсолютным добром всем миром, прежде чем постарается и совершит все, что в его силах, прежде чем закончит всю полагающуюся ему работу в свободном выборе верить в Творца и его доброе управление.

И только после этого Творец открывает ему свое лицо. Именно в состоянии скрытия Творца, когда человек ощущает скрытие, есть указание выполнять Заповедь вольного выбора, т.е. человек должен преодолеть свои сомнения и выбрать, верить в то, что только Творец управляет им.

А вознаграждение за выполнение Заповеди свободы выбора пропорционально его страданиям в состоянии скрытия. Потому что скрытис, что Творец управляет всем миром абсолютным добром, ставит человека в сомнения, на самом ли деле отношение к нему Творца абсолютно доброе и в данный момент, когда ощущает огромные страдания.

И в это время человек обязан сказать себе, что все, что делает Творец, делает для моего блага, с абсолютной любовью и добрым намерением, а все страдания для моей пользы. Но в состоянии двойного скрытия человек в сомнении: а есть ли вообще скрытие Творца?, может быть весь мир предоставлен сам себе?, как философы, утверждающие, что хотя Творец создал мир, но оставил его на произвол судьбы и не управляет им ("Предисловие к книге Зоар", п. 4).

Именно во время скрытия Творца, простого или двойного, есть свобода воли, выбора, когда человек своим усилием может перебороть свои сомнения, возникающие от страданий и многочисленных внешних забот, верить, что все это с доброй целью посылается Творцом.

Величина вознаграждения определяется в соответствие с величиной, ощущаемых в состоянии скрытия Творца, страданий, когда должен преодолеть свои слабости и сомнения в управлении, усилить веру в Творца и его управление, когда, ощущая огромные страдания, обязан представлять себе, что это для его блага посылается Творцом с абсолютно доброй целью и огромной любовью.

А вознаграждением является открытие лица Творца и открытое получение человеком от его Создателя всего самого хорошего, что и называется лицом Творца.

Вследствие этого человек удостаивается видеть своими глазами, ощущать, как Творец управляет всем миром абсолютным добром ко всем своим творениям.

54. Но после того, как видит Творец, что человек завершил все, что мог сам совершить усилиями своего свободного выбора и укрепления в вере в Творца, помогает ему Творец, и человек удостаивается открытия лица Творца, ощущения явного управления. Главное, человек обязан верить, что Творец дает всему миру только доброе.

И что это хорошее облачено в Тору и молитву. Т.е. каждое слово в Торе и каждое слово в молитве, каждое изречение в псалмах скрывают в себе высший свет. И как только открывается человеку высший свет, он ощущает огромное наслаждение, несравненно большее, чем все наслаждения нашего мира.

Поэтому человек обязан верить, что свет Творца и высшее наслаждение скрыты в Торе и Заповедях. Но человек обязан возвратиться к Творцу (тшува), т.е. сравниться с Творцом своими желаниями и этим сходством, подобием желаний сблизиться, вплоть до слияния с Творцом.

И в мере подобия свойств человека с Творцом открывается Творец в человеке, ощущает в себе человек, скрытый от него ранее в Торе и Заповедях, свет Творца, против которого все наслаждения нашего мира (наслаждения, ощущаемые всеми людьми на протяжении всей истории человечества от начала мира и до его конца, т.е. количество наслаждения, выделенное Творцом для наслаждения всех в нашем мире), не более чем искра.

Вследствие этого человек приходит к полному слиянию с Творцом, возвращается своими желаниями к Творцу и сливается, подобием желаний, с Творцом, всем своим сердцем и душой, потому как естественно тянется к этому, вследствие открытого управления, потому что видит своими глазами, ощущает всеми чувствами, что Творец управляет всеми своими созданиями абсолютно добрым управлением, от чего рождается в человеке огромная любовь к своему Творцу.

55. Это возвращение к Творцу и постижение Его управления происходит по двум последующим ступеням:

Первая – это полное постижение управления вознаграждением и наказанием, когда при исполнении Заповеди, человек явно видит вознаграждение, уготованное ему в будущем мире за выполненную Заповедь, одновременно ощущая огромное наслаждение во время ее исполнения в этом мире, а также осознает наказание за каждое прегрешение, уготованное ему после смерти и немедленно при прегрешении ощущает страдание в этом мире.

Естественно, что достигший ощущения управления вознаграждением и наказанием, уверен в том, что уже более не прегрешит, как уверен человек, что не нанесет себе умышленные повреждения, приводящие к огромным страданиям.

А также уверен, что не оставит немедленное выполнение Заповеди, при возможности ее выполнить, как уверен человек, что не оставит огромное наслаждения этого мира или возможного большого выигрыша.

В рукописях раби Й. Ашлага мною обнаружено описание скрытия и раскрытия лица Творца. По нижеописанным ощущениям окружающего в чувствах, воображении и понимании человека, можно в какой-то мере судить о том, насколько, воспринимаемая нами картина окружающего мира и нас самих субъективна и не имеет никакой связи с истинным состоянием того, что в нас и вне нас.

Читателю станет ясно, что только от внутреннего духовного состояния человека зависит, каким видеть окружающий мир и себя, причем, зависимость эта настолько прямая, что при изменении внутреннего духовного состояния человека от сокрытия в раскрытие лица Творца или наоборот, он ощущает, воспринимает, понимает и видит в окружаемом его и в себе совершенно противоположное.

Все наше восприятие как нас самих, так и всего окружающего полностью зависит только от того, насколько раскрывается нам Творец, в какой мере, неощутимо или явно, действует на нас его свет:

Картина простого скрытия Творца: Лицо Творца скрыто от человека, т.е. Творец не ведет себя с человеком в соответствии со своим именем "Добрый и Милосердный", а наоборот, потому что человек получает от Него страдания, постоянно в недостатке заработка, в долгах и зависимости от многих, омрачающих этим жизнь, полон забот и поисков необходимого весь день, или страдает от болезней и пренебрегаем всеми, все что намечает и начинает оканчивается неудачно, и постоянно душевно неудовлетворен.

В таком случае человек, конечно, не видит доброго лица Творца, но если он верит хотя бы в то, что это все исходит от Творца, как наказание за его прошлые прегрешения или чтобы в будущем дать ему вознаграждение за эти страдания, как говорится, что Творец дает страдания праведникам, чтобы в дальнейшем вознаградить их самым лучшим, но не говорит, что это достается ему случайно, от слепой природы, без всякого расчета с ним, а силой воли укрепляется в вере, что это Творец, управляя всеми, причиняет ему страдания – определяется такое духовное состояние человека как то, что он видит обратную сторону, спину Творца.

Картина двойного скрытия Творца: Это состояние "скрытие в скрытии" означает, что не видит даже обратной стороны Творца, а говорит, что Творец оставил его и не управляет им, а все страдания, которые он получает, оттого что так случается в мире, что все идет природным, естественным путем – потому что пути управления видятся ему настолько запутанными, что доводят его до состояния полного неверия, что означает: молится и дает милостыню, пытаясь преодолеть свои несчастья, но не получает никакого ответа, неудачи продолжаются, но как только перестает молиться за свои страдания, получает ответ в виде удачи, как только усилиями верит в управление Творцом и улучшает свои поступки, тут же перестает преуспевать и жестоко отталкивается от успеха, а в то время как не верит и творит зло, сразу же начинает преуспевать и "свободно дышать", не случается ему заработать честным путем, а именно через страдания других, воровством, нарушением субботы и пр.

Все его верующие и честно живущие знакомые – страдают, бедны, больны и унижаемы всеми, кажутся ему эгоистами, грубыми, жестокими, непорядочными, глупыми от рождения, обманщиками и двуличными, настолько, что отвращение находиться даже минуту рядом с ними.

А все его неверующие и нечестные знакомые, смеющиеся над его верой, они то и наиболее удачливы, здоровы, счастливы, умны, уверены, приятны, вежливы, честны, всеми уважаемы, не знают тревог, постоянно в ощущении внутреннего покоя и уверенного спокойствия.

Когда высшее управление проявляется таким образом в человеке, называется это скрытие в скрытии, потому что, находящийся в нем0 человек, не в состоянии своими усилиями продолжать верить в то, что страдания приходят к нему от Творца, вследствие чего-либо, и он духовно нисходит настолько, что перестает верить, и утверждает, что Творец вовсе не управляет своими творениями, а все, что происходит с ним, происходит волею случая и природы – т.е. не видит даже обратной стороны Творца.

Имя Творца "Добрый и Милосердный" говорит нам о том, как Он относится ко всем своим творениям всеми природными естественными путями, получаемыми всеми находящимися в стремлении к Нему.

Понятно, что не может быть наслаждение одного человека подобно наслаждению другого, как например, занимающийся наукой не насладится богатством, а не занимающийся наукой не насладится от познания великого открытия.

Конечно же, для одного Творец дает богатство и почести, а для другого знания. И каждый в своих ощущениях должен постичь личное отношение Творца к нему как доброе и милосердное. Усилия человека в состоянии скрытия укрепиться в вере в управление Творца, приводят его к усердному занятию Торой, чтобы ее скрытый свет помог ему.

Мысли, которые человек получает вследствие занятий Каббалой, об управлении Творца им и всем миром, приходят к нему потому как "Тора есть средство исправления"-Тора тавлин. Свои усилия человек обязан прикладывать до тех пор, пока Творец сжалится над ним и откроет Себя.

После того, как человек полностью открывает, заложенные в свете Торы, силы для своего исправления и наполняет ими свое тело, ввиду своего укрепления в вере в Творца, он становится достойным раскрытия лица Творца, что означает, что Творец обращается с ним в соответствии со своим именем "Абсолютно добрый". Картина раскрытия лица Творца:

В результате человек ощущает, что получает от Творца только хорошее, ощущает внутреннее спокойствие, находится в постоянном духовном удовлетворении, легко зарабатывает сколько желает, никогда не имеет забот и напряжений, никогда не болеет, пользуется уважением всех, легко достигает что бы он и пожелал, легко выполняет все им намеченное, во всем удачлив.

Когда желает чего либо – молится и тут же получает, потому что Творец всегда немедленно отвечает ему, ни одна его молитва не остается без положительного ответа, а если делает добрые дела, то немедленно и многократно возрастает его успех, а в мере лености уменьшается.

Все его идущие честным путем, знакомые – хорошо зарабатывают и всегда здоровы, уважаемы всеми и не знают забот, покой и уравновешенность царит в них постоянно, разумны, честны, красивы, приличны, настолько приятны, что наслаждение ему быть с ними.

Все, которых он знает как не идущих путем Торы, бедны, в больших долгах и заботах, не имеют спокойной минуты в своей несчастной жизни, постоянно в болезнях и болях, пренебрегаемы всеми, видятся ему как необразованные и невоспитанные глупцы, жестокие и низкие в своих поступках ко всем, полны лести и обмана, настолько что невыносимо находиться рядом с ними.

Все верующие мудрецы представляются ему как люди уравновешенные, скромные, честные, приятные, всеми уважаемые, он желает быть постоянно с ними, наслаждается каждой минутой общения с ними.

56. Сказано мудрецами, что истинное исправление означает, что сам Творец свидетельствует, что человек не вернется к своим природным желаниям и свойствам. Но как можно услышать заверения, гарантии Творца и перед кем Творец должен засвидетельствовать это? Недостаточно ли, что Творец знает, что человек более не прегрешит?

Дело в том, что человек не может быть уверен в том, что не прегрешит, до тех пор, пока не постиг управление вознаграждением и наказанием, т.е. открытие лица Творца. Раскрытие лица Творца человеку называется свидетельством, потому как спасение человека Творцом заключается в том, что Творец, раскрывая Себя, давая человеку ощущение вознаграждения и наказания, гарантирует этим, что человек более не согрешит.

Т.е. когда человек может быть уверен, что удостоился полного возвращения к Творцу? – когда сам Творец засвидетельствует, что человек более не согрешит, потому что постиг лицо Творца, явное управление вознаграждением и наказанием, когда само спасение человека свидетельствует, что человек более не согрешит.

57. Такое возвращение человека к Творцу называется возвращением от страха: ведь хотя и вернулся к Творцу всем разумом и сердцем (желаниями), настолько, что сам Творец свидетельствует, что уже не согрешит человек, но вся эта уверенность исходит из постижения управления, ощущения страданий за прегрешения – поэтому уверен человек, что не согрешит более, подобно тому, как уверен человек, что не причинит умышленно страданий себе.

Но такое возвращение к Творцу и уверенность в выполнении Его желаний исходят из страха наказания, немедленно следующего за прегрешением. Поэтому такое возвращение – это не более, чем страх наказания и потому называется возвращением от страха (наказания, страдания).

58. Отсюда поймем сказанное мудрецами: "Достигший возвращения, т.е. исправления своих поступков, от страха, удостаивается

того, что все его преднамеренные, сознательные прошлые прегрешения обращаются в ненамеренные, несознательные, оплошности".

Дело в том, что все намеренные прегрешения делаются человеком по причине нахождения в двойном скрытии Творца, вследствие чего он совершенно не верит в управление вознаграждением и наказанием. Простое скрытие Творца означает, что человек верит в управление вознаграждением и наказанием, но от больших страданий иногда не в состоянии удержаться от соблазнов прегрешения.

Ведь несмотря на веру в то, что страдания приходят к нему как наказания вследствие прегрешения, все таки подобно это видящему знакомого со спины, когда находится в сомнениях действительно ли это тот, о котором он думает. Поэтому, вследствие веры в управление вознаграждением и наказанием. его прегрешения не более чем оплошности, ведь не чувствует, а только верит.

И потому иногда, под влиянием болезненных страданий не в состоянии верить, и этим прегрешает. Ведь вся обязанность человека только в том, чтобы во всех своих состояниях верить в существование Творца и его постоянное управление всем. Заповедь или прегрешение имеется в виду: верит в Творца и его управление – выполняет заповедь; не верит – грешит. Т.е. прегрешением называется отсутствие веры.

Поэтому прегрешения от больших страданий – это оплошности, ненамеренные прегрешения, появившиеся от больших страданий, не по вине человека. В то время, как в двойном сокрытии Творца, когда вообще не верит в Творца вселенной и, уж конечно, в Его управление, такое состояние человека относительно Творца, называется умышленным, намеренным прегрешением.

59. Поэтому, достигнув возвращения к Творцу вследствие страха наказания, что означает постижение управления вознаграждением и наказанием, настолько, что уверен, что не прегрешит уже более, исправляется навсегда в человеке ступень двойного скрытия Творца.

Потому как своими глазами видит управление вознаграждением и наказанием, и ясно ему, что все страдания в прошлом посылались как наказание за прегрешения, и теперь видит, что его поведение в прошлом было горькой ошибкой.

Когда человек приходит к постижению управления вознаграждением и наказанием, уже не должен верить в это, потому как ощущает наслаждение при исполнении Заповеди и страдание при прегрешении, то естественно видит, что его поведение в прошлом было горькой ошибкой, когда думал, что Творец не управляет миром, а теперь видит, что управление Творца абсолютно доброе.

И потому вырывает с корнем все свои умышленные прегрешения, но не полностью освобождается от них, а они остаются в нем как оплошности, подобно оплошностям, совершенным в состоянии простого скрытия Творца, когда ошибался ввиду запутанности, вследствие множества страданий, путающих разум человека. Поэтому намеренные прегрешения обращаются в оплошности.

60. Но бывшее до возвращения простое скрытие Творца и, совершенные вследствие этого, оплошности остаются без всякого изменения и исправления, потому как и ранее верил, что страдания приходят к нему вследствие наказания.

61. Достигший открытия лица Творца, ощущения Его абсолютной доброты, видящий, что Творец абсолютно добр ко всем своим созданиям, как к праведникам, так и к грешникам, потому как оправдывает управление Творца, называется с момента открытия лица Творца праведником. Но потому как еще не полностью исправлен, ведь исправил только двойное сокрытие лица Творца, а простое скрытие в прошлом еще не исправил, ввиду неисправленного прошлого, остается у него скрытие лица Творца, как и было ранее.

Поэтому неисправивший свое прошлое, называется неполный, несовершенный праведник. Потому как ощущает управление Творца как абсолютно доброе, называется праведником. Но до того, как ощутил управление Творца добрым, был в сомнениях, не мог сказать, что Творец добр и праведен в своем управлении, отношении к нему. И хотя называются эти сомнения оплошностями, но все же это прегрешения, и потому называется несовершенным праведником.

62. А также называется средним, находящимся между страхом и любовью, потому как, достигнув возвращения от страха перед наказанием и стремлением к вознаграждению, получил возможность, выполнением Торы и Заповедей, достигнуть возвращения от любви. И тогда назовется совершенным праведником.

63. Т.о. выяснилась первая ступень раскрытия лица Творца: постижение, ощущение управления вознаграждением и наказанием, когда сам Творец, открытием лица, свидетельствует, что человек уже не прегрешит. И это называется возвращением от страха, когда намеренные прегрешения обращаются в ненамеренные, оплошности, а человек называется несовершенным праведником, или средним.

64. Вторая ступень раскрытия лица Творца, называется полным постижением истинного вечного управления, ощущение человеком, что Творец управляет всеми своими творениями, как грешниками, так и праведниками, только абсолютным добром. Постигающий эту ступень называется совершенным праведником. А возвращение от любви обращает все намеренные прошлые прегрешения в заслуги.

Итак, три последовательные ступени постижения управления Творца: двойное скрытие (лица) Творца, простое скрытие (лица) Творца, первое раскрытие (лица) Творца (постижение управления вознаграждением и наказанием, возвращение от страха) – не более чем предварительные и подготовительные ступени, по которым человек достигает постижение четвертой ступени, постижение истинного вечного управления.

Истинного и вечного (извечного) – потому, что раскрывается ему, что именно так всегда относится Творец ко всем, только человек, ввиду своей неисправленной природы, ощущает двойное, простое скрытия или простое раскрытие. Совершенным праведником называют человека, который никогда в своей жизни не согрешил.

Но сказано в Торе: "Нет праведника на земле, который бы делал добро и не прегрешил". Тора относится к этому определению, как мы видим, совсем иначе: поскольку все действия человека продиктованы только тем духовным уровнем, на котором он в данный момент находится, то на каждой ступени духовного подъема есть состояние, называемое совершенный праведник, находясь в котором невозможно прегрешить. И на этом уровне человек никогда не прегрешал.

В Каббале эта часть духовного состояния называется частью парцуфа ниже груди, называемая также "древо жизни" и "хасадим мехусим". На эту часть нет Заповеди возвращения (тшува). После ее преодоления человек поднимается на более высокую ступень.

Но и там также должен пройти подобный путь, два последовательных состояния: совершенный праведник и "нет праведника на земле, который бы делал добро и не прегрешил".

65. Но почему недостаточно постижение третьей ступени, управление вознаграждением и наказанием, когда сам Творец свидетельствует, что уже не прегрешит? Почему же еще называется средний или несовершенный праведник, что говорит о его несовершенном духовном состоянии в глазах Творца? Какой есть еще недостаток в его духовной работе?

66. Среди 613 Заповедей Торы есть Заповедь любви к Творцу. Но как можно приказать или заставить любить? Тора указывает: если человек выполняет 612 Заповедей, то 613-я, Заповедь любить Творца, невольно выполняется им. Поэтому считается, что от человека зависит выполнить ее, выполнив 612 Заповедей.

67. Но если после выполнения 612 заповедей, 613-я выполняется автоматически, то зачем надо указывать ее отдельно? Ведь

достаточно обязать выполнять 612 Заповедей, после чего любовь к Творцу приходит сама собой?

68. Все черты характера человека, все его свойства, которые он использует в общении с окружающими, даже самые низменные, все они необходимы человеку для его работы у Творца, усилий ради Творца.

И только поэтому, для этого и сотворены в человеке таковыми его свойства и черты характера – самыми подходящими для этой конечной их роли, когда использует их все человек для получения всего изобилия наслаждения от Творца и ради Творца, как сказано: "Себе и для Себя создал Я все это" (Ишаяу 43;7), "Все делает Творец, для Себя" (Мишлей 16;4).

Т.е. природа, которой Творец создал человека, именно такова, что, используя её всю, каждый может в совершенстве работать ради Творца. И именно поэтому создал таким каждого из нас Творец.

Поэтому все черты характера, все свойства человека необходимы ему для достижения цели его творения. И приготовлен человеку этот мир, чтобы все его свойства и черты характера развились в процессе его взаимосвязи с окружающим и стали т.о. годны для их конечной цели.

Поэтому сказано мудрецами: "Обязан человек сказать: для меня создан весь мир", потому что весь окружающий мир необходим ему для развития его свойств до степени их годности в достижении цели.

А когда человек достигает конечной цели своего создания, то ощущает необходимость во всех своих свойствах, качествах, чертах: когда человек желает служить своему Творцу, то необходима ему вся его природа, именно со всеми своими желаниями и свойствами он может полностью служить Творцу.

А если не использует хотя бы самое малое из созданного в нем, его работа несовершенна. Потому сказано: "И возлюби Творца своего всей душой и сердцем"

69. А потому как конечная цель развития человека это достижение любви к Творцу, то необходимо понять суть этой любви, исходя из понятия любви в нашем мире, ведь и любовь к Творцу проходит по тем же ощущениям, как и любовь к кому-либо, потому что изначально дано нам чувство любви в этом мире только для развития любви к Творцу. Но если мы всмотримся в чувство любви человека к человеку, мы обнаружим две ступени этого чувства, делящиеся на четыре.

70. Первое – это зависимая любовь, возникающая вследствие полученных добрых ощущений, наслаждений, подарков, когда притягивается душа человека к дающему ему эти ощущения в чувстве огромной любви. И есть в этом чувстве два варианта:

а) прежде чем познакомились и полюбили друг друга, причиняли друг другу неприятности, о которых теперь не желают вспоминать, потому как все взаимно причиненные неприятности перекрываются сейчас любовью, потому как если желают наслаждаться любовью, то должен помнить каждый, что нельзя упоминать о страданиях полученных в прошлом от любимого.

б) никогда не причиняли друг другу никаких неприятностей, а наоборот, всегда взаимно вызывали только добрые чувства своими поступками, а потому нет никаких плохих воспоминаний.

71. Отсутствует по причине ошибки в нумерации оригинала.

72. Второе – независимая, вечная любовь, независящая ни от каких условий, потому как постиг величие свойств любящего его, насколько они совершенны, даже по сравнению с представляемыми им ранее, и потому потянулся к нему всей душой с огромной любовью. Также и здесь есть два варианта:

а) прежде чем узнал все поступки любимого с остальными, определяется его любовь как несовершенная, потому может быть есть в поступках любимого с окружающими и такие, которые представятся ему плохими, недобрыми и если бы видел их, полностью бы испортилось его мнение о любимом и исчезло бы чувство любви. И только потому, что не знаком с такими поступками любимого, его любовь огромна и совершенна.

73. б) поскольку познал все поступки своего любимого со всеми, проверил их и нашел, что все они совершенны, и доброта его беспредельна, выше всего что представлял себе ранее, приходит к чувству абсолютной, совершенной, вечной, неизменной любви.

74. Эти 4 вида любви между людьми также проявляются между человеком и Творцом. Но здесь эти чувства образуют 4 последовательные ступени познания, ощущения Творца. Причем, невозможно достичь последней ступени, не пройдя последовательно 3 предыдущие:

1. зависимая любовь

2. независимая любовь

3. несовершенная любовь

4. вечная любовь

75. Но как можно достичь даже зависимой любви, любви вследствие осознания, что любимый всегда делал ему только доброе, если нет в нашем мире вознаграждения за выполнение Заповедей, и поэтому невозможно узнать и проверить, что любимый всегда относился к нему любя и делая только добро?

Каждый обязан пройти первые две ступени постижения управления – ощущение скрытия лица Творца. Лицо Творца означает ощущение человеком всего хорошего, когда человек напрямую получает исходящее от Творца, то что делает Творец согласно своему свойству абсолютного добра. Если же добро Творца скрыто ощущением страданий, то это ощущение называется скрытием лица, или спиной Творца (п. 47).

Свободный выбор, решение человека, усилием воли верить в Творца и его управление в каждый момент своей жизни и потому выполнять Его желания, возможен только при скрытии лица

Творца. А если так, то как может достичь человек независимой любви, осознания того, что его любимый всегда делал ему только хорошее и никогда не причинил ему ничего плохого, а тем более как достичь 3 и 4 ступеней любви?

76. Сказано (Талмуд. Брахот 17): "Свой будущий мир увидишь еще при жизни". Но почему не сказано "получишь", а только "увидишь"? Да и зачем человек должен видеть свой будущий мир в этой жизни?

77. Как можно увидеть свой будущий мир в этой жизни? Ведь обычным зрением невозможно увидеть духовные объекты! Да и если бы мы увидели будущий мир, это было бы нарушением законов мироздания, чего обычно не делает Творец, потому что наш мир и все его законы созданы такими именно потому, что самым наилучшим образом способствуют достижению желаемой Творцом цели – привести человека к состоянию слияния с Творцом, как сказано: "Все делает Творец для своей цели". Так как же можно понять, что человек видит свой будущий мир?

78. Видеть свой будущий мир можно раскрытием глаз в Торе. Перед помещением души в тело, с нее берут клятву (Талмуд. Нида 39,2): "Даже если весь мир скажет тебе, что ты праведник, выгляди в своих глазах как грешник" – "в своих глазах" означает, что пока не достиг "открытия глаз" в Торе, считай себя грешником, даже если весь мир утверждает что ты праведник, ведь до открытия глаз в Торе, человек не достигает даже ступени несовершенного праведника.

79. Но если сам знает, что выполняет уже всю Тору, и весь мир подтверждает это, почему этого недостаточно чтобы называться праведником, настолько, что поклялся считать себя грешником, пока не достиг "раскрытием глаз" в Торе видеть свой будущий мир в жизни?

80. Из 4-х ступеней постижения управления, две первые ступени – в скрытии лица Творца, а две последующие – в раскрытии.

Смысл существования двух ступеней скрытия лица Творца состоит в том, чтобы дать человеку возможность свободным выбором, своими усилиями заниматься Торой, от чего Творец получает огромное наслаждение, большее, чем от выполнения Торы ангелами, у которых нет свободы воли, выбора.

Скрытие себя создано Творцом умышленно, чтобы человек не видел, что Творец изливает на весь мир абсолютное добро, чтобы дать человеку возможность свободно выбрать верить ли в Творца и Его доброе управление.

Если усилием воли человек достигает веры в Творца, он доставляет Творцу наслаждение, большее чем действия ангелов, потому как ангелы слепо выполняют волю Творца, а человек, хотя и ошибается, но выбирает веру сам, сознательно стремится к своему Создателю.

81. Но несмотря на это, состояние скрытия лица Творца считается не совершенным, а только переходным, с помощью которого человек достигает совершенства. Все полагающееся за усилия выполнять Тору вознаграждение, человек получает именно потому, что выполнял Тору в состоянии скрытия лица Творца, своим свободным выбором, испытывая большие страдания в усилиях верить в Творца и в необходимость выполнения Его желаний.

И поэтому величина вознаграждения измеряется величиной его страданий в выполнении Торы и Заповедей.

82. Поэтому каждый обязан пройти переходное состояния выполнения Торы и Заповедей в скрытии лица Творца. А когда заканчивает все количество отведенных ему усилий, достигает постижения открытого управления, открытия лица Творца.

Но прежде чем достиг открытия лица Творца, т.е. ощущения, исходящего от Творца абсолютного добра, хотя и видит спину Творца, т.е. не ощущает Творца, ощущает страдания, но верит, что Творец управляет миром добрым управлением, все равно не может иногда не совершать прегрешения, потому как не всегда в состоянии усилиями преодолеть сомнения и, в отсутствие всякого ощущения Творца, ощущая страдания, сказать, что Творец и сейчас управляет им с добрыми намерениями.

И не только не в состоянии выполнить все 613 Заповедей, ведь любить не заставишь, но, видя спину Творца, т.е. не видя наслаждений в Торе и Заповедях, вынужден заставлять себя выполнять и остальные 612 Заповедей, потому как страх его не постоянен.

Поэтому гематрия (числовая сумма букв) слова "Тора" – 611, потому что не может выполнять 612 Заповедей. Но "Не вечна ссора", не вечно скрывается Творец от человека, не вечно будут у человека претензии и жалобы на Творца, а наступит момент и удостоится милости своего Создателя.

83. Первая ступень открытия лица Творца, постижение управления вознаграждением и наказанием, приходит к человеку только вследствие помощи со стороны самого Творца, когда открываются глаза (внутреннее духовное зрение), и ощущает духовные силы и связи, "И становится как бурный родник" (Авот 86), и за каждой, усилием воли выполненной Заповедью, видит полагающееся в будущем мире вознаграждение, а также большой проигрыш от прегрешения.

84. Но хотя еще не получает, а только видит вознаграждение, потому что в этом мире невозможно его получить, достаточно этого, чтобы, начиная с этого момента, ощущать огромное наслаждение от выполнения Заповедей. Это подобно заработавшему большую сумму торговцу: хотя еще и не получил заработанного, но если уверен в получении, радуется, будто уже его выигрыш при нем.

85. Постижение явного управления гарантирует, что с этого момента человек всем сердцем притянется к Торе и никогда уже не прегрешит, потому как ощущает страдания от прегрешений, убегая от них, как от большой опасности, как убегает человек от пожара: хотя огонь не достигает его, он заранее отдаляется, от боязни обжечься.

Но хотя еще не совершенный праведник, потому как не достиг возвращения от любви, большая связь с Торой и добрыми поступками помогает ему постепенно достичь и возвращения от любви, т.е. второй ступени открытия лица – тогда уже выполняет все 613 Заповедей и становится совершенным праведником.

86. В п.78 приводится клятва, которую дает душа человека перед облачением в тело и нисхождением в наш мир (Талмуд. Нида 39,2): "Даже если весь мир скажет тебе, что ты праведник, выгляди в своих глазах как грешник".

Но почему человек обязуется не верить всему миру и видеть себя грешником? Почему не сказано: "даже если ты знаешь, что ты праведник, держи себя за грешника", ведь человек лучше всего мира знает, кто он?

Есть указание (Талмуд. Брахот 61): "Должен знать человек в своей душе, кто он, праведник или грешник". Но тогда зачем нужна клятва души, чтобы всегда видел себя как грешника, если сам обязан установить, кто он?

87. Дело в том, что до открытия глаз в Торе (когда уже нет необходимости верить, когда явно видит, ожидающее его в будущем мире, вознаграждение, ощущает его своими чувствами, когда ясно понимает управление вознаграждением и наказанием), конечно же никак не сможет обмануться и считать себя праведником, потому как чувствует, что недостает ему двух самых общих Заповедей Торы – любви и страха.

Ведь достичь явного страха, настолько чтобы Творец свидетельствовал, что человек впредь не прегрешит, от большого страха наказания за прегрешение, может только тот, кто полностью представляет себе вознаграждение и наказание.

А для этого человек должен удостоиться первой ступени открытия лица Творца, постигаемой вследствие открытия глаз в Торе. И уж тем более достичь чувства любви, которое вообще не зависит от человека, потому как никакие усилия и принуждения не изменят ощущаемое в сердце.

88. Поэтому сказано в клятве: "Хотя весь мир говорит...". Ведь Заповеди любви и страха обращены именно к самому человеку, и никто в мире, кроме самого исполнителя, не может определить их выполнение. Но один человек в мире не может знать, что в сердце другого. То что открыто посторонним – это только внешние действия человека: его добрые дела, Заповеди, знание Торы.

Но недоступно постороннему знать намерения этих действий: продиктованы ли они страхом Творца или любовью к Нему. Ведь человек может немного учить и выполнять, но то, что делает, исходит из его страха и любви к Творцу.

А может много учить и выполнять для собственного блага. Окружающие видят выполнение человеком 611 Заповедей и поэтому утверждают, что им, очевидно, выполняются Заповеди любви и страха. А потому как человек склонен верить всему миру, то может впасть в горькую ошибку – поверить, что он уже праведник.

Желающий сблизиться с Творцом, обязан ответить себе праведник он или грешник, проверив себя: достиг ли он уже страха и любви к Творцу?, видит ли сейчас уготовленные ему в будущем мире вознаграждение и наказание? – насколько уже ощущает это, настолько вышел из состояния грешника.

89. Теперь понятно, что можно достичь любви к Творцу, хотя человек не получает вознаграждения в этом мире и поэтому указано: "Мир свой (вознаграждение) увидишь в жизни, а получишь в будущем мире". Но обязан еще в этом мире, в этой жизни увидеть уготованное ему в будущем мире, потому как вследствие этого достигает хотя бы зависимой любви, достигает 1-ой ступени выхода из скрытия лица Творца и прихода к раскрытию Его лица.

Это необходимо человеку для требуемого от него выполнения Заповедей по Закону Торы (лефи алаха), что означает выполнение с ощущением вознаграждения и наказания, такого выполнения

Торы и Заповедей, что сам Творец засвидетельствует, что человек уже никогда не прегрешит, тем, что дает человеку ощущение вознаграждения (наслаждения) за выполнение Заповедей и наказания (страдания) за нарушение.

В таком случае человек вынужденно станет праведником и устремится к умножению Заповедей, как весь мир стремится к вознаграждениям нашего мира.

90. А далее, выполняя Тору и Заповеди в состоянии зависимой любви, пришедшей к нему вследствие осознания ожидаемого в будущем мире вознаграждения, но воспринимаемого как получаемое сейчас, ввиду абсолютной уверенности его получения в будущем, человек постепенно достигает и 2-ой ступени открытия лица Творца – постижения истинного и вечного управления Творца, Его совершенное доброе отношение, как к праведникам, так и к грешникам, ко всем своим творениям, отчего человек достигает состояния независимой любви – любви к Творцу, даже ничего не получая за это, от чего его прошлые намеренные прегрешения обращаются в добрые деяния и он уже называется впредь совершенным праведником, потому как есть у него 613 Заповедей.

91. Теперь понятно, почему достигнув 3-ей ступени постижения управления, ступени управления вознаграждением и наказанием, когда Творец свидетельствует, что человек впредь уже не прегрешит, называется несовершенный праведник – ведь нехватает ему Заповеди любви. И потому называется несовершенный, ведь обязан закончить выполнение всех 613 Заповедей для достижения совершенства.

92. Отсюда понятно, почему обязывает Тора выполнить Заповедь любви, хотя мы не властны над чувством сердца и об этом говорят мудрецы: "Старался но не нашел, не верь" (Талмуд. Мегила 6,2). Т.е. если человек старается, может прийти и к выполнению Заповеди любви. "Обязан человек всегда заниматься Торой и Заповедями даже "ло ли шма", потому как из "ло ли шма" придет к "ли шма" (Талмуд. Псахим 50), а "ли шма" означает любовь к Творцу.

93. Поэтому сказано (Талмуд. Мегила 6,2): "Если скажет тебе человек, старался, но не нашел – не верь; не старался, но нашел – не верь; старался и нашел – поверь". Это верно в занятиях Торой, а в остальном зависит только от желания Творца. Уже ранее спрашивалось: почему сказано "старался и нашел", а не "старался и получил"? Ведь если человек старается и прилагает силы, он знает чего желает добиться и достигнутое не называется находкой?

Дело в том, что старание относятся к усилиям в Торе, а находка относится к открытию лица Творца, как указывает Зоар, что Творца находят только в Торе. Т.е. вследствие усилий в Торе, человек удостаивается открытия ему лица Творца. Поэтому точно сказано: "Ищущие, найдут Меня". Потому что в результате своих усилий человек приобретает Тору, но находит еще и лицо Творца.

Человек обычно считает, что мог бы дать Творцу несколько советов, каким образом управлять миром, потому как видится ему несколько изъянов в том, что создал и делает Творец. Это оттого, что ощущает страдания и считает, что при изменении мира, избавится от них. А потому как ощущает страдания, думает, что такое управление миром неподобает Творцу всей вселенной.

Но когда человек удостаивается найти лицо Творца, сам видит, как весь мир управляется Творцом абсолютно добрым намерением и целью, настолько, что не может быть ничего более лучшего и доброго для каждого из нас. И тогда исчезают его сомнения в добром управлении, ощущает доброго Творца, что и называется открытие лица.

94. Отсюда понятна причина сказанного: "Не старался и нашел – не верь". Ясно, что Торой без усилий овладеть нельзя, но если говорится не о Торе, а о Творце, то человек может подумать, что для ощущения Творца не надо прилагать усилия. Поэтому предупреждают мудрецы, не верь утверждающему "Не старался и нашел", без усилий невозможно найти Творца.

95. Теперь поймем, почему Тора называется жизнь, как сказано: "Вот даю Я тебе сегодня жизнь... и выбери жизнь" (Тора.

Дварим 30,15), "Жизнь она для нашедших" (Мишлей 4,22). Это исходит из сказанного: "В свете Царя жизни" (Мишлей 16). Когда человек видит и ощущает, что не может быть более лучшего управления, чем то, которым управляет Творец, это означает, что достиг света Царя жизни.

Потому как Творец источник жизни и добра, то от Него исходит жизнь ко всем ветвям, связанным с Ним, с теми, кто вследствие своих усилий нашел свет лица Творца в Торе, т.е. удостоился открытием глаз в Торе великих постижений, вплоть до открытия лица Творца, что означает постижение явного истинного управления, когда понятно, почему Творец называется абсолютно добрым, творящим только добро.

96. И эти удостоившиеся открытия лица Творца, уже не в состоянии отказаться от истинного (лефи алаха) выполнения Торы и Заповедей, как не может отказаться человек от получения огромного наслаждения. И, как от огромного несчастья, убегают от прегрешения. И про них сказано: "Вы, слившиеся с вашим Творцом, живете сегодня", потому как любовь Творца течет к ним естественно, по каналам, уготованным природой, потому как человек теперь как ветвь, связанная со своим корнем, и жизнь течет к нему широким потоком от самого Источника.

Поэтому Тора называется жизнь, ведь ощущая наслаждение от Творца, человек начинает любить Его. Найти Творца, открыть лицо Творца, ощутить Творца, ощутить, открыть Его управление вознаграждением и наказанием – можно только усилиями поисков Его в Торе: учась у истинного каббалиста, всеми своими мыслями и действиями в жизни и учебе преследовать только эту цель.

Но почему обязательно нужно прилагать такие огромные усилия в поисках Творца? Почему нельзя просто попросить и сразу же, без усилий, найти Его? В качестве ответа на этот вопрос и сказано: "Вы, слившиеся с вашим Творцом, живете сегодня" – кто сливается с Творцом, удостаивается жизни. Слияние означает совпадение, подобие свойств, желаний, качеств. Т.е. у обоих, у Творца и человека, должны быть одинаковые качества: как Творец делает только добро, так и человек должен бескорыстно делать только добро, чтобы слиться с Творцом.

И к этому сводятся все усилия человека: работать над собой, чтобы все деяния человека были ради Творца, для выгоды Творца. Усилия необходимы, потому что природа человека абсолютно эгоистична, и не в состоянии совершить ни одного действия ради пользы другого.

Усилия человека в Торе означают, что человек желает выполнять Тору и Заповеди для пользы Творца, чтобы порадовать своими усилиями Творца. Потому как работает против своей природы, то его действия называются усилиями.

Под вознаграждением имеется в виду то наслаждение, которое он ощущает при направлении своих намерений к Творцу. Т.е. самое большое его наслаждение, большее чем все наслаждения этого мира, в том, что может насладить Творца. Страдания же ощущаются вследствие того, что не наслаждает Творца.

Чтобы избавиться от эгоизма, бескорыстно стремиться радовать Творца своими действиями и мыслями, чтобы наслаждением считалось услаждение Творца, человек должен достичь открытия лица Творца – нисхождение на него высшего света, называемого ДУША.

Как говорит Зоар: "Приходящему очиститься помогают. Тем, что дают ему ДУШУ". Свет исходящий от Творца, которой начинает ощущать человек при достижении открытия лица Творца, называется ДУША. Вследствие этого все намерения человека становятся только ради Творца, что называется "ли шма". Наслаждение его только от того, и в той мере, в какой он доставляет своими действиями наслаждение Творцу. Страдания его только от того и в той мере, в какой не может услужить Творцу.

А если не в состоянии выполнить волю Творца, это называется у него прегрешение (авера). Поэтому сказано, что достигший такого состояния не в состоянии не выполнять волю Творца, он то и выполняет Заповеди "по Алахе" (алаха от слово алиха-движение к Творцу). Причем выполнение его естественно, как обычный человек не в состоянии избежать огромного наслаждения, вдруг возникшего перед ним. А также мчится прочь от прегрешения, как от пожара.

Такой человек уже не может согрешить, потому как если прекращает направлять свои намерения ради Творца, немедленно теряет свою ДУШУ и возвращается на уровень обычного человека. И только прислуживая Творцу, ощущает наслаждения. Усилия в Торе означают, что с помощью Торы человек достигает слияния с Творцом, может направить свои намерения на пользу Творца. И тогда удостаивается света лица Творца.

97. Поэтому многократно предупреждают нас мудрецы об обязательном условии занятия Торой и Заповедями "ли шма", чтобы удостоился жизни, потому что Тора дана только для того, чтобы найти в ней жизнь, как сказано "выбери жизнь".

Поэтому обязан человек во время занятий Торой, приложить все усилия разума и сердца найти свет лица Творца жизни, т.е. постичь явное управление, называемое свет лица Творца. И каждый из сотворенных способен на это, как сказано: "Ищущие, найдут Меня" и "Старался и не нашел – не верь". Потому как от рождения все есть в человеке для этого, только должен приложить свои усилия. И каждый человек способен достичь такого состояния.

И чтобы не говорил человек, что он слаб здоровьем, недостаточно умен, рожден с крайне дурными склонностями, слабохарактерен, находится в неподходящих окружающих условиях, долги и тяготы существования не позволяют ему отдаться достижению настоящей цели жизни.

Существует только единственная сила в мире – Творец и его цель привести каждого из нас к цели творения, слиянию с Ним, и в каждом своем состоянии (здоровья, семейном, материальном и пр.)

человек находится в самых оптимальных условиях приближения с Творцу.

Поэтому человек никогда не должен ждать иного настроения, более лучших условий, а там где он находится внутренне и внешне, с этого состояния начинать свой духовный подъем, потому что не зря сказано, "тот кто дает усилия, находит" и "не верь говорящему, старался и не нашел".

Потому как все есть у человека для достижения цели его жизни, достижения цели творения, кроме одного – его стараний, усилий, как сказано "любой, занимающийся Торой "ли шма", т.е. желающий уподобиться свойствами Творцу, воспринимает Тора как источник жизни, (Талмуд. Таанит 7;1), т.е. он только должен отдать свои мысли и желания получить жизнь, что и означает "ради Творца".

Поэтому сказано: " Для всякого, занимающийся Торой "ли шма", она становится эликсиром жизни" (Талмуд. Таанит 7,1) – чтобы только направил свой разум и сердце достичь жизни, что и есть "ли шма" (потому как "ли шма" означает ради Торы), усилия в том, чтобы намерения в Торе привели к состоянию ли шма, к слиянию с Творцом.

98. А теперь поймем, как могла Тора обязать человека Заповеди любви к Творцу: хотя любить не заставишь, но достичь этого в силах человека, потому как если человек занимается Торой и находит явное управление Творца, то любовь к Творцу естественно приходит к нему.

Когда достигает открытого управления, видит, что Творец желает ему только добра, естественно ощущает любовь к Творцу: как естественна любовь матери к ребенку и не нуждается в принуждении – так же, когда человек начинает видеть истинное отношение Творца к нему, естественно проникается огромной любовью к Творцу и уже не должен прикладывать усилия стремиться к Творцу, а все делает естественно, с большой ответной любовью.

А кто не верит в то, что может достичь этого своими усилиями, независимо по какой причине, означает, что не верит в сказанное мудрецами, что любой человек может достичь своими усилиями ощущения Творца: "Старался и не нашел – не верь", "Ищущие, отыщут Меня". Именно ищущие, независимо от того, кто они, а только прилагающие свои усилия.

99. Отсюда поймем сказанное: "Всякий, занимающийся Торой "ло ли шма", обращает Тору в яд смерти" (Талмуд. Таанит 7,1), "Именно в Торе скрывается Творец?". Ведь логично, скрытие Творца во всех объектах нашего мира, но в Торе Он открывает себя? Зачем Творец скрывает себя, чтобы Его искали и нашли? Почему Творец изначально скрыт от своих творений, не предстает явно в их ощущениях?

100. Скрытие Творца, как простое, так и двойное, создано Творцом для того, чтобы Его искали, просили открыться, чтобы нашли Его, а не потому что Он желает остаться скрытым от людей. Скрытие Творца необходимо, потому что нет иного пути у людей достичь света жизни, лица Творца, если бы Он изначально не скрывал свое лицо. А все скрытие есть не что иное, как предварительный этап и подготовка человека к раскрытию лица Творца.

Если человек получает что-либо от другого, он испытывает страдание в виде чувства стыда. Но если то, что мы получаем от Творца скрыто, и мы бы увидели это явно, не смогли бы ничего получить, мы бы "сгорели" от стыда, ощущая, что все получаем от него и ничего не отдаем.

Чтобы творения не ощущали стыда, скрыл себя Творец и поэтому все могут получать без стыда и чувства обязанности. Скрытие заключается в том, что человек не ощущает, что Творец дает ему наслаждения, управляет им добром.

И это для того, чтобы дать человеку возможность исправить себя, чтобы все действия человека были ради Творца, а не ради себя: тогда все наслаждения, которые получит от Творца, получит потому, что знает, что Творец желает, чтобы он получил наслаждения, и потому что Творец наслаждается, когда человек получает от Него наслаждения. А когда человек достигает этой ступени, все духовные наслаждения открываются ему.

Поэтому:

а) скрытие лица сделано, чтобы человек искал и спрашивал себя: "Почему я не могу наслаждаться в этом мире?"

б) после того, как поищет – осознает, что не ощущает наслаждения, потому что не устремляет намерения своих действий ради Творца

в) тогда начнет делать действия с намерением ради Творца г) тогда Творец сможет открыться ему (и не будет стыда, хотя и получает, как получал и в скрытие лица, все получает от Творца, потому что всем его наслаждением будет радость Творца).

101. Поэтому сказано, что Творец скрывает себя в Торе: ведь в состоянии скрытия лица Творца, страдания грешащего и мало выполняющего Тору и Заповеди не подобны вкладывающему в это все свои усилия.

Ведь первый способен больше оправдать Творца, чем второй, справедливо считая, что страдания являются следствием его прегрешений. Тогда как второму чрезвычайно трудно оправдывать Творца, потому как, согласно своим поступкам, не считает себя заслужившим столь большие наказания, тем более, видя более грешных не в страданиях, а в радости, счастье, здоровье.

Отсюда поймем, что до тех пор, пока человек не достиг открытия лица Творца, чем больше его усилия в Торе и Заповедях, тем тяжелее ощущает он скрытие Творца, все более явно ему, что скрывается от него Творец. И потому сказано, что Творец скрывает себя именно в Торе. В то время как, если человек учит Тору и не ощущает все большего скрытия Творца от него, значит это не та Тора, которая приводит к "ли шма".

Даже если весь мир считает его мудрецом и праведником, видя его внешнюю праведность и огромные познания. А именно эта все увеличивающаяся тяжесть ощущения скрытия Творца и есть призыв Творца ускорить количество и качество (интенсивность) усилий, необходимых для открытия лица Творца.

Зачем человеку, вкладывающему все свои усилия в занятия Торой, испытывать страдания, большие, чем другие? Это ли должно быть следствием его усилий в Торе? – на это и следует ответ: страдания должны подстегнуть его быстрее прийти к ощущению Творца.

Почему Творец скрывается в Торе больше, чем во всем остальном в нашем мире? – когда человек ощущает наслаждение в Торе и приходят к нему страдания, он оправдывает Творца, говоря, что Творец управляет миром, но он не достоин ощутить наслаждение, а получает наказания за свои прегрешения.

Но если человек вкладывает всего себя в Тору, то ощущает еще большее скрытие, говоря, что не видит, что Творец управляет миром, потому что, если бы Творец управлял миром своим свойством абсолютного добра, он бы ощущал это добро в виде наслаждений, а так ему еще хуже, чем другим. Почему же не ощущает он открытие лица Творца? Неужели тот, кто меньше учит Тору, чувствует себя лучше? Находится в лучшем чем он положении?

Тот, кто больше дает усилий в Торе, специально ощущает большие трудности, чтобы постарался собраться силами и дать все требуемые усилия в устремлении намерений ради Творца.

И тогда удостоится открытия лица Творца, ощущения Творца, ощущения явного управления, как Творец управляет всем миром абсолютным добром. Поэтому обычный человек не осуждает Творца, говоря, что он сам виноват в том, что получает страдания.

Но тот, кто "выкладывается" в своих усилиях, тот в своем сердце говорит, что Творец виноват в его страданиях. Поэтому именно он ощущает большое скрытие Творца. И это специально, для ускорения его прихода к Творцу. Сказано, что Творец подобен оленю, оборачивающему назад свое лицо, при бегстве от человека.

Именно во время скрытия Творца, когда человек пытается Его найти, и ощущает, что "убегает" от него Творец, он начинает постепенно видеть лицо Творца, потому как не спину Творца видит он, а обернувшееся лицо, предлагающее следовать за Ним.

И именно поиски Творца и поиски Его управления в том, что случается с человеком, и рождают те ощущения скрытия, в которых затем ощутит он Творца. Т.е. в состоянии скрытия человек видит не спину Творца, а Его лицо, только "убегающее", призывающее догнать Его.

102. Поэтому сказано: "Каждый, изучающий Тору "ло ли шма", оборачивает ее в яд смерти" – если не ставит своей целью достичь открытие лица Творца, не только не достигает этого, но чем больше изучает Тору, тем входит в большее двойное скрытие, являющееся смертью, потому как разрывается этим связь человека с Источником, т.е. не в состоянии верить в то, что Творец управляет миром.

Поэтому его Тора становится для него ядом смерти. И все это потому, что учить надо ради Творца, чтобы замыслом человека было радовать Творца.

А когда может устремить свои намерения к Творцу, то удостоится открытия лица Творца и ощущения наслаждений. Как понять, что Тора содержит в себе две противоположности: может быть эликсиром жизни и ядом смерти?

Мы не можем объективно ощутить окружающую нас действительность, какая она сама по себе. а только согласно нашим органам восприятий, ощущений.

Поэтому мы не постигаем, какова сама Тора, а только как она воздействует на нас. Если человек изучает Тору, и Тора отдаляет его от любви к Творцу, его Тора называется яд смерти, если наоборот, называется эликсиром жизни.

Сама же Тора, без постижения ее творениями, это сам непостигаемый Творец, абсолютный свет Творца. Поэтому когда говорят о Торе, подразумевают те ощущения, которые человек испытывает вследствие своих занятий Торой. Потому что ощущения человека, только они и определяют, где он находится и в каком качестве.

Поэтому, все зависит от ежеминутного намерения человека, какой Торой он занимается, чем она станет для него. Если человек изучает Тору для того, чтобы сблизиться с Творцом, то она является ему эликсиром жизни, потому как сближает с Источником жизни.

В начале пути, в состоянии скрытия, это должно быть намерение найти с помощью изучения Торы судью, вершащего суд.

В таком случае изучение Торы из ЛО ЛИ ШМА приводит к ЛИ ШМА. Изучение Торы должно привести только к одному – к вере, потому как верой называется также одна Заповедь, приводящая к склонению чаши заслуг всего мира. Вера называется также действием, маасэ.

Потому что в каждом действии человека есть причина и само действие. Обычно причина – это получение вознаграждения. Но если вознаграждение разумом не понимается, человек может действовать, если причиной для действия будет его вера. Поэтому вера позволяет все склонить к заслугам и потому она называется "действие".

103. Отсюда поймем два названия Торы: открытая (нигле) и скрытая (нистар). Тора называется скрытой потому, что в ней скрывается Творец и открытой потому, что Творец раскрывается в ней. Вначале учат тайную Тору, когда Творец скрыт в ней. А затем учат Тору открытую, где Творец открывается посредством Торы.

Поэтому утверждают каббалисты и говорится в молитвеннике Гаона ми Вильно (АГР"А), что скрытая и открытая Тора – это не две Торы или две части Торы, а последовательный порядок постижения Торы: начинают со скрытой, тайной Торы (сод) и вследствие усилий найти лицо Творца, достигают открытой Торы (пшат).

104. Поэтому понятно как можно достичь зависимой любви к Творцу: хотя вознаграждение человек получает только в будущем мире, но если открылись его глаза в Торе, то уже в этом мире он видит то, что уготовано ему получить в будущем мире, постигает вознаграждение за выполнение Заповедей, ощущает в настоящем вознаграждение, которое получит в будущем, видит бесконечную доброту Творца к своим созданиям, от чего проникается огромной зависимой любовью к Творцу, нисходящей к нему, по тем же каналам, по которым раскрывается земная любовь.

Как мать, кормящая своего ребенка, не думает о том, что должна его любить и получить за свои усилия вознаграждение – такого состояния любви обязан достичь человек в отношении к своему Творцу.

(Вообще, этот мир называется в Каббале "знание", "постижение", а будущий мир называется "вера". В будущем мире, говорится, все получат полное насыщение наслаждением. И это только потому, что получаемое с помощью веры не имеет никаких ограничений. В то время как получаемое в разум, очень ограничено самим получателем. Поэтому этот мир имеет границу.)

105. Но зависимая любовь приходит к человеку только с момента постижения открытого управления. А его страдания в прошлом, в период скрытого управления, хотя и не желает вспоминать о них, потому что все перекрывает любовь, все равно считаются как большой недостаток даже в земной любви – ведь если вспоминает о страданиях, причиненных ему в прошлом любимым, мгновенно угасает его любовь.

Как же может человек достичь такой любви к Творцу, чтобы знал и ощущал, что с его рождения и всегда Творец делал ему исключительно добро и никогда не причинил малейшего зла или страдания, чтобы смог проникнуться чувством абсолютной любви?

106. Сказано мудрецами: "У возвращающегося с любовью намеренные прегрешения становятся заслугами", что означает, что

Творец не только вычеркивает его намеренные прегрешения, но все плохое, сделанное им в прошлом, обращается в доброе деяние, Заповедь.

107. Поэтому, достигший такого открытия лица Творца, что его прошлые, даже злонамеренные прегрешения, обращаются в выполненные Заповеди, радуется многочисленным прошлым несчастьям и горьким страданиям, неспокойной жизни, гонениям, прошедшими над ним во время нахождения в состоянии двойного или простого скрытого управления, потому что именно они породили столько злоумышленных прегрешений, превращающихся теперь светом Творца в заслуги.

А все страдания, путавшие его и доводившие до оплошностей в простом скрытии Творца или доводившие до умышленных прегрешений в двойном скрытии Творца – обращаются сейчас в подготовку и причину выполнения Заповедей и получению за них огромного вечного вознаграждения.

А потому обращаются его прошлые страдания и горечь огромным счастьем, и все плохое обращается в абсолютно доброе. Поэтому счастлив испытанными в прошлом страданиями, ведь теперь, в мере перенесенных в состоянии скрытия страданий, он ощущает открытие лица Творца.

108. Это подобно притче: у одного хозяина был верный управляющий-еврей. Как-то раз уехал хозяин, оставив вместо себя заместителя-антисемита, который безосновательно присудил управляющему-еврею 5 ударов, что и было исполнено.

По возвращении хозяина, рассказал ему управляющий о происшедшем, и хозяин обязал заместителя выплатить за каждый удар по 1000 золотых. Пришел еврей домой и плача говорит жене: "Как жаль, что я получил только 5 ударов, а не 10".

109. Так и при обращении намеренных прегрешений в заслуги, приходит человек с Творцом к независимой любви, что его любимый никогда не делал ему никакого зла, а наоборот, постоянно делал

ему только добро. Поэтому возвращение с любовью и обращение намеренных прегрешений в заслуги происходит одновременно.

Когда человек получает вознаграждение за каждое перенесенное им страдание, он думает, если бы я имел большие страдания, то получил бы теперь большее вознаграждение, что подобно, будто никогда ранее не страдал от Творца, потому как Творец возмещает ему сторицей за все перенесенное им.

110. Выяснив два вида зависимой любви, выясним, как может прийти человек к двум видам независимой любви. Сказано мудрецами (Талмуд. Кидушин 40,2): "Сказал Тана Кама, всегда обязан видеть себя человек наполовину виновным и наполовину праведным. Совершил одну Заповедь – счастлив, склонив себя и весь мир в сторону вознаграждения. Совершил одно прегрешение – поберегись, ведь склонил себя и весь мир в сторону наказания, как сказано: "Совершивший одно прегрешение теряет все".

Раби Элиэзер, сын раби Шимона, автора книги Зоар, сказал: "Потому как мир судят по большинству и одного судят по большинству, сделавший одну Заповедь – счастлив, что удостаивает себя и весь мир вознаграждения. Совершил одно прегрешение – поберегись, что призвал на себя и на весь мир наказание".

111. Но Тана Кама и раби Элиэзер исходят из разных предпосылок, что выяснится далее.

112. Кроме того, как может человек видеть себя только наполовину виновным, осознавая свои большие прегрешения? Не может же он обманывать самого себя. А как может одно прегрешение человека склонить весь мир от вознаграждения к наказанию, ведь говорится об истинном положении, а не о теоретических предпосылках?

113. Может ли быть, что во всем поколении нет выполняющих хотя бы одну Заповедь? А если не так, то почему это не склоняет мир в сторону вознаграждения, а все продолжается, как и вчера?

Видя мир, существующий по установленным природным и общественным законам и не обнаруживая отличие между нашим поколением и прошлым, мы задаем вопрос: если, сделав одну Заповедь, можно склонить весь мир на чашу заслуг, ведь обязательно есть в каждом поколении много, совершивших за свою жизнь хотя бы одну Заповедь?

Почему же мы не видим никакого сдвига к лучшему в мире ни в одном поколении? Дело в том, что Тора вовсе не предлагает человеку, знающему, что имеет много прегрешений, увязшему в грехах, лгать самому себе, будто он наполовину праведник и одну только Заповедь осталось ему закончить.

Говорится о человеке, думающем, что он совершенный праведник, потому как ощущает себя совершенным, потому что уже достиг 1-ой ступени любви, вследствие открытия глаз в Торе, когда сам Творец свидетельствует, что уже не прегрешит.

Такому человеку Тана Кама указывает, что он еще не совершенный праведник, а средний, наполовину праведник наполовину грешник, потому как недостает ему еще одной Заповеди из 613 Заповедей Торы, заповеди любви. Ведь свидетельство Творца о непогрешимости человека основано на страхе наказания, которое явно ощущает человек при возвращении от страха.

114. Уже говорилось, возвращение от страха исправляет человека и гарантирует его праведность с момента возвращения и далее, но не исправляет прошлое: страдания до открытия лица Творца остаются прошлыми страданиями, а прошлые прегрешения исправляются лишь частично – из намеренных они становится ненамеренными.

Почему же человек определяется как наполовину праведник-грешник, если осталось выполнить только одну Заповедь?

Состояние, а не время жизни, человека делится на две части:

а) до возвращения к Творцу называется грешник,

б) после возвращения к Творцу выполняет Тору и Заповеди в силу возвращения от страха и называется праведником. Поэтому в таком состоянии он называется в силу своего прошлого и настоящего состояний "наполовину грешник и наполовину праведник".

115. Поэтому говорит Тана Кама, человек, которому недостает одной, последней из 613 Заповедей, обязан видеть себя наполовину грешником и наполовину праведником, т.е. должен представить себе, что момент его возвращения от страха находится в середине его жизни, где под серединой жизни подразумевается его "серединное" состояние: является наполовину грешником – за время до возвращения, когда точно прегрешал, потому что возвращение от страха не исправляет прошлого, и наполовину праведником – с момента возвращения и далее, потому как теперь не прегрешит. Т.е. за первую половину заслуживает наказания, а за вторую половину заслуживает вознаграждения.

116. Такому человеку Тана Кама советует подумать: если сделает одну, оставшуюся ему Заповедь, станет счастлив, склонив свою чашу заслуг. Потому как выполнивший Заповедь любви, вследствие возвращения от любви, обращает свои прошлые намеренные прегрешения в заслуги, все страдания прошлого, до возвращения, когда был в претензиях к Творцу за то, что Творец вызывает в нем страдания, обращаются в настоящем в огромные наслаждения, настолько, что сожалеет что не страдал вдвойне, потому как страдания превратились в сосуды получения наслаждения (п.108).

Именно это и называется склонением, перевешиванием чашей заслуг чаши прегрешений, потому как все его страдания, оплошности и умышленные грехи обращаются в заслуги.

Перевешивание заслуг не означает, что чаша заслуг более полна и потому перевешивает чашу прегрешений, а что вся чаша с прегрешениями и оплошностями, вследствие возвращения от любви также обращается в чашу полную заслуг, все прошлые намеренные прегрешения обращаются в заслуги.

117. И еще, предупреждает Тана Кама, пока человек "средний" и не достиг Заповеди любви, не имеет права верить в себя и надеяться на свидетельство Творца, что уже не прегрешит.

Поэтому обязан вдуматься: ведь если совершит хоть одно прегрешение – перевесит его чаша наказания, потому как немедленно теряет открытие лица Творца, вновь возвращается к скрытию лица Творца. Этим он склоняет себя к наказанию, потому как теряет все заслуги, не только прошлые, но даже впредь, будущую половину.

Поэтому сказано: "Совершивший одно прегрешение теряет все". Но если говорится о человеке достигшем ступени страха Творца, когда сам Творец свидетельствует, что более не прегрешит человек, как можно предположить, что в состоянии совершить хоть одно прегрешение?

Поэтому раби Ашлаг приводит изречение: "Не верь себе до дня своей смерти", что означает, до тех пор, пока не достиг человек возвращения от любви (света нэфэш мира Ацилут), еще может прегрешить.

Поэтому предупреждают мудрецы: "Не верь себе", даже человек, о котором свидетельствует сам Творец, что он более не прегрешит. И потому человек должен сказать себе, что если он сделает эту последнюю Заповедь, Заповедь любви, не согрешит более, а если совершит одно прегрешение, потеряет все.

118. Поэтому есть отличие в словах Тана Камы и раби Элиэзера: первый говорит о 2 (п.70) и 3 (п.72) ступенях любви, а раби Элиэзер о 4 (п.73) ступени. Человек называется наполовину заслуженный и наполовину виновный, наполовину праведник и наполовину грешник – если он уже достиг первой ступени любви, возвратившись от страха, и недостает ему только Заповеди любви.

В таком состоянии он называется "наполовину": за годы до возвращения называется сейчас "наполовину виновный грешник", а за годы после возвращения называется "наполовину заслуженный праведник".

Но до тех пор, пока не достиг возвращения от любви, а достиг только возвращения от страха, 1-ой ступени любви, его намеренные прегрешение обратились в ненамеренные, но прегрешениями то они остались.

Поэтому знает, что недостает ему еще одной Заповеди, Заповеди любви. Но как согласно этому можно сказать обо всем мире "наполовину виновен и наполовину заслужен"?

119. В п. 73 говорилось, что 4-ой ступени можно достичь, если знает все деяния любимого относительно себя и относительно других. Поэтому то, что человек склонил свою чашу к вознаграждению, еще недостаточно для достижения полной любви, 4-ой ступени, ведь еще не постигает все величие бесконечно доброго отношения Творца, как к праведникам, так и грешникам, ко всему миру, а только постигает действия Творца относительно себя (п.115).

В п.72 выяснилось: насколько человек еще не постиг все деяния Творца со всеми творениями, не исключая ни одного из них, настолько его любовь к Творцу не вечна. Поэтому обязан склонить чашу всего мира к заслугам и вознаграждению – и только затем раскрывается ему вечная любовь.

Когда человек ощущает к себе доброе отношение кого-либо, возникает в его сердце любовь. И это есть независимая любовь. Но еще не знает, как этот знакомый относится к другим людям.

А если увидит, как он жестоко относится к другим, сразу же спросит себя: где же его хорошие качества? Также и относительно Творца: человек познал величие Творца, любит Его, но еще не знает, как Творец относится ко всем своим творениям.

Может быть, когда увидит отношение Творца к другим созданиям, обнаружит, что Творец не совершенно добр и милосерден ко всем, и ослабеет его любовь, не будет совершенной. Но если не видит отношения Творца к остальным людям, хотя имеет возможность видеть, считается его любовь несовершенной.

Для того, чтобы любовь человека была совершенной, не могла уменьшиться, ничто не могло бы её убить, человек обязан убедиться в совершенном отношении Творца абсолютно ко всем творениям.

120. Раби Элиэзер говорит: "...мир судится по большинству и каждый судится по большинству...". Потому как говорит обо всем мире, то не может говорить как Тана Кама, чтобы видел человек всех наполовину праведниками и наполовину грешниками, ведь для этого все в мире должны достичь возвращения от страха, вследствие открытия лица Творца.

В мире есть много грешников. Почему же если мир судится по большинству, то сделав одну Заповедь, человек склоняет себя и весь мир в сторону вознаграждения? Суд по большинству не означает, как мы обычно понимаем, что 51% это большинство, а меньшинство это 49%.

Ведь как тогда может быть, что осталось человеку сделать только одну Заповедь, а он еще называется грешником. Понимать, сказано, надо так: то, что склонил все на чашу вознаграждения, заслуг, это зависит от "большинства", т.е. от того малого, что называется "одна Заповедь", посредством которой все 100% станут на чашу заслуг, и все прегрешения будут как заслуги.

Получается, что "судится по большинству" – чтобы все было переведено в заслуги, когда чаша виновности, прегрешений, которую наполнял до возвращения, обращается в чашу заслуг, зависит только от выполнения одной Заповеди.

Ведь можно подумать, что человек достигает ступени совершенного праведника при условии отсутствия прегрешений и что более не прегрешит никогда. А те, которые многократно и злонамеренно прегрешали уже не достойны достичь ступени совершенного праведника.

Поэтому указывает раби Элиэзер, что это неверно, а мир судится по большинству, как и каждый из людей. Т.е. после возвращения от страха, называемый "средний", до возвращения грешник, а после возвращения праведник, если только добавит одну Заповедь, Заповедь любви – считается что большинство оправдано и склоняет весь мир на чашу вознаграждения, что означает, что все его прегрешения оборачиваются заслугами, как говорит Тана Кама и даже если все его прошлое состоит из одних прегрешений, они обращаются в заслуги, будто никогда ни разу не прегрешил и считается совершенным праведником.

Поэтому сказано, что мир, и каждый судится по большинству. Т.е. прегрешение совершенные человеком до его возвращения к Творцу, не учитываются, потому как оборачиваются заслугами. Т.о. даже законченные грешники, вследствие возвращения от любви, считаются совершенными праведниками.

121. Поэтому сказано: если после возвращения от страха, когда недостает человеку только одной Заповеди, он делает ее, то "счастлив, что склонил себя и весь мир на чашу вознаграждения". Т.е. возвращением от любви склоняет не только себя на чашу заслуг, как сказал Тана Кама, но и весь мир.

Т.е. настолько постигает свет Торы, что открывается ему, как весь мир достигнет возвращения любовью, вследствие того, что всем откроется то великое знание и ощущение Торы, которого удостоился он, и они также склонят чашу заслуг, исчезнут все прегрешения человека с земли и не будет более грешника.

Как лично постиг совершенную любовь Творца к себе в прошлом и в будущем, от чего возникла в нем огромная любовь к Создателю, также постигает, что весь мир придет к возвращению от любви и к огромным наслаждениям, которые Творец посылает им постоянно.

Видя, как управляет Творец каждым из созданных абсолютным добром, постигая то, что постигнет в будущем каждый, человек проникается такой любовью к Творцу, что один, сам склоняет чашу заслуг, которые они получат в будущем.

И хотя все люди мира сами еще не достигли возвращения к Творцу от страха, но если один склоняет чашу заслуг, которую они должны получить в будущем, это подобно сказанному: "Мир свой увидишь еще при жизни", достигшему возвращения от страха, потому как ощущает это настолько, будто уже получает, потому что "получающий в будущем, подобен получающему сейчас" (п.84).

Так и здесь, человеку, постигающему будущее возвращение всего мира к Творцу, засчитывается это будто весь мир уже возвратился любовью к Творцу и каждый из живущих обратил свою чашу в заслуги, что совершенно достаточно ему для познания всех действий Творца с каждым из Его творений.

Поэтому о достигшем возвращения от любви, говорит раби Элиэзер: "Счастлив, что перевесил себя и весь мир на чашу вознаграждения". Ведь с этого момента знает все пути управления Творца всеми созданиями, с каждым в отдельности, познает бесконечную доброту Творца ко всем и всегда. А потому как знает это, достигает 4-ой ступени любви к Творцу, вечной любви (п.73).

Также и раби Элиэзер, как и Тана Кама остерегают, что хотя и достиг перевесить весь мир на чашу вознаграждения, не может верить в себя до своей смерти, потому что если прегрешит хоть один раз, пропадут мгновенно все его постижения и ощущения, как сказано Тана Кама: "Одно прегрешение вызывает пропажу всего хорошего".

Таким образом выяснилось отличие Тана Камы от раби Элиэзера: Тана Кама говорит только о 2 и 3 ступени любви и поэтому не упоминает о склонение всего мира на чашу вознаграждения.

А раби Элиэзер говорит о 4-ой ступени любви, имеющей место только вследствие постижения склонения всего мира на чашу вознаграждения. Но еще необходимо нам понять, как достигается познание склонения всего мира на чашу вознаграждения.

122. Сказано в Талмуде (Таанит 11,1): "Когда общество находится в страданиях, да не скажет человек, пойду домой отобедать и

отдохнуть. А если делает так, про него сказано, вот радость, забьем скотину, будем мясо запивать вином, потому как завтра умрем.

Если Творец простит ему, это качество среднего. Но про грешника сказано, возьмем мясо с вином, потому как и завтра будет день. И тогда праведник оставляет мир, но никто не обращает внимание на то, что от зла грешника исчезает праведник. Но, страдающий с обществом, постигает и видит затем возрождение общества".

123. Сказанное совершенно несвязно. Ведь желает привести доказательство того, что человек обязан страдать страданиями общества. Но зачем говорит о "качествах" среднего и грешника, а не о среднем и грешнике? К чему говорится о наказании за неучастие в страданиях общества?

Почему грешник не получает никакого наказания, а за его прегрешение пропадает праведник? Какая связь между грешником и праведником, что праведник наказывается за проступок грешника? Почему должно быть небезразлично грешнику, что от его деяний наказывается праведник? Неужели наказание грешника в том, что пропадает праведник?

124. Но эти качества среднего, грешника и праведника находятся не в разных людях, а в каждом из нас. Когда учат Тору для самоисправления, то все, что говорится в ней, воспринимается как относящееся к одному человеке, потому что в каждом из нас можно определить эти три качества:

а) во время скрытия лица Творца, когда человек не видит, что Творец управляет миром абсолютным добром, когда еще не достиг возвращения от страха – определяется как грешник.

б) достигнувший возвращения от страха определяется как средний, потому что наполовину хорош и наполовину плохой: до возвращения – время прегрешений, грешник; после возвращения, время заслуг, праведник. В итоге, в этом состоянии – до момента возвращения и с момента возвращения – наполовину грешник и наполовину праведник – определяется как средний.

в) достигнув возвращения любовью, 4-ой ступени, вечной любви – определяется как совершенный праведник. Поэтому не сказано просто средний, грешник и праведник, а именно качества среднего, грешника и праведника – соответствующие духовные качества, состояния одного человека.

125. Уже говорилось, что невозможно достичь 4-ой ступени любви, не постигнув предварительно открытия лица Творца, уготовленное в будущем для всего мира, того, что весь мир в будущем должен постичь.

Хотя это будущее всего мира еще никому в мире не раскрыто, но чтобы склонить весь мир на чашу вознаграждения, человек обязан постичь это будущее состояние всего мира, как говорит раби Элиэзер.

С открытием лица Творца, каждое, пережитое в состоянии скрытия страдание обращается огромным наслаждением, настолько, что сожалеет человек о том, что не ощутил в прошлом больших страданий (п.108). Но это возможно, потому что помнит эти страдания.

Но когда склоняет чашу всего мира к вознаграждению, откуда может знать меру страданий всего мира, насколько все люди в мире страдают, чтобы склонить их страдания на чашу вознаграждения, как склоняет свою чашу (п.121). Чтобы не отсутствовала чаша вознаграждения всего мира, когда человек уже готов склонить ее, нет иного способа, как ощущать страдания всего мира как свои страдания.

Только в таком случае будет у человека чаша наказания всего мира готова в нем самом, как и чаша наказания своя лично. И как только достигнет возможности склонить себя на чашу вознаграждения, сможет также склонить и весь мир, потому как ощутил страдания всего мира, отчего достигает ступени совершенного праведника.

А на ощущение каждого прошлого страдания ощущает совершенное наслаждение и осознание огромного духовного вознаграждения за каждое прошлое страдание. Вообще, под понятием "общество" подразумевает совокупность всех душ, созданных Творцом. Все созданные души находятся на различном удалении от Творца во всех 4 мирах АБЕ"А, каждая в зависимости от пройденного пути исправления в своих кругооборотах.

Все вместе они называются также душа "Адама", "Кнэсэт Исраэль", "Шхина", "Малхут". Пока человек не видит, как Творец наполняет все души в будущем и как Он, постоянно, добром ведет их к Себе, что называется, склоняет весь мир к заслугам, он не может абсолютно возлюбить Творца.

126. Поэтому сказано в Талмуде (п.122), что если человек не страдает вместе с обществом, то, даже достигнув возвращения от страха, что является качеством среднего (п.62), достигнув состояния "свой мир увидишь еще в этой жизни", когда видит вознаграждение, уготованное ему в будущем мире, бесконечно счастлив этим, настолько, что с радостью говорит: "Вот радость, забьем скотину и будем мясо запивать вином, потому как завтра умрем". Но спрашивает его Творец: "А покрыты ли твои оплошности?". У возвратившегося от страха намеренные прегрешения обращаются оплошностями.

Но потому как не страдал вместе с обществом, не может достичь возвращения от любви, когда намеренные прегрешения обращаются в заслуги. И остается со своими ненамеренными прегрешениями, оплошностями. А без обращения оплошностей в заслуги нет радости жизнью будущего мира.

127. Но, подчеркивает Талмуд, это говорится о среднем, т.е. с момента, когда возвратился от страха и далее, когда называется средний. Возвращение от страха не исправляет прошлого, и эти, еще неисправленные качества, называются качествами грешника.

Хотя как средний он желает достичь получения вознаграждения в будущем мире, но как имеющий еще качества грешника, не желает умереть, потому что для грешников нет никакого вознаграждения в будущем мире.

Поэтому в то время, как качество среднего в человеке, радуется и восклицает: "потому что завтра умрем!" и удостоимся жизни в будущем мире, качество грешника в нем восклицает: "а каким будет завтрашний день!", т.е. желает оставаться в этом мире навсегда, потому что нет пока части в будущем мире, ведь эта часть исправляется только возвращением от любви.

128. Поэтому заканчивается изречение Талмуда: "И праведник исчезает", – т.е. качество совершенного праведника, которого должен был достичь человек, исчезает из него. "И никто не обращает внимания, что от зла исчез праведник", – потому как средний, который не присоединил себя к страданиям общества, не может достичь возвращения от любви, обращающее намеренные прегрешения в заслуги и страдания в наслаждения, а наоборот, все оплошности и страдания, перенесенные им в прошлом, до того, как возвратился от страха, стоят пред его глазами, в виде качеств грешника, ощущающего страдания от управления Творца.

И эти ощущаемые страдания от управления Творца не позволяют ему достичь ступени совершенного праведника. Поэтому сказано: "И никто не обращает внимания", – т.е. сам человек не обращает внимания, "что от зла", т.е. оттого, что еще ощущает зло, страдания в прошлом от управления Творца, "исчезает праведник", исчезает от человека качество праведника – и умрет, уйдет из мира только в качестве среднего.

И все это только потому, что не связал себя с обществом, не страдал страданиями общества – поэтому не может достичь и видеть вознаграждение и успокоение общества, не может склонить чашу общества к вознаграждению и заслугами и видеть удовлетворение, вознаграждение общества и поэтому никогда не может достичь ступени праведника.

Вывод: если человек связан с обществом, удостаивается видеть успокоение, наслаждение общества, т.е. может достичь возвращения любовью, вечного возвращения, потому что может перевесить и себя и весь мир склонить на чашу заслуг, потому как видит в настоящем, как все страдания всего мира от Творца, до того как возвратился, обращаются после его возвращения в огромный свет, который снизойдет на все, перенесенные во время скрытия, страдания.

И это в силах человека видеть, потому что знает все прегрешения и страдания всего мира. Поэтому страдающий с обществом, приобретает необходимые чувства, страдания, в которых именно впоследствии и ощущает наслаждения, что и называется постижением будущего услаждения общества.

Отсюда лучше видно, что грешники, средние, праведники – эти состояния приходят к одному человеку поочередно: до возвращения – грешник, после возвращения от страха – средний, после возвращения от любви – праведник.

129. Из всего вышесказанного вытекает, что нет ни одного рожденного в этом мире, кто бы не был обязан пройти поочередно эти три качества: грешник, средний, праведник. Каждый из рожденных на этой земле обязан пройти их, и нет человека, который родился бы сразу с качествами среднего или праведника.

А называются качествами, потому что исходят из качеств постижения управления Творца. Грешник или праведник поэтому определяются по ощущению, как человек ощущает управление Творца, отношение Творца к миру.

Поэтому сказано мудрецами (Талмуд. Сота 8): "В мере, которой человек измеряет себя, измеряют его": человек может много учиться, молиться и поститься, но если в своем сердце чувствует, что Творец относится к нему плохо, называется грешник, а может не много учить, молится, но радостен, так ощущая отношение Творца к себе, оправдывает управление Творца, то называется праведник – по тому, как человек называет Творца, так и называется человек.

Потому как ощущающие скрытое управление Творца, не видящие Его доброго управления и потому имеющие жалобы на Творца, за то, что не получают от Него того, что желают, а то, что желает человек и не имеет – это ощущение в сердце и есть жалоба на отношение к нему Творца, этим ощущением в сердце человек говорит, что Творец не милостив к нему, и потому он недоволен и удручен.

Ощущающие управление как плохое, грешное – определяются в качестве грешника: неполный грешник от простого скрытия Творца или полный грешник от двойного скрытия Творца. Совершенно не верящий в Творца, не имеет никаких жалоб на Творца.

Но верящий в Творца, имеет жалобы на Него, за то, что не получает ему положенного. И называется грешник, потому что чувствует, что Творец относится к нему не так, как по его мнению обязан относиться.

Чтобы не обвинять в своем сердце Творца, обязан человек искать всевозможные оправдания и средства, как в себе, так и в окружающем, все, что только в состоянии делать, для того, чтобы быть в радости. Потому что вся основа иудаизма – это уверенность в Творце. И если эта уверенность есть, человека не покидает радость и счастье.

Если человек, независимо от состояния, может усилиями достичь веселья, счастья и сказать в своем сердце, что Творец праведник и обращается с ним только добром, то называется праведником. Человек судит о Творце и Его управлении по своему пониманию, каким должно быть управление им и миром.

Ощущая себя плохо, и что ощущения эти он получает от Творца, человек определяется как грешник. Но если он утверждает, что и весь мир находится в страданиях вследствие плохого управления Творца, то еще большим грешником он считается.

А если бы Творец спросил совета, как управлять миром, он бы ему посоветовал относиться лучше, чем как ему кажется, Творец относится к миру сейчас. В общем, каждый понимает лучше Творца, как должен выглядеть наш мир и каким должно быть высшее управление. А причина этого, только в скрытии истинного управления мира Творцом,

Поэтому постигающий управление от скрытого лица Творца, называются грешниками. А потому как из глубин собственных ощущений сам нарекает себя грешником, потому как это имя зависит только от ощущаемого в сердце и совершенно не зависит от произносимого устами или даже в мыслях.

Если человек ощущает себя плохо, неуверенно, не может быть в радости (радость есть ощущение, с которым человек желал бы остаться всю жизнь), то это вовсе не зависит от его слов или даже если он разумом оправдывает Творца.

Ведь оправдание управления Творца исходит из ощущений в чувствах и жилах, которые не могут лгать сами себе от насилия, как мы. Поэтому, находящийся в скрытии Творца, склоняет себя и весь мир на чашу наказания, потому как представляется ему, что весь мир ощущает такое же плохое управления, как и он, не согласен остаться в своем ощущении постоянно.

130. Но постигающий и ощущающий управление Творца в раскрытии Его лица в первой ступени, называемой возвращение от страха, определяется качеством среднего, потому как его ощущения разделяется на две части, называемые две чаши весов: ведь постигнув открытие лица Творца и состояние "мир свой увидишь еще при жизни", постигает хотя бы с этого момента и далее управление Творца как доброе и поэтому обретает чашу заслуг, потому как утверждает своим ощущением, что Творец праведник и потому сам называется так, потому как называет так управление Творца.

Но все горькие страдания, отпечатанные в его ощущениях от прошедших горьких дней в состоянии скрытия лица Творца, т.е. до того как достиг возвращения от страха, будто остались прежними и называются чашей виновности, когда обвинял Творца, ощущая материальные, телесные или духовные страдания.

А потому как есть у него эти две чаши, одна против другой – до возвращения стоит пред ним чаша виновности, а с момента возвращения и далее стоит пред ним чаша заслуг, то в момент возвращения находится между заслугами и виновностью и потому называется "средним".

131. А удостоившийся 2-ой ступени открытия лица Творца, от любви, когда намеренные прегрешения обращаются в заслуги, считается как склонивший, перевесивший чашу виновности чашей заслуг, т.е. все страдания, отпечатанные в его ощущениях в состоянии скрытия лица Творца, обратились сейчас в чашу заслуг, потому как все страдания прошлого обращаются в огромное наслаждение, и он называется праведником, по тому как таким ощущает управление Творца.

132. Качество среднего иногда проявляется в человеке даже во время нахождения в скрытии лица Творца, когда от его больших усилий в веру в Творца и в вознаграждение и наказание, открывается ему свет уверенности в управление Творца, и человек в определенной мере удостаивается ощутить Творца, увидеть открывшееся ему лицо Творца, как средний, т.е. чувствует, что с этого момента и далее он будет праведник и сблизится с Творцом. Но не в состоянии устоять в этом качестве постоянно, потому как это возможно только вследствие возвращения от страха.

133. Также необходимо знать, что свобода воли имеет место только в состоянии скрытия лица Творца. Но это не значит, что после того, как удостоился открытия лица Творца, уже не надо прикладывать никаких усилий, и нет места работе человека в выполнении Торы и Заповедей.

Как раз наоборот: настоящая работа в Торе и Заповедях в нужном виде начинается именно после того, как удостоился человек возвращения от любви к Творцу, потому как только тогда может он заниматься Торой и Заповедями с любовью и страхом, как заповедано нам и как сказано (Талмуд. Брахот 61): "Я сотворил мир для совершенных праведников".

Это подобно королю, пожелавшему выбрать из всех своих подданных наиболее любящих и верных ему, чтобы окружить себя ими в своем дворце.

Послал он гонцов по всему королевству известить, что желающие работать на особой внутренней работе для короля, должны явиться во дворец. Но чтобы выяснить кто же действительно любит его, на дорогах, ведущих к дворцу, расставил посты и приказал страже умышленно путать желающих, объясняя, что не стоит работать во дворце короля и всячески их отпугивать.

Конечно, все подданные короля, услышав о такой возможности, немедленно устремились к дворцу, но строгие стражники жестоко отталкивали их. И все же многие смогли приблизиться к дворцу короля, не слушая отпугивания и убеждения стражников от работы во дворце. Но стражники, стоящие на воротах дворца, были еще более жестокими и не давали даже приблизиться к воротам, грубо отталкивая желающих.

И только особо упрямые, продолжали свои попытки прорваться к королю, отступая под натиском жестоких стражников и вновь нападая, в попытке достичь короля. И так продолжалось много лет, в попытках достичь дворца и отступлениях под убеждением стражников, что не стоит работать во дворце короля – пока не ослабли и разочаровались.

И только особо сильные духом, терпение которых позволило им продолжить свои попытки, победили жестоких и коварных стражников, открыли ворота и удостоились сразу же увидеть самого короля, который дал подходящую каждому из них должность.

И конечно с тех пор они уже не должны сталкиваться с отпугивающими, путающими и угрожающими стражниками, причинившими им столько страданий в течение многих лет поисков входа во дворец и возвращений ни с чем обратно, потому что удостоились работать и прислуживать самому королю внутри дворца.

Так же происходит с совершенными праведниками: свобода воли, имеющая место в состоянии скрытия лица Творца, естественно не имеет места с момента открытия лица Творца, когда открыли ворота для постижения открытого управления.

Как уже описывалось в 4-ой части "Каббала. Тайное еврейское учение", человек как бы движется внутри миров АБЕ"А и всегда думает и действует согласно тому духовному уровню, на котором находится и не в состоянии мыслить иначе.

Работа в состоянии скрытия Творца, когда эгоизм человека постоянно восставал против него, отталкивая от приближения ко дворцу, эта работа конечно уже не имеет места в состоянии открытия лица Творца, а есть настоящая работа непосредственно на Творца, когда начинают восходить по тем многим ступеням лестницы, стоящей на земле, но достигающей неба, в соответствии со сказанным: "Праведники восходят от силы к силе" и "Каждый праведник завидует доставшемуся другому", когда эта работа подготавливает их к желаемому Творцом, чтобы исполнился в них замысел Творца в творении, который определяется как услаждение созданий, согласно свойству и величию Творца.

134. Знай высший закон: раскрытие, чего бы то ни было, может быть только в том месте, где имело место его скрытие.

Как в нашем мире, скрытие прежде открытия, росток выходит только там, где посажено и сгнило зерно, также в духовных процессах, скрытие и открытие имеют общую связь, как фитиль и свет, связанный с ним: без фитиля не может гореть масло.

Это потому, что в скрытие, когда оно доходит до своего исправления, открывается свет, относящийся к бывшему сокрытию. Поэтому сокрытие есть причина, порождающая раскрытие и появляющееся раскрытие, связано со своим бывшим сокрытием, как огонь с фитилем.

Стремящийся духовно возвыситься, обязан это постоянно помнить. Сказано: "Преимущества света раскрываются из тьмы", потому что невозможно понять что-либо, если прежде не постичь противоположное ему, потому как постигаемое всегда дает понимание ему противоположного.

Поэтому если человек желает чего-то достичь, осознать, почувствовать, он обязан постичь прежде противоположность того, что ищет, и по мере раскрытия противоположности, познает желаемое – как например, горькое и сладкое, ненависть и любовь, жажда и ее утоление. Поэтому не может человек достичь любви к Творцу, желания слиться с Ним, прежде чем возненавидит состояние разлуки и удаления от Творца.

Поэтому должен понять, от чего он отдален, чего лишается этим отдалением, вследствие чего возникает в нем желание исправить свое состояние, чтобы сблизиться. Т.е. должен четко осознать, чего лишен вследствие отдаления от Творца. Вознаграждение от сближения и проигрыш от отдаления измеряются страданиями и наслаждениями.

В мере ощущения страданий, человек удаляется и ненавидит их источник, потому как естественно ненавидит страдания. Т.е. мера страдания определяет меру усилий человека, его попытки и старание найти способ избавиться от источника страданий.

Мера ненависти определяет меру отдаления от источника страданий. Также обязан знать, что означает сближение с Творцом, совпадение свойств с Творцом, т.е. свойства Творца, к чему он должен стремиться прийти. И от этого он тоже узнает, что означает отдаление свойств.

Хотя сказано, что Творец абсолютно добр, но человек не видит этого, ощущая плохое управление, упрекая в сердце Творца, называется грешником. Когда ощущает, что Творец дает всем только добро, оправдывает Его деяния, называется праведником.

Поэтому, ощущая страдания, человек естественно удален от Творца, потому что испытываемые им страдания, сами вызывают в его сердце ненависть к Творцу. Скрытый в Торе свет постепенно создает в человеке ощущение страданий от удаления от Творца и ненависть к отдалению. Т.е. постепенно начинает осознавать причину удаления от Творца.

Человек должен верить, что управление Творца доброе, а он ввиду своих эгоистических свойств, находится в отдалении от Творца и потому ощущает страдания вместо наслаждений, которые желает дать ему Творец. Затем, когда человек начинает понимать, насколько выигрывает от сближения с Творцом, начинает стремиться к слиянию. Поэтому каждое ощущение выявляет и себе противоположное.

Каждое страдание, уныние, нисхождение в эгоистическо-низкие желания осознается уже как следствие отдаления от Творца и постигает выигрыш от сближения и оценивает связь с Творцом. Именно страдания, уже осознаваемые как следствие отдаления от Творца, подталкивают человека ненавидеть отдаление, т.е. свой эгоизм, как причину отдаления.

Из страданий оценивается и понимается наслаждение. Но до того, как сам увидит управление Творца как доброе, нет иного пути, как верить в это, несмотря на страдания. Верить в то, что страдания посылаются для его продвижения.

И поэтому сказано (п.17): "Праведник живет своей верой", т.е. только на одном должен сосредоточиться человек – просить Творца дать силы верить вопреки страданиям, вопреки тому, что знает его тело.

Усилия верить также рождают в человеке ненависть к отдалению. Отличие веры и знания (ощущения) в том, что самого знания достаточно чтобы совершить действие. Вера – это всего лишь умственное преодоление знания, сказать себе, что выгодно работать против знания.

Поэтому вера действует, только если она больше знания, и поэтому над верой обязан постоянно работать. Поэтому все страдания человека в этом мире есть не более, чем предварительные к настоящим страданиям, без которых человек не сможет достичь духовного.

А настоящие страдания – это страдания человека оттого, что он упрекает в своем сердце Творца за плохое управление и просит Творца дать ему такую веру, чтобы вопреки страданиям не смог в своем сердце говорить плохо о Его управлении.

135. Сказано, что вся Тора – это имена Творца. Но это совершенно непонятно, ведь мы находим в Торе много грубых слов и имена известных грешников, как Фараон и Билам, запретное, нечистое, проклятия и пр. Как же можно понять, что все это имена Творца?

136. Чтобы это понять, необходимо знать, что пути Творца не подобны нашим путям, потому как наш путь исходит из несовершенного, снизу, и продолжается к более совершенному, вверх, а пути Творца наоборот: от совершенства к несовершенству, сверху – вниз.

По пути Его нисхождения приходят к нам все раскрытия, от совершенства к несовершенству: потому как сначала исходит из самого Творца абсолютное совершенство, которое затем, удаляясь своими качествами от Творца, спускается, последовательно сокращаясь, по ступеням миров, пока не достигает своего последнего состояния, самого сокращенного, подходящего для нашего земного, материального мира, и тогда раскрывается это нам здесь, в нашем мире.

Чтобы мы, несовершенные и крайне удаленные от Творца, смогли постичь духовные ступени, обязан Творец создать лестницу нисхождения от совершенства к несовершенству.

137. Вся Тора, высоте которой нет предела, какою создана и вышла из Творца, такою же она находится перед нашими глазами в этом мире, потому что Творец и Тора

– это одно и то же. (Каббала. Тайное еврейское учение, часть 3 стр. 125-130).

Но в Торе нашего мира этого совершенно не видно, т.е. человек может учить Тана"х и Талмуд и не чувствовать, что есть Творец мира, поскольку у нас Тора и Творец – это две категории, а не одна. И даже более того, хотя сказано, что Тора – это жизнь, занимающийся ею "ло ли шма", хотя и становится в ней великим знатоком, выполняет с усердием множество Заповедей, добавляя к ним всевозможные дополнения, обращает Тору в яд смерти.

Но при рождении Торы, она появилась в абсолютно совершенном виде, как одно целое с Творцом. И это называется Торой мира Ацилут, о которой сказано (Акдамат Тикунэй Зоар, 3,2): "Он, Его сила и Его сосуды – одно", т.е. Божественное.

Но затем снизошла Тора от Творца и сократилась своим нисхождением по многим ступеням, до состояния, в котором была вручена на горе Синай, когда была записана в том виде, в котором мы видим её в этом мире, в одеянии грубых оболочек нашего материального мира – в изучаемые нами в Талмуде убийства, воровство и прочие прегрешения.

Но все слова в Торе совершенно точны. И хотя в нашем мире "говорит Тора языком человека", каждое слово обозначает и указывает собою определенное духовное понятие.

И потому духовные действия, управление Творца, описанные словами нашего мира, нисколько не теряют своего величия, а 2каждое слово есть постижение самого действия Творца, которое 2постигают путем раскрытия этого слова.0 Поэтому все слова Торы – это имена Творца.

И именно потому, что слова нашего мира скрывают Его действия более всего, через них происходит самое большое раскрытие Творца!

138. Но хотя есть огромное отличие одеяний Торы в нашем мире от одеяний Торы в мире Ацилут, сама Тора, т.е. свет в этих одеяниях, остается без всяких изменений, как в нашем мире, так и в мире Ацилут, как сказано (Малахим 3,6) "Я себя не меняю".

Лестница нисхождения, представляет собою ступени постепенного удаления свойств от Творца, которые также называются мирами Ацилут, Брия, Ецира, Асия, Этот мир, каждый из которых также состоит из 25 ступеней. Эти ступени и есть одеяния света. В Этом мире одеяния материальные, например, пища. Есть одеяния дозволенные и запретные, как в пище.

В одеянии "деньги" есть запрет красть. Одеяние "почести" и пр. В эти материальные одеяния одевается Тора, но сама Тора – это свет Творца: Творец одевается в Тору, в различные одеяния, и все отличие только в них, только относительно постигающего эти одеяния, человека.

Более того, грубые одеяния Торы нашего мира, мира Асия, не только никоим образом не причиняют никаких изъянов свету в них, а наоборот, они важнее в окончании исправления, чем тонкие одеяния Торы в более высших мирах. И это потому, что скрытие есть причина последующего раскрытия.

Само скрытие, после того как оно исправлено, становится раскрытием, как фитиль и связанный с ним свет. И чем больше скрытие, тем больший свет раскрывает оно. Поэтому грубые одеяния Торы в нашем мире, ничем не принижают Тору относительно света, а поскольку раскрывают его, то важны как находящийся в них свет.

Скрытие, неощущение Творца, после своего исправления, само обращается в раскрытие Творца: фитиль находится в масле и масло должно подняться и пропитать его (или он всасывает масло и пропитывается им). Но огонь не держится на масле, а именно на фитиле. Получается, что фитиль – это одеяние на масло и, в мере исправления этого одеяния, огонь горит. И чем толще фитиль (чем больше скрытие), тем больший свет может он дать.

139. И этим (Талмуд. Шабат 89,1) победил Моше ангелов в их замечании Творцу: зачем Он вручает Тору столь низкому созданию, как человек. На что Моше ответил: "Но ведь нет в вас зависти, нет в вас эгоизма!" – поскольку большое скрытие, место где находится эгоизм, порождает большое раскрытие света Творца, то одеяния Торы в мире ангелов недостаточны, чтобы раскрылся большой свет, как одеяния Торы в нашем мире.

140. Т.о. нет никакого отличия между Торой мира Ацилут и Торой нашего мира, а все отличие только во внешних облачениях: в мире Ацилут Творец раскрыт ощущающему Его, предстает перед постигающим Его без одеяний, а в облачениях Торы, в одеяниях нашего мира тот же Творец скрывается от человека.

И по этому свойству скрытия Творца в Торе нашего мира, называется Творец по имени "Учитель", показать, что даже для ощущающего двойное скрытие, Творец облачается в Тору как Учитель, а Тора – учение, но облачена Тора в грубые одеяния нашего мира, потому как эти одеяния материальные, то они укрывают и скрывают Учителя, одетого и скрывающегося в них.

Но когда, вследствие возвращения от любви, человек удостаивается открытия ему лица Творца, 4-ой ступени постижения управления, то сказано о нем (Ишаяу 30,20): "Не будет более скрываться твой Учитель и увидят Его глаза твои", потому как с этого момента и далее одеяния Торы не скрывают Учителя, а, наоборот, раскрывается Он человеку навечно, потому как Тора и Творец одно и таким это предстает перед человеком.

141. Отсюда поймем сказанное мудрецами (Талмуд Ирушалми. Хагига 81): "Оставьте меня и выполняйте Тору" – оставьте ваши посты и обеты, потому что все это вы делаете только ради себя, но выполняйте Тору, потому, как свет что в ней, возвращает к

Источнику: в поисках раскрытия Творца люди постились и накладывали на себя невыносимые обеты, потому как (Ишаяу 58,2) "близости Творца желают".

Поэтому говорит им Талмуд от имени Творца: "Оставьте меня", ведь напрасны все ваши усилия, потому как Я нахожусь только в Торе. Так "выполняйте Тору", в ней ищите Меня, а свет, что в ней, вернет вас ко Мне, и найдете Меня (п.95, 103).

142. Только теперь, поняв вышеизложенное, поймешь немного суть науки Каббала и уже не ошибешься, как массы, представляющие себе всевозможные фантастические картины миров и действия каббалистов.

Знай, что Тора делится на 4 категории, включающие в себя все творение. Три категории включающие все, находящееся в нашем мире, называются "МИР", "ГОД", "ДУША", а 4-ая категория – это пути существования 3-х частей, пути их питания, поведения, управления и пр.

143. Внешняя часть существующего – небо, земля, моря и пр., описываемые в Торе, называется "МИР". Внутренняя часть существующего – человек, животные, птицы и пр., описываемые в Торе, которые находятся в "МИРЕ", называются "ДУША".

Облачение существующего в поколения называется "ПРИЧИНА И СЛЕДСТВИЕ". Облачение всего существующего (человек, животное, птица и пр.) в причинно-следственную связь называется "ГОД". Время в духовном понимании – это причинно следственное развитие.

(Например, облачение в главы поколений, от первого человека до Иошуа, пришедшего в Израиль, описываемые в Торе, когда отец определяется как причина относительно сына, своего следствия).

Все пути существования всего существующего как от внешнего, так и от внутреннего, их наполняющего, пути их управления и поведения во всех возможных обстоятельствах, называются "СУЩЕСТВОВАНИЕ СУЩЕСТВУЮЩЕГО".

144. Четыре мира Ацилут, Брия, Ецира, Асия вышли сверху вниз, один из другого, как копия один другого. Поэтому, все, что находится в высшем мире, обязательно раскрывается во всех деталях в его копии, низшем мире.

Поэтому, все категории "МИР", "ГОД", "ДУША", "СУЩЕСТВОВАНИЕ СУЩЕСТВУЮЩЕГО" нисходят из мира Ацилут и появляются во всех своих деталях, как копия, в мире Брия, затем в мире Ецира, затем в мире Асия, настолько, что все в нашем мире также состоит и делится на эти 4 категории, нисходящие к нам из мира Ецира, где, в свою очередь, отпечатано как копия из мира Брия, где, в свою очередь, отпечатано копией из мира Ацилут, где источник всего нисходящего в миры Брия, Ецира, Асия.

Поэтому все, вновь появляющееся в нашем мире, обязательно раскрывается вначале выше, в мире Ацилут, оттуда нисходит к нам и открывается нашим ощущениям.

И сказано об этом (Талмуд. Хулин 7,2): "Нет зернышка внизу, над которым не было бы высшей силы, его родителя, корня, судьбы и управляющего, которые бьет его и говорят: "Расти!". Но отличие между мирами только в материале каждого мира. Существует только Творец и нечто, созданное им, называемое "Душа".

Душа облачается в материальное, физиологическое тело в некотором периоде своего существования и называется в таком виде человеком. Душа ощущает только Творца, в той мере, в которой Творец раскрывается ей. Различные меры ощущения Творца называются мирами. Т.е. нет ничего кроме Творца, а если говорится о чем-то, то надо указывать, относительно кого это говорится, кто ощущает это.

Мир определяется как определенная картина ощущения Творца, возникающая у каждого, достигающего этого духовного уровня. Т.е. каждый, совершивший определенное исправление своего эгоизма, постигает одно и то же ощущение Творца, называемое миром Асия, Ецира, Брия или Ацилут.

Это подобно, как в нашем мире, все люди, добравшиеся до одного места, видят ту же картину и только в таком случае понимают, о чем говорят побывавшие там.

145. Вследствие облачения Торы в 4 материальные категории ("МИР", "ГОД", "ДУША" и "СУЩЕСТВОВАНИЕ СУЩЕСТВУЮЩЕГО") нашего мира являются нам все запреты открытой Торы, в которую одевается Творец.

Хотя Творец и Тора – это одно и то же, но облачение Творца таково, что Он совершенно скрыт от нас в материальных одеяниях этого мира. Облачения Творца в те же 4 категории в трех, более высших мирах Ецира, Брия, Ацилут называются "Наука Каббала".

146. Т.о. наука Каббала и открытая Тора – это одно и то же. Но когда человек получает от скрытого лица Творца, когда Творец скрывается в Торе, называется это, что человек занимается открытой Торой – Тора открыта, а Творец скрыт, не видно в Торе Творца, т.е. не способен получить свет от Торы мира Ецира и конечно от более высших миров.

Лицо Творца – это излияние на человека наслаждения, благополучия, уверенности, любви. Если человек не ощущает этого, его состояние определяется как скрытие Творца от него.

Но когда человек достигает постижения открытия лица Творца, то начинает заниматься Каббалой, потому что одеяния открытой Торы исчезли, и Тора стала его Торой, которая была Торой мира Асия, Торой мира Ецира, называемой наука Каббала.

Творец скрывался в Торе, а теперь открылся в ней, от чего человек ощущает, что Тора и Творец – одно и то же. Но даже после того, как постигает Тору мира Ацилут, видит, что не изменяются буквы Торы, остаются теми же, что и в Торе мира Асия.

А те же одеяния открытой Торы, те же буквы и такие понятия как запрет, разрешение, убийство, кража, все материальные одеяния, очистились и преобразовались в чистые духовные облачения.

И насколько эти буквы скрывали ранее Творца, теперь, с их помощью, он ощущает Творца, как сказано: "...и не скроется более от тебя твой Учитель", потому как соединились вместе Творец, одетый в Тору мира Ацилут, жизненная сила Торы мира Ацилут и одеяния Торы мира Ацилут.

Поэтому, когда человек достигает открытия ему Творца, лица Творца, то в тех же буквах открытой Торы светит ему высший свет наслаждения от абсолютно доброго Творца, называемый открытием Творца (гилуй Элькуто) или высший свет (руах акодэш).

147. Сама открытая Тора становится скрытой Торой, называемой Каббала: когда человек еще находился в состоянии скрытия Творца, естественно, что буквы и одеяния Торы скрывали Творца от него, т.е. не ощущал, что его избрал Творец, что его любит Творец, что Творец посылает ему абсолютное добро и наслаждение, что находится в самом совершеннейшем своем состоянии, а ощущал всевозможные страдания, страхи, неуверенности, и не мог благодарить Творца за абсолютно доброе управление им, а потому прегрешал в намеренных и в ненамеренных прегрешениях, от чего находился под прессом наказания, грубых одеяний Торы, как нечистота, запрет и пр.

Но после того, как удостоился постижения открытого управления и возвращения от любви, все его прегрешения, как намеренные, так и оплошности, обратились в заслуги, а грубые и горькие одеяния, являющиеся намеренными или неумышленными прегрешениями оделись в свет, Заповедь и вознаграждение, потому как эти одеяния обратились в заслуги, потому как они сами теперь и есть одеяния, нисходящие из мира Ацилут или Брия: грубые одеяния, называемые прегрешениями, обратились а заслуги, выполненные Заповеди, т.е. освободились от одеяний мира Асия и приобрели одеяния мира Ацилут или Брия, а ощущение Творца, открытие Творца, во время выполнения Заповедей, называется "Наука Каббала", а все нечистые слова Торы, как Фараон, Лаван, Эйсав и пр. стали именами Творца (как прегрешения Заповедями), и эти одеяния не скрывают Учителя, а наоборот, "...увидят учителя глаза твои".

Т. о. **нет никакого отличия между** Торой мира Ацилут и Торой нашего мира, т.е. между **наукой Каббала и открытой Торой, а все отличие только относительно человека**, занимающегося Торой: двое изучающих на том же языке и по той же книге, постигают Тору каждый по разному, для одного это может быть наука Каббала и Тора мира Ацилут, а для другого – Тора мира Асия, открытая Тора.

Ведь до возвращения человек находится под скрытым управлением, не ощущает Творца и все его действия скрывают Творца. Но после возвращения, в тех же открытых буквах есть открытие Творца. И это называется тайная Тора или Каббала.

148. Отсюда поймем, насколько прав великий мудрец Гаон ми Вильно (АГР"А), указывающий на полях своего молитвенника, в благословении на Тору: "Да будем все мы знающими Твое имя и учить Твою Тору ради Тебя!", что начинающий, начинает изучать тайную Тору, открытую Тору мира Асия, являющуюся тайной, потому как Творец абсолютно скрыт в ней.

А затем приходит к Торе более открытой, называемой "рэмез" – намек, соответствующей Торе мира Ецира, а затем достигает простой Торы "пшат", потому как освобождается Творец от всех своих одеяний-покрытий относительно человека и предстает перед человеком непосредственно Сам в открытом виде, не облеченным в одеяния нашего мира или иных, более высших миров, за которыми ранее скрывался.

Но в книге "Сиах Ицхак" спрашивает: "Почему сначала написано "знающие Твое имя", а потому сказано "учить Твою Тору"? Ведь вначале человек должен учить "ли шма", а потом постигает тайны Торы, имена Творца?

Порядок постижения Торы не таков, как принято думать: пшат-рэмэз-друш-сод, а наоборот: начинают с тайного, называемого "знающие Твое имя" и доходят до открытия простого, истинного смысла. Таким образом, под тайной имеется в виду, что Творец тайна, потому как не ощущается изучающим Тору, хотя сказано, что Творец везде и наполняет собою все, но это тайна для человека.

Затем приходит намёк, что означает, что Творец открывается человеку только как намёк. А затем приходит друш, потому как возникает в человеке требование (дриша) к Творцу. И только затем достигает человека пшат, простого смысла Торы – явно постигает Творца и цель творения.

149. Теперь поймем свойства 4-х чистых миров Ацилут, Брия, Ецира, Асия и 4-х нечистых миров Ацилут, Брия, Ецира, Асия, находящихся один против другого. Эти 4 мира связаны с 4 ступенями постижения управления Творца (п.45) и 4 ступенями любви (70-73). Творцом создано лишь одно – желание насладиться, называемое эгоизм, зло, дурное начало, Фараон, Змей и пр.

Человек создан таким образом, что состоит из этого желания и, вкрапленного в него, альтруистического желания, данного ему от Творца, именно для возможности исправления эгоизма. Постепенно исправляя себя, человек духовно сближается с Творцом.

Мера исправления или степень сближения с Творцом называются сфира – части духовного объекта, парцуф – духовный объект, состоящий из 10 сфирот, олам – мир, духовный комплекс, состоящий из 5 парцуфим.

Потому как все это не более как меры исправления человека и все находятся внутри человека, являясь его качествами, именно поэтому сфирот называются МИДОТ – качества, свойства. Каббала представляет созданное Творцом желание как духовное тело человека, а его исправленные качества – как органы этого тела.

Поэтому Каббала называет свойства человека именами наших физиологических органов: Хэсэд – правая рука, Гвура – левая рука, Тифэрэт – тело, Нэцах и Ход – соответственно, правая и левая ноги, Есод – половой орган, Малхут – стопы ног. Три первые сфирот:

Кетэр – часть Творца в человеке, Хохма – мозг, Бина – сердце называются головой духовного объекта – парцуфа.

150. Две первые ступени постижения управления, ступени скрытого управления – обе относятся к миру Асия. Потому указано в книге Ари "Эц Хаим" (48,83): "Мир Асия в основном зло, и даже немного хорошего, что есть в нем, смешано со злом, без отличия между ними", – из простого скрытия Творца следует, что мир Асия в основном зло, ведь так ощущают свои страдания постигающие скрытое управление. А из двойного скрытия Творца следует, что даже та малость хорошего, что есть в мире Асия, смешано со злом и не узнаваемо.

Первое открытие лица Творца – определяется как "мир Ецира", и потому сказано в "Эц Хаим", что "мир Ецира наполовину хороший, а наполовину плохой", – кто постигает первое открытие лица Творца, первую ступень зависимой любви, называемую возвращением от страха, называется "средний", и он сам наполовину виновен и наполовину заслужен.

Когда человек достигает открытие лица Творца, он ощущает что Творец наполняет все свои творения только наслаждением, а также ощущает огромное наслаждение от выполнение Заповедей и горькое наказание от прегрешения, от чего боится прегрешения, как огня.

Поэтому называется такое состояние человека, его духовный уровень, возвращением от страха: он поневоле выполняет Заповеди, поскольку наслаждение заставляет его, и поэтому эта ступень называется зависимая любовь, что означает, любит за получаемое.

Как уже сказано выше, в этом есть два отличия:

а) в прошлом взаимно причиняли друг другу страдания, а затем, взаимно делая добро, вызвали взаимную любовь;

б) всегда доставляли друг другу только наслаждения. Достигший возвращения от страха, ощущает наслаждение в Торе и

Заповедях, но до этого, ощущал страдания и потому имел претензии к Творцу – вследствие этого есть деление на время "до" и "после" – "наполовину виновен и наполовину заслужен".

Т.е. когда человек достигает получения души от мира Ецира, то достигает возвращения страхом или можно сказать наоборот: когда человек достигает возвращения страхом, называется, что он постигает душу от мира Ецира, которая там "наполовину хорошая и наполовину плохая".

Вторая ступень любви, также зависимая любовь, но когда уже нет никаких воспоминаний о перенесенных страданиях, и третья ступень любви, первая ступень независимой любви – обе они определяются как "мир Брия".

Когда человек достигает возвращения любовью, его умышленные прегрешения и все плохие мысли, бывшие у него в состоянии скрытия Творца и прегрешения, совершенные вследствие этого, исправляются и обращаются в заслуги – это подобно любящим, никогда не причинявшим друг другу никаких страданий, всегда любившим и верным (п.105-109).

Когда человек достигает двух этих ступеней любви, он получает душу от мира Брия. Потому говорится в "Эц Хаим", что мир Брия в основном хорош, а немного зла, что есть в нем, совершенно неразличимо.

И это потому, что средний достигает выполнение одной Заповеди и склоняет себя и весь мир на чашу заслуг, отчего и называется "в основном хорош", во 2-ой ступени любви. А немного неразличимого зла в мире Брия исходит из 3-ей ступени независимой любви – хотя и склонил свою чашу заслуг, но еще не склонил чашу заслуг всего мира, от чего и есть немного зла, потому как любовь эта не вечная.

Вследствие возвращения от любви, исправляется время до возвращения от страха, становится хорошим. А чтобы подчеркнуть, что есть еще немного плохого, сказано, что большинство хорошее.

Но это немногое плохое совершенно неразличимо, потому как не ощущает человек никакого зла в управлении Творца другими творениями. А только потому, что еще не познал отношение Творца ко всему миру, и только относительно себя ощущает управление как абсолютно доброе, но может быть, если познает все действия Творца ко всем, увидит и плохое, от чего величие Творца в его глазах упадет и уменьшится любовь, только от недостатка его познания, и есть немного неощущаемого зла.

Четвертая ступень любви – независимая и вечная любовь. Определяется как "мир Ацилут", как сказано в "Эц Хаим", что в мире Ацилут нет никакого зла.

Потому что после того, как перевесил чашу мира к заслугам, проявляется совершенная, вечная любовь и невозможно проявление никакого скрытия никогда, потому что явно полное открытие лица Творца, как сказано: "Не скроется более твой Учитель, и увидят Учителя глаза твои", потому как познал все деяния Творца со всеми созданиями, как совершенные и абсолютно добрые, потому как видит совершенно все деяния Творца и убеждается в их совершенстве ко всем и всегда.

И это называется полным открытием лица, потому как у человека не возникает уже никакого сомнения, что Творец создал мир для того, чтобы насладить все свои создания. И это подобно тому, что видит своего знакомого в лицо, когда уже не возникает никакого сомнения в том, что это точно его знакомый.

151. Отсюда поймем определение 4-х нечистых миров Ацилут, Брия, Ецира, Асия (АБЕ"А), находящихся против 4-х чистых миров АБЕ"А, как сказано: "Это против этого создал Творец". Нечистые силы мира Асия определяются сокрытием Творца, двойного и простого, которые властвуют в человеке, вызывая его перевесить все на чашу виновности.

Как сказано (п.150), мир Асия в основном плохой с немногим хорошего. Две ступени скрытия лица Творца, когда человек не ощущает доброго управления, называются "большинство плохого", потому как человек понимает, что Творец должен по иному относиться к нему, недоволен управлением Творца, не согласен с тем, что оно "абсолютно доброе ко всем, как к праведникам, так и к грешникам". А немного хорошего, что есть в мире Асия, не ощущается.

Нечистый мир Асия постоянно воздействует на человека в его состоянии простого или двойного скрытия и подстегивает его думать против управления, любыми путающими мыслями желает вызвать в человеке мысли и чувства против того, что существует Творец и, в основном, против того, что Он управляет миром, против того, что Его управление доброе.

Нечистый мир Ецира владеет чашей виновности, которая не исправлена в чистом мире Ецира и этим властвует над "средним", получающим от мира Ецира, как сказано: "Это против этого создал Творец".

Первое качество вследствие открытия лица Творца называется "наполовину хорош, наполовину плох", – начиная с момента открытия такого управления, человек ощущает управление Творца, вследствие открытие лица Творца, как доброе, но до возвращения ощущал страдания, был в унынии, жаловался на управление, называл Творца в своем сердце плохим, отчего и называется "средний".

Чистый мир Ецира означает, что человек ощущает Творца, ему открывается лицо Творца. Недостаток в таком состоянии происходит не из-за самого состояния, а из того, что ощущал до него, до открытия лица Творца, до возвращения.

Поэтому за этот недостаток держится нечистая сила, клипа, и говорит изнутри человеку: сейчас ты праведник, но кем ты был в прошлом? И напоминает ему об этом постоянно, чтобы отвлечь от мыслей о продвижении далее, о работе на Творца, об исправлении себя.

Поэтому сказано, что нечистый мир Ецира держит в своих руках чашу виновности. Нечистый мир Брия владеет той силой, которая желает аннулировать зависимую любовь, тем, что желает аннулировать причину, от которой зависит любовь, то, от чего эта любовь несовершенна.

Свойство чистого мира Брия в том, что человек уже достиг возвращения от любви и его бывшие умышленные прегрешения обратились заслугами, он ощущает, видит, как Творец управляет абсолютным добром и потому весел и счастлив Творцом.

Получается, что весь мир Брия чист, ведь никогда не получал зла от Творца. Но потому как это состояние зависит от ощущения человека, то называется зависимая любовь, зависимая от открытия лица Творца, и потому несовершенна – ведь при скрытии лица Творца, немедленно исчезнет любовь.

Отсюда несовершенство этого состояния, которое использует нечистая сила и, желая, чтобы любовь человека к Творцу не была совершенной, говорит человеку: Творец дает тебе сейчас добро и потому ты праведник, а что будет, если ощутишь страдания?

Нечистый мир Ацилут владеет немногим и совершенно неощущаемым злом, находящимся в мире Брия, вследствие несовершенства 3-ей ступени любви: несмотря на то, что это настоящая любовь, пришедшая к человеку от постижения Творца, как делающего добро праведникам и грешникам, что является свойством чистого мира Ацилут, потому как не достиг перевесить весь мир на чашу заслуг, есть возможность в нечистых силах испортить любовь.

Нечистая сила, соответствующая миру Ацилут, находится в мире Брия. В мире Брия есть немного плохого, потому как видит, что Творец управляет всем миром абсолютным добром.

Но этот недостаток, небольшое зло, в мире Брия не ощущается, потому как находящийся в мире Брия человек, не присматривается настолько внимательно к управлению мира Творцом, и потому не видит управление Творца как плохое относительно остальных, как бы не обращает на это внимание. Но если бы обратил внимание на управление Творца всеми, не смог бы утверждать, что Творец абсолютно добр ко всем.

Вот именно для того, чтобы исправить этот недостаток и существует клипа, которая обращает внимание человека на его недостатки, ведь клипа создана Творцом именно для продвижения человека, чтобы сзади подталкивать его к цели творения. Так вот, в клипе, соответствующей миру Ацилут, есть силы возбудить то немногое зло и показать человеку, что Творец плохо управляет всем миром, что относительно других Творец не абсолютно добр.

152. Поэтому сказано, что нечистый мир Ацилут находится против мира Брия, а не против мира Ацилут. Ведь из чистого мира Ацилут исходит только 4-ая ступень любви, а потому нет в нем никакой власти нечистых сил, ведь уже склонил весь мир на чашу заслуг и знает все деяния Творца со всеми созданиями, как абсолютно доброе как с праведниками, так и с грешниками.

Но в мире Брия, откуда исходит 3-я ступень, когда еще не склонил на чашу заслуг весь мир, этот недостаток и дает возможность нечистым силам воздействовать на человека, и они определяются как силы нечистого мира Ацилут, потому как, победив их, человека удостаивается мира Ацилут, где вообще нет клипот.

Хотя клипа против 3-ей ступени, ступени независимой любви, свойства мира Ацилут, но потому как говорится о 1-ой ступени независимой любви, которая еще не вечна, то место этих нечистых сил в мире Брия.

153. Таким образом видно, что 4 нечистых мира, противостоящие 4 чистым мирам, не что иное как недостатки, еще имеющиеся в чистых мирах.

Эти недостатки и называются нечистыми мирами АБЕ"А. Т.е. против любого недостатка, имеющегося в чистых, альтруистических силах человека, есть нечистые силы, называемые "клипа" и поэтому, как только все недостатки чистых сил будут полностью исправлены, естественно исчезнет из мира все зло.

Чистыми силами (кдуша) называются мысли и намерения человека, направленные к поиску ощущения Творца, ощущению Его управления, старанию человека в состоянии скрытия действовать и думать, будто он явно ощущает управление Творца.

Этот поиск происходит в постоянных усилиях против всевозможных "мешающих" мыслей, страданий и случаев, когда человек выясняет и выявляет в своих действиях, мыслях и намерениях, насколько они ради Творца. Поэтому недостаток чистых сил означает, что есть определенные силы, которые еще невозможно исправить и перевести в чистые.

Но когда все нечистые силы выявятся и перейдут в чистые силы, исчезнут все клипот, чистые силы приобретут совершенство и наступит состояние, называемое "гмар тикун" –конец исправления.

Вначале должен произойти "гмар тикун", а затем полное освобождение (геула шлема) от эгоизма, называемое также "приход избавителя (машиаха). Тогда "И увидят глаза твои Творца...", "И наполнится земля знанием Творца...".

Но вначале исправляется внутренняя часть творения, называемая "Исраэль", а затем его внешняя часть, называемая "народы мира" (см. "Предисловие к книге Зоар", п.66). Исправляя внутреннюю часть, исправляют внешнюю, но малыми частями: каждый раз, исправляя внешнюю часть, путем включения ее во внутреннюю, достигают полного исправления внешней части.

Т.о. исправляя себя, мы исправляем весь мир, "народы мира". Поэтому сказано: "Заслужил склонить себя и весь мир к заслугам", а не сказано "весь Исраэль", ведь исправляется этим весь мир.

154. Из всего вышесказанного каждый может достойно оценить величие науки Каббала, хотя большинство книг по Каббале написано именно для тех, кто уже достиг полного открытия лица Творца, возвращением от любви и постижения всех высших миров.

Но если человек уже постиг управление Творца, вошел в духовные миры, ощущает Творца, что ему может дополнить изучение каббалистических книг?

Но это можно уподобить человеку, изучающему открытую Тору и не имеющему представление о категориях "МИР", "ГОД", "ДУША" в нашем мире, о происходящем, об отношениях между людьми, а также и о других созданиях, животных, птицах и пр., населяющих наш мир.

Если нет у него никакого понятия о собственности, как может выступать в качестве судьи? Если не имеет знаний о животных, как может определить кашерность? Разве можно предположить, что такой человек в состоянии верно понять что либо из Торы?

Ведь перепутал бы все понятия Торы, зло на добро и не смог бы прийти сам к правильному выводу. Поэтому человек обязан иметь знания и о деньгах и о почете (а Санэдрин обязывали каждого из своих членов изучать даже магию).

Так и тот, кто постиг даже Тору мира Ацилут, познает из этого только то, что относится к его душе, и не более, а ведь обязан знать все 3 категории "МИР", "ГОД", "ДУША", достичь в них совершенного знания, дабы понять все, о чем говорит Тора того или иного мира. Именно эти знания и описаны в книге Зоар и в других книгах Каббалы. Поэтому настоящий Каббалист обязан заниматься ими постоянно.

155. Но если книги Каббалы написаны для уже постигнувших высшие миры, уже ощущающих Творца, общающихся с Ним, зачем же каббалисты обязывают каждого (независимо от возраста, пола и пр.) человека изучать Каббалу?

Это оттого, что есть в изучении Каббалы великая сила, о которой желательно знать всем: начинающий изучающий Каббалу, хотя еще не ощущает того, что изучает, но своим большим желанием понять и ощутить изучаемое им, возбуждает на себя воздействие внешнего, окружающего его душу, света.

Ведь каждый, стремящийся сблизиться с Творцом, получит в итоге постижение всех высших миров и Творца, которое задумано Творцом для каждого из созданных им. Только тот, кто не постиг этого в настоящей своей жизни в нашем мире, постигнет в своих будущих воплощениях-кругооборотах, возвращениях в этот мир, будет рождаться в этом мире до тех пор, пока не постигнет все, что уготовил именно ему Творец. И так каждый живущий на земле.

Есть два вида, проявления высшего света:

а) когда человек получает четкие постижения, знания, знает, что он постигает свет – это постижение называется внутренним светом.

б) когда человек изучает, но свет находится снаружи, окружает его, когда ощущает только свечение от света, но не полное его постижение, понимание и знание своего духовного уровня – это постижение называется окружающим светом.

Окружающий свет можно уподобить общему ощущению, которое вдруг получает человек в виде стремления к духовному. Как верящий и ожидающий Машиаха, который явится и принесет своим приходом счастье, не может ответить: кто это Машиах, как это будет, что именно будет ему и всем – он не знает, что даст ему 3-ий Храм, что ему даст приношение жертвоприношений, что добавит в его жизнь появление Главного Коэна?

Нет на эти вопросы ответа у обычного верящего, потому что ответ – это постижение, которое приходит только от получения внутреннего света, от явного духовного постижения.

Но есть в массах ощущение, что эти события хорошие, нужные, ценные, но никто не может перевести этих ощущений из чувств в понимание. Все эти, возникающие в человеке, ощущения неосознанные и называются окружающим светом. И это ощущение возникает от окружающего каждого слабого окружающего света.

Но до тех пор, пока человек не удостоился совершенства получить в себя, в свои исправленные альтруистические желания, уготовленный ему свет, этот свет окружает его и светит ему издали, готовый войти в человека, как только человек изменит свои намерения в получении, чтобы все они были ради Творца.

Но и в то время, когда еще нет в человеке исправленных намерений в его желаниях, что называется, нет еще в нем правильных желаний получить духовное наслаждение, есть в нем еще эгоистические намерения, все равно, во время занятия Каббалой, называя имена духовных объектов и каббалистические термины, у которых есть, конечно, связь и с его душой, потому что все изучаемое в Каббале находится внутри человека, но пока скрыто от него, и потому не ощущается им, очищает свои желания от эгоизма, превращая таким образом соответствующие света из скрытых, окружающих, неявных, неощущаемых, в ощущаемые внутри, в самих желаниях человека.

Но пока еще не очистил свои желания от намерений самонаслаждаться, будущий свет окружает его и светит снаружи, во время произнесения соответствующих имен и названий, терминов, т.е. частей его души, его внутреннего духовного "Я", что есть в нем, но еще скрыто от него, потому что все находится только в человеке.

Но получая издали, раз за разом, извне, даже слабый, неощущаемый свет, постепенно очищается человек от своих эгоистических намерений и т.о. окружающий свет, сам подготавливает для себя нужные желания, чтобы войти в них.

156. Но есть очень жесткое условие занятия Каббалой: ни в коем случае нельзя изображать, представлять себе духовные объекты и силы в виде похожих на знакомые нам, материальные тела или физические поля, то, что мы привыкли видеть нашими глазами или представлять нашим земным воображением на те знакомые нам по нашему миру, слова, которые Каббала употребляет в объяснении своих понятий, такие, как рука, нога, глаза, вследствие чего и есть опасность овеществления духовного. А если учащийся делает так, то вместо пользы себе наносит огромный вред.

И потому наложили мудрецы строгие запреты, что можно изучать Каббалу только после 40 лет, и от особого признанного рава, и прочие многие условия – только от боязни, что человек навредит себе, измышляя всевозможные картины якобы духовных миров, или представляя себе чертежи в виде существующих огромных систем, или как нечто, кроме Творца, существующее и заслоняющее Творца от человека, или как особые дозировочные устройства по передаче света от Творца к человеку, или если учит не для самоисправления и служения Творцу, а для науки, чтобы заслужить уважение, должность, материальные вознаграждения, прослыть праведником, кудесником и пр.

Но все намного проще, потому как духовных миров попросту не существует, а это не более как различные меры ощущения Творца постигающим его человеком, меры постепенного раскрытия Творца чувствам человека, по мере их исправления.

Поэтому после окончания комментарий на книгу великого АР"И, я обнаружил, что еще недостаточно освятил этот вопрос, и еще потому что учащиеся не уделяют достаточно сил опереться во время изучения только на чисто духовный смысл терминов и определений, не заставляют себя повторять эти определения до тех пор, пока в любом месте книги будут применять только его правильный смысл, ведь если не точно воспринять хоть одно определение, вся наука воспримется неверно, потому что духовные понятия настолько неуловимы для начинающего, что одного неправильного определения достаточно, чтобы сойти с верного пути изучения настолько, что дальнейшее изучение пагубно и лучше бы и вовсе не начинал изучать!

Поэтому в Талмуде Эсэр Асфирот много места уделено подробному объяснению каждого слова, понятия и термина в его истинном духовном смысле, настолько, что даже без рава, учителя, желающие могут изучать мои книги без опасности запутаться в овеществлении духовных понятий.

И каждый человек, приложив положенные ему усилия, постигнет все, что уготовлено для него Творцом, достигнет ощущения Творца, и весь внешний окружающий его свет обратится во внутренний.

Конец 6-ой книги

Статьи рава Баруха Шалом Алеви Ашлага

МИХАЭЛЬ ЛАЙТМАН

серия
«КАББАЛА.
ТАЙНОЕ ЕВРЕЙСКОЕ УЧЕНИЕ»
часть VII

Статьи рава Барух Шалом Алеви Ашлага

***

KABBALAH. THE SPIRITUAL SECRET
IN JUDAISM
BY MICHAEL LAITMAN
volume VII

ARTICLES
of RAV BARUCH-SHALOM-HALEVI ASHLAG
(in Russian)

All Rights Reserved 2022
Michael Laitman
Laitman Kabbalah Publishers

Статьи рава Баруха Шалом Алеви Ашлага

7-ая книга из серии "Каббала. Тайное еврейское учение" состоит из вольного пересказа статей моего рава, раби Барух Шалом Алеви Ашлаг, старшего сына и продолжателя пути великого раби Юда Лев Алеви Ашлаг, создателя 21-томного комментария на книгу Зоар, 6-томного Талмуд Эсэр аСфирот, комментарий на книгу "Эц Хаим" святого АРИ, атласа духовных миров "Сэфэр Аилан", многих статей и сборников для начинающих.

Издавна каббалистами практикуются еженедельные собрания, называемые "ахават хаверим", где обсуждаются пути духовного возвышения. Собрав новую группу, перед первой встречей с новыми учениками, я попросил рава набросать мне тезисы нашей беседы. В итоге он начал писать еженедельные статьи.

В течение 1985-1991 годов раби Барух Ашлаг описал в этих статьях пути индивидуального духовного восхождения. Нигде и никогда прежде каббалисты не описывали эту часть внутренней работы человека.

Здесь приводится пересказ некоторых статей 1990 года. Вплоть до настоящего времени эти статьи не публиковались ни на каком языке. В настоящее время, после выпуска (на иврите) книг "Шамати" и двухтомника "Даргот Асулам", я надеюсь издать все статьи моего рава и учителя 1985-1991 годов.

Михаэль Лайтман

СТАТЬЯ 1

Исправления, то есть альтруистические действия, без какой либо выгоды себе, делаются только с помощью веры выше знания. И вот почему: когда тело (наши желания) видит, что человек желает делать для пользы Творца, а не ради себя, оно спрашивает: "Кто такой Творец, что ради Него ты должен работать? Что тебе дадут твои усилия?"

Но человек не должен искать разумные доводы о пользе работы на Творца, а ответить себе, что верит в абсолютно доброе управление Творцом, хотя он этого не видит, по причине скрытия управления, а земной его разум конечно считает, что управление должно быть другим, но все равно он верит, что все делается наилучшим образом для пользы человека, а скрытие управления Творца необходимо, чтобы человек смог принять и одобрить его наперекор своему разуму, потому что таким образом он сможет выйти из своего эгоизма и работать на Творца, т.е. если бы управление было явным каждому, еще до того, как человек достиг альтруистических свойств, не было бы никакой возможности человеку получить наслаждение ради Творца.

Но после того, как человек прилагает все свои усилия, чтобы приобрести альтруистические свойства, он может получить наслаждения ради Творца, согласно степени своего исправления. Творцу относят действия наслаждения. Поэтому страх, что не сможет получить ради Творца, человек должен взрастить в себе сам. И это вся работа человека, которую надо выполнять вопреки разуму, с верой в мудрецов, которые упорядочили для нас эту работу и обязывают человека принять на себя идти выше разума.

Дело в том, что пока человек находится под властью эгоизма, он не в состоянии определить, что хорошо, а что плохо, и потому должен принять то, что говорят мудрецы, без какой либо критики, и тогда удостаивается высшего разума.

Поэтому вся причина того, что мы должны не принимать в расчет наш разум, заключается в том, что наш разум порабощен эгоизмом и все наши мысли пропитаны им, а с помощью веры выше разума, можно достичь альтруистического кли, в которое входит высшее наслаждение.

Сначала выполняется порядок исправления творения - достичь килим дэ ашпаа. А затем, когда достигнуты альтруистические свойства, в них выполняется замысел, цель творения - в них входит высший разум.

Поэтому, если человек видит, что еще не удостоился высшего разума, значит еще не очистил свои желания от эгоистических целей, потому что не поднялся в вере выше разума, посредством которой удостаиваются альтруистических свойств, в которые получают высший разум.

Если человек чувствует усилие в своей работе, это признак того, что еще работает не ради Творца, а ради себя, поэтому испытывает сопротивление тела. Тогда как если исправил свои желания в намерении ради Творца, он начинает наслаждаться от самой работы, потому что чувствует, что обслуживает великого короля, что чрезвычайно важно в его глазах, больше чем все богатство в мире.

Поэтому человек должен достичь духовных разума и знания. Причина непригодности земного разума в том, что наша голова работает по приказу тела, его желаний, но если мы идет выше желаний тела, выше нашего разума, то получаем другой, высший разум.

Поэтому когда тело начинает спрашивать нас вопросы о выгоде работы ради Творца, чего оно не понимает, и желает понять земным разумом, ответ должен быть прямым, что не в состоянии я понять, а я считаю нужным идти выше своего разума. А уже когда открываются глаза на духовную истину, получают высший разум и ответы на все вопросы.

СТАТЬЯ 2

Если человек знал заранее, как надо правильно поступить, но поступил иначе, это называется прегрешением, но если человек не знал заранее, как поступить, а затем оказалось, что сделал неверно, это называется не прегрешением, а неудачей.

Т.е. прегрешение известно заранее и делается намеренно, зная, что поступает неправильно, вопреки запрету, в отличие от неудачи и потому в неудаче человек не настолько виновен, как в прегрешении.

Прегрешение Адама состояло в том, что вопреки запрету не есть плод дерева познания добра и зла, он послушал совет змея, что если нарушит запрет ради Творца, то можно есть плод. Потому что запрет, сказал змей, существует ввиду того, что человек не исправлен настолько, чтобы есть этот плод, но если исправит свои намерения, сможет съесть ради Творца, то запрета уже не будет.

Отсюда следует, что это было не прегрешение, а неудача, потому что Адам не желал ослушаться Творца, а наоборот, по совету змея, хотел сделать еще большее исправление и усаждение Творца. Неудача Адама в том, что послушался совета змея, что работа с плодом зачтется как богоугодная, а не как прегрешение.

Но начав вкушать плод, он увидел, что прегрешил, что нельзя было слушать совет змея, хотя он и советовал вроде бы для пользы Творца, а не для самонаслаждения, потому что советовал заранее совершить исправление намерения ради Творца, на что не было указания Творца.

Верой называется - когда верит выше своего разума. Поэтому, хотя Адам слышал запрет от самого Творца, и не должен после этого верить в запрет, но после того как змей дал понять разумом, что именно сказал Творец не есть, Адам должен был ответить, что хотя ты и прав, что если я съем ради Творца, то сделаю ему наслаждение, и я своим разумом понимаю твою правоту, все равно я поступаю выше своего разума, потому что желаю выполнить указание Творца без всякого разума, потому что, все что добавляется к вере, называется работа по разуму.

Но поскольку Адам все же принял доводы своего разума, то этим прегрешил, вследствие чего мы, его потомки, начинаем свою работу в состоянии полного незнания и неощущения, и потому чрезвычайно трудно нам выйти из эгоизма, и потому трудно верить в доброе управление Творца, чтобы были силы благодарить Творца за все, что человек чувствует, как за абсолютное добро.

Отсутствие веры в вездесущее и доброе управление нами Творцом отдаляет нас от Творца. Ведь человек способен совершать нечеловеческие усилия, если чувствует на кого он работает. Но пока человек находится в своем эгоизме, он не в состоянии настолько ощутить Творца, чтобы появилась в нем постоянная вера в Него.

Как только человек чувствует себя плохо в мире Творца, немедленно и в той же степени он перестает верить в управление Творца, т.е. не может быть в человеке веры до тех пор пока нет у него подобия свойств с Творцом, поскольку существует закон, что не может получать человек открыто зло от Творца, потому как это изъян в величии Творца, если человек ощущает Его как злого, ведь это совершенно несоответствует совершенству Творца.

И поэтому был изгнан Адама из рая и мы, все его будущие поколения, находимся в состоянии скрытия, неощущения Творца, и у всех последующих поколений есть большая работа верить в наличие Доброго Управляющего миром.

Отсутствие веры является причиной наших прегрешений и плохих поступков. Ведь от прегрешения Адама появилось эгоистическое свойство в человеке, и поэтому он не в состоянии принять на себя веру, потому что если человек находится под властью эгоизма, он находится в состоянии неощущения высшего света, потому как в эгоистические желания свет Творца войти не может, ввиду несоответствия свойств света и эгоистического желания.

И потому не в состоянии человек верить в Творца, а возможна только вера выше разума, ведь эгоизм вызывает в нем неверие. Неудача Адама породила в нас неверие, которое является причиной всех наших прегрешений.

Поэтому единственное, к чему должен стремиться человек - к вере, чтобы каждый человек лично ощутил Творца, чтобы не нуждался в вере верующих масс, а чтобы Творец стал его личным Повелителем, т.е. чтобы лично почувствовал Творца. И только усилиями и поисками личного ощущения Творца, не следуя за массами в их стремлениях и понятиях духовной работы, человек исправляет свою часть в Адаме, потому как он лично, только он постигает Творца как своего личного Повелителя: как только человек набирает необходимую сумму своих усилий, чтобы достичь своими силами веры в Творца, помогает ему Творец, тем, что открывает Себя, от чего человек ощущает сильное влечение к Творцу.

И это надежная гарантия того, что уже не прегрешит. Но невозможно совершить исправление, не ощущая изъяна: нельзя исправить прегрешение Адама, отстраниться от использования эгоизма, если не чувствовать его как истинное зло. А пока человек не ощущает все свое зло, он не в состоянии в истинной мере воззвать к Творцу о помощи справиться со элом.

Потому что молитва - просьба человека о помощи противостоять эгоизму - и есть то желание, в которое человек затем получает свет, раскрытие Творца, и поэтому просьба должна быть полной, на все зло, что в человеке.

Поэтому, когда человек начинает путь приближения к истине, Творец понемногу открывает ему его зло - и человек ощущает, что по мере его духовных усилий, он становится все более плохим, потому что обнаруживает в себе все более дурные свойства, и это ощущение все большего собственного падения создает у человека впечатление, что он идет не вперед, к Творцу, а назад, от духовного.

И не понимает, что это потому, что сам Творец показывает ему, кто он такой на самом деле, и таким был всегда, но только не ощущал свои свойства как дурные. И так открывается сам себе человек - вплоть до такого состояния, что ему уже и не верится, что есть еще кто-либо в мире с такими пороками как он.

И человек не может поверить, что это продвижение вперед происходит именно от его усилий в Торе, и что он еще намного более испорченный, чем ощущает себя в данный момент. Начав заниматься исправлением себя, в мере прилагаемых в этом усилий, он раскрывает свое зло, и нет у него другого выходя, кроме как просить Творца об исправлении, потому как видит, что если Творец не поможет ему, он сам не в состоянии исправить себя и никогда не сможет выйти из своего эгоистического зла, потому что каждый день он обнаруживает себя все более худшим.

И все это только для того, чтобы возникло в нем истинное требование к Творцу о помощи в спасении от эгоизма, как причины всех своих страданий. И поэтому ощущение сокрытия Творца есть начало последующего Его раскрытия, ведь само ощущение сокрытия и есть то чувство, желание раскрытия, в котором затем ощущается раскрытие, и чем больше скрытие, тем, после соответствующего исправления, ярче раскрытие.

Ощущение человека, что все закрыто перед ним, и не видит никакой возможности выйти из состояния жертвы эгоистического рабства, и соединиться с Творцом - и есть истинное желание для его духовного спасения, потому что именно на эти ощущения униженности приходит ответ Творца - явное Его раскрытие всем чувствам человека.

СТАТЬЯ 3

Причиной творения является желание Творца насладить творения. Но для выявления совершенства своих действий, т.е. чтобы не было стыда у получающих наслаждения, создано сокрытие Творца: свет Творца или наслаждение ощущается только при условии намерения у получающего насладиться ради Творца. Иначе есть сокрытие Творца.

И по этой причине дана нам Заповедь верить в то, что Творец управляет своим миром только добром. А с помощью Заповеди веры в Творца, выполняя на основе веры в Него все остальные его Заповеди, исправляется стыд. Но поскольку творения созданы с эгоистическим желанием самонаслаждаться, они не в состоянии получать наслаждения не ради себя.

Поэтому желание самонасладиться называется зло или дурное начало человека, его использование называется грех, а подчиняющийся ему называется грешник. Эгоизм человека называется злом, потому что заставляет человека выполнять только то, что для его пользы, что в итоге приводит к злу для человека, потому что этим устраняет возможность получить истинные вечные наслаждения, которые Творец желает дать.

И это потому что на желание самонаслаждения есть исправление в виде сокрытия Творца, потому что это желание обратно свойству-желанию Творца услаждать. Чтобы было подобие свойств Творца с человеком при получении наслаждения, он должен наслаждаться не получаемым наслаждением, а потому что его наслаждения желает Творец.

Такое намерение при получении наслаждения соответствует действию будто человек не получает, а дает наслаждения Творцу. А поскольку в таком случае их свойства совпадают, то это приводит к слиянию человека с Творцом, хотя в действии они отличны:

Творец дает, а человек получает, но намерение человека меняет его действие из получающего в дающего.

И такое действие человека называется получением ради Творца. Но как можно прийти к такому противоестественному состоянию подобия свойств человека и Творца? Как можно изменить созданное Творцом желание самонасладиться? Действительно, невозможно аннулировать созданное Творцом желание насладиться, но можно его исправить, изменив его намерение, ради чего человек наслаждается.

Желание насладиться, если человек видит от чего он может насладиться, остается, потому что это и есть единственное созданное творение, и после исправления человек наслаждается, но с другим намерением, что называется наслаждается ради услаждения Творца. Но как может человек изменить свое намерение с намерения самонасладиться на наслаждаться ради Творца?

Ответом на это может быть сказанное в Торе изречение "Я создал эгоизм и создал Тору для его исправления". Т.е. с помощью выполнения Торы и Заповедей человек может достичь желания отдавать, как Творец.

И это единственное средство достичь желания отдавать, потому что, как сказано, "Свет Торы возвращает к ее Источнику". А после достижения альтруистического желания отдавать, человек получает наслаждение, которое Творец желает дать творениям. Тора состоит из 613 советов (эйцот), выполняя которые человек постепенно постигает ступени альтруистического желания отдавать.

По выполнению каждого из 613 советов, человек, в приобретенное желание отдавать, получает, соответствующий совету, свет. Этот, получаемый, соответствующий духовному выполнению каждой заповеди, свет, называется вклад (пикадон), потому что он соответствует освоению каждой духовной ступени. А все 613 светов всех 613 ступеней называются Тора.

Т.е. Тора это и есть то наслаждение, которое Творец задумал дать нам. А исправленные намерения человека называются Исраэль. Поэтому и говорится, что Тора дана для Исраэль, где Тора это - наслаждение (ор-свет), а Исраэль - это желание (кли-сосуд), но при получении света в сосуд они действуют как одно целое, ввиду совпадения свойств.

Поэтому Тора и Исраэль - это одно и то же. Поначалу Тора - это инструкция исправления зла, называемая 613 советов по исправлению 613 частей эгоизма-тела. А после исправления, Тора это порции света Творца, соответствующие каждому из 613 исправленных органов души, выполненных советов.

И эти порции наполняют каждая соответствующую часть-орган (тела) души. Свет, получаемый душой, Тора, и есть наслаждение, задуманное Творцом для наслаждения человека. Т.о. ощущение Творца и Тора - это одно и то же. Названия Творцу человек дает по своим ощущениям Его.

Поэтому и говорится, что вся Тора - это названия, имена Творца. Т.е. Творец и Тора - одно и то же. Постигающие ощущают Творца как источник своего наслаждения, и поэтому называют Творца "добрым, творящим добро" (тов вэ мэйтив). 613 заповедей Торы и 7 дополнительных заповедей мудрецов это и есть 620 частей сосуда (кли) целой души - духовного, полностью исправленного, желания, в которое входит полный ее свет (ор), состоящий из 5 светов: нэфэш, руах, нэшама, хая, йехида (сокращенно - наранха"й), называемый Тора.

А Творец - это бесконечный свет, одевающийся в 620 частей света Торы. Т.е. Творец - это общий свет всех 620 светов Торы. Не видя вознаграждения, человек не в состоянии проделать самую незначительную работу. Если он видит вознаграждение, следствие своего усилия, это называется работой внутри разума.

Но если вознаграждение скрыто, как скрыты духовные наслаждения, и требуется верить в возможность их получения, то не то, чтобы на Творца, но и на себя работать практически немыслимо, хотя это не против нашей природы. А если человек стремится быть подобным Творцу, альтруистически действовать, вне всякого вознаграждения, то его тело-эгоизм восстает во всей своей силе, и без помощи Творца невозможно выйти из эгоистического рабства.

Поэтому Тора это и есть единственное средство борьбы с эгоизмом, потому что ее свет исправляет, придает человеку альтруистические желания, в которые затем входит ее свет, насладить которым задумал Творец.

СТАТЬЯ 4

Отец и сын в духовной работе человека над своим исправлением называются соответственно причиной и следствием: замысел называется отец, а претворение его в действие, то, что замысел рождает, называется сын.

Прежде чем человек думает что-либо совершить, он делает расчет, какое наслаждение он получит от этого действия. Ведь по своей природе человек стремится к покою, поскольку Творец, наш источник, находится в состоянии абсолютного покоя.

Поэтому человек в состоянии совершать действия, если получает от них наслаждение большее, чем наслаждение от покоя. **Праведником называется не только тот, кто достиг свойств Творца, а кто еще только стремится достичь их, потому как эта цель определяет его мысли, из которых рождаются последующие действия достигнуть свойств Творца.**

Хорошим действием называется такое, при исполнении которого человек ощущает себя хорошо. Поэтому, если во время молитвы человек чувствует, что есть в мире только он и Творец, и он говорит с Творцом, и ощущает Его величие, и поэтому никакие посторонние мысли не мешают ему, и ценит такую особую возможность, чувствует себя хорошо от этого, или во время действия, задуманного сделать приятное от себя Творцу, и нет во время выполнения действия никаких посторонних мыслей, потому что делает приятное Творцу, и чувствует себя хорошо от этого, или изучая Тору, он заранее настраивается на мысли, кто дал ему Тору и для чего, что вся Тора это - свет Творца, который ему уготовано постичь, и ощутить самого Творца, и есть связь Творца с ним, и чувствует себя хорошо от этого, то такой человек называется праведником, по направлению своих желаний, называемых отцом, даже еще до их выполнения в действии, в его уме, он рождает сыновей - праведные деяния.

Т.о. потомки праведников - их добрые деяния, потому что во время деяний человек чувствовал, что его действия хорошие. Подтверждение тому, что его действия действительно хорошие, он видит после их исполнения, если в них входит свет, высшее наслаждение Творцом.

И поэтому сказано в Торе "У кого нет сыновей, подобен мертвому" если вслед за отцом-намерением человека не следуют благое действие-сын, то само намерение мертво. Но какова необходимость делать добрые действия? Что может подтолкнуть человека к подобным действиям?

Почему человек обязан пренебречь потребностями тела, ради постижения души? Что такое душа и зачем человек должен постичь свою душу? Зачем ему дано для этого тело? Не в состоянии душа существовать без тела, которое выполняет роль машины, которой необходимо дать все, в чем она нуждается для своей работы для достижения с его помощью своей души.

Потому что до своего вселения в тело, душа является маленькой точкой, находящейся в Творце, называемой корнем души. И если бы душа не вселилась в тело, она бы такою и осталась. Но с помощью 613 действий по ступеням пути сближения с Творцом, душа постепенно получает свет Творца и т.о. растет, в мере наполнения этим светом, увеличиваясь в 613+7=620 раз по сравнению со своей первоначальной величиной.

Поэтому мы рождаемся в этом мире с телом, с множеством низменных желаний к мелким наслаждениям. Но это низменное наше тело играет большую роль в нашем достижении Высшей цели, потому как именно с его помощью душа постигает 620 ступеней своего развития.

Но для того, чтобы продвигаться, мы должны верить в наставления наших мудрецов на каждом шагу нашего пути к Творцу. Потому что человек может проявлять большие усилия, но совершенно не в том направлении, и прилагать усилия в действиях не самых полезных, вследствие чего он теряет силы, время и веру в успех.

В то время как приложив не столь большое усилие но в нужном действии, он быстро преуспеет в духовном возвышении. Но невозможно осознать свой личный, индивидуальный путь из книг, потому что каждый человек - это отдельное творение, не подобное другому в своих свойствах, поэтому и личное исправление каждого индивидуально, и поэтому работа каждого должна быть определена по его свойствам, и идти он должен именно по своему пути.

Потому что на 4 вида делятся все люди - неживой, растительный, животный, человек. Чтобы развить человека с неживого уровня до уровня человек, придал Творец людской массе 3 стремления - зависть, удовольствие, почести (неживой - удовольствия; растительный - почести, власть; животный - знания; человек - духовное сближение с Творцом).

Относящиеся по своему уровню внутреннего развития еще к уровням неживое, растительное, животное не в состоянии понять друг друга, потому что каждый, воспринимая наш мир и рассуждая из своих свойств, по своему понимает, как человек должен вести себя в этом мире.

Например, неживого типа человек понимает только удовольствия и не понимает другого со склонностями к почету: один в свободное время играет дома с детьми, в то время как другой бегает по политическим собраниям. И если попытаться соединить эти два вида стремлений, то не получится ничего, ведь они как два различных вида творения, хотя внешне находятся в подобных человеческих телах.

Таково же различие стремлений к почету и к знаниям: один всю жизнь проводит в политической и общественной работе, а другой просиживает над книгами, не видя ничего вокруг себя, и не в состоянии они понять стремления друг друга, а уж тем более обменяться стремлениями.

И конечно, ни неживой, ни растительный, ни животный тип человека не в состоянии понять тип "человек", который стремится к работе ради Творца. Даже стремящиеся к знаниям не могут понять стремящегося к работе Творца, потому что знание дает уверенность и силы, а работа Творца идет выше и наперекор разуму.

И поэтому ученые могут только смеяться над подобным подходом к развитию человека, ведь в их глазах такое отношение к развитию совершенно нелогично и выглядит как поведение животных, без разума.

И не в состоянии человек выйти из своих свойств и характера, данных ему от рождения и начать мыслить иначе, чем обязывают его природные склонности. И потому дана нам возможность исправления, и все обязаны приложить свои усилия, и не оставаться в покое, потому что стремление к покою есть общее свойство всех людей, как следствие нашего духовного корня - Творца, пребывающего в состоянии абсолютного покоя, потому как совершенен.

Исправления наши называются завистью, удовольствием, почетом, они принуждают человека к действиям, вследствие которых он изменяется: с помощью чувства зависти и стремления к почету человек может изменить свое стремление к удовольствиям и прийти к уровню растительного, начинающегося с работы на благо других, хотя и для собственной выгоды.

С помощью чувства зависти - прийти к знаниям. От уровня животного перейти к человеческому уровню, работая "ради себя" (ло ли шма), потому что работая по принципу "ради себя", с помощью света Торы может прийти к состоянию "ради Творца". Эти 4 вида развития неживой, растительный, животный и человеческий есть в каждом из нас, и человек должен пройти их поочередно.

Но обычно первые три стремления находящиеся в каждом из нас в особой, ему свойственной пропорции, тянут человека поочередно, то к почестям, то к удовольствиям, то к знаниями, от чего его желание разбивается на мелкие части, как у ребенка, вдруг меняя направление стремления, и потому человек не достигает главного.

Из вышесказанного поймем, что есть в работе человека три состояния: постоянное, подъем, падение. Постоянное состояние, когда человек желает выйти из него, выполняя Тору и Заповеди, как выполняет вся масса верующих, стремясь точно выполнить все в действии, но не заботясь о намерении в выполнении "ради Творца" и потому их действия называются "ради себя" (ло ли шма).

И потому могут находиться в таком состоянии постоянно, видя, что каждый день они продвигаются в количестве выполненных действий, и с каждым днем накапливают выполненные заповеди, от чего получают удовлетворение собою, что дает им силы продолжать, ведь чем большее количество дней проживут, тем больше заповедей, благословений и пр. выполнят.

Состояние подъема это состояние, о котором человек может прочитать или услышать: есть внутренний духовный смысл Заповедей, который человек может постичь и ощутить, выполняя их с намерением сблизиться с Творцом, что человек должен подняться до ощущения Творца и постижения Его, и это является главным, что необходимо требовать от выполнения Торы и Заповедей, и книги говорят о том, что каждый человек в конечном итоге придет к такому состоянию, что войдет в ощущения совсем иного мира, чем он ощущает сейчас.

И действительно, он начинает ощущать духовный подъем, как просветление по сравнению с тем, что ощущал ранее. Но потому как еще не освоил это состояние, приходит к падениям и разочарованию, говорит себе, что этот путь не для него, но не может вернуться к своему постоянному состоянию.

Но истина в том, что человек должен учиться из этих трех состояний, как сказано: многому научился от учителей (состояние подъема), больше от товарищей (постоянное состояние), но больше всего от учеников (состояние падения). В состоянии подъема человек должен учиться осознавать свои мысли о величии. В основном учеба человека именно в состоянии подъема, потому что тогда есть у него разум учить.

И обязан учить в состоянии подъема о прошедшем состоянии упадка, чтобы дать Творцу молитву благодарности, что возвысил его из состояния упадка, подобного нахождению в нечистотах, как животное, ищущее себе пищу на свалке отходов, выбрасываемых человеком, все желаемое вознаграждение в жизни которых происходит от приобретения отходов.

Но теперь, во время духовного подъема, он может благодарить Творца. И в мере его благодарности, он может подняться еще выше. И не важно сколько приобретений есть у него, не от этого его воодушевление, а от приближения к Творцу.

Но изучение человеком своих состояний происходит именно во время духовного подъема, и поэтому во время падения нечего человеку учиться, а только просить Творца поскорее вывести его из этого состояния.

СТАТЬЯ 5

Целью творения является создание человека, чтобы насладить его. И потому создано в человеке желание насладиться, и желание это вызывает в человеке стремление получить наслаждение, и это стремление является мерой ощущаемого наслаждения, потому что в меру стремления ощущается наслаждение при его получении. Творение желания насладиться тем наслаждением, которым Творец желает насладить является действием Творца.

Наслаждение существует в необходимом количестве, поскольку исходит из Творца. Творец желает дать бесконечное наслаждение и потому, согласно количеству задуманного наслаждения, создал сосуд, желание насладиться этим же точно наслаждением. Но если наслаждение исходит от самого Творца, а желание им насладиться создано самим Творцом, точно в соответствии с этим наслаждением, то чего же еще недостает в творении?

Желание получить наслаждение называется малхут или земля. Малхут получает наслаждение от Творца для душ и потому называется Кнесет Исраэль - собрание всех душ Израиля. Малхут уже получила свет для душ, но почему души не могут получить свет от малхут? Потому что существует препятствующая этому скрывающая сила (астара).

Ввиду этого необходима большая работа, верить в вездесущность, единственность, абсолютную доброту управления Творца во всем мироздании. В нашем мире абсолютная доброта Творца и наслаждение, исходящее из Него, скрыты специально, дабы в человеке не возникло чувство стыда.

Поэтому скрытие в нашем состоянии есть необходимость и оно для нашей пользы. Но ввиду скрытия появляется потребность в нашем усилии, работе верить в то, что Творец - единственный и абсолютно добрый управляющий всем, и необходимость усилиями отказаться от использования желания самонасладиться, хотя в этом вся наша суть, все что создано Творцом, все, что можно отнести к сотворенному, к природе, к нашему "Я".

Поэтому нет никакой возможности у человека даже понять, как можно сделать такое добровольное усилие аннулировать самого себя - тело начинает противиться этому, задавая вопросы о необходимости такой работы. Но если человек просит Творца помочь ему, тело тут же возражает, что уже много раз ты просил Творца помочь в том, чего, как ты понимаешь, недостает тебе, а ответа на свои молитвы так и не получил, так зачем же верить в то, что Творец слышит все молитвы, вопреки здравому смыслу и опыту прошлых попыток.

На все эти разумные и справедливые доводы тела человек обязан возразить, что я иду выше своего разума, не принимая его во внимание, хотя мой разум и обязывает меня думать, что Творец не слышит моих молитв, но наперекор разуму я утверждаю, что Творец не отвечает мне, потому что мои просьбы о помощи еще не созрели до той степени боли и желания, чтобы получить желаемый ответ, спасти меня, но Творец слышит любую молитву каждого, но не желает отвечать на эти просьбы, пока они не будут по направлению и силе соответствовать желаемому

Им, чтобы просьба человека соответствовала точно будущему спасению. Здравый смысл утверждает, что надо действовать самому, что не всегда и все надо обращать к Творцу, но именно вопреки ему, в самых душевно тяжелых состояниях, человек обязан идти выше разума, осознавая одновременно, что разум - важный компонент его сознания, несмотря на все неувязки теории с действительностью, на все противоречия, что множество раз просил, обращался, молился Творцу, но безответно.

И когда человек преодолевает сопротивление своего тела, в основном разума, и принимает взгляд на свое состояние вопреки доводам разума - это называется верой выше разума. А также когда человек должен отрицать ощущаемое сердцем, отстраниться от собственной выгоды и заботиться только о благе Творца - в этом случае его вера также должна быть выше его разума - и потому он слушает ее голос.

Весь путь духовного развития против разума, поскольку Творец дал нам разум, и с его помощью мы оцениваем все в мире и самого человека оцениваем по его разуму: чем более мудрый - тем более важный. Поэтому когда нам говорят, что мы должны идти выше нашего разума, это против того же разума.

А когда человек приходит к такому состоянию и тело начинает спрашивать его "Кто такой Творец, что я обязан слушаться Его?", "Для чего тебе такая работа?", то начинается настоящая работа человека над собой, в том, что должен просить помощи свыше, чтобы Творец дал силы не слышать эти вопросы.

И про это состояние сказано, что "если Творец не поможет, человек не сможет", потому как не в силах человека выйти из-под власти тела-разума, потому как это против самой его природы.

Нахождение под властью эгоизма, стремление к самоудовлетворению, забота о своем благополучии, о вознаграждении за свои труды, намерения получать, когда удовлетворен только получаемым в свои эгоистические желания наслаждением, а вознаграждением является польза себе - называется уровнем животного.

Уровнем "человек" называется состояние, когда вышел из под власти над собой собственного эгоизма, обрел страх пред Творцом (ират шамаим), желает работать на Творца, потому как Он велик и всемогущ, имеет намерение порадовать своими деяниями Творца, от себя отдавать Ему, когда боится, в состоянии ли он делать приятное Творцу, как бы не уменьшить эти действия, только от подобных действий чувствует приятное, удовлетворение собою, своими действиями.

Малхут, желание получить, царство Творца, называется также землей, Кнесет Исраэль-собранием всех душ, потому что получает для того, чтобы затем разделить полученное между всеми душами, потому что все души происходят от нее.

Поскольку одна мысль Творца вершит все, и Его замысел и действие - это одно и то же, и не нуждается во времени на исправление, как мы, чтобы ощутить все совершенство творения, то относительно Творца, все мы, все души находимся в состоянии полного совершенства и с момента в своем конечном совершенном состоянии (гмар тикун), когда все души получают все наслаждения ,уготовленные для них Творцом в состоянии полного подобия Творцу, потому что в вечности Творца все времена - прошедшее, настоящее и будущее представляются как настоящее.

Поэтому если есть "человек", то "земля" дает свои "плоды", называемые Тора или имена Творца: если желание человека получить наслаждение исправлено намерением получать наслаждения только ради Творца, то этим человек находится в подобии свойств-желаний с Творцом, отдает Ему, Творцу, так же как и получает от Него, устремлен вверх (а не как душа животного спускается вниз тем, что все ее желания в самонаслаждении), то получает все уготовленное Творцом, называемое "плоды земли", но не ранее, чем появляется из "животного"-человек на "земле". Но нелегко человек становится "человеком" из "животного", альтруистом из эгоиста.

И это потому что работа Творца, работа по самоисправлению происходит в двух противоположных, взаимоисключающих состояниях, пока из них не рождается среднее состояние - средняя линия, называемая малхут - царство Творца, потому что малхут, называемая верой, постигается только при выходе из "животного", эгоизма, любви только себя, работы только на себя в альтруизм, любви к Творцу, действий во имя Творца.

Пока человек не вышел из-под власти эгоизма над собой, он может только иногда получать частичную силу веры, поэтому есть у него возвышения и падения, где в состоянии падения пропадает в нем вера, потому что падение происходит вследствие изъяна, эгоистических желаний.

Поэтому необходимо исправление, чтобы не восстал на Творца, ведь тогда исчезает в нем вера в существование Творца. Но не может человек продвигаться вперед только на одной ноге. Свое продвижение вперед он должен начать с правой ноги, называемой совершенством, т.е. верой в Творца, неважно в какой степени, но сколько есть в нем веры, он уже может начать выполнять Тору и Заповеди постоянно и все больше продвигаться.

Но это состояние еще не называется правой линией, а только одной линией, называемой "неживой уровень" (домэм дэ кдуша), потому что из этого состояния рождаются и развиваются постепенно все остальные духовные уровни человека: растительный, животный, и человеческий. Как в нашем мире, если только не портить землю, она сама существует, так и в неживом состоянии человека, если не портит свои действия, то этого достаточно для его существования и развития внутри своего уровня.

Но если он желает взрасти до "растительного" духовного уровня, то как растения в нашем мире, уже требует особого ухода и условий роста, ему уже необходимо питание, солнце и вода и возделывание земли: вспахивание и переворачивание верхнего слоя земли-желания - с "получать" на "отдавать" и прочие работы человека на земле до получения им плодов земли, прополка - удаление ненужных и вредных для его духовного развития побегов.

Только при работе на земле появляется из одной первой линии правая, потому что человек начинает ценить действие и оценивать его как правую линию, потому что ценит данную ему Творцом возможность делать самое незначительное духовное действие, потому что считает, что и это ему не положено, а Творец делает ему особый подарок.

Но вместе с тем он должен работать и в левой линии, критиковать себя, действительно ли он делает "ради Творца", а не "ради себя" и должен просить, видя как весь пропитан самолюбием эгоизма, а часто видит, что не в состоянии вообще просить Творца о помощи вызволить его из власти эгоизма, а часто видит, что находится в еще более худшем состоянии - вообще не желает даже просить, не желает чтобы Творец освободил его от эгоизма, а наоборот, есть у него желание, чтобы Творец помог ему в эгоизме, наполнил его эгоистические желания всем, чем только можно себе представить.

И это осознание собственной природы называется левой линией, левой ногой, потому что то, что нуждается в исправлении, называется левым. Видим, что в работе человека по самоисправлению есть два противоположных состояния: Он должен соблюдать выполнение действий в одной линии в совершенстве, пока находится в состоянии "неживое" и чувствует себя совершенным и потому он в радости и вдохновленном настроении от того, что знает, что находится в состоянии совершенства и нечего ему добавить к своим действиям, только их количество.

А причина ощущения совершенства своего состояния в том, что не имеет ни малейшего представления о "растительной" уровне, а думает, что "неживой" уровень это и есть совершенство, то, что обязан выполнять человек, и поэтому чувствует радость и душевный подъем от ощущения собственного совершенства и просто недоумевает, почему не у всех людей такой же разум как у него.

Но при появлении в нем понимания "растительного" уровня, уже не ощущает в своем состоянии совершенства одной линии, поэтому должен приложить большие усилия, чтобы ощутить душевный подъем и жизненные силы от правой линии, какие получал прежде от одной линии. И это от того, что левая линия дает ему осознание отсутствия совершенства.

Но зачем вообще необходимо идти в правой линии? - Чтобы человек начал осознавать важность связи с духовным, которая есть у него и в это время благодарить Творца, а затем вновь вернуться к левой линии.

Поэтому необходимо работать "ради Творца", исходя из двух линий: из совершенства и важности правой и от критики и несовершенства левой - в результате которых человек удостаивается средней линии, получения ощущения Творца, Торы.

СТАТЬЯ 6

Есть в работе самоисправления человека два состояния: 1. Вера, 2. Тора. В состоянии веры он не может быть приниженным и поэтому не может всего себя отдать Творцу, как это имеет место в массах простых верующих.

Поэтому в начале работы над собой человек должен принять на себя веру выше разума в том, что даже если все его эгоистические желания, называемые народами мира в нем, восстают против его внутренней работы над собой, называемой Исраэль в нем, он не на жизнь, а на смерть восстает против них, говоря себе, что верит в Творца и желает служить Ему всем своим сердцем и душой, принимая на себя обязательство любить Творца, хотя нет в нем еще никакого чувства к Нему, только устами говорит это, но все его чувства против такого решения, но в действиях и в словах он может заставить себя действовать так, будто и впрямь любит Творца, вопреки своим чувствам.

Такие действия человека называются "иторэрут ми лемата" - возбуждением снизу, на которые затем посылает Творец свое "иторэрут ми лемала" - воэбуждение сверху.

Но не сразу получает человек подобный ответ Творца, а не чувствует сближения с Творцом, ощущает Его не более, чем до приложения своих усилий вопреки всем желаниям и доводам тела, что он ожидал ответа Творца, но не получил его, даже после своих многочисленных усилий вопреки разуму, не получил поддержки ощущением важности духовного, а находится в том же состоянии что и до совершения своих волевых действий в вере против желания тела и доводов разума.

Но человек обязан осознать, что если бы получил немедленно ответ Творца на свои действия, это бы приняло вид вознаграждения, а за вознаграждение, особенно духовное, потому как самое малое духовное вознаграждение больше чем самое большое вознаграждение в нашем мире, тело готово работать даже против своих желаний, только чтобы получить то, что желает получить - ощущение того, что стоит работать на Творца ради вознаграждения в виде особого духовного наслаждения.

Поэтому если человек после усилий вопреки телу желает сразу же получить вознаграждение, это подобно тому, что уже заранее, еще до начала работы планировал и представлял себе этот результат, чтобы в дальнейшем не требовалось прилагать усилия против тела.

Выходит, при своем решении о принятии пути веры в управление Творца, человек оговаривает определенные условия, что совершенно для пути веры неприемлемо. Поэтому не может быть в принятии веры такого, что человек утверждает, что он настолько принижен, что не может принять на себя путь веры и управления Творца или нет у него соответствующего настроения и поэтому должен ждать подходящих условий, а наоборот, обязательство принятия веры без всяких условий возложено на каждого человека всегда и везде. Тогда как связь с Торой может быть, если человек находится уже на уровне Исраэль, если он действительно заслуживает быть в связи с Торой.

Для этого он должен предварительно проверить свое духовное состояние, ощутить свою приниженность, заранее исправить себя, тем, что изучает Тору как средство самоисправления, а когда заканчивает самоисправление, достигает уровня Исраэль, начинает изучать Тору как имена Творца - постигает Творца в виде света при выполнении духовных заповедей.

Но и во время занятия Торой и Заповедями, человек должен идти в двух линиях-состояниях - правой и левой, как во время ощущения совершенства, так и во время ощущения его отсутствия: с одной стороны должен благодарить Творца, а тот, кто чувствует что получил много хорошего, может больше благодарить.

Поэтому когда человек занимается Торой и Заповедями, это время он обязан находится в ощущении совершенства своего состояния, будто Творец приблизил его быть рядом и прислуживать Ему. Но человек не должен обманывать себя, внушая себе, что уже действительно достиг уровня прислуживать Творцу, в то время, когда у него еще нет вообще такого ощущения.

Поэтому не может он по-настоящему благодарить Творца за свое приближение, но должен сказать, что несмотря на то, что находится в самой низине возможных состояний - весь пропитан собственным эгоизмом и не в состоянии ничего совершить выше, в отрыве, вопреки своему разуму, несмотря на это, Творец дал ему мысли и желания заниматься Торой и Заповедями и дал ему немного сил противодействовать своим критическим мыслям, приводящим доводы против работы на Творца и утверждающим против его пути - все равно есть у него немного связи с духовным, и тогда человек должен обратить внимание на это и верить, что Творец занимается его развитием и ведет его по пути к Себе.

В таком случае он может уже радоваться тому, что Творец управляет им, и что эти провалы, ощущение своего низменного состояния идут от Творца - человек обязан верить, что как духовные подъемы дает ему Творец, что не может утверждать человек, что сам делает себе духовный подъем, а сам Творец желает приблизить его и потому дает ему ощущения духовного возвышения и стремления, также и состояния духовных падений исходят от Творца, и человек должен верить, что это исходит от Творца, и происходит потому что Творец желает приблизить его.

Поэтому даже в состоянии духовного падения человек обязан совершать каждое свое действие, которое он в состоянии совершить, будто находится в состоянии духовного подъема, а не падения. То, что он может усилием воли преодолеть свое состояние духовного падения и совершить что-нибудь называется "иторерут ми лемата" - усилие снизу.

Любое его действие в состоянии духовного падения, когда он верит, что таково желание Творца, приводит к приближению к Творцу, еще более чем в состоянии духовного подъема, тем, что сам начинает ощущать, что Творец поднимает его к себе, потому что своими силами нашел в себе возможность оценить свое состояние и самому приблизиться к Творцу тем, что начинает из состояния своего духовного падения благодарить Творца и т.о. сближаться с Ним, начиная ощущать, что Творец благословляет его именно теперь, и перестает ощущать несовершенство своего состояния.

Но это возможно, только если продолжает заниматься Торой и Заповедями. Но человек обязан уделить немного времени критике своего состояния, находиться в левой линии, потому что это дает ему возможность прийти к молитве об исправлении своих недостатков. Но это необходимо проводить именно во время ощущения своего состояния совершенным, когда человек благодарит своим ощущением Творца за то, что Творец приблизил его, даже только немного, к Себе - именно тогда и время получения ответа на свои просьбы, прошлые ощущения несовершенства своего состояния, которые ощущал находясь в работе в левой линии.

Получается, что молитва происходит не в то время, когда человек ощущает свое состояния приниженным и несовершенным, потому как совершенный Творец не может состоять в связи с несовершенным творением-человеком, а когда человек перешел в состояние ощущения своего совершенства, не потому что ощущает себя как совершенного, а потому, что ощущая себя приниженным и ничтожным, он считает свою связь с духовным как огромный подарок Творца, и от этого в нем появляется ощущение не своего совершенства, а маленькой связи себя, ничтожного с совершенством Творца, ощущая, что и этого не полагается ему - это и есть время получения ответа-наполнения на свои прошлые ощущения в состоянии левой линии.

Из вышесказанного становится ясным, как могли мудрецы одновременно сказать о необходимости быть приниженным и гордиться - хотя эти две противоположности находятся в одном объекте, но могут быть в нем в разное время: когда принимает управление Творца выше своего разума, когда тело против всех его доводов, и возражает ему всеми способами, и примерами других людей - здесь он должен возгордить свое сердце и не обращать внимание на его доводы, а возразить, что понимает больше чем все остальные люди.

Но во время занятий Торой и Заповедями, он видит, что нет у него никакого понятия о том что изучает - тогда запрещено ему быть гордым, говоря себе, что если не понимает то, что изучает, то нет вообще проку изучать, а должен сказать себе, ощущая свою приниженность, что хотя ничего не понимает из книг, это не отодвигает его от пути, а обязан осознать свое ничтожество, и сказать, что насколько есть у меня связь с духовным - это больше, чем есть у большинства в мире, а мне не положено и этого, и ощутить радость даже от этой самой малой связи с Творцом.

СТАТЬЯ 7

Сказано "Всегда человек должен прежде благодарить и превознести Творца, а затем просить Его". Но если человек ощущает недостаток в чем либо и желает просить Творца о наполнении его желаний, ощущает потребность в помощи Творца, почему он должен прежде благодарить и возносить Его?

Если бы речь шла о земном владыке, то естественен такой подход, чтобы царь видел, что он любит и покорен ему поэтому, очевидно, выполнит его просьбу. Но Творец видит все, что в сердце и в уме человека, милосердный и всепрощающий, помогающий каждому, обращающемуся к Нему, слышащий молитву каждого, независимо кто человек - так зачем же человек должен оставить в стороне свою просьбу и заняться прежде возвышением и благодарением Творца?

Человек, желающий приблизиться к Творцу, должен идти в своих состояниях по двум линиям, правой и левой. Правая линия называется по ощущению совершенства и удовлетворения в своей работе, от чего он благодарит Творца, за то, что избрал его и возвысил из миллионов приближением к себе, хотя он ничем более других не достоин, дал ему Творец возможность хоть что-то сделать для Него, дал ему духовное возвышение и ощущение - духовную ступень, чего не дал другим работающим на Творца, даже не понимая почему Творец избрал его, и за все это он превозносит и благодарит Творца, в радости, и более не о чем ему просить Творца, потому что все есть у него.

Но если затем человек переходит к левой линии, т.е. начинает критически изучать и оценивать свое состояние, обнаруживает, что ни в сердце ни в уме он еще не достиг избавления от эгоизма, как и все те, которых Творец не привлек к своей работе, а часто он ощущает свое несовершенство и ничтожность настолько, что даже не желает, чтобы Творец помог ему возвыситься из того ничтожного состояния, в котором он находится, а наоборот, он негодует на Творца, что не получает тех наслаждений от жизни, которые получают другие, т.е. доходит до состояния, что левая линия не позволяет ему даже просить Творца об избавлении, не то, чтобы восхвалять Творца.

Основная работа человека происходит в двух линиях в состоянии духовного подъема, а в состоянии упадка он как мертвый, которому невозможно ничего объяснить и не способен ни на какие действия.

Поэтому состоянием работы называется такое время, состояние человека, когда он способен контролировать свои поступки, здраво оценивать их и действовать по двум линиям: правой - идя выше своего разума и левой - строя ее по своему разуму, принимая то, что видит своими глазами, осознавая свое ничтожное духовное состояние, весь свой эгоизм.

Но как после ощущения левой линии человек сможет перейти в правую - ощущение совершенства своего состояния, будто он находится в духовности, а не погряз в эгоизме, будто получил от Творца большой подарок и особое отношение, если видит, что остался на прежнем уровне или даже стал еще хуже, как ему радоваться своему состоянию?

Ответ прост: человек обязан верить своему раву-учителю в том, что есть только один путь вперед - идти по пути правой линии, в ощущении совершенства, будто уже достиг всего и удостоился полной веры в Творца и ощущает во всем теле как Творец управляет всем миром абсолютно совершенным и добрым управлением, т.е. весь мир получает от Творца только доброе.

Глядя на свое духовное состояние человек явно видит, что не достиг ничего, глядя на весь окружающий мир, видит, как каждый и все, в общем, страдают. И до тех пор, пока человек находится в состоянии ощущения двух систем управления, Творца и своей, он не может видеть высшее управление в истинном виде.

И потому обязан верить в то, что говорит ему рав и принимать верой выше своего разума, что он и весь мир находятся в полном совершенстве. А если это так, то он в состоянии восхвалить Творца и благодарить Его, что всем во всем мире Он посылает только самое доброе и уж тем более ему лично.

И это называется правая линия, противоположная во всем левой линии, в которой человек идет, контролируя свое состояние своим разумом и своими глазами.

Левая линия необходима именно только для того, чтобы после критики своего состояния и ощущения духовного нищенства, человек смог возвысить веру еще выше разума, несмотря на ясное осознание своего приниженного состояния, с каждым разом все большего духовного падения, все большего удаления от Творца, ощущения того, что Творец отдаляет его от Себя, видеть в правой линии как Творец приближает его к себе - и так постоянно и во всем: против видимого в левой линии, отдаления и отрицания, видеть в правой линии приближение и утверждение, как левая линия должна дать человеку возможность просить Творца, так правая линия должна дать возможность благодарить Творца.

Также в состоянии ощущения совершенства может быть еще такое состояние, когда человек ощущает, что нет у него ничего, а сам он будто недоразвитый и сердцем и разумом, тем, что насквозь все его чувства и мысли пропитаны эгоизмом, и ничего в нем не желает бескорыстно стремиться к Творцу, и ощущает, что это и есть его истинное состояние "осознание зла", и осознает что это большой подарок свыше увидеть себя в истинном свете, что недоступно остальным, постоянно оправдывающим себя и свои поступки, и он ранее также невольно обманывал себя и не видел необходимости изменять свое поведение и свой путь, будучи уверенным, что идет правильным путем и потому мог бы остаться на этом лживом пути навсегда, но теперь сам Творец открывает ему глаза на его истинное состояние, которое можно видеть только в свете Творца - от всех этих мыслей человек осознает свою связь с высшим совершенством и приближением к Творцу именно осознанием истины, что это не отторжение от Творца, а сближение с правдой, а ощущение горечи есть следствие осознания себя и Творца - и этим правая линия приближает человека, показывая ему его зло, а человек преодолевает ощущение несовершенства и ищет пути своего исправления, каким образом оторваться от зла, поэтому он находится под силой благословения Творца, ощущением своего зла, свыше раскрываемого ему и это сближает его с Творцом, потому как благодарит Творца за отношение к себе.

Сказано в Талмуде (Брахот 61): "Я сотворил мир или для совершенных праведников или для совершенных грешников", что вызывает недоумение: чем совершенные грешники лучше несовершенных праведников?

Дело в том, что если человек чувствует, что он законченный грешник, он в состоянии приложить все силы для своего исправления и достичь ступени совершенного праведника, получающего в свои исправленные желания-намерения свет Творца, что является целью творения, получение абсолютного наслаждения от Творца.

Также в то время, когда человек постигает полностью свое зло, возникает в нем внутреннее стремление совершить все, что необходимо для выхода из состояния совершенного грешника. Если же человек ощущает себя еще не полностью плохим, то возникающее в нем чувство еще не дают ему такой силы желания избавиться от себя, своего эгоизма во что бы то ни стало.

Поэтому именно при ощущении себя как абсолютно низменного эгоиста человек может утверждать, что для него создан мир, потому как он абсолютный грешник и ощущает огромное внутреннее требование к Творцу о спасении от своих качеств - вследствие чего уже есть у человека связь с Творцом и потому может духовно возвышаться, потому все свои просьбы он обращает сейчас, именно во время ощущения радости, правой линии, к Творцу, чувствуя совершенство не своего состояния от связи с Совершенным и потому достоин получить исправление и наполнение светом.

СТАТЬЯ 8

Человек создан Творцом для получения в конце своего исправления бесконечного духовного наслаждения. Для того, чтобы получить наслаждение, необходимо желание насладиться, называемое в Каббале "желание получить", причем наслаждение ощущается пропорционально стремлению к нему, и именно мера ощущения отсутствия желаемого определяет величину наслаждения при получении желаемого.

Поэтому единственное творение определяется нами абстрактно как желание получить наслаждение и все миры, все творения во всех мирах, включая человека, есть лишь различные меры этого желания получить. Но творение обязано пройти исправление, иначе оно ощущает стыд, не позволяющий ему наслаждаться, ввиду отличия свойств получателя и дающего.

Это исправление сводится к изменению намерения: не самонаслаждаться, а наслаждаться, потому как этого желает Творец, т.е. не получать хотя есть огромное желание получить наслаждение, а произвести усилие против своего природного желания насладиться. Такое усилие называется вкратце работой ради Творца, а вернее работой по сближению свойств человека со свойствами Творца, позволяющими получать наслаждение от Творца, не омраченное никакими отрицательными ощущениями.

Поскольку эту работу производит Творец по просьбе человека, она называется также работой Творца (аводат ашем). Творец создал творения, желающими получить наслаждения, и поэтому это желание человека насладиться исходит прямо от Творца.

Желание не получать наслаждение исходит от самого творения и сводится к условию получать наслаждение только при наличии намерения наслаждаться ради Творца, потому как того желает Творец.

Эту работу по исправлению намерения против своей природы обязан сделать сам человек: он должен приложить усилия, которые приведут его к желанию получить свойства Творца в такой степени, что Творец удовлетворит это желание и затем ради Творца человек начнет получать наслаждения.

Желание получить (малхут, кли) представляет собою сосуд получения наслаждения. Ввиду решения прекратить получение наслаждения-света (цимцум), желание самонасладиться в малхут опустело и находится в ощущении сокрытия от нее света-Творца.

Только если на какое либо из желаний малхут может создать намерение "отдавать" - в размере этого намерения уменьшается сокращение, открывается цимцум и сокрытие, ощущение Творца, и малхут может получить наслаждение.

В противном случае малхут остается пустой (халаль пануй), от чего появляется в творении две противоположные параллельные системы светлых и темных сил миров АБЕ"Я.

Желание получить находится и в светлой-альтруистической и в темной-эгоистической системах. Отличие систем в том, что в светлой системе малхут, желание получить используется только при наличии возможности получать ради Творца, иначе малхут добровольно делает сокращение своего желания получить, в то время, как система темных сил использует всегда свое желание получить ради самонаслаждения.

И та и другая системы используют свое желание получить, поскольку кроме этого ничего не создано Творцом, желание получить - это все, что есть в творении, кроме этого желания нет в творении ничего, а желания, кроме желания насладиться, относятся к Творцу, потому что Творец создал желание насладиться из ничего.

Поэтому когда говорится, что человек должен "отдавать", имеется в виду, что он должен, используя свои желания "получать", отдавать другим наслаждения. От человека зависит произвести ли такое исправление на свои желания-действия, сделать их духовно чистыми (кдуша), или оставаться в эгоизме, называемом нечистым (клипа) - и в этом его выбор.

Есть в работе человека два уровня - разум и сердце (моха вэ либа). Работа над разумом заключается в приобретении веры выше, больше разума, вопреки разуму, восстающему против Творца и веры в Него, а работа в сердце заключается в отторжении желания сердца стремиться только к самонаслаждениям, ради чего человек готов на любые усилия, если видит выигрыш, желательное вознаграждение за свою работу.

Чтобы дать человеку, созданному с единственным эгоистическим желанием самонаслаждаться, возможность свободно избрать путь самоисправления желания самонаслаждаться в желание наслаждаться ради Творца, чтобы выполнять Тору и Заповеди с намерением радовать Творца, а не для собственной выгоды, создано сокрытие Творца (астара) и сокращение света-ощущения Творца (цимцум).

Это обязывает человека начать свою духовную работу в состоянии (приобретении) веры выше разума, потому что на уровне разума находится сокрытие. Это дает свободу выбора принять на себя власть Творца над ним, над всеми его мыслями и желаниями, хотя его тело сопротивляется совершить даже малейшее усилие, если не видит явной выгоды - ведь таким он сотворен Творцом, что обязан видеть, что и ради чего он делает, плоды своей работы и кто наслаждается этими плодами.

Но поскольку создано специально, что человек не видит ни самого процесса своей работы, ни ее плодов, ни получателя результатов его усилий, а только может верить верой выше разума, т.е. вопреки своему разуму, что Творец получает плоды его усилий, то тело не желает верить в это. Поэтому дана нам эта работа принять на себя веру вопреки разуму, подобно как обязано трудиться животное, вынужденное выполнять желания своего хозяина: так человек не должен слушать, что говорит ему его тело, а заставлять его работать, как животное, потому что таково желание хозяина, веря мудрецам, что таков истинный путь.

Эта работа вопреки разуму называется работой в разуме (моха). Аналогичный подход и в работе сердца, работе против наслаждений: заставить тело работать без всякого вознаграждения. Это представляется телу непосильным грузом, и оно желает немедленно сбросить с себя то, чем человек хочет заставить его страдать.

Потому как тело в состоянии работать лишь там, где есть вознаграждение или даже сомнения в вознаграждении, но когда телу говорят: "Ты страдай в поте лица, но знай, что не будет никакого вознаграждения", оно ни в коем случае не согласно, и всеми путями желает освободиться от этого, а человек обязан заставить себя силой идти в этом направлении.

Если человеку недостает веры, и тело желает аннулировать веру, поражая т.о. работу против разума, а также пытается остановить человека на животном уровне развития, ощущения только своих потребностей, но не других, умерщвляя его, отделяя от Источника жизни, усилия против тела называются работой в сердце.

Основная работа человека - в сердце, потому, что не хочет верить, потому как получает большее наслаждение от того, что сам видит и чувствует, и потому не хочет принизить себя идти с закрытыми глазами веря, как призывают мудрецы.

Главная жалоба человека на принуждение, необходимость идти с закрытыми глазами, верой выше разума, что если бы использовал свой разум, продвигался бы быстрее, без всяких преград. Но желание получить, желание человека работать только для себя, как животное, и есть причина того, что не может верить, и жалуется, что не может идти наперекор и выше своего разума - и это единственная помеха. И потому необходимы две силы - разум и сердце, и обе их необходимо исправить - тогда становится исправленной кли малхут и годной для получения света Творца.

Исправление состоит не в исправлении действия, а в исправлении намерения. Действие остается тем же. Поэтому истинное исправление не видимо снаружи, не видимо извне кем-то посторонним, не подлежит внешней проверке, как обычные выполнения Заповедей. Только сам человек внутренней работой по исправлению своего намерения переводит действия из эгоистических в альтруистические.

Поэтому человек, желая выполнять духовную работу и выполняя все Заповеди в действии, должен остерегаться не обмануть самого себя, что его действия еще ради себя (ло ли шма), и обязан сказать своему телу, что делает все Заповеди ради себя, но желает посредством этого придти к настоящему намерению, как сказано мудрецами, что посредством выполнением Заповедей ради себя можно придти к их выполнению ради Творца, потому как свет возвращает к своему Источнику.

СТАТЬЯ 9

Лестница называется нуквой, на которой находится и от которой зависят все ступени и управление как Израилем, так и другими народами, потому что по этой лестнице спускаются или поднимаются ангелы-хранители каждого народа.

Человек обязан приложить все усилия достичь слияния с Творцом подобием свойств, уподобив себя Творцу, отторгнув желание получить наслаждение, называемое эгоизмом, приданное ему от природы и отделяющее его от Творца и обратив его в желание отдавать, чем становится подобен Творцу, подобно отторгнутой части тела, вновь соединяющейся с общим телом, от чего воссоединившаяся часть познает все мысли и знания общего тела, как до своего отторжения - также и душа: после того, как приобрела подобные Творцу свойства, возвращается и познает все мысли Творца, как до своего отделения от Него и облачения в тело человека, и тогда человек достигает ступени "знай Творца отца своего", потому как постигает полное знание Творца и тайн Торы, потому что мысли Творца и есть Тора.

Но поскольку достичь подобия свойств с Творцом против законов природы необычайно тяжело, ведь творение - это желание получить наслаждение, измеряемое стремлением к желаемому во время его отсутствия, свойство, противоположное Творцу, желающего услаждать творения, то необходимы изгнание духовного света-наслаждения (цимцум) и сокрытие управления Творцом (астара). Вследствие этого человек обязан прежде верить в Творца, а затем может приступить к работе "ради Творца".

Вера в Творца имеет много ступеней. В основном это две: частичная и совершенная. И главное в работе человека над собой освободиться от собственного расчета в своих действиях и принять на себя власть Творца. А это зависит от меры величия Творца в его глазах.

И здесь основное страх Творца - боязнь Его как самого великого и управляющего всем, что все зависит только от Него. Тогда человек выполняет Тору и Заповеди, чтобы выполнить волю Повелителя. Поэтому главная работа человека - постичь совершенную веру в Творца - ведь только если человек знает, что есть у него великий Повелитель, тело позволит выполнять Его волю и будет получать удовольствие, прислуживая великому Творцу.

Работа по возвеличиванию Творца в своих глазах, называется вознесением Его из праха (леукма шхинта ми афра), из того состояния незначительности, в котором Он находится в нашем понятии. Это необходимо, ведь невозможно работать на незначительного Повелителя, тогда как если Повелитель велик, то его важность и величие вызывает в человеке желание выполнять Его волю и принизить себя во имя Повелителя.

Поэтому самое важное для человека достичь веры в величие Творца - тогда все его действия будут ради Творца. Но если человек, занимаясь Торой и Заповедями, не преследует целью возвысить в своих глазах Творца, а величие и важность Творца оцениваются им как прах, ничто, это позволяет нечистым силам управлять чистыми: человек работает во имя своего эгоизма, а не во имя Творца.

Поэтому самое важное в работе человека - понять, что он желает получить как вознаграждение за свои усилия в выполнении Заповедей и изучении Торы: награда за все действия человека против эгоизма должна быть в обретении веры в величие Творца, потому как только это даст ему страх пред Творцом, а страх есть единственное средство движения вперед, наперекор желаниям тела, потому что только страх подталкивает тело к действиям, заставляет его слушаться указаний Творца.

Вера в величие Творца определяется страхом пред Творцом, как управляющим и властвующим всем. Мера страха пред величием Творца определяет возможность духовных действий человека. Если человек действует ради себя, но не ради Творца, то еще более отдаляется от Творца. Если Исраэль действуют ради себя, то они также удаляются от Творца и соответственно народы мира поднимаются, потому как Исраэль сами возвышают их и приходит разрушение в мир.

Если же человек или Исраэль стремятся своими действиями уподобиться Творцу, этим возбуждаются и возвышаются свыше особые добрые силы, и их воздействие в нашем мире вызывает возвышение каббалиста и Исраэль. Лестница подобна весам: если одна сторона поднимается, вторая опускается.

Поэтому если человек производит хорошие действия, они поднимаются вверх, величие Творца растет, противоположная сторона весов, эгоистические желания, опускается и падает сила "народов мира" в человеке и в мире в общем.

Поэтому главная забота человека, чтобы его деяния принесли ему веру в величие Творца, являющуюся вратами во все духовные ступени лестницы. Заповедью называется действие, направленное на пользу Творца.

Сказано, что Заповедь ведет к следующей Заповеди (мицва горэрэт мицва): человек ощущает, что Творец посылает ему только хорошее, что называется раскрытие управления, раскрытие того, что Творец дает только доброе, что вызывает благодарность Творцу.

Если же человек в своих действиях преследует эгоистические желания, то как сказано, нарушение ведет к вторичному нарушению (авэра горэрэт авэра): человек действующий во имя себя - авэра, получает авэра - нехорошее управление и ощущает еще большее сокрытие Творца, а затем утверждает, что Творец не слышит его молитв.

Человек утверждает, что уже не раз просил Творца о помощи в совершении альтруистических действий, не ради себя, а ради Творца, но почему же Творец не помогает мне, как я после этого могу верить, что Творец слышит все молитвы любого человека!

Но человек обязан верить наперекор своему разуму, верой выше разума, что Творец действительно слышит все молитвы каждого. Если человек разумом желает понять порядок работы, он должен просить, чтобы свыше показали ему, что такое ради Творца, а что такое ради себя, т.е. чтобы дали ему почувствовать свой собственный эгоизм.

И когда человек почувствует это и что не стоит оставлять себе ничего, он осознает, что не в состоянии идти на это, потому что пока он не знает, что означает не ради себя, он просит Творца помочь ему в работе ради Творца, Но как только человек получает свыше ощущение, что именно означает делать все только ради Творца, то человек уже не желает чтобы Творец дал ему такие силы, а наоборот, всеми своими силами противится этому.

Поэтому когда человек начинает просить Творца дать ему силы преодолеть эгоизм, еще нет у человека сопротивления этому со стороны его тела, потому как еще не знает, что действительно означает отдать все Творцу.

Поэтому, когда отвечают человеку свыше на его просьбу, на то, что он просит, ответ свыше состоит в том, что показывают ему, чтобы знал, что именно он просит, чтобы удостоверился, что нет здесь никакого обмана, чтобы не смог потом возразить: "Я не знал, о чем прошу!"

Поэтому человек должен знать, что Творец слышит каждую просьбу, а то, что человек видит, что становится еще хуже, чем до молитвы Творцу о получении силы сопротивления эгоизму, это и есть ответ Творца свыше на его молитву.

Поэтому не может человек утверждать, что не слышит Творец его молитв, а обязан сказать, что ответ приходит свыше, но не тот, какого ждет человек, а наилучший по мнению Творца для человека. Ведь человек должен знать, насколько он далек от альтруизма и насколько все его тело противится этому. А человек просит Творца о том, на что не находит согласия ни одной части своего тела, чтобы согласилось с его просьбой, о чем он просит от Творца.

И тогда человек обнаруживает то новое, чего не знал ранее, прежде чем начал просить Творца дать ему силы справиться с телом, чтобы появилась у него возможность действовать только ради Творца, но не ради себя.

Это новое знание, которое постигает человек, состоит в том, что он видит, как все его тело не согласно просить об уничтожении желания получить самонаслаждения. Человек ощущает, что часто во время его молитв, чтобы Творец дал ему альтруистические желания, все его тело сопротивляется, а то что он просит, произносят только его губы, выговаривая пустые слова, но есть времена, что он все же может просить и молиться Творцу всем сердцем об уничтожении эгоизма.

Как же может желать человек уничтожения эгоизма? Дело в том, что это уже ответ на его молитву, т.е. Творец дал ему силы молиться об этом всем сердцем. Поэтому обязан надеяться, что Творец и далее приблизит его.

СТАТЬЯ 10

Есть цель творения, и есть исправление творения. Цель творения - насладить создания, и все обязаны придти к состоянию, в котором удостоятся получить то наслаждение, которое Творца ставит целью дать им, и для чего создал их. Исправление творения - чтобы при получении наслаждения творения не испытывали чувство стыда, от получения неположенного им.

Поэтому исправление заключается в том, что человек возвращает и дает Творцу такое же наслаждение, потому что желает получать наслаждение не для себя, а ради Творца, потому что Творец желает насладить его. Творец создал в человеке желание самонасладиться, чтобы он насладился, и это цель Творца, а исправление - обратно природе человека, против его природного желания самонасладиться и заключается в отдаче наслаждения Творцу, в альтруистических намерениях, действиях услаждения Творца, подобно Его действиям.

А поскольку отдавать человеку нечего, единственное, что он в состоянии сделать ради Творца, это получать наслаждения, потому как этого и желает Творец от него. Но чтобы было место работы и свободы выбора, чтобы смог человек сделать намерение ради Творца, созданы сокрытие духовных наслаждений и управление Творца - это означает, что пока человек не в состоянии намереваться насладиться ради Творца, он находится в ощущении сокрытия Творца (астара), т.е. не только не в состоянии намереваться ради Творца, но все его желание только ради себя.

И кроме того, сокрытие Творца приводит к необходимости тяжело работать, чтобы удостоиться веры выше разума, потому что ввиду сокрытия Творца человек не видит наслаждений, которые может получить, ради наполнения которыми сотворил Творец все мироздание, дать которые Его цель.

Но не видя уготованных ему наслаждений и не видя, что вообще кто-либо в мире получает их, не только личные страдания от отсутствия наслаждений, но дополнительно еще и весь мир своими страданиями, утверждает человеку обратное от цели Творения, отягчает веру в Творца, Его управление, в Его цель насладить человека, в необходимость обретения альтруистических свойств.

Вся тяжесть работы происходит от сокрытия духовного наслаждения и Творца, но замысел сокрытия, его необходимость, в том, чтобы сделать возможным исправление человека: т.е. сокрытие света и Творца есть следствие решения Творца дать человеку возможность самому исправить себя.

Хотя сокрытие сотворено специально для исправления, и оно является причиной отсутствия веры и запрещает использовать эгоистические желания, оно рождает два недостатка в разуме и сердце (моха и либа). Но что прежде: должен ли человек прежде постичь веру, а потом может удостоится работы ради Творца или наоборот?

Разум обязывает, что прежде всего человек должен постичь веру, а только потом можно утверждать, что человек способен принизить себя самого, свое "Я" и работать не ради себя, а только ради Творца. Человек может работать ради Творца только в той мере, в какой он верит в величие Творца, и только от этой веры он зависит, и только тогда он может утверждать, что работает ради Творца.

Невозможно совершить усилия против желания тела, если не важна цель, которую желаешь достичь. Величина усилия, которое человек может приложить, точно зависит от важности цели, величины стремления, ради чего готов человек пренебречь своим эгоизмом и работать только на Творца - если Творец станет в его глазах важен, и в мере важности будет легче работать на Него.

Поэтому, чтобы была у человека сила пренебречь собственной выгодой, самонаслаждением, подняться и сделать действия ради Творца, а не ради себя, необходимо прежде достичь веры в Творца, а только затем человек сможет пренебрегать собой, выгодой для себя, не принимать в расчет себя, а только услаждение Творца, делать все ради Него.

Так разум наш обязывает думать о порядке процесса исправления. Но в предисловии к книге Зоар (стр. 138) сказано наоборот, что прежде, чем человек не удостоится исправить все свои желания (килим) на альтруистические, подобные свойствам Творца, он не может достичь веры в Творца, потому что пока нет в человеке альтруистических желаний (килим дэ ашпаа), не в состоянии он получить наслаждение от Творца, а не получая наслаждений от Творца, человек не может верить, что Творец управляет всем миром только добром, и поневоле говорит плохо о Творце.

Поэтому в такое время человек не верит в доброе управление Творца и более того, вообще не верит в управление Творца всем, потому что до исправления своих желаний, чтобы мог получить полное наслаждение, уготованное ему еще в замысле творения Творца, обязано быть управление добром и злом, и оба ведут человека к цели, намеченной Творцом.

Но человек ощущает и говорит совсем обратное, противоположное истине, ошибаясь в абсолютно добром управлении, потому что его путает управление добром и злом, и он принимает его за управление вознаграждением и наказанием, потому что используя эгоистические желания, человек поневоле ощущает управление плохим.

Это исходит из закона духовного подобия, что не может человек получить явно зло от Творца, потому как это является изъяном в величие и совершенстве Творца, если человек ощутит Его как действующего зло. Поэтому, как только человек ощущает себя плохо, в той же мере исчезает в нем его вера в управление Творца, и Сам Творец, что и является самым большим наказанием в мире.

Т.о. ощущение приятного или плохого в управлении путает нас и вызывает ощущение управления вознаграждением и наказанием. Если человек усилием воли пытается не расставаться с верой в Творца, несмотря на то, что испытывает плохое действие на него в управлении, получает вознаграждение.

Но если не пытается усилием воли удержаться в вере в управление, получает наказание - теряет веру в Творца и хотя только Творец является источником всего происходящего, скрыто это от ощущающего плохое и доброе, потому что во время ощущения зла нечистые силы скрывают Творца, Его управление и веру, чем человек получает самое большое наказание в мире, наполняясь сомнениями в существовании Творца.

А когда возвращается к вере (хозэр бэ тшува), получает от этого вознаграждение и вновь может слиться с Творцом. Из вышесказанного ясно, что не может быть веры в Творца, пока человек не достиг альтруистических желаний (килим дэ ашпаа), ведь только тогда есть в нем полная вера.

Но пока еще нет веры в человеке, как он может делать что-либо ради Творца? - В человеке есть частичная вера от того, что верующая масса верит в управление Творца от воздействия на нее окружающего света (ор макиф), дающего ощущение общей веры в Управляющего миром, от чего каждый получает частичную веру, частичную, потому что это не ощущение Творца, а общая некоторая уверенность в Его существование, называемая вера неживого уровня (домэм дэ кдуша), и с этого уровня обязаны начать свой путь все.

В меру этой веры человек способен отдавать свои мысли и усилия, как сказано в "Предисловие к Талмуд Эсэр аСфирот" п.14: "В занятии Торой раскрывается мера веры человека, подобно человеку, верящему другому и потому дающему в долг некую сумму: он может дать ему рубль, но два уже не даст взаймы, а может дать взаймы все что имеет, без всякого сомнения - вот это и называется полной, совершенной верой, а если может дать только часть из имеющегося, его вера называется частичной".

Поэтому человек начинает свое духовное движение к цели в общей вере, исходящей от неощущаемого явно окружающего света, от которого каждый получает свою долю веры, что достаточно ему для начала его работы, чтобы захотел дойти до своей личной работы, т.е. до личной веры в Творца, т.е. до внутреннего света, что называется "Возлюби Творца своего всем сердцем, душой и разумом", где слово "своего" говорит о личном ощущении, где вера основана уже не на общей вере масс, от которой каждый получает свою часть, называемой частичной верой, но удостаивается личной веры, называемой полной, совершенной, потому как не нуждается более в массах.

Но чтобы удостоиться такой полной веры, человек должен прежде постичь подобие свойств Творцу, и в этом вся его работа, чтобы приобрел альтруистические желания, и только после этого он удостоится полной веры и выполнения указанного "Возлюби Творца своего...". Работа по приобретению альтруистических свойств ведется в двух направлениях - уме и сердце (моха и либа). Т.е. невозможно работать ради Творца, если Он не ощущается человеком как нечто великое, подобно уважаемому всеми человеку.

Поэтому человек должен уделить часть своего времени на работу в разуме и часть на работу в сердце. Отсюда начинается настоящая работа по достижению личной веры в Творца, начинаются духовные подъемы и падения, потому что работа основана на усилии работать ради Творца, а не ради себя, что противоположно созданной Творцом эгоистической природе человека.

Поэтому начинается в человеке борьба с его эгоистическими желаниями и, вместо продвижения вперед, видит, что не может продвигаться и достичь подобия Творцу и слияния с Ним, видя, насколько тяжела эта работа, потому как обязан идти в ней верой выше разума.

Но разум убеждает его в невыгодности работы, если она не ради себя, ведь если человек родился с эгоистическими желаниями, как же можно умертвить их и совершенно не думать о себе, а только о Творце, ведь если человек тяжело работает в Торе и Заповедях ради вознаграждения, то понимает своим разумом, что таковы пути мира, что работающему у кого-то неважно кто его хозяин, а важна величина вознаграждения, потому что это определяет выгоду работать. И это работа масс.

Но как только человек желает работать ради Творца, от чего он удостоится полной веры в Него, начинаются духовные подъемы и падения, потому что невозможно работать без вознаграждения. Только если человек желает сделать что-либо великому в его глазах человеку, то сама работа и есть его вознаграждение, потому что есть у него наслаждение, что великий в его глазах человек получает от него.

А поскольку Творец сделал таковой нашу природу, что маленький получает наслаждение от прислуживания большому, то если человек желает работать ради Творца, он обязан возвеличить Творца в своих глазах, тогда получит возможность отдавать Творцу, обретет силы делать только для блага Творца, а когда пропадает у человека ощущение величия Творца (шхина бэ галут, шхина бэ афар), не ощущает важности духовного, нет в нем сил работать ради Творца.

И поэтому есть определенный порядок работы над разумом и сердцем. Работа, в результате которой человек желает сблизиться с Творцом, происходит поочередно в правой и левой линиях: Правая приближает, человек чувствует себя близким к Творцу, что Творец приближает его к Себе.

И даже если нет в нем еще такого ощущения, он должен идти выше своего разума, будто он ощущает себя совершенным и радуется имеющемуся - в таком случае он подобен Творцу, а потому близок, что дает человеку ощущение жизни в духовном, использовать альтруистические желания, на которых нет сокрытия Творца, в которые можно получить духовные наслаждения.

Левой линией называется то, что требует исправления, когда человек производит проверку своего духовного состояния, своих желаний и обнаруживает, что полон недостатков, то видит как он отталкиваем от духовного, низок и потому удален от Творца - естественно не ощущает в себе жизни, потому как производя своим разумом расчет своего состояния, обнаруживает себя лишенным всего и потому будто подобен мертвому.

В меру своей веры, что Творец управляет и дает всему миру только доброе, человек получает ощущение величия Творца, подобно важному в глазах общества человеку. Ощущения важности Творца дает человеку силы работать ради Творца, от услуживания Великому человек получает наслаждение и не нуждается ни в каком ином вознаграждении.

Поэтому в мере его веры выше разума (моха) может работать на Творца. Но поскольку человек создан с эгоистическими желаниями, в которые невозможно получить свет жизни, ощущение Творца, создана возможность постепенного по частям присоединения к правой линии левой (шитуф мидат рахамим бэ дин).

СТАТЬЯ 11

Человек, как сказано в Торе это маленький мир, включающий в себя все, что есть в творении: есть в человеке свойства из желания, называемые 70 народов мира, включающие в себя все отрицательные свойства, противоположные 7 положительным духовным свойствам, потому как Творец создал все в противоположности, 70 народов мира властуют над Израилем.

Когда это происходит, такое состояние для Израиля называется галут - изгнание из под власти Творца под власть народов мира и нет никакой возможности у Израиля работать на Творца, а только ради себя и только по указаниям своего ума и понимания разума, и невозможно даже представить себе, как можно освободиться от власти народов мира в нас, потому что сам человек на себе видит, что все его усилия бесплодны, и даже наоборот, чем больше он пытается выйти из-под власти эгоистических сил, тем больше убеждается, что это невозможно.

Но как сказано: "Я твой Творец, выводящий тебя из Египта, чтобы быть твоим Творцом", - Творец выводит человека из духовного рабства, называемого Египет, чтобы предстать перед человеком как его Творец, вместо эгоистического властителя Фараона. Каждого из нас только Творец может вывести из рабства нашего эгоизма, власти составляющих его 70 желаний, называемых 70 народов, и стать нашим властителем вместо Фараона-эгоизма.

Не должен утверждать человек, что те, которые удостоились выйти из-под власти своего эгоизма, были менее эгоистичны, чем он, и поэтому Творец мог им помочь, дав силу преодолеть их природу. Ведь когда человек начинает осознавать свое подлинное ничтожество и бессилие противостоять своей природе, он входит в состояние бездеятельности и отчаяния, а подчас и подавленности, граничащей с депрессией, ощущая себя самым плохим в мире, что не может быть хуже, а потому те, кто удостоились выхода из эгоизма, были, очевидно, лучше его.

В таком случае надо верить в сказанное АР"И, что перед выходом из Египта народ Израиля был на 49-ой нечистой ступени - максимальном эгоизме, и только тогда открылся им Творец и вывел их из Египта. Поэтому, хотя человек видит, что он находится в самом низком духовном состоянии, не должен позволить себе выйти из повседневной своей работы над собой, а верить, что Творец вызволит его из власти згоистических желаний.

Из сказанного видим, что основа продвижения вперед - это вера в возможность духовного освобождения, вопреки доводам разума, хотя разум человека - это главное, что есть у него, все его "Я", и оценивают человека именно по его разуму, если разум человека позволяет ему видеть свое истинное состояние, дает ему возможность идти выше разума, видеть, что выше разума человек не может идти без помощи Творца.

Ведь если он видит со стороны разума, что может идти вперед, то не нуждается в помощи Творца. Главное, что требуется от человека - это достичь своего совершенства, постичь НАРАНХА"Й своей души. Это постигается тем, что человек нуждается в Творце, как сказано "Приходящему исправиться помогают его чистой душой", тем, что постепенно дают ему все новые порции света.

Поэтому воистину неоценимое, состояние если человек нуждается в Творце, в Его помощи, потому что спасение заключается в том, что человек получает все большие силы свыше, силы его души, пока не получает весь свет НАРАНХА"Й, соответствующий корню его души.

Поэтому чудо заключается в осознании того, что не в состоянии человек самостоятельно достичь ничего духовного, а нуждается в помощи свыше. Только в таком виде называется чудо.

Поэтому если человек приходит к состоянию, что есть в нем уже осознание его зла, что уже сознает, что не в его силах что либо совершить, выйти из эгоистических желаний, властвующих в нем, что его стремления к духовному, к Творцу находятся в изгнании под властью эгоизма, обязан верить, что Творец выведет каждого поодиночке из духовного рабства, каждого, кто идет по пути Творца.

И это действительно чудо - возможность выйти из власти эгоистической природы любви только к себе и заботиться только о благе Творца. И когда человек достигает такого состояния, считается, что он достиг своей души, т.е. достиг веры в Творца и уже есть у него силы работать только ради Творца, и это называется душой.

Это называется также правой линией, потому что человек занимается поисками путей "отдать" Творцу, чтобы все, что делает, было ради Творца, сделать приятное Творцу. Но необходимо знать, что то, что человек желает делать для Творца, называется исправлением творения, а не целью творения, поскольку цель творения, чтобы человек получил наслаждение в свои желания насладиться (килим дэ кабала), только на эти желания надо добавить некоторое исправление, называемое "ради Творца" (аль минат леашпиа).

Наслаждение от получения цели творения называется светом Творца, или светом Мудрости (ор хохма), или светом жизни (ор хаим), потому что оживляет творение, человека.

Этот свет называется левым, потому что получают его в желания получить, которые требуют исправления, и потому называются левыми, как левая рука слабее правой и потому требует помощи.

Исправление, требуемое для получение ор хохма, называется "отдача" (хасадим) и называется правой линией, т.е. после того, как удостоился цели творения, наслаждения, называемого ор хохма, необходимо еще раз дойти до ор хасадим, когда наслаждение получается в желание отдавать, потому как дана нам работа в Торе и Заповедях в виде выполнения (наасэ) и в виде ощущения результата (нишма): от того, что выполняют в действии Тору и Заповеди (наасэ), удостаиваются прийти к состоянию ощущения (нишма), т.е. человек вначале обязан выполнять Тору и Заповеди через силу, и нет необходимости дожидаться пока у него появится желание к этому, что только тогда он будет выполнять, но человек обязан выполнять против своих желаний, только в действии, а сами действия приведут его к состоянию ощущения важности Торы и Заповедей, т.е. достигнет ощущения наслаждений, находящихся в Торе и Заповедях.

Поэтому правой линией называются занятия "отдачей", желания отдавать, потому как это гарантия того, что действия человека будут ради Творца. Видим, что действие влияет на намерение, и если человек получает свыше свет "ор хохма", то действие должно изменить намерение и оно станет как действие: действие "получать" заставляет думать о "получении" и создает намерение "ради получения".

Если так, то даже во время "получения ради отдачи" ор хохма, все равно обязан будет получить наслаждение от действия. Поэтому необходима уверенность в правильном получении ор хохма, необходимо "одеяние на ор хохма". В этом одеянии также есть правило "наасе вэ нишма", действие (наасэ) - "отдача" рождает соответствующее намерение "отдачи".

И это является гарантией того, что желание получить наслаждение, при получении "ор хохма", сможет удержаться в намерении "ради отдачи" во время ощущения наслаждения, и общее действие будет "получение ради отдачи". Подстраховка правильности действий называется правой линией, хэсэд, работа с желаниями отдавать, милосердие, отдача, действия, не нуждающиеся в исправлении. Тогда как хохма, левая линия, работа с желанием получать наслаждения нуждается в сдерживании и исправлении.

Работа человека начинается с правой линии, альтруистических желаний, отдачи, совершенства своих действий, а затем постепенно присоединяют левую линию, чтобы и она была "ради отдачи". Работа начинается с правой линии, совершенства, что означает, сколько человек делает в ней, он благодарит Творца, что дал ему хоть немного желания работать в духовном, отчего есть у него немного связи с Торой и Заповедями в действии.

В таком случае он не думает о своих намерениях, поскольку намерения есть двух видов:

а) намерение "кто обязывает меня заниматься Торой и Заповедями, окружающее общество, потому как все окружающие заняты этим, молятся, выполняют и изучают или я выполняю Тору и Заповеди только потому, что Творец велел выполнять их, и я верю в мудрецов, передавших мне это от Творца, и потому выполняю.

б) намерение о вознаграждении, которое желает получить от выполнения Торы и Заповедей.

Как говорит Зоар, есть 3 причины занятия Торой и Заповедями:

1. получение вознаграждения в этом мире,

2. получение вознаграждения в будущем мире,

3. не получать вознаграждение, от величия Творца, потому как Он велик и всемогущ.

Человек начинает свою работу в Торе и Заповедях ради вознаграждения. Поначалу человек еще не силен в вере, чтобы работать ради Творца, что получит от Него вознаграждение, потому как подсознательно не хватает ему веры, чтобы совершать нужные действия, но выполняет указанное, потому как не желает падать в глазах окружающих - не потому что Творец заставляет его, а от боязни стыда от окружающих, и конечно считает это за крайнее падение, что окружающие заставляют его работать, а не Творец.

Но и за такую возможность быть в связи с Торой и Заповедями человек должен благодарить Творца - за то, что Творец дал силу окружению человека заставить его выполнять по их воле действия.

И это называется, что Творец управляет человеком в сокрытии от него, что Творец скрывает Себя облачением в окружение человека, заставляет его выполнять нужное, а человек выполняет Тору и Заповеди не понимая, что выполняет желания Творца, а не окружающих, хотя в любом случае человек выполняет всегда волю Творца, но если бы знал, что выполняет волю Творца, не выполнял бы, потому что думает, что выполняет только желания окружающих.

Такой метод принуждения человека называется неосознанным (ло ми даато), сокрытие Творца называется сокрытием лица (астарат паним). Но если человек благодарит Творца за то, что Творец скрыто помогает ему, давая человеку возможность выбора, возможность сказать, что работает по принуждению окружающих, а с Творцом не имеет никакого контакта, или верить, что Творец скрывает себя, облачаясь в окружающих, благодаря чему человек вынужденно занимается Торой и Заповедями, то человек выбирает себе путь утверждать, что только Творец помог ему совершать нужные действия тем, что облачается в окружающих и благодарит Творца за это, то это приводит к духовному подъему, удостаивается открытия лица Творца, т.е. Творец дает ему мысли и желания выполнять Его желания, потому как человек получает небольшое ощущение света Творца, тем что шел верой выше разума, и потому Творец помог ему с помощью сокрытия удостоиться раскрытия Творца, осознанного выполнения (ми даато).

СТАТЬЯ 12

Цель творения - чтобы все творения ощутили Творца как абсолютно доброго управляющего ими, чтобы человек ощутил, что получает от Творца только хорошее и всем остальным творениям Творец дает только доброе. Исправление творения в том, чтобы не ощущать стыда при получении наслаждений, исправление необходимо, чтобы наслаждение не ощущалось в эгоистических желаниях, а ощущалось только в том случае, если человек может получить его с намерением ради Творца.

Но чтобы человек мог существовать до того, как приходит к исправленному состоянию получать наслаждения ради Творца, а без получения наслаждения человек не в состоянии существовать, потому что создан Творцом в желании получать наслаждения, потому как цель Творца заключается в услаждении творений, произошло разбиение духовных килим.

Возможность получать, необходимые для существования наслаждения, до достижения исправления, произошла вследствие разбиения духовных желаний-сосудов (кли) в мире Нэкудим: получение альтруистическими духовными желаниями эгоистических намерений.

В результате этого падения желаний с духовного уровня в эгоистический, бывшее в них наслаждение-свет (ор) возвратилось к своему Источнику, но его маленькие порции-искры света (нэир дакик) остались в разбитых эгоистических желаниях и оживляют их до момента исправления.

В результате название желания-творения изменилось с духовного чистого-кдуша альтруистического желания-сосуда-кли на материальное нечистое-клипа эгоистическое желание-сосуд-кли. Оставшаяся в эгоистических желаниях частичка света подобна искре по сравнению со светом в альтруистических желаниях.

Порядок исправления начинается с правой линии. Правая линия всегда называется совершенной, но в чем совершенной, это имеет всегда разные значения и поэтому название правая линия имеет разные значения.

Если человек отдален от Торы и Заповедей, считается что находится в левой линии, потому как отдален от духовного, являющегося совершенством человека. Естественно, что мы не говорим вообще о тех, кто не имеет никакого отношения к Торе, неверующих как их называют, а начинаем говорить о тех, кто соблюдают Тору и Заповеди, пока еще только в действии, поэтому называются их действия "одна линия", потому как невозможно говорить о правой линии, если нет еще у человека левой, или наоборот.

Поэтому те, кто начинает работу в действии, называются работающие в одной линии, потому что только начинают, но относительно не выполняющих в действии Заповеди, не имеющих никакого отношения к религии, они называются работающими в правой линии, потому что ощущают свое совершенство, а нерелигиозные называются относительно них левой линией.

Но если мы говорим о тех, кто желает работать над изменением своего намерения из "для себя" в "ради Творца" то те, кто работают только в выполнении действием Заповедей, называются несовершенными, и потому называются левыми, не имеющими совершенства, а те, кто желают приобрести намерение работать ради Творца, правыми.

Но в ощущении самого человека, не истинного его духовного уровня, а только выполняющего Заповеди в действии, он сам ощущает себя совершенным в своем выполнении, и его состояние оценивается им как правая линия, совершенство, а по работе в исправлении намерения ощущает себя несовершенным, потому как не в состоянии выйти из-под власти эгоизма, и такое состояние оценивается им как левое, как все, что нуждается в исправлении, называется левым.

Поэтому тот, кто желает работать ради Творца, чтобы было совершенство в его действиях, но во время контроля своей работы видит, что еще не достиг совершенства, оценивает это состояние как левое относительно его работы в исполнении действий без намерений.

Но если человек даже не в состоянии совершить что-либо ради Творца, все равно он ощущает себя совершенным в своих действиях, говоря, что есть у него большое счастье в жизни, что может хотя бы сделать действие, желательное Творцу, даже без намерения, что это Творец возвысил его тем, что дал ему мысль и желание заниматься Торой и Заповедями в действии без намерения, называемом правым, потому что ощущает себя в совершенстве, что надо воздать большое благодарение Творцу за это, то он входит постепенно в правое состояние.

Поэтому, когда переходит к намерению и видит все свои недостатки, то остается ему только просить Творца о помощи дать силы исправить свои намерения и делать ради Творца - и это называется левым состоянием, относительно предыдущего правого. Но когда удостоился помощи Творца и может действовать альтруистически, но только "отдавая", потому как только отдавать, не получая, легче, чем получать ради Творца.

Когда действие и намерение противоположны, такое состояние называется правой линией относительно прошлого состояния, когда желал, но не мог работать ради Творца, что явилось причиной молитвы Творцу о помощи.

Но сейчас, когда Творец уже помог ему, и он может отдавать ради Творца, он благодарит Творца за совершенство, которого достиг, это называется правым состоянием, а свет, получаемый называется ор хасадим, свет исправления творения, дающий силы исправить намерение.

Но это состояние совершенно только относительно исправления творения, но относительно цели творения это состояние еще не совершенно, потому что человек должен достичь цели творения. Поэтому это состояние совершенно и считается правой линией, потому что дает благодарность Творцу за достигнутое, возможность отдавать ради Творца, но потому как еще отсутствуют силы получать ради Творца, это состояние определяется как несовершенное.

Поэтому если удостоился сил получать ради Творца ор хохма, то это состояние определяется, как совершенное относительно прошлого, когда удостоился только ор хасадим, света исправления творения, именуемого сейчас левым и несовершенным относительно цели творения.

Но получение "ор хохма" ради Творца также считается несовершенным, левым, потому как требует постоянного контроля, ведь действие "получение" и намерение "отдача" противоположны, и потому необходимо состояние, называемое средней линией - ор хасадим, включающий ор хохма.

Ор хохма для выполнения цели творения и ор хасадим для исправления творения. Средняя линия называется Тора, сочетает в себе левую и правую линии и позволяет использовать свет цели творения, наслаждение, уготованное Творцом для человека, ор хохма, раскрытие величия Творца, самого Творца.

Но до сочетания ор хохма с ор хасадим не может ор хохма ощущаться, светить в кли человека, потому как может ощущаться только как бхинат Тора, что означает совместно с ор хасадим, средняя линия. Тора называется средней линией, Зэир Ампин, соединяющий, включающий в себе две линии: левую линию, цель творения, ор хохма, раскрытие Творца (гилуй Элькуто ле нивраав, квод Ашем) в облачении в правую линию, исправление творения, ор хасадим.

Только соединение двух линий позволяет ор хохма светить, проявляться, ощущаться человеком и достигает он состояния "Тора (получаемый свет), Исраэль (человек) и Творец (Источник) - одно целое".

Ханука олицетворяет собой праздник наличие света ор хохма, пришедшего к людям, но которым нельзя пользоваться ввиду отсутствия ор хасадим, исправленного намерения, ввиду отсутствия средней линии, сочетающей наслаждение ор хохма с правильным намерением его получения-ор хасадим. Пурим же олицетворяет собой наличие ор хасадим, называемый МА"Н, полученный от молитв и поста. Шавуот - средняя линия, получение Торы.

СТАТЬЯ 13

Все прегрешения человека происходят от желания самонасладиться, единственного творения. Поскольку цель творения услаждение человека-творения определяется мерой его стремления насладиться, ведь мера желания определяет величину наслаждения, то создано Творцом творение - Малхут, сумма всех желаний насладиться светом, уготованным Творцом.

Творец в соответствии с тем количеством наслаждения, которое желал дать творениям, создал малхут - желание получить именно это наслаждение. Но чтобы творение не ощущало стыд при получении наслаждения, Творец скрыл Себя - свет, наслаждение, покинул малхут, ввиду того, что сама малхут сократила свое получение света, свое желание наслаждаться.

После сокращения и сокрытия малхут получает свет только в мере своего намерения получать его ради Творца, потому что при этом ощущение стыда обращается в ощущение почета. Вследствие разбиения килим-желаний получать ради Творца и прегрешения Адама, общей души всех творений, маленькая порция света проникла в эгоистическое желание самонаслаждаться, и желание получать самонаслаждение оживляется от системы нечистых, эгоистических миров АБЕ"А вне связи с Творцом.

Чтобы вызволить творения из этого бесконечного удаления от Себя, Творец сотворил систему чистых, альтруистических миров АБЕ"А и противоположную ей систему нечистых, эгоистических миров АБЕ"А, придал эгоистические желания системе нечистых сил, отняв его от системы чистых сил, которой взамен дал альтруистические желания.

Пока человек не вышел из-под власти эгоистических сил, обязан прегрешать и быть отделенным от духовности, чистоты. А чем больше грешит, тем больше удаляется от чистоты, кдуша, и погружается в нечистые желания, клипот, вызывает этим все большее удаление своей части, корня своей души (шорэш нэшмато) в малхут мира Ацилут, являющейся соединением всех душ и называющейся Кнэсэт (собирающей) Исраэль, от Творца.

Малхут называется также Шхина, потому как в исправленном состоянии всю её должен заполнить свет Творца, сам Творец, именуемый Шохэн или Зэир Ампин мира Ацилут. Шохэн наполняет Шхина только в мере их схожести, соответствия, подобия свойств, т.е. в мере подобия малхут, желания получить наслаждения, свойствам Зэир Ампина, желанию давать наслаждения.

Отсюда видно, что все прегрешения исходят из желания человек наполнить свое желание получить, свои эгоистические желания самонасладиться, чем он вызывает отдаление корня своей души в малхут. А если человек желает возвратиться (тшува), чтобы все его намерения были только ради Творца, ради цели творения, совпадали с желаниями Творца, от чего он сам уподобается по свойствам Творцу, это приводит к тому, что корень его души в малхут станет альтруистическим, подобно Зэир Ампину, называемому Творец, что приводит к слиянию, единству Творца с душой человека, потому как оба имеют одно желание наслаждать друг друга и Творец, Высший свет заполняет малхут, души людей.

От слияния З"А и Малхут аннулируются все прегрешения, эгоистические желания, что и называется возвращением к Творцу (хазара бэ тшува): поскольку источник всех прегрешений - эгоистические желания человека и каждый человек, вследствие использования своего эгоизма, вызывает все большее отделение корня своей души в малхут от Творца, З"А, и перемещение его во власть нечистых сил, клипот.

Но если человек решает все свои действия производить только с альтруистическими намерениями, падение корня его души исправляется, потому что он поднимается из клипот и воссоединяется с Творцом, вновь, как и в начале творения, наполняясь светом. Если человек делает альтруистические действия это вызывает в общей системе чистых миров приток новых сил и они возвышаются над нечистыми и властвуют в управлении миром, и наоборот, при эгоистических действиях человека.

Поэтому все зависит от поступков человека, и если он приводит свои действия в подобие действиям Творца, то получает все, что есть в Творце, поскольку соединяется с Ним. Но если человек желает уподобиться Творцу, но чувствует, что желания его тела не позволяют ему это, то только молитва, просьба к Творцу о помощи может помочь.

И хотя уже много раз просил и не получил ответа, будто Творец не существует, или не слышит, или не в состоянии помочь, от чего пропадает сила молитвы в человеке, он обязан верить, что появление в нем в данный момент мысли о просьбе к Творцу пришло от самого Творца, что Творец дал ему ощущение необходимости соединения с Ним и некоторой веры в свое управление.

И ни в коем случае не должен человек думать, что это он начал сам свое сближение с Творцом, а именно Творец начал приближать человека к себе, тем, что дал ему желание просить помощи. И потому человек не может утверждать, что Творец не желает его, если еще не получил ответа на свои просьбы.

Но как сам Творец начинает свою связь с человеком, возбуждая в нем ответные желания к Себе, так сам и заканчивает этот процесс. Постоянная вера в это и приводит человека к цели.

СТАТЬЯ 14

Причина творения - наслаждение творений, потому что Творец совершенен, а из природы совершенного вытекают совершенные действия. Цель творения - постижение управления Творца как абсолютно доброе. Но с другой стороны мы видим совершенно противоположную картину: произошел цимцум - сокращение, исторжение света-наслаждения и астара - сокрытие света Творца - наслаждения и запрет на его прямое получение, а только при условии получения его с намерением усладить этим Творца.

Получается, что основная наша работа должна быть работой ради Творца, что все творение создано только ради Него, а не ради самих творений. Кроме того дана нам Тора с 613 Заповедями, с помощью которых мы можем работать на Творца, потому как обычным путем мы не в состоянии на Него работать, потому как наш эгоизм мешает нам.

Получается, что вроде бы все творение создано ради Творца, а не ради человека! Дело в том, что мы должны верить мудрецам, объясняющим нам, что цель творения выявить СОВЕРШЕНСТВО действий Творца, под которым подразумевается получение совершенного наслаждения, не омраченного ощущением стыда и милостыни.

Поэтому цимцум - исторжение света - наслаждения и условие получение света только при наличии намерения "ради Творца" для пользы творений: чтобы получили наслаждение без стыда. Т.о. получается что цимцум это исправление, а не неисправность, которую надо преодолеть.

А то, что мы должны работать ради Творца - это для нашего блага, потому что в результате этого получаем совершенное наслаждение, ничем не омраченное, и Его действия проявляются как совершенные. Находим, что нет никакого противоречия между целью творения, наслаждением человека, и исправлением творения, что не ради себя сотворил Творец все творение, а только на благо человеку, потому как Сам не испытывает никакого недостатка ни в чем.

И более того, Он желает, чтобы было так хорошо творениям, чтобы сами почувствовали себя хорошо и не ощущали неприятное при наслаждении, как всякий получающий ощущает стыд. Чтобы освободить человека от этого неприятного ощущения, Творец скрыл себя (цимцум и астара), и пока человек не в состоянии себя исправить в намерении ради Творца, не может он получить наслаждение, ввиду сокрытия, но когда сможет действовать ради Творца, получает наслаждение как бы тоже ради Творца и поневоле освобождается от ощущения стыда, которое испытывал ранее.

Видим, что нет противоречия между целью творения, наслаждением творений ради их же пользы, и исправлением творения, работой ради Творца, а не ради себя, что это также ради творений, а не ради Творца, как может показаться, что якобы Творец нуждается в усилиях и работе творений на Него.

Для приближения к цели Творения необходимо работать без всякого вознаграждения, чтобы все было не ради собственного наслаждения, вознаграждения, а только ради Творца. Тогда человек сближается и сливается с Творцом.

А затем, когда человек действительно получает стремления все делать только ради Творца, и ничего ради себя, он начинает думать, а что же он действительно может дать Творцу, чтобы насладился его действиями, то обнаруживает, что нечего ему дать Творцу, только лишь то, что он получит наслаждение, ради которого Творец и создал все творение, и чем больше наслаждается тем, что получает от Творца, тем больше доставляет этим наслаждение Творцу, и потому пытается все больше насладиться.

СТАТЬЯ 15

Египетский плен заключался в том, что Израиль (Исра - прямо и Эль - Творец, устремление прямо к Творцу), желание человека работать ради Творца, а не ради себя (кдуша), в изгнании, во власти нечистых (клипот), эгоистических сил, в желании работать ради себя.

Нечистая сила, называемая Египет, означает власть желания работать только для получения вознаграждения, власть эгоизма, не позволяющая ничего сделать без оплаты, т.е. ради Творца, а не ради себя. Человек создан желающим получать наслаждение, вознаграждение за любое свое действие, и против своей природы действовать не в состоянии.

Поэтому вывести человека из этого свойства можно только убедив, что духовная работа приносит еще больше вознаграждение. Если человек верит, что в духовном есть большее вознаграждение, начинает прилагать усилия ради получения большего вознаграждения, что называется ради себя (ло ли шма), и это постепенно исправляет человека ("Маор махзир ле мутав"), эгоистические желания преобразуются в альтруистические ("Ми ло ли шма баим ли шма"), как пишет Рамба"м: " Когда учат маленьких, женщин и простой люд, ждут, пока возрастет их разум, и только тогда начинают объяснять, что значит работать ради Творца, а не ради себя".

Поэтому в Египетском плену, под властью эгоизма, хотя и желал Исраэль освободиться, но еще не знал, что значит работать ради Творца, а не ради себя, хотя и хотел работать ради Творца и видел, что не может, но всегда были у него объяснения, почему он не может работать ради Творца, и не ощущал себя настолько удаленным от Творца.

Но когда пришел к ним Моше и обратился в Фараону в человеке, эгоистическому желанию в сердце человека, и сказал ему, что не желает подчиняться его власти над Исраэлем, чтобы дал возможность работать ради Творца, то народ, услышав, что Моше сказал ему работать только ради Творца, понял, что значит отдавать, а не получать, сразу же обессилел в работе, потому что тело противилось всеми своими силами, чтобы человек не смог сделать ни одного духовного действия.

Ни одного - имеется в виду, что даже ради себя (ло ли шма) стало тяжело выполнять. Потому что до прихода Моше не знали, что значит ради Творца, и потому были силы работать, но как появился Моше и объяснил, что значит отдавать, не получая ничего, то начал Фараон в сердце каждого, спрашивать: "А кто такой Творец, чтобы я его слушался?!".

А затем возникает в человеке вопрос плохого сына из Пасхального сказания: "Зачем вам эта работа!?". Т.е. эгоизм каждого восстает против такой работы. И вернулся Моше к Творцу и сказал:" Господин мой, зачем ожесточил Ты этот народ,..с тех пор как я пришел к нему говорить от Твоего имени, испортился он" - тело, Фараон, начало сопротивляться работе, народ Израиля стал более плохим, их эгоизм возрос.

До тех пор, пока человек не знает истинного смысла работы ради Творца, а не ради себя, эгоизм не мешает ему в его работе, потому что дают иметь связь с тем, что делает человек. Но как только тело слышит, что означает "не получать для себя ничего, а только отдавать", что это значит полностью освободиться от эгоизма и от любого вознаграждения, и не дать эгоизму никакого места в Торе и Заповедях, эгоизм восстает и не позволяет уничтожить себя.

Но то, что человек ощущает как увеличение эгоизма и дурного в себе, это вовсе не так: тот же эгоизм и был в нем, только человек не ощущал его, потому как не давал ему повода для сопротивления и потому проявления себя, потакал ему и потому не ощущал его. Но как только человек желает отдать все свои усилия Творцу, а не своему телу, эгоизму, сразу ощущает его силу, потому что эгоизм властвует над всем телом человека, на всех его уровнях, во всех его желаниях с момента рождения человека.

До тех пор, пока эгоизм не проявляется в человеке, он не чувствует, что обязан уничтожить его, исправить что-то в себе. Но после того, как раскрывается человеку вся сила его эгоистических желаний, становится известно, что необходимо уничтожить. А поскольку эгоизм проявился полностью, можно уничтожить его весь, полностью и окончательно.

Но если зло эгоизма человека еще недостаточно раскрылось в его ощущениях, еще не осознано как зло для себя, не может человек уничтожить его. Потому что если раскрыта только часть эгоизма, а свыше дают только совершенное, законченное и поэтому, если уже раскрывается зло человеку, раскрывается полностью, потому что иначе, если дать человеку силы делать ради Творца, но останется в нем еще не раскрытое ему зло, эгоизм, получится, что работает во имя Творца и во имя тела, и не все его намерения ради Творца, а это не совершенно, и потому не может быть духовным, потому что духовное - это совершенство, когда все устремлено в одну цель.

Поэтому до раскрытия человеку всего его эгоизма, не даются ему силы избавиться от него, потому как свет приходит только согласно величине желания, и наполнение - только по величине желания. Поэтому когда Моше обнаружил, что зло раскрылось во всей своей мере, и вскричал к Творцу, ответил ему Творец, что только сейчас Он может дать свою помощь.

Но Израэль не стал более эгоистичным в процессе работы, а от понимания того, что означает работа ради Творца, начал видеть в себе истинную величину эгоизма: когда начал говорить с телом-Фараоном от имени Творца, что надо работать ради Творца, а власть Фараона уничтожить, раскрылось этим все зло, продвинулся Израэль в работе, достиг истины - понимания зла властвующего над ним. Тогда как до прихода Моше, посланного Творцом, не видел правды, насколько удален от Творца.

И хотя в действиях стал более эгоистичным, относительно истины продвинулся, что только теперь есть у них килим, которые Творец может наполнить, как сказано "Приходящему исправиться, помогают", - потому что только сейчас появились в ощущениях человека законченные желания.

Ощущение изгнания от духовного и тяжесть эгоистического плена измеряется ощущением самого человека, что эгоизм порабощает и умертвляет его духовно, отдаляет от работы ради Творца. А если этого не чувствуется, то изгнания как такового нет, а наоборот, может быть еще, что человек ощущает себя в совершенстве.

Все действия Творца направлены только на то, чтобы раскрыть человеку, что все с начала и до конца делает Он, а не кто-либо иной, или даже Его посланник, потому что нет иной силы, кроме Него - эта мысль в человеке, и есть свет его спасения! Поэтому изгнание заключается в том, что человек думает, что существует Фараон и дана ему сила властвовать над Израилем.

И когда человек думает так, то действительно Фараон властвует над Израилем, а Израиль, желающий освободиться от власти Фараона, видит, что если он просит об этом Творца, а Творец не выводит его из изгнания, из под власти Фараона, то думает, что нет Творца, или что Творец не слышит его молитв, потому как не отвечает ему, потому что видит, как раз за разом отдаляется и все более далек от работы ради Творца, альтруистических желаний.

Ведь разум обязывает, что в мере усилий и работы, которые человек вкладывает, в мере просьбы к Творцу вывести его из власти Фараона, он каждый день обнаруживает обратное, что с каждым днем Фараон властвует над ним с еще большей силой, потому что ощущает большую связь со своим эгоизмом и удаление от альтруизма.

Поэтому человеку кажется, что пока дана власть Фараону над Исраэль, не слышит Творец его молитв, Фараон не пропускает их к Творцу. Но после того, как раскрылось все зло и не сошел с пути, не оставил своих усилий в Каббале, то удостаивается увидеть правду

- что нет никакого Фараона, задерживающего его молитвы, а сам Творец все это делает специально для того, чтобы человек увидел как все более удаляется от Него, Творец раскрывает ему зло, потому что как только раскроется человеку все его зло, Творец сможет помочь ему, потому как просьба будет полной.

Когда человек видит смерть Фараона, то понимает, что все исходит от Творца, что не было никакого Фараона, пленяющего его, не допускающего выйти из власти эгоизма, что Творец слышал все его молитвы, только специально ожесточал его сердце, чтобы раскрылся эгоизм в его ощущениях, как истинное зло для него самого, и если бы не было просьб о выходе из эгоизма, из плена Фараона, Творец не смог бы раскрыть все его зло, потому что зло открывается только тому, кто действительно желает выйти из власти зла к Творцу, он то и ощущает себя все более плохим, хотя разум говорит обратное, что каждый раз человек должен ощущать свое продвижение или по крайней мере не отступление.

Ответ в том, что человек не идет назад, а продвигается вперед, к истине осознания того, насколько в нем властвует эгоизм. А когда ощущает все свое зло, то Творец дает ему помощь - и тогда видно, что Творец слышал все его молитвы. А то, что продолжал работать и не оставил своих усилий, привело к полному раскрытию Творца, в истинной мере его эгоизм и удостоился видеть правду: что не Фараон, а Творец властвует во всем.

Поэтому человек нуждается в укреплении своего желания к духовному, дабы не оставлять своих попыток и верить в Творца, слышащего все просьбы, ведь нет иной силы в мире, кроме Него.

СТАТЬЯ 16

Человек должен в процессе своей работы приобрести альтруистические желания, в которые он сможет получить наслаждения от Творца, которые Творец задумал дать своим созданиям, ради чего создал их с желанием насладиться. Это желание насладиться, и есть мера измерения наслаждения, получаемого от Творца.

Получаемое наслаждение и его величина точно зависят только от величины стремления к нему. Но почему есть большие и меньшие желания к наслаждениям? Ведь кто отказывается от большего наслаждения? Дело в том, что Творец желает проявить свои действия как совершенные, т.е. человек должен получить совершенное наслаждение, не ощущая стыда от незаслуженного.

Потому создано сокращение и сокрытие от эгоистических желаний (килим дэ кабала), с которыми рождается в нашем мире человек. Как следствие этого, в естественные желания человек не может получить духовное наслаждение, и до тех пор, пока человек не постигает духовных желаний, альтруистических желаний "отдавать", он даже не видит, что в духовном есть огромное наслаждение.

А вместо этого человек ощущает только маленькую порцию света (нэр дакик), которую Творец специально и вопреки духовным законам поместил в эгоистические желания (клипот), чтобы они смогли существовать от этой порции света, пока не исправят себя. Все наслаждения нашего мира происходят от этих маленьких искр света, помещаемых для нашего развития Творцом в различные одеяния нашего мира.

Но настоящее духовное наслаждение, уготованное Творцом для творений, находится в альтруистических наслаждениях и скрыто от эгоистических творений, что называется сокращение и скрытие и только в мере исправления желаний из эгоистических на альтруистические человек может получать духовные наслаждения.

Поэтому человек должен верить в то, что основные наслаждения, которые Творец желает дать творениям, находятся в альтруистических желаниях (килим дэ кдуша, килим дэ ашпаа).

Кроме того, человек должен работать против своей природы - ничего не получать для самонаслаждения, а только ради Творца. Эти два условия вызывают существование ступеней, потому что ни один человек не подобен другому: вначале был простой свет, все собой заполняющий, и не было деления на головную часть и тело, но после сокращения и сокрытия, появились особые условия получения света, получение его только в альтруистические желания, потому произошли миры - ступени отличия по своим свойствам в зависимости от возможности получения света, в зависимости от степени исправления.

Причина в том, что желание насладиться, исходит от Творца, и поэтому человек не должен работать, чтобы приобрести его, а желания получать наслаждение ради Творца исходят от человека, вследствие его работы по самоисправлению, человек должен сотворить в себе эти желания и в этом вся работа человека.

Т.о. вся работа человека состоит в исправлении желаний, чтобы все, что не относится к пользе ради Творца, его не интересовало, а все его желание состояло бы в том, чтобы суметь сделать что-либо ради Творца.

Начинает свою работу человек в положении "ради себя"-"ло ли шма", а затем начинает понимать, что его работа в "ло ли шма" - это только средство (сгула), чтобы посредством этого прийти к состоянию "ради Творца"-"ли шма", потому что свет Торы исправит его, и он верит, что достигнет этого.

А затем человек начинает понимать, что надо действовать и намереваться, чтобы его действия привели его к "ли шма" и совершает действия, которые могут привести его к "ли шма". Но когда проверяет насколько он продвигается в этом, то видит истину, насколько он отдален от работы "ради Творца" и каждый раз обнаруживает, как он еще более погружается в эгоизм и личный расчет, от чего ему кажется, что идет назад, а не вперед.

Начиная с этого момента его работа начинает становиться тяжелой, потому как видит, что означает работать "ради Творца" и обязан верить, что только сейчас он видит, что означает работать "ради Творца", а ранее не знал истинного значения этого и должен верить, что это сам Творец раскрывает ему лично свыше его истинное состояние.

Но человек думает, что это он теперь стал более эгоистическим, чем до того, как начал работать над собой в исправлении своих эгоистических желаний. Человек должен верить, что он приближается к истине, потому что Творец показывает ему его истинное состояние.

И то, что работа кажется более тяжелой, это потому, что Творец обратился к нему, потому что он вырос со времени начала своих усилий в исправлении себя. Действительно, в нашем мире чем больше человек учится специальности, тем больше он преуспевает в ней, а если это не так, значит, эта специальность ему не подходит. Поэтому в работе ради Творца человек, видя, что не продвигается, начинает думать, тело начинает говорить ему, что жаль всех его усилий, что эта работа не для него, а для особых людей, с особыми способностями и сильным сердцем, а ему стоит поискать что-либо другое, и не стараться быть особенным.

Все эти возражения тела отягощают работу человека, потому что против этих доводов человеку нечего возразить. Но человек обязан верить, что в действительности он продвигается вперед в своей работе. А то, что видит себя во все более приниженном состоянии, все более плохим, это оттого, что Творец открывает ему истинное значение работы "ради Творца, а не ради себя", от чего человек видит, насколько он далек от духовного, потому что духовное совершенно против его природы, и потому его работа называется тяжелой.

Но Творец показывает человеку истину, чтобы проявилось все зло человека, чтобы затем оказать ему помощь. Но поскольку свыше дают только совершенное, полное, то помощь свыше приходит только на полную просьбу, которая возникает только при ощущении полностью раскрытого эгоизма - только тогда возникает в человеке настоящее желание в которое поступает полный свет исправления.

Поэтому Творец раскрывает в человеке зло для того, чтобы затем дать ему помощь в его исправлении, потому как нет света без желания его получить, нет исправления без полного желания получить его от Творца. А до тех пор, пока человек не ощутил все свое зло, ему кажется, что он еще сам в состоянии исправить себя, только недостает еще немного усилий и тогда уж точно сам достигнет работы "ради Творца", или говорит, что даже Творец не в состоянии помочь ему.

Поэтому когда человек постоянно вкладывает усилия, его усилия не позволяют ему уйти с этой работы, с этого пути, и каждый раз получает все более сильное желание и потребность в помощи Творца. Поэтому тяжелая работа сама приводит его к молитве о помощи.

Что же касается переносимых человеком страданий, пока не входит в духовное, в альтруизм (тшува), он видит, что если бы не страдал от своего эгоизма, не смог бы достичь духовного и потому благодарит Творца за все ужасные ощущения, как за хорошее, потому что привели его к добру.

Но кроме того, эти страдания не только привели его к Творцу, но и они сами обратились в доброе, под действием огромного света Творца все прошлые эгоистические желания обратились в альтруистические, т.е. именно они были необходимы и должны были расти до своего максимального размера, потому что затем, при исправлении, именно они и становятся теми желаниями (килим), в которые человек получает свет, ощущение Творца.

Видим, что именно потому, что человек прилагал постоянные усилия в своем желании достичь работы ради Творца, Творец все более ожесточал его сердце. Сердце человека есть его желания. Творец постоянно увеличивал эгоистические желания в сердце человека, делал работу все более тяжелой, потому как только посредством страданий в работе, именно эти страдания вызывают в человеке просьбу к Творцу о помощи выйти из плена Фараона, потому как ощущает себя худшим из людей.

Т.е. иногда человек может верить в то, что его состояние идет от Творца, что это Творец обращается к нему и слышит его молитву, то что просит человек, о помощи выйти из изгнания, из властвования над ним эгоистических желаний. Поэтому когда есть в человеке такая вера, он не оставляет свои усилия, не говорит что Творец не слышит его просьб, что некого ему просить. Но верит, что Творец слышит его и дает ему ощущение, что знает о приниженном состоянии человека, настолько, что человек даже не представлял себе, что может быть столь низкое состояние, такое погружение в эгоизм.

Поэтому он укрепляется и не оставляет своей молитвы к Творцу, говоря, что видно Творец желает, чтобы человек достиг осознания своего истинного эгоизма, а потому и истинной просьбы, чтобы вывести его из изгнания.

В таком состоянии человек благодарит Творца за то, что Творец раскрыл ему его истинное состояние и молится Творцу, видя что Творец слышит его просьбы, тем, что раскрывает ему его зло, которое в нем. И уверен, что Творец выведет его из этого состояния, из зла, освободит из плена эгоизма, верит что Творец дал ему понять, что он находится в изгнании, и конечно выведет его из него.

Но иногда есть не духовные подъемы, а падения: тяжело верить, что Творец слышит молитвы, потому что думает, что уже достаточно молился, а Творец еще не слышит его, иначе бы уже давно ответил. Может быть других Творец слышит, но не его, а что мне до этого, ведь главное, что я чувствую, хорошо или плохо.

Такие падения вызывают в человеке желания оставить свои усилия, считая, что эта работа не для него, или не для таких как он. Но если не оставляет, вновь приходит подъем, вновь начинает думать иначе, забывает о прошлых мыслях и так продолжается поочередно порядок подъемов и падений в его состоянии - пока не раскрывается в человеке истинная потребность в сближении с Творцом, когда его желание (кли) приходит к своему совершенному, максимальному состоянию, годному для исправления и наполнения.

Но только Творец знает, когда наступает такое состояние, и не в силах человека знать об этом заранее. Но как только человек достигает такого состояния, Творец выводит его из эгоистического изгнания. Египетское изгнание означает скрытие духовного знания, скрытие величия Творца (малхут шамаим), не позволяющее принятие на себя власти Творца, как великого и единственного в своей власти над всеми, когда сама работа есть источник огромного наслаждения, потому что человек удостоился услужить Властителю, ощущая Его величие.

Скрытие важности духовного и означает изгнание (галут, шхинта бэ афра), потому что когда человек должен принять на себя работу ради Творца, ощущает эту работу как низкую, потому что не находит в ней никакой важности.

Оттого что Творец предстает менее важным, чем остальное, делает работу тяжелой, и человек проявляет в ней большое нетерпение. Малхут, царствование Творца оценивается человеком как прах (афар), как самое незначительное в его мире.

И это вызывает нетерпение, потому что не может ощущение Творца дать человеку вдохновение, какое ощущают при ощущении Творца. Скрытие Творца делает работу тяжелой, потому что отсутствие вкуса в работе вынуждает человека постоянно прилагать усилия против его воли, что не всегда ему удается.

Поэтому когда явился Моше и сообщил об освобождении от рабства, не могли поверить в то, что не будет у них тяжелой работы против тела, а наоборот, постоянное желание работать в великом воодушевлении, Человек не может себе представить такое состояние. Но если мы верили в возможность такого состояния, силой веры вышли бы из изгнания, потому что поняли бы важность духовного выше своих желаний.

Поэтому необходимо выявить все зло эгоизма для человека, чтобы появилось в нем огромное желание выйти из него и возникла настоящая молитва об этом к Творцу.

СТАТЬЯ 17

"И сказал Творец Моше: Пойдем к Фараону", но ведь должен был сказать: "Иди к Фараону". Но, увидев, что боится Моше Фараона, должен был сам Творец воевать с Фараоном. Видим, что сам Моше не смог бы победить Фараона, а только Творец, и поэтому сказал Моше: "Пойдем к Фараону".

Но зачем тогда понадобилось Творцу брать с собой Моше? Также сказано: "Пойдем к Фараону, потому что я ожесточил его сердце, во имя моих чудес". Ожесточение сердца Фараона означает, что Творец забрал у него свободу выбора, и он уже ни в коем случае не согласится отпустить Израиль.

Но тогда в чем же виноват Фараон, что не слушался призывов Творца, если Творец ожесточил его сердце? Ответ: Творец ожесточил сердце Фараона, не потому что Фараон виноват, а "...во имя моих чудес", потому что Творец желал сделать чудо, забрал у Фараона свободу выбора, чтобы тот получил наказание.

Но если Творец сотворил все для услаждения творений, чтобы получали только добро, как можно сказать, что ради демонстрации своих чудес ожесточает сердце Фараона? И затем сам же наказывает его!

Фараон - это эгоизм, злое начало человека, находящийся в теле, сердце каждого. С ним человек рождается и живет, пока в состоянии, называемым "13 лет", начинает получать альтруистические желания, доброе начало. Так почему сказано, что стал новый правитель в Египте?

Если цель творения насладить нас, то зачем же Творец дал нам работу в Торе и Заповедях, чтобы мы так тяжело трудились, чтобы достичь наслаждения? Чтобы человек во время получения наслаждения не ощущал стыда, потому как желает быть подобен своему корню, Творцу, дающему. А при получении немедленно ощущает отличие себя от дающего в виде чувства стыда, нейтрализующего ощущение наслаждения, не позволяющего ощутить совершенство деяний Творца.

Для этого создан Творцом цимцум и астара - сокрытие Себя от созданий, и до тех пор, пока творения не обретут альтруистических желаний, намерение получать наслаждение ради Творца (килим дэ ашпаа), потому что в творении есть только человек и Творец и потому только дающему, Творцу, человек может вернуть, отдать свое наслаждение, до тех пор творения не смогут ощутить духовные наслаждения.

Поэтому когда человек находится еще во власти эгоистических намерений, он не в состоянии ощутить никакого наслаждения, находящегося в Торе и в каждой Заповеди. И поэтому его усилия называются работой, потому как еще не ощущается им важность Творца, что стоит работать на Него, ввиду Его величия и всесилия.

И это сокрытие величия Творца называется сокрытием Шехины, шхина бэ афар-величие Творца низвергнуто до ценности праха земли, и величие Творца в изгнании у каждого, потому что не ощущается в этом никакого вкуса.

Как результат прегрешения Адама, ввиду того, что эгоизм, называемый Змей, явился к Еве (Хава), называемой малхут, "Я" человека с вопросами типа "Зачем работать на Творца", что называется змеиным ядом, предоставлена нам тяжелая работа против нашего эгоизма, прежде чем сможет выйти из его плена и удостоимся приобретения альтруистических желаний.

А затем в приобретенные альтруистические желания, намерения, можно получить все наслаждение, которыми Творец желает насладить нас. Но не работа в Торе и Заповедях имеется в виду, а когда выполняет человек Тору и Заповеди и не может выполнить намерение в их выполнении, что выполняет их ради Творца, без всякого вознаграждения для себя, работа именно в том, чтобы пытаться намереваться ради Творца, потому что человек находится под властью Змея, своего зла, эгоизма, который впустил яд в человека и потому человек находится под его властью, должен поступать только ради эгоизма.

Но при таких действиях человек не ощущает никаких наслаждений в Торе и Заповедях, и потому есть большая работа достичь альтруистических желаний, с помощью которых только возможно нейтрализовать сокрытие наслаждений в Торе и Заповедях.

Поэтому пока дана нам возможность выполнять Тору и Заповеди как совет и пытаться выполнять их с намерением ради Творца, хотя это еще и не в наших силах. Но все, что выполняет человек, постепенно приведет его к выполнению ради Творца, как говорится в Торе "От ради себя к ради Творца"-"Ми ло ли шма яво ли шма", потому что свет Торы возвращает человека к своему Источнику.

А когда человек видит, что не в его силах выполнять альтруистические намерения, именно выполнение и изучение Торы пока ради себя приведет его к намерению ради Творца. Потому что Заповеди поначалу выполняются как советы (эйтин-эйцот), а затем, после исправления своих желаний, человек получает в эти исправленные желания свет, называемый Тора или залог (пкудин-пикадон).

Отсюда видно, что есть два периода в выполнении Торы и Заповедей: работа, пока не удостоится альтруистических исправленных желаний, пока человек находится под властью своего эгоизма, а потому под сокрытием Творца, наслаждений в Торе и Заповедях, и выполняет их только как совет, согласно которому он придет к приобретению альтруистических свойств.

А когда исправит свои желания, намерения, то исчезнет сокрытие, и получит человек все наслаждения, уготованные ему, в соответствии с целью Творца в творении, и получаемые наслаждения против каждой выполняемой Заповеди называются залог (пикадон), и нет места работе и усилиям, потому как удостоился выполнять все свои действия с намерением ради Творца, а не ради себя.

А когда человек достигает такого свойства своих намерений, пропадает у него ощущение работы и усилий, потому что раскрывается ему Творец в своем величии, и деяния ради Творца воспринимаются им как наслаждения. Вся причина сокрытия Творца заключается в том, чтобы человек не ощущал чувство стыда при получении наслаждения в эгоистические намерения. Только поэтому духовные наслаждения сокрыты от нас.

И поэтому есть работа:

а) против нашей эгоистической природы

б) против нашего разума, в вере выше разума - верить, что есть Управляющий миром, причем только с добрым намерением.

И эти две причины порождают сопротивление нашим усилиям, и потому работа кажется нам тяжелой, настолько, что человек может выйти из нее даже в ее процессе, так и не закончив своего исправления. Потому что человек обязан видеть в своей работе продвижение к цели, какой он ее себе представляет, а если не видит этого, то решает, что такая работа не для него.

Дело в том, что есть два вида помощи свыше, без которых невозможно достичь цели: стремление знать, что означает настоящее желание и к чему оно должно быть - чтобы знать, о чем именно человек должен просить Творца, о помощи в чем (это подобно врачам, дающим больному лекарство, но не от той болезни, которой он в действительности болеет, и потому оно не помогает, но если узнает точно, что же у него за болезнь, получает лекарство и выздоравливает).

Поэтому, прежде всего человек обязан знать, чем он болен, чего действительно ему недостает для достижения цели творения. И человек может думать при этом о многих вещах и получать лекарство от них, но оно не поможет ему, потому что не то, что человек думает является причиной, не дающей ему войти в духовные действия, просит лекарство не от истинной болезни, которой страдает, и потому не излечивается от эгоизма.

Поэтому, прежде всего человек получает свыше помощь, осознать, чем именно он страдает. Например, он думал, что недостает ему времени учиться, или ума и способностей, и об этом просил Творца, о количестве, но истина в том, что недостает ему качества, знания своего истинного недостатка, что нет в нем важности ощутить, что он находится под управлением Творца, т.е. что недостает ему веры в то, что Творец управляет всем с абсолютно добрым намерением.

Если бы было у человека такое ощущение, он был бы несказанно счастлив тем, что получает от Творца только доброе, и не желал бы расстаться с Творцом ни на мгновение, потому как знал бы, что он проигрывает, если обращает свои мысли на другие вещи.

Тогда как, если считает, что это не то, что не хватает ему, а не хватает ему других вещей, то поскольку получает помощь в том, что Творец показывает ему, чего именно ему недостает, но человек ожидает получить иное, ему кажется, что идет неверно.

Поэтому первая помощь человеку в том, чтобы осознал зло в себе, что это основная помеха, препятствие стать работающим ради Творца. А затем уже человек может начинать исправление. Т.е. человек обязан дойти до осознания того, что недостает ему двух основных вещей: сердца и разума (моха вэ либа). Но только согласно усилиям человека постепенно раскрываются ему эти две вещи.

А когда постиг настоящее желание, чего ему действительно не хватало, настает время получения настоящего наполнения этого желания, потому что человек получает свыше и настоящее желание - кли и его наполнение - ор - свет. Т.е. желание, ощущение недостатка в чем-то, страдание, что недостает ему того, что желает, и желает только этого и ничего большего в жизни, потому что только такое желание называется истинным, а не желание излишеств, без которых может обойтись.

Первая помощь Творца человеку заключается именно в том, чтобы понял человек, что именно необходимо ему, и страдания от того, что не имеет этого называются желанием, кли, в которое затем Творец дает вторую помощь - наполнение этого настоящего желания.

Отсюда поймем вопрос, что если Творец знает, что Моше не в состоянии воевать с Фараоном, а только сам Творец способен умертвить его, зачем же предлагает Моше идти вместе с Ним к Фараону?

Дело в том, что человек обязан начать сам идти по пути к Творцу, к слиянию свойствами с Творцом, и если он продвигается в своем пути, то получает первую помощь от Творца, ощущение того, что именно недостает ему, дабы достичь этого - моха вэ либа. И одновременно он получает страдания от отсутствия желаемого, т.е. ощущает недостаток этого, и величина страдания зависит от усилий, затрачиваемых человеком.

И поэтому сказано, "Пойдем к Фараону", что человек сам должен идти и прилагать усилия, потому что только соответственно количеству приложенных усилий, ощущает страдания от отсутствия желаемого, потому что затраченные усилия вызывают желание не оставить свою работу на полпути, потому что жаль затраченных усилий, и всегда надеется, что вот уже получит желаемое.

Получается, что человек сам работает, несмотря на то, что не в состоянии достичь желаемого. Но стремление постичь желаемое побуждает его прилагать все новые усилия. Видим, что есть две силы: человек должен приложить усилия для достижения желаемого, но чтобы было в нем большое желание достичь, обязан работать, чтобы возжелать, чтобы Творец помог ему, что называется полным желанием.

Т.е. не работа человека - причина того, что он достигает желаемого, этим он постигает настоящее желание, необходимость желаемого, чтобы знал, что действительно недостает ему. И для этого он постоянно получает помощь свыше в том, что каждый раз обнаруживает, что все более не в состоянии сам выйти из-под власти Фараона. А помощь Творца в этом называется "потому как ожесточил Я его сердце".

И ожесточение эгоистических сил в человеке необходимо для того, чтобы появилось в нем настоящее желание к истине и что вместе с тем необходима помощь Творца, чтобы дал высший свет, потому как в человеке властвует природный эгоизм, созданный Творцом, и только Творец может изменить природу человека, что называется исход из Египта.

Поэтому все ожесточение эгоизма в человеке происходит только для того, чтобы человек приобрел полное желание получить помощь Творца, а появление все новых эгоистических желаний называется "и появился новый царь в Египте", которые постоянно обновляются, до тех пор, пока человек не воззовет всем сердцем и разумом к Творцу.

СТАТЬЯ 18

Так написано в Торе и в книге Зоар (Башалах, стр. 18), каждый день обязан человек в своей работе по духовному восхождению сам постоянно возбуждаться навстречу Творцу снизу-вверх, но в шабат должен ощущать и наслаждаться только тем, что нисходит свыше, потому как шабат не нуждается в возбуждении снизу, потому как в шабат сам Творец возбуждается навстречу человеку, и потому называется шабат святым днем.

Без желания человек не может ощутить наслаждения: даже если получит самую важную вещь в мире, но если нет у него к ней никакого стремления, не в состоянии ощутить наслаждения от полученного, потому что наслаждение определяется мерой стремления (иштокекут) к желаемому.

Поэтому есть период ощущения возрастающего желания, когда все больше стремится получить желаемое, и хотя тяжело достигнуть желаемого, не пропадают его усилия, поскольку постигает пока не само желаемое, а желание к нему. А если бы сразу получил бы желаемое, не испытал бы от этого наслаждения, и потому получение не называлось бы в таком случае наслаждением, ведь все определяется относительно постигающего.

Цель творения человека - в его наслаждении, потому что таково желание Творца, чтобы творения получили наслаждение. Поэтому если человек достигает чего-либо без усилия, не затратив время на создание стремления получить наслаждение, то не испытывает никакого наслаждения в момент получения, как от получения ненужного, как бы ничего при этом не получает: если нет желания - то нечего наполнять наслаждением.

А желание к наслаждению или стремление появляются только постепенным приобретением ощущения отсутствия желаемого. Поэтому если человек просит Творца помочь получить желаемое, то поначалу Творец помогает ему тем, что возрастает в человеке желание, стремление-кли-сосуд к нужному наслаждению.

Т.е. Творец слышит его молитву, а то что человек не получает просимое немедленно, он должен сказать себе, что это неверно, что не получает немедленно, Творец слышит все его просьбы, не дает еще просимое, а увеличивает стремления в человеке, чтобы появилось в нем настоящее стремление на ощущение наслаждения, чтобы смог действительно ощутить и насладиться получаемым, а если бы немедленно получил просимое, не смог бы насладиться, ввиду отсутствия настоящего желания.

Есть два вида выполнения Торы и Заповедей:

1. В действии - когда человек выполняет все Заповеди и нечего уже более прибавить к им совершаемому. Называется праведник в выполнении, а в противном случае - грешник. Праведником здесь называется обычный верующий, а грешником - неверующий.

2. В духовной работе - усилиях в сердце и молитве над исправлением своих намерений: чтобы при исполнении им Торы и Заповедей, смог выполнять их с намерением "ради Творца".

Если в состоянии выполнить с намерениями ради Творца, называется праведником в намерении, а если не в состоянии, выполняет ради себя, то называется грешником.

Здесь и праведник и грешник выполняют в действии Тору и Заповеди, поэтому называются праведниками в своих действиях, но в смысле намерений есть отличие в том, что праведники в намерении - это те, кто в состоянии работать ради Творца, а грешники - это работающие ради себя.

Но если человек желает идти по пути духовного восхождения, т.е. его цель - в намерениях сердца достичь работы "ради Творца", то его эгоистические желания в сердце, сопротивляющиеся усилиям "ради Творца", называются грешниками.

И в мере его усилий идти против своих желаний, он все более ощущает эгоизм, зло в себе, и чем больше его желание двигаться к исполнению в намерениях "ради Творца", тем больше зла в себе он раскрывает (ощущает), чем больше чистых мыслей в нем, тем большее сопротивление со стороны тела он ощущает.

Потому что создал Творец наше продвижение по принципу "зло против добра", чтобы человек попеременно ощущал в себе эти два желания, и чем дальше продвигается он в своей работе, возрастает его желание с каждым его продвижением вперед все больше делать "ради Творца", тем больше раскрывается ему эгоизм - как зло в нем, тем, что не дает человеку уничтожить себя, а это зло все более желает властвовать в нем, в соответствии со сказанным: "Каждый, кто выше другого, его эгоизм больше другого".

Поэтому тот, кто желает стать праведником, т.е. чтобы все его желания были только ради Творца, его зло возрастает в нем. Зло и ранее присутствовало в нем, но было скрыто от него и потому при его раскрытии в ощущениях, человеку кажется, что он становится более эгоистичным, испорченным.

Но это потому, что для того, чтобы исправить зло, его прежде надо выявить и возненавидеть. И в мере возможностей человека исправить себя, ему только в этой мере и раскрывается его зло, и не более.

Поэтому сказано, что праведникам их эгоизм кажется как высокая гора, потому что каждый раз зло в них поднимает свою голову все больше, а гора означает их сомнения и тягу к прегрешениям, возрастающие от все большего раскрытия эгоизма, с каждым разом все более восстают в нем дурные склонности, настолько, что кажутся ему как высокая гора.

Тогда как грешникам, не обращающим внимание на свои намерения, чтобы были "ради Творца", и верящим в то, что они занимаются в "ло ли шма, что из ло ли шма приходят к ли шма" и уверенных, что как только пожелают намереваться "ли шма", ради

Творца, тут же появятся у них силы для этого, усилием совершить такое намерение, таким эгоизм представляется в виде тонкой нитки, т.е. совершенно несложным препятствием.

А причина того, что эгоизм представляется им как небольшое препятствие, а не ужасное зло, в том, что их желание делать "ради Творца" мало.

И доказательство этому, что нет в них большой потребности начать эту работу, и потому, естественно, не ощущают собственного зла, потому как нет их злу необходимости выявлять себя и противиться человеку. Поэтому кажется им, что эгоизм это небольшое препятствие, и мало его в них. И не потому, что обманывают себя, а действительно так ощущают.

Человек не обладает желанием к духовным, альтруистическим наслаждениям, только в которые и можно получить свет Творца, потому что это зависит от работы человека, только вследствие работы человека над собой, развивается в нем это желание-кли, называемое недостаток-стремление. Желание это приобретается именно с помощью усилий, без которых невозможно достичь этого желания (килим дэ ашпаа).

Т.е. достижение желаний обрести альтруистические желания уже называется свет, потому как это желание приходит свыше, называется помощью Творца, происходит под влиянием действия на человека света Творца, потому как есть в свете Творца два качества:

а) свойство, дающее человеку возможность приобрести альтруистическое желание вместо прошлых, которые невозможно было ранее использовать с намерением "ради Творца". Свет этот называется по имени желания, которое он вызывает в человеке: потому как он приходит для исправления желания, то называется светом исправления.

В духовной работе человека это называется помощью свыше, как сказано в книге Зоар: "Приходящему очиститься, помогают чистой душой!" - дают ему свыше свет, называемый душой, и этот свет очищает человека, чтобы появились в нем силы отдавать

Творцу, потому как свет исходит от Дающего, он придает человеку силы, чтобы также мог отдавать.

б) свет, дающий ощущение наслаждения при получении его с намерением "ради Творца". Поэтому можно представить работу человека по порядку:

а) человек, желающий выйти из своего образа жизни (выполнения Заповедей, как его учили, и не более, чувствующий в себе потребность оторваться от масс, выполняющих свою работу в Торе и Заповедях, как и в детстве, когда их учили этому, и с этим пониманием и с этим ощущением продолжающих так же выполнять десятки лет, когда все их продвижение измерялось только количеством сделанных физически действий, Заповедей, и чем старше, тем, естественно, больше накопленное количество совершенных действий, но в качестве остаются на том же детском уровне, и не возрастает в них важность Торы и Заповедей), начинает осознавать, как же это может быть, чтобы не было продвижения в качестве выполнения Торы и Заповедей, ведь написано в Торе "Это вся твоя жизнь", а он чувствует, что именно в этом у него нет никакого продвижения - поэтому начинает искать место обучения ощущению важности, чтобы смог почувствовать Тору и Заповеди в мере сказанного, что "Это вся моя жизнь".

б) когда начинает идти путем приближения к постижению сказанного ощущения "Это вся моя жизнь", начинает осознавать, что ощутить это можно только посредством слияния с Творцом, как сказано: "Слейся с Ним", что означает "Слейся с Его свойствами" - как Он милосерден, таким и ты будь, как Он отдаст всем, так и ты обязан достичь желания все отдавать, как Он.

И в этом состоянии, когда человек желает духовно возвыситься и выполнять Тору и Заповеди альтруистически, он получает первую помощь тем, что сообщают ему, насколько он удален от того к чему стремится, от "ли шма".

Хотя до того, как начал даже думать об альтруистической работе ради Творца, знал, что есть такое требование выполнять всю Тору в "ли шма", "ле шем шамаим", потому как читал и слышал об этом ото всех, и верил в сказанное мудрецами, что "из ло ли шма приходят к ли шма" ("начинай свою работу, хоть ты и в эгоизме, а от эгоизма придешь к альтруизму"), но не мог себе представить, что для того, чтобы выйти из эгоизма, необходимо чудо свыше, а без этого невозможно выйти из-под власти над ним эгоизма, желания самонасладиться.

И это потому, что до тех пор, пока есть в человеке только немного хорошего желания, стремления к духовному, нельзя дать ему много зла, раскрыть ему в ощущениях настоящий его эгоизм, потому что не сможет победить зло тем немногим хорошим, что имеет, и убежит от этой работы.

Но когда человек прилагает большие усилия достичь работы "ради Творца", в мере усилий ему дают свыше понять и почувствовать, насколько он отдален от духовного. Поэтому первая помощь человеку состоит в том, что раскрывают ему зло, что в нем.

И это называется постижением человеком обратной-эгоистической-злой стороны его будущих чистых желаний (ахораим дэ кдуша), потому как чистота-кдуша-альтруизм называется лицом, потому что светится, как сказано в "Предисловие к Талмуд Эсэр аСфирот" п. 47: " Вначале поймем, что означает лицо Творца, о котором сказано, что Творец скрывает свое лицо, подобно человеку, видящему лицо знакомого и потому немедленно узнающего его, но если увидит сзади, не уверен что узнал, и поэтому сомневается, может быть это не его знакомый.

Так и если Творец проявляет себя абсолютно добрым ко всем своим созданиям, определяется это, что лицо Творца открыто творениям, поскольку ощущают его таким, каков Он и есть - абсолютно добрым.

Но когда Творец ощущается созданиями не таким, каким Он есть на самом деле, т.е. когда ощущают страдания, скрыта от них Его доброта-лицо, это определяется, что видят его обратную сторону.

Если человек в таком состоянии, называемом изгнанием (от Творца, галут), может удержаться в мысли о том, что и эти страдания исходят от Творца, но исходят от Него как абсолютное добро, и только он, потому что еще не исправлен, ощущает их как зло и страдания, и не убегает с продолжения пути продвижения к Творцу, а кричит, взывает к Творцу о своем спасении из изгнания, получается, что он ощущает обратную сторону Творца, потому что утверждает своими действиями, что это исходит от Творца, поэтому и обращается к Творцу, как Творец дал ему ощущение изгнания, так чтобы сейчас помог, вывел из духовного отдаления, изгнания.

в) Получение помощи, постичь альтруистические желания - это уже получение второй помощи от Творца, потому что первая помощь состояла в раскрытии человеку его истинного эгоизма.

И это называется выход из изгнания, где изгнанием (из духовного, галут) называется состояние, когда человек находится под властью своего эгоизма, желаний самонаслаждения, а помощью свыше, называется то, что сейчас дает ему Творец - ДУШУ - свет, дающий альтруистические желания (килим дэ ашпаа).

Как изучается в Каббале, что приходит свет "ор хохма", называемый "ор А"Б", и вытаскивает желания-килим Бина, З"А и Малхут, упавшие в клипот, т.е. находящиеся под властью эгоизма, желания получить ради себя, для своей пользы, выгоды, наслаждения, из клипот тем, что дает этим желаниям силу исправить свое желание на желание "ради Творца", отдавать - леашпиа, что называется также выходом из Египетского плена.

г) Когда, приобретя свойства "отдавать", человек получает в них свет с намерением "ради Творца", тогда Заповеди называются 613 залогами-пкудот, потому что постигает свет, заложенный в каждом духовном действии, что и называется Заповедь.

Это подобно тому, как в наслаждениях нашего мира, где есть вкус в мясе и отличный от него, вкус в рыбе - также в каждой Заповеди человек постигает особый, свойственный ей, вкус. Т.о. человек постепенно достигает ощущения, что 613 Заповедей действительно " Это вся моя жизнь".

И это потому, что удостоился получить от Творца альтруистических желаний (килим дэ ашпаа), называемых слиянием (двекут), подобием свойств (иштавут цура).

И в эти желания входит - одевается наслаждение-свет, называемый цель творения. Из сказанного ясно, что работа в постижении альтруистических свойств и желаний происходит только посредством и в мере постижения истинной величины эгоизма-зла в себе самом, как сказано: "Я ожесточу сердце Фараона", - т.е. ощущение зла до такого состояния, что человек не видит иного выхода, нет спасения от зла, приносимого эгоизмом, видит силу зла, что зло окружает его со всех сторон, видно человеку, что естественным путем нет спасения - такое состояние называется, полным проявлением зла в нем, полным раскрытием величины желания-кли освободиться от зла - и вот тогда только приходит следующее состояние:

д) Когда Творец дает человеку свет, и этот свет исправляет его, возвращает к своему Источнику, т.е. с помощью света он выходит из под власти эгоизма над ним, выходит из эгоистических своих желаний и удостаивается альтруистических желаний: после того как раскрывается в чувствах человека все его зло, есть место для раскрытия света (силы исправления) свыше, что называется, Творец дает человеку альтруистические желания (килим дэ ашпаа).

Работа по выявлению полной величины эгоизма в человеке называется работой будён, потому что как работа, так и эгоизм-будни существует только во время неисправленного состояния человека.

Потому что если есть в человеке исправленные альтруистические желания, он наслаждается тем, что отдает - машпиа, но если еще не имеет таких желаний, то если должен "отдавать" и не получает за это ничего себе ни в каком виде, есть огромное напряжение и работа у человека совершить подобное действие, потому что оно против желания самонасладиться, эгоизма, и поэтому такое состояние называется будни, а не шабат, потому что в шабат запрещено работать, потому что шабат это время отдыха.

Т.е. состояние называемое шабат, указывает на духовное состояние человека, когда под влиянием свыше, исходит свыше свет на человека, и потому нет у человека уже места работать на раскрытие зла в себе и ожесточения сердца, а время говорить только о том, что дает Творец, а не о том, что человек должен получить и думать об эгоизме, который обязан исправлять.

Потому что видеть свое зло, в каком состоянии оно находится - это относится к работе человека, потому что человек, глядя на себя, видит тогда свое ничтожество, и как он должен просить Творца и помощи, и следить продвигается ли он вперед или нет.

Время работы - это состояние, когда человек видит свои недостатки и что ему недостает. А если происходит возбуждение свыше, т.е. Творец делает действие над человеком, необходимо смотреть только на Творца, что можно дать ему, что означает получать Его свет. Потому что это подобно, как видя богатство человека, называет человека по этому ощущаемому свойству - богатый.

А если видит, что человек лечит других, то называет его лечащим людей и пр. Также и по проявлению Творца, человек дает Творцу имена в зависимости от того, какое свойство Творца он постигает, что Творец дает ему. А поскольку в состоянии шабат человек получает от Творца, то шабат - это время (состояние), когда надо думать-ощущать все получаемое от Творца.

СТАТЬЯ 19

В книге Зоар (Итро стр. 62, 71) говорится, что Тора относится к средней линии, потому что состоит из правой и левой линий. Порядок работы в исправлении эгоизма состоит в принятии на себя направления продвижения к цели - достичь возможности работать "ради Творца", а не ради себя.

А затем уже человек может учить Тору, потому что до принятия на себя власти Творца, чью же Тору он учит, ведь обязан прежде верить в Дающего Тору, а уже затем может выполнять ее.

Принятие на себя власти Творца означает, что он принимает на себя идти "выше своего разума", что означает, что даже если его разум придет к нему со многими вопросами, он ответит, что все эти вопросы связаны с разумом, а он вообще не имеет с разумом никаких дел, потому что идет "выше разума", не обращая на его доводы никакого внимания, потому что желает достичь состояния, которое разум не в состоянии постичь и понять.

И такое отношение человека к своему разуму, когда нет места вопросам, называется верой. Такое состояние называется также правым, потому что человек верит, что Творец управляет всем миром абсолютно добрым управлением.

И хотя, глядя на окружающий мир, возникает в нем много вопросов, все равно он принимает их "выше своего разума" и благословляет Творца, за то, что Творец дает миру только добро. Поэтому это состояние называется правым, или милосердием - по восприятию управления человеком. Но есть в человеке эгоистическое, злое, дурное начало, называемое так, потому что рисует человеку картину плохого управления миром и в общем дает человеку низменное представление о духовной работе.

Но как человек может противиться этому ощущению и утверждать в своем сердце, что "только добро Творца и милосердие преследует его всю его жизнь"? На это отвечает Творец: "Я создал эгоизм, сотворил Тору для его исправления".

Получается, что Тора, которой он сейчас занимается, она как орудие для его исправления, чтобы получить силы для преодоления эгоизма. Идя по пути добра, "отдачи", человек получает свет милосердия - ор хасадим, и находится в правой стороне, и потому Тора называется данной справа, по имени ее действия, потому как готовит человека идти по правой линии, линии "отдачи", когда человек получает одно из свойств Торы, правое свойство, называемое совершенством, потому что в ней человек не ощущает никакого недостатка.

А второе свойство Торы называется левым, светом мудрости - ор хохма, мудрость Торы: после того, как человек обрел правое свойство Торы, милосердие - хэсэд, веру выше разума, когда верит в то, что Творец управляет миром абсолютным добром ко всем своим созданиям, то он достигает ощущения и Дающего Тору, называемого мудростью Торы, свет ор хохма.

Т.е. после того, как человек верит, что есть Дающий Тору, ощущает свет Торы. И это состояние можно назвать левым. Но оно наступает после того, как человек приобрел правое состояние, веру выше знания - хасадим мехусим.

Но когда есть уже левая часть, левая линия, свет Торы, ор хохма, наступает необходимость в еще одном, третьем состоянии, называемом средним, когда Тора, свет Торы, свет мудрости, ор хохма должна быть одета в веру "выше знания", альтруистические желания, милосердие, ор хасадим.

А до достижения этого состояния, есть большое различие между хохма и хасадим, правым и левым состоянием. Эти действия происходят в соответствии со сказанным: "Изучающий Тору "ли шма", - изучающий Тору с намерением достичь качеств "ли шма", достичь уровня, свойств альтруизма, хэсэд, чтобы были у него силы все делать "ради Творца", без какого либо вознаграждения, когда уже удостаивается такого свойства, "раскрываются ему тайны Торы", - что называется, левая сторона, и необходимо левую эту сторону включить в правую , одеть ор хохма в ор хасадим, тогда получится Тора, средняя линия, между левой и правой.

Поэтому первое состояние, когда человек находится в эгоизме, но уже желает прийти к свойству "ли шма", все отдавать Творцу, тогда человек ощущает изгнание от духовного, власть эгоизма, зла. И тогда он нуждается в Торе, нуждается в изучении Торы, чтобы Тора привела его к "ли шма", деяниям "ради Творца".

В таком случае называется, что он уже изучает Тору "ли шма", потому что верит в сказанное мудрецами "Я сотворил эгоизм и Я же сотворил Тору для его исправления". Тора в таком случае есть правая сторона, хэсэд, альтруистическая, "ради Творца" - по ее качествам, которые она дает человеку.

А затем когда человек уже достиг свойства "ли шма", он приходит ко второму этапу своего духовного восхождения: после ощущения, что есть в мире Дающий Тору, раскрываются ему тайны Торы, что Дающий Тору вручает ее человеку. Но на этом еще не заканчиваются духовные состояния человека, потому что должен достичь третьего, среднего состояния, когда хохма соединяется с хасадим, одевается в хасадим, потому что Тора это хохма и должна быть одета в хасадим, называемые действиями, и не должна быть хохма больше чем действия, хохма больше хасадим, а должны быть уравновешены, получающейся третьей линией.

В изучении Торы "ли шма" есть два состояния:

1) Если человек чувствует, что не в состоянии выполнять "ради Творца", находится под властью эгоизма, утверждающего, своими свойствами, что желает, чтобы все в мире принадлежало ему, что эгоизм не позволяет совершить ничего не ради себя, может работать только на себя.

А если он не видит выгоды для своего эгоизма, нет сил ничего совершить. Т.е. его измерения, оценки того или иного действия зависят полностью от эгоизма, от того, насколько тот видит свою выгоду в том или ином действии, ее результате.

И в той мере, в какой человек пытается выйти из галута, изгнания и порабощения эгоизмом, в той же мере он ощущает насколько он находится под его властью, в духовной тьме и эгоистическом плену.

Но, зная сказанное мудрецами: "Я создал эгоизм и создал Тору для его исправления", - он видит обратное, что по мере его попыток освободиться от эгоизма, последний постоянно, и в степени попыток избавиться от него, возрастает и усиливается, и нет уже сил справиться ни с малейшим животным желанием.

Человек ощущает, что до того, как начал свои попытки духовного развития, был намного сильнее и устойчивее против своих низменных желаний, и не представлял себе никогда, что он на самом деле настолько слаб, слабоволен, сластолюбив, что может упасть в своих желаниях и слабости настолько низко перед ничтожными и, казавшимися прежде, такими незначительными наслаждениями.

И хотя ощущение своей слабости и ничтожества приходит свыше, потому что сам Творец действует в соответствии со сказанным "Я ожесточил сердце Фараона", но в ощущениях человека он чувствует, что находится в духовной темноте, и нет ничего вокруг, чтобы светило ему, и вся его жизнь имеет вкус изгнания, хоть это и исходит свыше.

В приходящем свыше свете Торы, называемом "ли шма", есть 2 свойства:

а) желание (кли) - ощущение тьмы - чувство, что не может переносить тьму.

б) наслаждение (свет) - т.е. сила Торы, дающая намерение делать, "ради Творца".

Т.о. тьма - есть желание, стремление ощущения необходимости кли достичь получения света Торы, возвращающего человека к его Источнику. И это называется "Я создал эгоизм, и Я же дал для его исправления Тору", - потому что сила Торы аннулирует эгоизм, зло, т.е. появляется у человека возможность намереваться поступать "ради Творца".

Если есть ощущение кли - духовной тьмы, ощущение желания поступать "ради Творца" и нехватки сил для этого, значит есть место, в которое может войти сила, свет Торы, и светить там. Но когда нет темного места, т.е. еще не чувствует человек, что не хватает ему, что не может делать "ради Творца", то значит нет места, в которое может войти свет Торы.

Ощущение этих желаний относится к правой стороне, что означает, что постиг альтруистические желания (килим дэ ашпаа), что делает ради Творца, от чего есть у него наполнение этих килим - желаний. А затем начинает 3-ю стадию - постигает тайны Торы, что называется левой стороной, потому что этот свет приходит в желания получить, которые, конечно же, должны быть с намерением "ради Творца".

Но хотя и уже постиг свойства альтруизма, и даже получать в состоянии не ради себя, все равно это называется левой стороной, потому что недостает тут исправления для наполнения светом хохма внутри света хасадим, иначе будет его хохма больше хасадим - мудрость, знания, наслаждения больше альтруистических действий, намерений.

И отсюда начинается средняя линия - хохма одевается в хасадим: левая, желание получить, получает хохма, одетая в правое - хасадим. И это называется, что Тора (хасадим, альтруистические намерения), приходит справа, затем идет налево (открытие мудрости - наслаждений - хохма), и надо соединить, как правое с левым, так и левое с правым.

И это называется, что Тора - это средняя линия, потому что сочетается с действиями человека и с мудростью. И не должно быть одно более другого. Но необходимо постоянно остерегаться, чтобы не начать желать получить ради себя свет хохма, а чтобы хасадим, одежда для хохма, намерения "ради Творца" были в человеке прежде, чем тайны Торы, свет хохма, наслаждения, мудрость.

А свет Торы (хохма), одетый в свет желания "ради Творца", называется средней линией, совершенством, потому что состоит из хохма и хасадим вместе и поровну, из действий человека - хасадим и из получаемой им мудрости - хохма.

Но человек должен верить, что "нет никого, кроме Творца", что все делает только Творец, что прежде своего действия, человек обязан сказать, что выбор дан только ему, что если не я, то кто сделает за меня, т.е. что все зависит от его выбора.

Но после действия, человек обязан сказать, что все исходит от личного управления Творца им, что он не сделал ничего. Мы обязаны верить в то, что Творец дает нам силы делать добрые дела.

Но до тех пор, пока человек не достоин, запрещено ощущать, что Творец обязывает его делать добрые дела, поэтому Творец скрывает себя в одеяниях, называемых "ло ли шма", т.е. Творец скрывается в различных одеяниях: за спиной его товарищей, которые якобы вынуждают его вставать рано утром учиться, и, хотя он очень усталый, вынужден встать, потому что стыдится раскрыть им свою ничтожность и бессилие.

Видим, что если человек еще не в состоянии встать на занятия, если это Заповедь Творца, нет еще в нем своих сил, и по причине Заповеди, желания Творца, остался бы спать в тепле, поэтому заставляет его Творец встать через его товарищей.

И подобно этому примеру, также происходит во всем остальном: все окружающее обязывает человека неосознанно выполнять желания Творца, делать добрые деяния. Но какая важность есть в таком случае у человека, в том, что он вынужден делать?

Но человек обязан верить, что нет никого, кроме Творца, т.е. Творец обязывает его делать добрые дела, только поскольку еще не достоин знать о том, что это Творец обязывает его, то Творец одевается во всевозможные одеяния нашего мира и через них производит над человеком всевозможные действия.

Т.е. человек обязан верить, что за каждым из его окружающих, кто хоть как то действует на него, стоит Творец и действует через этих людей, заставляя, вынуждая человека к тому, чего Он желает. Выходит, что Творец делает все, но человек оценивает все по тому, как он видит, а не так, как должен был верить и поэтому говорит, что он делает действия "ло ли шма" (как в вышеприведенном примере, что товарищи вынуждают его делать).

Поэтому после действия, например, после того, как человек уже пришел рано утром на занятия, потому что товарищи заставили его, он говорит, что Творец был причиной его прихода, только Творец оделся в вид его товарищей перед ним. Поэтому сейчас, он благодарит Творца, за то, что Творец был причиной его действия.

Выходит, что то, что человек делает что-либо в "ло ли шма", т.е. что не Творец был причиной его доброго поступка, а он сделал это по вынуждению окружающих, например, потому что был вынужден слушаться их, человек должен верить, что делал это потому, что Творец заставил его выполнить это доброе дело, но только Творец скрыл себя от человека в одеянии "ло ли шма", в виде товарищей и т.п., что через это одеяние человек думает, что он обязан слушать указания в "ло ли шма".

Но человек обязан верить, что все делал Творец. Получается, что после того, как человек совершил действие, обязан сказать, что это совершил Творец, одеваясь в его окружающих, за скрытием в "ло ли шма". Выходит, в таком случае, что человек обязан благодарить Творца, за то, что Творец дал ему желание выполнить доброе дело или Заповедь, посредством этого одеяния.

Из вышесказанного поймем настоящее значение "ло ли шма" - не так как представляет себе это человек, что в состоянии "ло ли шма" он вынужден выполнять свои действия по диктату его эгоизма или по желанию окружающих.

Нет!. Все, что он делает, делает потому, что Сам Творец в этом состоянии вынуждает его, т.к. сам еще не удостоился понять величие, важность Творца, в этих действиях, и поэтому считает, что состояние "ло ли шма" его вынуждает, потому его действие не такое важное, как если бы его вынуждал Творец.

Но если человек осознает, что нет никого, кроме Творца, то получается, что он действительно всегда выполняет то, чего желает Творец, всегда выполняет то, что желает Царь Вселенной, и он всегда прислуживает Ему, что всегда есть у него связь с Творцом и потому всегда может благодарить Творца, за то, что Творец одевается в одеяния "ло ли шма" - и отсюда человек может оценить важность Торы и Заповедей даже в состоянии "ло ли шма".

СТАТЬЯ 20

Сказано в Торе: "Для того чтобы подсчитать численность Израиля и искупить их, каждый должен принести половину шекеля, причем как богатый, так и бедный, не больше богатый, и не меньше бедный. И это будет воздаяние Творцу, ради спасения их душ". Цель творения - в услаждении человека настоящим духовным, вечным наслаждением.

Чтобы это наслаждение было совершенно, без ощущения стыда при его получении, Творец скрыл себя. Вследствие этого, до тех пор, пока человек не достигнет в своих действиях намерения "ради Творца", как и Творец в своих действиях - "ради человека", преследует только пользу человека, т.е. пока человек не достигнет совпадения своих свойств со свойствами Творца, т.е. станет абсолютным альтруистом, без всякой мысли о своем наслаждении, о вознаграждении за свои действия, до тех пор, пока все желания человека не будут направлены только на то, чтобы его действиями наслаждался Творец - до тех пор Творец, т.е. духовные наслаждения, будут скрыты от человека.

Но поскольку человек создан Творцом таким, что стремится получить наслаждения и заботится только об их получении, откуда он может взять намерения работать "ради Творца", все делать только ради того, чтобы Творец насладился плодами его труда, но ни в коей мере ни он сам? Ведь эгоизм, называемый телом человека, немедленно восстает и спрашивает его, что будет мне от того, что ты доставишь наслаждение Творцу?

Ведь ты должен делать действия, от которых ты насладишься! И что это вдруг требуют мудрецы, чтобы все твои намерения были ради услаждения Творца? Ведь это невозможно сделать в той природе, в которой Он создал тебя, ведь невозможно действовать вне рамок нашей природы, не в состоянии мы альтруистически заботиться, думать, любить!

И какая разница Творцу, делают ли его творения ради Него или ради себя, ведь Его желание, чтобы они наслаждались, потому ведь и создал человека эгоистом, с желанием получить наслаждение для себя.

А то, что мудрецы утверждают, что человек обязан работать не ради себя, а ради Творца, то все равно ведь наше тело не желает этого слушать, да и кто может переделать собственную природу, выйти из ее рамок, преодолеть то что создано Творцом, чтобы тело отказалось от наслаждений, перестало жить в своей природе, позволило отдать то что положено ему? И ради чего, ради Творца - так ведь Он желает твоего наслаждения?!

Хотя наше тело и не понимает, почему нам надо отречься от самонаслаждения, от преследования во всем только своих интересов, сколько ему ни объясняй, мы обязаны делать все ради Творца, последовательно, как указывает Рамба"м, что вначале, когда начинают обучать человека, находящегося на духовном уровне, называемом "женщина, раб или ребенок", объясняют ему, что стоит работать на Творца из страха и чтобы получить вознаграждение.

Но затем, когда этот человек повзрослеет духовно, приобретет мудрость, можно уже объяснить ему, т.е. он уже поймет, что необходимо работать ради Творца из других побуждений, открывают ему постепенно тайны Торы. И необходимо сначала понять, что означает приобрести мудрость, с приобретением которой можно открыть человеку тайны Торы.

Дело в том, что в начале духовного пути человека, необходимо говорить с ним (вернее с его телом, что впрочем, на этом уровне одно и то же, потому что человек еще не отделяет себя от своего тела, а полностью отождествляет себя с ним) на языке понятном ему, его телу: что в Торе и в Заповедях есть огромные наслаждения.

И в мере его веры в это, вера дает ему силы, то тело, его эгоизм соглашается поменять небольшие свои наслаждения на большие, подобно как в жизни, человек постоянно оценивает, от чего он может получить большее наслаждение: от покоя или получить вознаграждение за свое усилие, например, сможет купить за свои усилия еду для семьи, получив зарплату за свои усилия.

Так же и в духовной работе все построено на оценке человеком своих возможностей: если чувствует, что есть в Торе и Заповедях большие наслаждения, чем в наслаждениях нашего мира (власть, богатство, почести, животные наслаждения), то в состоянии пренебречь ими, чтобы постичь большие наслаждения.

Но это только в меру его веры в наслаждения, находящихся в Торе и Заповедях. Но если человек получает духовное падение, уменьшается или вообще пропадает его вера в духовные наслаждения, то, естественно, тяжело ему отказаться от наслаждений нашего мира.

Но если он оберегает свое духовное состояние, если находится в среде, помогающей ему верить в вознаграждение, то его тело не противится его работе, потому что это не против природы, потому что он говорит, что получит большее вознаграждение, т.е. большее наслаждение тем, что выполняет Тору и Заповеди.

Получается, что эта причина настолько сильна, что может заставить человека пренебречь наслаждениями нашего мира, тем, что Тора запрещает, и все это для того, чтобы получить еще большие наслаждения. Но часто человек чувствует, что невозможно оставаться в том же уме и понятиях, с которых начал свою жизнь, что он все еще с тем же разумом, что ни в чем не ощущает своего духовного возвышения, а все его продвижение состоит только в количестве, накопленных в каждодневном выполнении, Заповедей.

И тогда он спрашивает себя, что же означает та мудрость, за которой, как говорит Рамба"м, открывается человеку духовная жизнь. Просто мудрость называется выполнение Торы и Заповедей в действии, как это он и выполнял, в соответствии с тем, чему его учили, и как выполняют все его окружающие.

Настоящая же мудрость (хохма етера) в том, если человек желает понять смысл Торы и Заповедей, к какому духовному состоянию они должны привести человека, какие намерения у него должны быть при выполнении Торы и Заповедей, что это должно привести его к качественно иному уровню.

И тогда начинают раскрывать ему эту тайну, что означает работа "ради Творца", т.е. начинают давать понять, что должен работать, "не получая никакого вознаграждения, а только для пользы Творца", что человек обязан достичь состояния, чтобы все его деяния были с намерением "ради Творца", т.е. против его природы, потому что есть особое условие (исправление творения), чтобы творения могли получить наслаждения без ощущения стыда.

Для этого дана им возможность исправления своих намерений, что человек должен в своих наслаждениях намереваться наслаждаться ими только "ради Творца", для Его блага, потому что Творец этим наслаждается, что человеку хорошо, потому что это цель творения.

Т.е. человек должен измерять свои наслаждения не в своих эгоистических чувствах, а как бы чувствуя насколько Творец наслаждается его ощущениями (как, обедая у мамы, мы, чувствуя ее наслаждение от того, что мы наслаждаемся тем, что она для нас приготовила, потому наслаждаемся тем, что услаждаем ее).

А в то время, когда человек постигает настоящую мудрость, т.е. начинает понимать, что Тора и Заповеди связаны с целью творения, но это находится в скрытии, то слышит, что скрытие это специально, чтобы дать ему возможность достичь духовного состояния, потому что цель творения в том, чтобы человек достиг слияния с Творцом, а этого достигают соответствием свойств, когда все деяния человека "ради Творца", вне своего эгоизма.

И здесь уже начинает человек становиться работником Творца (овед Ашэм), что в духовном смысле слова, а не в привычном для масс, означает, что работает ради пользы Творца, а не ради собственной выгоды. А когда начинается такая работа, еще только пытается желать так работать, человек начинает входить в состояние, называемое изгнанием, под власть своего эгоизма, желания вознаграждения за каждую свою мысль и действие, только для своей выгоды и пользы.

И нет у него никакой надежды выйти из этого изгнания, а только в милости Творца он нуждается, т.е. чтобы сам Творец вывел его из этого изгнания, как сказано о выходе из Египетского плена.

Но то, что человек чувствует, что находится в духовном изгнании, под властью своего эгоизма, желания "получить" (наслаждения), человек не в состоянии это почувствовать сразу же в начале своей работы, за один раз, т.е. когда начинает свою работу сразу же выйти из-под власти эгоизма.

Но это желание (кли) называемое недостаток (ощущение недостатка), ощущение недостатка силы преодолеть его эгоистические желания, эту силу человек приобретает не за один раз, а за длительное время в упорных усилиях в работе, когда посредством многих усилий во многих временах, создается в человеке ощущение, что он сам не в состоянии выйти из своего состояния, потребность и страдания почувствовать, как это было бы прекрасно если бы он смог выйти из изгнания, из под власти своих личных интересов, ощущаемых им уже как зло для него, иначе его состояние не называется изгнанием, пленом, если он не ощущает страдания от того, что находится в своих эгоистических намерениях и что думает только о себе.

И потому даны человеку духовные состояния подъемов-возвышений (алиёт) и спусков-падений (еридот) относительно его оценки духовного и материального (эгоистического). И человек обязан верить, что как возвышения, так и падения происходят от влияния на него свыше. Но одновременно с этим во время своей работы, человек обязан сказать себе что "если не я себе, то кто (поможет) мне".

А когда человек приходит к состоянию, что его ощущение недостатка, желание, достигает своего полного размера, что означает, что появилось в нем истинное желание, то Творец наполняет его желание. Как известно из Каббалы, нет света без желания его ощутить, как если нет желания, невозможно ощутить наслаждение от получаемого.

Отсюда, духовное совершенство состоит из двух частей, половинок, из желания, ощущения недостатка, кли, и света, наполнения этого желания, наслаждения, ор. Поэтому когда человек молится Творцу о наполнении своего желания - это называется половина, т.е. создание настоящего желания чтобы получить наполнение от Творца. И создание такого желания зависит от человека, т.е. эту половину создает человек.

А вот вторая половина находится полностью во власти Творца, что означает, что Творец дает в созданное человеком желание, наслаждение, духовный свет, и получается полное, совершенное духовное творение. В общем, под понятием кли, хисарон, недостаток, желание, страдание, и под понятием ор, шефа, таануг - свет, наслаждение, благодать, ощущение самого Творца, человек каждый раз подразумевает различные понятия, но они всегда оцениваются и измеряются относительно человека.

Поэтому кли, в общем, это хисарон, недостаток неважно чего. Например, иногда, человек чувствует недостаток в отсутствие недостатка (не хватает желания получить наслаждение, отсутствует чувство голода, нет аппетита). Иногда человек ощущает, что нет в нем настоящего желания получить свет, потому что свет заполняет желание, только если оно с намерением получить его "ради Творца".

А потому как человек ощущает, что он находится под властью эгоизма, желания насладить только самого себя, выходит, что нет в нем истинных духовных желаний получить свет Творца, выходит, что он не просит о том, чтобы Творец дал ему этот свет, а он просит, чтобы дали ему желание отдавать, альтруистические желания.

Получается, что молитва делает половину - молитва создает половину духовного объекта, души человека, создает его настоящее желание, а Творец должен дать уже вторую половину. Поэтому две этих части вместе одно целое. А с другой стороны можно сказать, что желание зависит от человека, что и называется первой половиной желания (кли), а наполнение этого желания, чтобы его желанием стало желание отдавать, называется второй половиной кли.

И это новое, появившееся в нем желание, определяется как свет, относительно его первого желания, потому что образующиеся в нем под действием света, его новые, альтруистические желание, которые он сейчас получает свыше, от Творца, это и есть наполнение его просьбы, а каждое наполнение, ответ на просьбу, называется свет относительно кли.

Из этого можно понять сказанное в Торе о половине шекеля: когда человек желает выйти из своего изгнания в нашем мире, из своего эгоизма, спасти свою душу, ощущает что полностью находится во власти самолюбия, он должен просить, молится Творцу, что называется половина шекеля, о вызволении его из плена. Это желание и есть половина, которую обязан дать человек.

А вследствие этого получится полное кли, потому что в ответ на это он удостоится полного шекеля, полного желания, на которое Творец сразу же отвечает наполнением светом. А выйти из этого можно, если человек не оставляет своих усилий до тех пор, пока Творец не отвечает на его молитвы, до тех пор пока не будет полного кли, целого шекеля.

А то, что как богатый, так и бедный должны дать именно половину шекеля, это потому что тот кто считает себя богатым в деяниях, и считает, что Творец обязан ответить на его молитву, и обязан помочь ему, и не должен он вообще молиться, а если Творец немедленно не отвечает на его молитву, он прекращает молиться, потому что уверен, что остальные нуждаются в молитве к Творцу, потому что у них меньше добрых действий чем у него, а он, если не получает ответа Творца, прекращает вообще свою работу.

Поэтому сказано, чтобы богатый не давал больше, чтобы не подумал, что он уже много дал. У каждого есть своя мера в ощущении недостатка, и она восполняется и растет, именно когда человек просит Творца о помощи - он получает еще большее желание.

Поскольку большой свет нуждается в большом желании для его получения, чтобы было ощущение большого желания света человеком, потому что он находится в плену своих эгоистических желаний и не в состоянии сам выйти из них, а до тех пор, пока нет у него настоящих страданий о том, что не в состоянии более быть под властью эгоизма, еще не называется его желание настоящим, чтобы называться молитвой, чтобы называть половиной шекеля.

То что человек ощущает в своем сердце, а не то, что выходит просто из его рта, и называется его молитвой, ощущение, что не в состоянии переделать себя сам, потому что все желания исходят свыше, как сказано, молитва это работа в сердце, т.е. то что чувствует сердце, ощущение недостатка того чего он желает - этим измеряется его молитва. Шекель определяется в книге Зоар как весы (мишкалот), когда взвешивают (сравнивают) желания с их наполнением, потому что они определяются как ор и кли.

И свет может ощутиться, только если будет в человеке соответствующее ему желание, потому что и желание-недостаток и наполнение его находятся в сердце, поэтому и свет приходит в соответствии с ощущением сердца, а нет никакой связи с тем, что говорит рот во время молитвы, такое ощущение сердце называется молитвой.

Поэтому, тем что человек дает свою половину в молитве, в соответствии с ощущением в своем сердце, то и Творец дает ему свет, а из желания и света, из обоих получается полный шекель. Но до тех пор, пока не получил свет Творца, определяется половина его неполной и негодной, потому что только когда приходит свет Творца, то он делает желания человека, половину человека годной для получения света.

А тот, кто считает себя бедняком, что нет в нем способностей и чистых намерений, слабохарактерен, то когда он просит Творца о помощи преодолеть свой эгоизм, чтобы смог намереваться в своих мыслях и действиях "ради Творца", он считает, что недостоин помощи Творца, потому что слаб.

Так что же ему остается делать - оставить свои усилия постичь духовное, сказав, что этот путь только для особо одаренных, умных, сильных, выносливых, т.е. "богатых".

Поэтому предупреждает его Тора, что бедняк тоже должен дать не меньше, чем тот, кто считает, что сделал много для того, чтобы выйти из изгнания в духовный мир - пред Творцом все равны, и он относится одинаково ко всем, только все должны дойти до ощущения настоящего желания, знать, что именно человеку не хватает, и просить именно об этом, и молитва сама увеличивает желание, стремление, ощущение недостатка желаемого и боль отдаления от желаемого.

А когда человек достигает своей настоящей молитвы, что желает работать "ради Творца", молитвы, которой он должен достичь, он получает вторую половину шекеля - свет, с помощью которого человек может работать "ради Творца", чем сливается с Творцом, Источником жизни.

Из вышесказанного видно, что есть два вида ухода человека с пути к духовному в начале его работы над собой, чтобы достичь слияния с Творцом. Потому что после того, как человек начал идти по истинному пути, раскрывают ему свыше его ничтожность.

И чем больше он преодолевает себя, тем он получает свыше большее ожесточение своего сердца, чтобы раскрылись ему его желания во всей их полноте и получил свет Торы, возвращающий к своему Источнику, т.е. дающий свойство Творца - альтруизм, желание "отдавать", потому что нет ощущения света, если нет к нему желания. Поэтому посредством ожесточения сердца раскрывается желание во всей его полноте, а этот момент знает только сам Творец, когда полностью готово кли.

Поэтому иногда человек уходит с работы духовного возвышения, когда видит, что уже много молился, как он понимает, Творцу, а Творец не обращает на него никакого внимания. В таких случаях иногда человек не осуждает Творца, а говорит то, что Творец не отвечает на его молитвы это потому, что он слаб, ничтожен, неспособен и низок.

Но поэтому сказано, бедняк не должен дать меньше, т.е. не должен человек думать, что поэтому Творец не дает ему ответа, и что Творец не может, не в состоянии помочь ему, такому ничтожному. А иногда человек оставляет свою работу, потому как чувствует себя "богатым", что есть в нем много деяний и много знаний, что он умнее других.

А когда просит Творца о помощи, чтобы были у него силы делать "ради Творца", но Творец не отвечает ему, а ведь он чувствует, что уже много раз просил, поэтому говорит, что Творец не желает помочь ему и потому он оставляет духовный путь. А побеждает свою природу и выходит в духовный мир только тот, кто постоянно прилагает усилия.

СТАТЬЯ 21

Мы видим, что за те вещи, которые редки в нашем мире, человек, чтобы достичь их, должен приложить много усилий, а то, что доступно всем, не требует усилий или требует малых усилий, которые может дать каждый.

Например, если необходимые продукты питания, как хлеб и молоко, доступны всем, не может человек сказать, что совершил особое усилие и добыл их, как бы это имело место в особое, трудное время. Также и Тора - дана всем и раскрыта перед всеми, как сказано: "Тора, что Творец дал тебе - недалека от тебя, не трудно взять ее, а близка и доступна".

Поскольку Творец имеет цель насладить творения, то создал их с большим желанием получить это наслаждение. Это желание и называется творением или, на языке Каббалы, сосудом (кли), где величина сосуда определяет величину желания.

Желание насладиться создано Творцом и потому естественно в человеке и составляет всю его суть, кроме этого желания нет в человеке ничего более, все что в нас и все, что вокруг нас - это всего лишь различные меры желания насладиться каждый своим наслаждением, к которому у него создано Творцом желание.

Поскольку это желание природно и естественно, то как только человек (или иное творение) видит, чувствует, что может получить наслаждение от чего либо, на что создано у него Творцом желание, он немедленно тянется к нему своим желанием, называемым "желание получить" (имеется в виду желание получить наслаждение, желание насладить себя, эгоизм, получение для своего наслаждения) и не надо подталкивать и возбуждать к этому человека, чтобы захотел получить наслаждение, заключенное для него в этом предмете, потому что наслаждение, которое он ощущает в этом предмете, объекте, само притягивает его, и он стремится к нему, чтобы получить.

Поэтому в мере величины наслаждения, которое человек видит в объекте, в той мере возбуждается в человеке стремление и не дает человеку покоя, пока не добудет его, прилагая к этому столько усилий, насколько ему важно это наслаждение. Но после того, как сделано в высших мирах особое условие получения наслаждения, что получить наслаждение возможно только при наличии намерения наслаждаться им ради

Дающего это наслаждение, чтобы не испытывал человек при получении чувство стыда, а до тех пор, пока такого намерения, называемого желание "отдать" (наслаждение Творцу, альтруистические свойства) человек не имеет, духовные наслаждения скрыты от него, что называется, что Творец скрыт от ощущений человека, чтобы эти наслаждения не захватили настолько человека, чтобы он не был в их плену, чтобы была у человека свобода выбора, чтобы смог выполнять Тору и Заповеди не ради получения вознаграждения.

И это оттого, что когда наслаждения раскрыты, при выполнении Торы и Заповедей, не в состоянии человек сказать, что он выполняет их потому, что хочет доставить этим удовольствие Творцу, а для себя готов пренебречь этим наслаждением, которое предчувствует что получит в результате его действия, а Творец желает, чтобы человек насладился только тем, что Он получает наслаждение, что вообще невозможно, потому что человек создан в эгоистических желаниях (желание самонасладиться, желание "получить"), то как же возможно чтобы человек сам отменил в себе эти желания и пренебрег получением наслаждения, тем более духовного наслаждения, раскрываемого в Торе и Заповедях.

Но именно потому искры света, называемые "нэр дакик" (маленькая свечка), поместил Творец в эгоистические желания, которые дают жизнь всему творению, до тех пор, пока человек не постигнет альтруистические желания.

А потому как это чрезвычайно маленькие наслаждения, то человек начинает работать над тем, чтобы обменять маленькие наслаждения на большие, т.е. чтобы получить вознаграждение за то, что пренебрегает наслаждениями в которых есть только искра света, как при любой покупке, человек смотрит, стоит ли ему платить за наслаждение, взвешивает плату, т.е. отказ от одного наслаждения ради другого, и если в данный момент видит в предлагаемом ему наслаждении большее, чем то, каким должен пренебречь, например, деньги, свобода, физическое усилие и пр., то решает и пренебрегая имеющимся, получает то, чего желает.

И только после того, как человек привычен уже пренебрегать, отказываться от маленьких наслаждений, появляется в нем свобода выбора. Но если человек, выполняя Тору и Заповеди потому, что получит за это большее вознаграждение, чем за усилия в поисках наслаждений нашего мира, почему его предпочтение больших наслаждений от выполнения Торы и Заповедей называется "старанием" - ведь также, как при любом обмене и в данном случае он выбирает то, что ему выгоднее, что дает большее наслаждение!

Дело в том, что при предпочтении выбора занятий в Торе и Заповедях, человек должен верить, что получит вознаграждение в будущем мире. А потому как это зависит от веры, то есть от усилий человека, то и называется "старанием", потому что человек обязан верить в вознаграждение, а его тело противится этому, потому что оно желает видеть и не в состоянии верить, а обязано по своей природе видеть и знать.

Поэтому там, где есть вера, есть время возвышения и падения ее в человеке. Отсюда человек обязан пытаться выполнять Тору и Заповеди, и кроме того пытаться познать Творца. И оба этих действия он должен выполнять ради получения вознаграждения за свои усилия, т.е. должен верить, что получит вознаграждение за них в этом и в будущем мире.

Сказано в книге Зоар (т. 1, стр. 185), что страх человека есть трех видов: страх, чтобы были здоровы его дети, или страх страданий его тела, или страх бедности - в таком виде он боится за себя, и собственная выгода является причиной выполнения им желаний Творца, а страх является следствием. Страх наказания Творцом в будущем мире, в аду и потому выполняет желания Творца - также и здесь причиной является собственная выгода, а страх - следствием.

Два вышеприведенных вида страха не главные, а главный страх это страх человека пред Творцом, как перед своим владыкой, во власти которого весь мир". Поэтому усилия человека в выполнении Торы и Заповедей и в познании Творца (познание Творца подразумевает познание того, что Он единственный, абсолютно добрый управляющий всем мирозданием) приводят его к цели творения, ощущению того наслаждения, ради которого Творец и создал человека в желании и стремлении получить наслаждение. Первоначально это желание насладиться создано Творцом.

Но затем, после внесения в него условия, чтобы человек, в своем эгоистическом желании самонасладиться, не ощутил сжигающее страдание от стыда при получении наслаждения, ощущая отличие себя, получающего, от Творца, дающего (подобно как в нашем мире, если человек чувствует себя получающим, то не в состоянии взять что-либо, а должен найти себе оправдание почему он берет), скрылось высшее духовное наслаждение, ощущение Творца, а также скрылось и желание им насладиться, а осталось в человеке только желание насладиться маленькой искрой света Творца, помещаемой в объекты нашего мира.

А все время, пока человек не может на свои эгоистические желания сделать намерение получать наслаждение "ради Творца" (потому что он выполняет этим цель своего сотворения, что наслаждаясь он наслаждает Творца и только ради этого он наслаждается, а не имея такого намерения запрещает своим желаниям получать наслаждения), он не использует свое желание насладиться.

А затем, исправив свои намерения, в той мере, в которой они исправлены наслаждаться "ради Творца", только в той мере он получает наслаждения, а остальные желания не использует, сам по собственной воле, по собственному желанию. Видим, что Творец создал желание самонасладиться, эгоистическое желание (сосуд-кли), а исправить его, придать ему нужное, альтруистическое намерение (масах-экран), возлагается на человека.

Над желанием получать наслаждение человек работать не должен, потому что оно создано Творцом и находится в человеке в бесконечном количестве, только раскрывается в нем по мере способности человека исправить его.

А вот над намерением использовать это желание насладиться ради Творца, человек должен работать, и это его единственная работа в этом мире. Единственная - потому что как только он начинает во всем в себе и во всем вокруг видеть средство для приобретения этого альтруистического намерения, он обнаруживает, что весь мир вокруг него действительно создан только для того, чтобы он приобрел это свойство.

Но тот кто не работает над приобретением такого намерения, тому наш мир кажется абсолютно иным: предоставленным самому себе, не имеющим цели в каждом своем проявлении и пр.. Как любая профессия в нашем мире требует знания и навыков, так и для создания в себе альтруистических намерений человек должен учиться и овладевать этими приемами на практике, на себе.

Поэтому процесс исправления постепенный и зависит от прилагаемых человеком усилий. Сказано Творцом: "Я создал эгоизм, и Я создал Тору ему в исправление". Т.е. Творец создал что-то, называемое Тора, с помощью которой можно совершить то, что возложено на человека, используя ее как средство самоисправления.

Поэтому человек должен:

а) ощутить потребность, необходимость в исправлении, что все делает только ради себя, что нет в нем никаких желаний давать наслаждения Творцу и кому бы то ни было, и что он стремится приобрести желание "отдавать", намерение услаждать Творца (рацон леашпиа).

б) для этого он должен прежде ощутить, что все его желания только получить наслаждения, самонаслаждаться, независимо от того, что желает при этом Творец, вне всякой связи с Творцом, что все что делает - делает только для самонаслаждения.

в) кроме этого ощущения страдания от своего эгоизма, человек должен верить, что он должен слиться с Творцом, а духовное сближение является функцией совпадения свойств с тем, с которым желаешь сблизиться. И человек должен страдать от того, что он удален своими свойствами-желаниями от Творца, от слияния с Ним.

г) кроме того человек должен ощутить, что в нем самом нет никаких сил, желаний и идей, каким образом он сам может выйти из своих эгоистических желаний и намерений, из-под власти диктата желания самонасладиться. Все это вместе называется желанием (кли, хисарон) которое человек обязан взрастить в себе и ощутить в полной мере.

Поскольку человек создан только с желанием самонасладиться, то никак не в состоянии сам себя исправить, а все что он обязан сделать - это ощутить на себе, сам, что он не в состоянии сделать ничего ради Творца. А когда человек достигает такого ощущения своего состояния, то Творец вносит в него свой свет, силу, от чего человек получает духовные, альтруистические свойства, желания, намерения.

Потому что эта сила способна аннулировать эгоизм, таким образом Творец дает человеку новые желания, чтобы захотел делать подобные Ему действия. Но на человека возложена обязанность ощутить полную потребность в изменении своей природы с эгоистической на альтруистическую. И для этого он должен использовать все возможности в своей жизни, поскольку именно для этого она ему и дана.

И если человек начинает всматриваться во все вокруг и во все с ним происходящее, он убеждается что это действительно так! И ощутить в полной мере свое желание быть подобным Творцу - это все что требуется от человека, этим он и доставляет наслаждение Творцу, этого его намерения и ждет Творец.

А воплотить такое намерение в действие уже поможет сам Творец. В нашем мире, когда мы работаем ради вознаграждения, мы смотрим не на хозяина, а на вознаграждение, и неважно нам, кто будет нашим хозяином на работе, чьи приказы мы выполняем, а главное, чтобы мы были довольны вознаграждением.

А если работник и заботится, чтобы хозяин тоже заработал, то только потому, что если предприятие не приносит хозяину доходов, он его закроет, и таким образом и работник лишится своего вознаграждения. В своем духовном возвышении человек обязан дойти до такого уровня своего желания, чтобы постоянно думать, что от его действий выигрывает Творец и ни в коем случае не думать о собственной выгоде, а все вознаграждение должно быть в том, что от его действий получит Творец.

СТАТЬЯ 22

Во всем есть внутреннее и внешнее, наслаждение и желание, ор и кли, и нет одного без другого: если человек не желает чего-то, то не может насладиться получением этого. И в самом желании есть много мер: не сравнить желание страдающего от жажды с желающим просто выпить стакан воды, а потому и их наслаждения при получении желаемого.

В самой воде нет никакого наслаждения, а оно извлекается и ощущается только самим желающим в мере его желания. Отличие наших желаний и наслаждений от духовных в том, что наслаждения нашего мира видны нам, раскрыты пред нами и открыто притягивают нас, а духовные наслаждения, помещенные в духовные желания, называемые Тора и Заповеди, скрыты от нас.

Поэтому мы не можем сказать, что наслаждение при облачении в цицит (прямоугольный отрезок материи с 4-мя особыми веревочками по углам) больше всех наслаждений, как нашего, так и духовного мира (это, кстати, действительно так), потому что для создания условий для нашего исправления и духовного возвышения, Творец создал скрытие духовных наслаждений и своего присутствия и оставил в наших ощущениях только их ничтожную часть, маленькую искру высшего света (нэр дакик), облачающуюся в различные объекты нашего мира, потому то и притягивающие нас, таящейся внутри этой искрой света и мы, разумные существа, не в состоянии никоим образом мыслить иначе, как только о том, как получить эту искру, во что бы она не поместилась.

В общем эти искры высшего света Творца помещены для людей в почете, деньгах, сексе. Духовные же наслаждения скрыты от нас. Например, нельзя сказать человеку, одень цицит и почувствуешь несказанное наслаждение.

И это скрытие Творца, духовных наслаждений от нас создано Им специально, чтобы будучи свободными, не порабощенными притягивающим наслаждением, мы свободой воли и разума, своими усилиями создали в себе нужное к этим огромным наслаждениям желание, а уже затем они открываются нам постепенно, по мере нашей возможности объективно, независимо к ним относиться и принимать их как нам угодно, не будучи полностью в их власти над нами.

Мы видим, что если наслаждение больше определенной величины, то мы полностью покоряемся ему, теряем голову, полностью зависимы от него и уже оно через нашу природу диктует нам поступки. Человек продается деньгам, желанию власти, почета, известности, своей любви к детям, чувству голода, большой любви.

Для каждого, в разные периоды его жизни искра высшего наслаждения одевается в определенные, иные, меняющиеся одеяния, к которым мы потому и стремимся, желаем их приобрести. Все отличие между нами в разные периоды нашей жизни и между всеми людьми только в отличии внешних видов притягивающего всех нас наслаждения искрой света.

Если человек меняет эти внешние виды наслаждения в принятом порядке, мы считаем, что он развивается правильно, если вовремя не меняет внешние формы одеяния искры света, мы называем его отсталым в развитии.

Самая высшая форма наслаждения - духовная, потому что человек полностью освобождается от тяги к искре света во имя своего освобождения от власти над ним наслаждения и достигает таким образом ощущения его в открытом виде, ощущения самого Творца, без одевания искры, микродозы духовного наслаждения в объекты нашего мира.

Верующие учат детей, что стоит одевать цицит, но ты не ощутишь наслаждения непосредственно от того, что одел его, а можешь сам выбрать наслаждение, вознаграждение за выполнение тобою

Торы и Заповедей, какое пожелаешь из наслаждений этого мира - здоровье, успех, долголетие и пр. или ты получишь вознаграждение также и в будущем мире, как говорит великий Рамба"м ("Илхот тшува").

Здесь мы видим, что выполнение ради вознаграждения здесь не как в подходе к наслаждениям нашего мира, которое одето в самом притягивающем нас объекте, например пище, и это вынуждает человека выполнять действия, а другое наслаждение, совершенно не связанное с самим объектом, над которым выполняется действие: человек выполняет Заповедь, а получает за это вознаграждение совершенно в ином обличии, не Заповедь его привлекает своим наслаждением, не ради нее он ее выполняет, а наслаждение никоим образом не облаченное в его действие.

И такое действие человека называется выполнением Торы и Заповедей ради себя (ло ли шма). В таком случае энергия для его действий исходит из веры в вознаграждение и желание этого вознаграждения обязывает его выполнять Заповеди Творца, а если есть большее вознаграждение в других действиях, он оставляет Заповеди Творца и выполняет то, что наслаждение заставляет его выполнять.

И только его вера в вознаграждение и вера в наказание за их невыполнение обязывает его к выполнению Заповедей, но был бы доволен, если бы не должен был выполнять Заповеди, а получал вознаграждение, обещанное за их выполнение, без самого выполнения.

Т.е. привлекает человека не выполнение Заповеди, а вознаграждение за ее выполнение, выполнять бы поменьше Заповедей, но получать вознаграждение и уж, конечно, не наказание за невыполнение, как каждого неверующего привлекает только вознаграждение, наслаждение, меньше работать и больше получать.

Но тот, кто желает работать ради Творца, ли шма, без вознаграждения за свои действия, вне всякой связи с вознаграждением или наказанием, т.е. желают выполнять Тору и Заповеди сами по себе, а не потому что за них что-либо полагается получить, а желают ощутить наслаждение в самих Заповедях Творца, подобно, как человек, вкушающий любимое блюдо, наслаждается тем, что непосредственно находит в поглощаемом им и не возникает у него вопроса, а что мне за это полагается, потому что наслаждение получает тут же.

И в таком случае, если человек может ощутить наслаждение во многих объектах вокруг себя, он не сетует на Творца, почему тот создал так много различных наслаждающих его объектов - так и если человек находит наслаждение непосредственно в выполнении Торы и Заповедей, как при вкушении любимого им блюда, он не сетует на Творца, давшего ему так много возможностей наслаждения, а как человек в нашем мире, постоянно отыскивает и создает для себя все новые объекты наслаждений, так и нашедший огромные наслаждения в Торе и Заповедях, постоянно в поисках, что же еще он может в них выполнить.

Человек, выполняющий Заповеди ради себя, должен верить мудрецам, что в каждой Заповеди есть свое особое наслаждение, им не ощущаемое, называемое залогом (пкудин-пикадон), неощущаемое им для его же пользы, чтобы до тех пор пока не приобрел альтруистические желания, называемые слиянием с Творцом, потому что сближение в духовном есть схожесть свойств, желаний, а наслаждение, скрытое в Заповедях, осталось бы для него скрытым, иначе получит его ради себя, как все им видимые наслаждения, а это отдалит его от Творца.

Поэтому и сам человек желает работать ради Творца, работать на властителя вселенной, потому что нет могущественнее Его. И это тоже не против нашей природы, потому что если человек видит кого-то действительно великого, он получает наслаждение от прислуживания ему.

Поэтому, человек желающий работать на Творца, потому что Он велик, обязан заботиться о возвышении Творца в своих чувствах, и тогда это даст ему возможность работать ради Творца.

В таком случае человек не желает никакой награды за свои действия, а желает выполнять Заповеди, т.е. желания Творца, потому что верит в сказанное мудрецами, что если получит наслаждение, заключенное в Заповедях, это приведет к его удалению от Творца. Поэтому он желает только выполнять желания Творца.

Но поскольку совершенно без вознаграждения человек не может работать, потому что Творец создал человека желающим получать наслаждения, и обязан человек видеть, ради чего он работает, иначе не сможет произвести ни малейшего действия или движения.

Поэтому человек, желающий работать только потому, что он этим выполняет желания своего властителя, получает сразу же на месте вознаграждение за каждое свое действие во имя Творца, наслаждается от каждой Заповеди, как торговец в своей лавке, продав товар, сразу же видит сколько он заработал, что дает ему силы, энергию, наслаждение, а не ожидает получения вознаграждения потом, так и работающий на великого в его глазах Творца, не ожидает вознаграждения в этом или в будущем мире.

Но при таком отношении к выполнению Торы и Заповедей есть большая работа человека возвеличить в своих глазах Творца, ведь если бы было известно в мире величие Творца, не было бы сложно ничего делать для Него.

Но потому как есть скрытие наслаждений находящихся в Торе и Заповедях и скрытие самого Творца, человек должен верить в управление мира Творцом, что оно абсолютно доброе для нас, т.е. в каждый момент нашего существования мы получаем самое лучшее для нашего продвижения к цели творения, что и сами увидим, когда выйдем в духовный мир.

Но наше тело, т.е. эгоизм и разум (сердце и ум) противятся идти верой в Творца. Мы приучены везде следовать в соответствии с выводами и решениями нашего ума и потому, когда мы пытаемся идти вне советов и понимания нашего разума, верой, выше, т.е. вопреки разуму верить в Творца, то все наше нутро противится этому.

Поэтому в нашем состоянии, когда величие Творца не раскрыто нам, мы не можем использовать Его истинное величие как энергию для нашей работы ради Него, потому как наш эгоизм (ситра ахра) скрывает Творца от нас, и когда человек пытается идти вперед, эта нечистая сила, называемая Амалек, забирает все его силы, чем больше человек стремится к Творцу, тем он становится более слабым и более разочарованным в том, что не может достичь цели.

И человек должен усилием держать себя в вере, что это не его мысли и силы, а посторонние, специально посылаемые ему самим Творцом, для борьбы с ними, чтобы познав полностью свою природу и никчемность, свою слабость и неверие, человек воззвал к Творцу о помощи спастись от этих посыльных, злых ангелов Творца.

Принцип действия этих мешающих сил таков, что они уменьшают в глазах человека величие Творца, а потому пропадают у человека силы работать ради Творца, и в этом вся война Исраэль против Амалека. И если человек желает ощутить величие Творца только для того, чтобы работать ради Него, ведь если бы чувствовал действительное величие Творца, не ощущал бы ни на мгновение усталости работать ради Него, но как только нападает на него Амалек, сразу устает человек и чувствует апатию к духовным занятиям.

Поэтому, до тех пор пока человек испытывает временами упадок сил и интереса к духовному, это признак того, что еще есть в нем эгоистические желания, которые требуют самоудовлетворения. Работа человека заключается в том, чтобы всегда понимать, что это специальная сила, посланная ему для того, чтобы ослабить его тягу к духовному, а кроме того, специально скрыт Творец от человека, чтобы почувствовав, что он сам не в состоянии работать в духовном, человек воззвал к Творцу о помощи, и сам Творец уничтожит Амалека.

Как уже говорилось в статье 21, книга Зоар (т.1,стр.185) отмечает три вида страха. Первые два - это страхи за себя, за своих близких, за наказания или потерю вознаграждения в этом и в будущем мире - т.е. страх основанный на эгоизме.

И только третий вид страха это страх, источник, причина которого сам Творец, потому что боится Творца, поскольку Он владыка всего. Против всех трех видов страха восстает эгоизм, поскольку желает поставить себя в центре мироздания, но особенно он восстает против третьего вида, потому что если человек принимает Творца как властителя всего мира, то это приводит его к работе именно ради Творца, а не ради себя, ради своего эгоизма и потому именно это Амалек желает ослабить.

И потому Амалек утверждает, что все в мире происходит как это видится нам, а не как человек пытается верить вопреки всем своим чувствам и разуму, вопреки тому что видят наши глаза, что Творец управляет всем абсолютно добрым управлением.

Т.е. сила, называемая Амалек, пытается ослабить саму основу работы человека, настоящий страх Творца и потому Заповедь Торы стереть его и даже все воспоминание о нем. Но от человека требуется только желать стереть Амалека из себя, желанием идти вопреки разума.

И когда человек постигает, что он не в состоянии сам идти выше разума, избавиться от Амалека, он просит Творца и получает силы преодолеть его в себе тем, что Творец открывается человеку, открывает свое лицо. Но это происходит не прежде, чем человек почувствует, что его эгоистические желания - это его смертельный враг Амалек и его надо уничтожить.

А поскольку вся сила Амалека в скрытии Творца, то Творец раскрывает себя и спасает таким образом человека, что поэтому и называется работой Творца (аводат Ашэм).

СТАТЬЯ 23

Цель творения исходит из желания Творца дать наслаждение, но чтобы наслаждение было совершенным, вечным, духовным, чтобы действия Творца были совершенны, создано Им скрытие на себя и свое управление, т.е. на духовное наслаждение в Торе и Заповедях, где Заповедь есть альтруистическое действие, мысленное или в желании с намерением "ради Творца", а получаемое при этом, вследствие этого намерения наслаждение, свет Творца, ощущение Творца, называется Тора.

Творец может все, даже производить ограничения на совершенство, поступать несовершенно относительно наших ощущений, уменьшать, сокращать, скрывать свои наслаждения от творений, но это, если можно так сказать, намного труднее Ему, чем дать их, потому что для Совершенного снизойти с совершенства гораздо труднее чем для несовершенного подняться до совершенства. И это потому, что совершенство первично.

Именно совершенство и есть свойство Творца, постигаемое нами. Творец скрывает свое присутствие от человека, находящегося в нашем мире, т.е. от человека, находящегося на уровне своих желаний, называемых "наш мир" или "этот мир", желаний только эгоистических, желаний только получить наслаждения себе, ни с чем не считаясь, принимая во внимание только свои интересы.

А если человеку кажется, что есть в нем и хорошие, альтруистические желания, то проанализируя честно свои мысли и поступки, он поймет, что если некоторые и выглядят не эгоистическими, то потому, что ему стыдно использовать свои настоящие желания открыто, или воспитание, или страх наказания не позволяют открыто поступать.

А эти факторы также эгоистичны, потому что воспитание и привычки, даже приятные для окружающих, стали его второй натурой, природой и он не может поступать иначе и принимает их в расчет. Так вот такое внутреннее состояние человека называется "этот" или "наш" мир.

Внутреннее состояние человека называется мир, потому что это и есть мир, который воспринимает человек. Человек не может ничего ощутить вне себя: все, что он ощущает, это только то, что входит в него, что он ощущает, каким образом реагируют его чувства на воздействия извне.

И вот эти его внутренние ощущения на свои субъективные реакции и создают в нем картину якобы окружающего его мира, в котором он находится. Это не более чем иллюзия, которую нам, до тех пор, пока мы находимся в рамках нашего мира, не понять.

Только выйдя из рамок, ограничений нашего "зрения" в нашем мире, мы, видя себя со стороны, объективно осознаем себя и все вокруг. Поэтому, все миры, как наш, настоящий мир, т.е. наше настоящее восприятие, так и будущие миры, наши будущие восприятия, есть не более чем наше субъективное восприятие Творца, в той или иной степени, все миры, как духовные, так и наш, существуют только внутри нас, в наших чувствах, в сознании.

Поэтому, все миры, и наш и духовные, все они существуют только внутри человека и являются не более, чем ступенями, мерами все большего, все более близкого ощущения Творца, потому как кроме Творца и постигающего Его человека, ничего не существует. И этот, постигающий Творца, человек, находится внутри Творца, потому, что Творец заполняет собою все.

И этот человек чувствует только Творца, хотя ему кажется, что кроме него существуют другие люди, ощущающие подобно ему наш мир или духовные миры..., что и они чувствуют себя также, сообщают о своем восприятии друг другу. И кажется человеку, что он существует не в Творце, а во вселенной.

Но если уберет из своей вселенной все, что ее наполняет: все звезды, планеты, все небесные тела, газы и пр., то как он сможет охарактеризовать "место", если он не в состоянии никак его ощутить.

Это, ничем не воспринимаемое, только представляемое нами, место есть не воспринимаемые нами уже более высшие формы... (духовные миры Брия, Ецира, Асия также существуют в "месте", созданным из более высших духовных желаний, чем они сами: миры БЕ"А килим Ц"Б находятся в месте, внутри килим Ц"А, нэкудот СА"Г).

Но Творец специально поместил человека в условия, называемые "наш мир", где человек не ощущает Творца и поэтому только может верить в Него. Именно этого и желает Творец, чтобы вопреки всему ощущаемому человеком вокруг, он верил, что Его Творец преследует во всем этом абсолютно добрую цель, и не только в конце творения, как цель, а постоянно, в каждом поступке Творца с ним, что только Творец им управляет, и то что он ощущает, исходит ни от кого другого, а только от Творца, а все действия Творца с ним, т.е. все что человек получает и ощущает от всего окружающего и свои мысли и реакции и желания - это на самом деле желания Творца, чтобы все это он так ощутил.

И как бы человеку не казалось все ощущаемое им в себе и вокруг, это абсолютное добро и наслаждение, не в будущем, а сейчас. А только потому, что чувства человека не настроены на истинное ощущение, не воспринимают вечного, духовного, истинного, а больны, испорчены - поэтому, хотя и сейчас человек получает от Творца наслаждения, но в своих эгоистических органах чувств, он ощущает их как страдания.

И пытается хоть как то оправдать действия Творца, а надо всего лишь не оправдывать Творца, а осознать, почему сам человек так воспринимает то, что получает, почему он таким ощущает Творца, ведь то, что человек называет мир, то, что он ощущает в данном своем состоянии, это и есть Творец, так почему он ощущает Творца так плохо?

Творец, скрыв себя, желает, чтобы человек, вопреки тому, что он ощущает от Творца, стоя только против Творца и только Творца ощущая, верил, что всегда, и ранее, и теперь, и в будущем, что все измеряется относительно восприятия человека, а объективно не существует, Творец постоянно и ровно относится к нему только с абсолютной любовью.

Но не говорить, что исходя из этого, Творец посылает человеку страдания, или как наказание за прошлое, чтобы исправить его, чтобы в будущем не прегрешил, или наказания в счет будущего, чтобы дать потом за них вознаграждение, а постоянно относится только с любовью, каждое мгновение, и каким бы страшным не было настоящее его состояние, Творец посылает ему только хорошее.

Поскольку человек всегда ощущает только Творца, и Творец абсолютно Добр, то только от человека зависит, от меры исправленных его ощущение, каким он ощутит Творца. Но каждый раз ловя себя на мысли, что он сейчас о чем-то думает и что-то ощущает, человек должен осознать и верить, что все это дает ему почувствовать Творец, такие мысли Он посылает и такие желания вызывает, что так он ощущает Его.

Вера в вышесказанное, вопреки своим ощущениям, называется верой выше знания (эмуна лемала ми даат), где под знанием имеются в виду все ощущения и все мысли человека. Чтобы взрастить в человеке веру (а она и есть те самые чувства, в которых затем он сможет ощутить истинную сущность, самого Творца), Творец посылает человеку мешающие, отвлекающие мысли, отдаляющие человека от работы "ради Творца".

"Ради Творца" называются усилия человека по преодолению эгоистических желаний, по сближению с истинным ощущением Творца, потому что все, что по желанию эгоизма, называется "ради себя", а все "отдаваемое", воспринимаемое не в эгоистических ощущениях, называется "ради Творца", потому что кроме человека и Творца нет в действительности ничего.

Поэтому все альтруистические духовные желания мы называем желаниями "ради Творца", хотя ничего здесь ради Творца нет, а есть просто восприятие вне эгоистических желаний, вне природы человека, освободившись от этой, чуждой нам, навязанной нам силы, специального посланника-силы-ангела Творца, чего-то постороннего, как облака или образа, втиснутого в нас, который, после вселения в нас, командует всеми нашими желаниями и мыслями, но это не мы, а навязанное нам.

Желание Творца, чтобы мы полностью это осознали, чтобы из отрицания этого эгоистического, внутреннего, временного, помещенного в нас, господина, пришли, отрицанием его, к постижению абсолюта, ему противоположного. И это потому, что человек может постичь разумом и ощутить чувствами, что бы то ни было, только в сравнении.

Принятие человеком присутствия и полного управления Творца всем всего и во всем, обязывают человека думать и действовать в соответствии с этим (иначе это не "принятие"), называется "получение на себя" или "принятие на себя власти неба" (малхут шамаим).

Сразу же по принятию на себя этого, человек начинает ощущать помехи своему решению, настолько, что быстро приходит к выводу, что не в состоянии удержаться в истинном восприятии мира (управления всем Добрым властителем), потому как мешающие мысли, посылаемые Творцом, отталкивают его от Творца, Его единственности, доброты Его управления и пр.

Если же, устав, разочаровавшись, не желая приложить усилия, человек говорит себе, что подождет, пока Творец даст ему более четкое, ясное ощущение Себя, чтобы были у него силы вновь осознать истинную картину управления, что не может пока больше напрягаться, представляя себе, что все это "подставляет" ему Творец, он оставляет этот путь восхождения к Творцу, ведь не для этого Творец дает ему мешающие мысли!

Ввиду того, что происходит постоянное противоборство между телом и стремлением идти верой, возникают, постоянно меняющиеся внутренние состояния, возвышения (алиет), когда есть желание идти верой в управление наказанием и вознаграждением, и падения (еридот), когда нет сил и желания следовать вере. Но все отличие между людьми в том, что понимается под понятием наказание и вознаграждение.

Вознаграждением называется то, что желает человек. Для обычного человека вознаграждением является ощущаемое им в желании самонасладиться. Есть немногие, вознаграждением которых является возможность ощутить наслаждение в желании "отдать", в альтруистических желаниях.

Т.е. если вследствие своей работы они смогут достичь действий ради Творца, порадовать Творца, это называется у них вознаграждением и для этого им не жалко отдать все свои старания, усилия и время, чтобы было у них наслаждение от того, что от их действий хорошо Творцу.

А если они видят, что не в их силах достичь такого ощущения, это считается у них за наказание, т.е. то что Творец отдаляет их от себя и не желает видеть их как близких себе, работающих на Него, потому что видит их незащищенных от своего эгоизма и потому не может им позволить войти в его владения, и потому они остаются вне духовных миров, владений Творца, снаружи, и они понимают, почему Творец посылает им наказание, потому что они еще погружены в самолюбие.

Поэтому вся работа таких немногих в том, чтобы Творец помог им, чтобы они смогли выйти из самолюбия, эгоизма. Получается, что в принципе, все обязаны работать в наказании и вознаграждении, и нет в этом отличия между людьми, но все отличие в том, "что" понимает человек под наказанием, а "что" под вознаграждением. Ведь для одного незаметно украсть - это вознаграждение, а для другого только одна мысль об этом воспринимается как наказание со стороны Творца.

Мы видим, что если обещают человеку желаемое вознаграждение, ему не страшны никакие усилия, и его тело не только не препятствует работе, но дает всю необходимую энергию для достижения вознаграждения, для подавления сомнений о получении вознаграждения, для отталкивания мешающих мыслей о вере в вознаграждение.

Тогда как если вознаграждение и наказание одеты в альтруистические желания, тело сопротивляется всеми своими силами, говорит, что оно согласно с тем, что человек верит в вознаграждение и наказание, но не согласно, чтобы вознаграждением было отторжение желаний тела, чтобы эгоизм ничего не получил.

Ведь если твое вознаграждение заключается в том, что желание самонасладиться перестанет существовать, как тело может способствовать в собственной смерти?

Поэтому в такой работе против желаний тела есть возвышения и падения, а часто человек приходит к выводу, что достичь состояния приобретения альтруистических желаний было бы его вознаграждением, это не для него, а для более сильных, особенных и желает оставить путь духовного развития.

Работа, чтобы наказание и вознаграждение были альтруистическими должна проводиться в состоянии скрытия Творца от человека, в скрытии Высшего управления, иначе не способен человек совершить что-либо ради Творца.

Поэтому человек должен стремиться достичь состояния, чтобы не ЖЕЛАТЬ ничего ради себя. В таком случае, если получает то, что Творец дает ему, считается как бы не получением, потому как не ставит никаких своих условий в отдаче своих усилий, для чего он старается, не требует ощутить величие духовного и наслаждения в работе, потому что стремиться дойти до состояния сделать что-либо только во имя Творца, а это возможно при условии, если ничего не ощущает телом, иначе не в состоянии себя проверить, делает ли ради получения удовольствия или ради Творца.

Поэтому только при полном "отключении" тела от какого-либо получения, заинтересованности, наслаждения, выгоды, результате, можно говорить, что действие сугубо альтруистическое.

Человек может сказать себе, я могу верить в то, что Творец наслаждается моей работой, хотя я не чувствую от моей работы ничего, и в сердце нет у меня никакого ощущения, что я выполняю этим желания Властителя, ведь все скрыто от меня, а по моим понятиям нет никакого значения тому, что я делаю, и я не могу сказать, что Творец получает от меня, тем более наслаждается, ведь я этого не ощущаю, а если была бы у меня вера в то, что Творец наслаждается от моих действий, то и я бы чувствовал какое-то наслаждение от этого.

Сказал раби Йегуда Ашлаг, человек должен верить, что если он что-либо делает и желает, чтобы Творец получил от его действия наслаждение, уже только от этой его мысли есть наслаждение Творцу. И не важно, каков вид самого действия, достаточно, что человек так желает, даже если видит, что его действие самое ничтожное, но если этим он желает усладить Творца, то верит, что самое ничтожное его действие и мысль принимаются Творцом.

А кто не верит в то, что Творец специально скрывает себя, чтобы не чувствовали Его, чтобы дать нам возможность исправить свою природу с Его помощью, о таких Каббала не говорит вообще, потому что Каббала начинает свое отношение к человеку с того уровня, когда он начинает "принятие на себя власти неба", что на основе этой веры он выполняет Тору и Заповеди.

И неважно, что человек видит, что все его действия только ради себя, что безуспешно пытается думать "ради Творца", что его сердце все равно преследует собственную выгоду - если хоть где-то наше усилие связано с мыслью "ради Творца", Он доволен этим и человек должен ощущать радость от этого, что он может делать действия в самом ничтожном своем состоянии, от того, что эти усилия он производит вопреки своему разуму, выше того, что разум понимает и считает важным, что разум считает не работой, а глупостью - именно в моменты разочарования в своем состоянии, в его ничтожности, неощущения, непонимания Творца и пути к Нему, если в этих состояниях человек хоть немного укрепится против доводов своего разума, своего унылого настроения, он считается уже идущим выше разума и радует этим Творца, именно тем, что его действие, малейшее усилие он производит вопреки ощущениям тела и доводам разума.

Именно по таким маленьким кусочкам человек может отрывать от своего разума и тела их доводы и убеждения и идти против них. Только такими малыми порциями он может отвоевать у эгоизма, желания все прибрать себе, оторвать хоть немного мыслей и чувств от своей выгоды и перенести их в духовный свой сектор, положить их к ногам Творца.

В такие моменты человек может сказать Творцу, что не зависит от того, что он получит от Творца, и потому готов к тому, что вообще не почувствует никакого вкуса в своей работе, в своих усилиях, что ничего не ждет от Творца, что желает отдать свои усилия Творцу без всяких условий, независимо как он оценивает свои усилия и важность Творца, а, соответственно, и важность работы, потому что оценка важности и ощущений происходит в его природных, эгоистических сердце и разуме, от которых он желает оторваться, и готов, вопреки всему в себе и в мире, продолжать свои усилия, без всякого понимания того, что делает, а будет стремиться выполнять действия против разума, в радости и любви к Творцу, пока все его желания и мысли сможет покорить этой работе, а то, что он должен все делать вопреки своим телу и разуму, только радует его, потому что подтверждает, что он идет против эгоизма, все ближе приближаясь к альтруизму, к духовным желаниям, вырывается из оболочки своих природных свойств, оболочки этого мира.

Но то, что он видит, что может работать ради Творца только в усилии против себя, говорит ему о том, что нет у него еще разума понять и оценить Кому он услуживает, Чьи желания он выполняет, а желает почувствовать, что работает на Великого властителя, ведь как я могу сказать, что работаю на духовное, ведь есть у меня постоянно мешающие мысли о всевозможных наслаждениях этого мира, против моих усилий, и вся моя работа превозмочь мои мысли и желания.

Но нет иного пути, как именно столь небольшое ощущение духовности своих усилий возвысить выше всех своих желаний и доводов тела, и только в этом направлении понемногу продвигаться, будто он имеет все доказательства и явно видит результат своих усилий - только так можно начать выходить из скорлупы нашего мира в духовные сферы.

Но и за этот маленький контакт с Творцом, с духовным, человек благодарит Творца и, вследствие этого ощущения благодарности, он развивает в себе важность своего состояния, и отношения Творца к нему, именно без всяких условий и результатов для себя, то в итоге человек входит в состояние, описываемое в книге Зоар (Берешит, п.14): "В этом чертоге находятся те, кто перенес страдания в этом мире, чтобы исправиться и достичь полного исправления (тшува шлема), кто каждый день, что означает, в любых своих состояниях, благословлял Творца и не прекращал свои молитвы, потому что в природе человека, боязнь Творца, если видит свои пороки.

Это дает ему силы молиться Творцу, чтобы помог справиться с пороками. Но не может в таком случае благословлять и благодарить Творца, потому как не ощущает за что может благодарить. Но если, усилием сердца, благодарит Творца, за все доброе, получаемое им, уже нет места просьбе, не о чем больше просить Всевышнего, ведь имеет все.

Поэтому человек может остаться на этом уровне. Но праведники, т.е. идущие попеременно в правой и в левой линиях, совмещают в себе молитву с благодарностью и потому достигают работы в средней линии, в которую получают цель творения - высший свет, ощущения Творца.

СТАТЬЯ 24

Чтобы раскрыть совершенство своих действий, Творец скрыл себя и скрыл наслаждения, находящиеся в Его постижении, т.е. в духовном, духовных мирах. А человека Творец создал с желанием получить наслаждение, и если человек не видит, что от определенного действия получит наслаждение, он не в состоянии это действие совершить, поскольку вся его природа это всего лишь желание получить наслаждение.

А если иногда человек и делает какое-либо действие без получения от этого наслаждения, то это оттого, что получит наслаждение впоследствии или потому что выполнять такое действие доставляет ему удовольствие вследствие воспитания, принявшего форму природы, приобретенного инстинкта.

В любом случае, если человек уверен, что получает или получит в будущем удовольствие от усилия, он может его совершить. Но если человек сомневается в получении вознаграждения за усилие, не будет у него энергии, т.е. сил произвести это усилие. И сами усилия могут быть такие, которые человек желает выполнять и от которых он может отказаться.

Например, мать дает детям еду, и хотя закупить продукты, приготовить, накормить детей - это работа, но ее можно разделить на действия, от которых она с удовольствием откажется, как закупка продуктов и приготовление, как делается в домах состоятельных людей, и от которых не откажется, как видеть своих детей в процессе кормления, потому что это для нее наслаждение самой их кормить, и не попросит за это ни этот, ни будущий мир в вознаграждение, потому что уже наслаждается от самого процесса, самой работы, своего усилия, которое в таком случае не считается усилием, потому как покрывается немедленным наслаждением.

Или как человек в процессе поглощения пищи, может быть, и устает, совершая действия, но не считает это за работу, потому как получал наслаждения от самого действия.

Поэтому, если бы мы ощущали наслаждение в Торе и Заповедях уже сейчас, т.е. в наших эгоистических желаниях, другими словами, если бы наслаждения Торы и Заповедей, духовных действий, были бы открыты нам, а не находились в скрытии, ведь в 613 заповедях (духовных действиях получения света-наслаждения ощущения Творца посредством отторжения прямого наслаждения им в эгоистических намерениях) скрыт сам Творец, весь свет, называемый Тора, соответственно в каждом из 613 действий, духовных ступеней, то, конечно, весь бы мир только и выполнял Заповеди и не был бы в состоянии остановиться, как не в состоянии человек отказаться от огромного, превыше его сил, удовольствия.

Но поскольку есть скрытие на наслаждение в Торе (суммарное наслаждение от всех возможных 613 альтруистических получений света) и в каждой из ее 613 Заповедей, до тех пор, пока человек на приобретет альтруистические желания, то есть большое (а вообще, полное!) сопротивление тела дать усилие там, где нет никакого наслаждение, потому что наше тело устроено по закону получения наслаждения.

И этот эгоистический закон действует на всех уровнях природы нашего мира: в неживом, растительном, животном и человеке, все его атомы стремятся сохранить себя и свое состояние, все молекулы притягиваются или отталкиваются для своего наилучшего состояния, все большие тела, все физические, химические, биологические, психологические законы всех частей вселенной опираются только на один принцип - принцип получения максимального наслаждения в каждый момент своего существования.

Но у человека добавляются дополнительные начальные условия в этом законе, когда воспитание, окружение, вера внешне видоизменяют решение и постороннему наблюдателю действия человека могут показаться совершенно противоестественными, альтруистическими.

Поэтому тело полностью отказывается дать усилие там, где не видит получения наслаждения для себя, а разум убеждает человека не поступать против его природы, созданной Творцом, именно для получения наслаждения.

И даже если человек обещает своему телу вознаграждение наслаждением в будущем за выполнение Заповедей-желаний Творца, то тело как бы спрашивает, а в каких желаниях я ими наслажусь - своих эгоистических, когда я чувствую что получаю, или в альтруистических?

Если человек отвечает, что получит вознаграждение в эгоистических желаниях, то тело далее спрашивает, почему Творец дал так много Заповедей?, ведь он Добр, так почему не дал сразу вознаграждение?, зачем мы обязаны так тяжело трудиться в выполнении Его 613 Заповедей? ведь это подобно матери, которая желает кормить детей, потому как это наслаждение для нее, но желала бы не выполнять всю подготовительную работу.

Своим разумом мы можем понять, что дана нам работа выполнять Заповеди, а вознаграждение мы получим в будущем, хотя и не понимаем ,зачем необходимо Творцу наши усилия, ведь от работы мы не имеем никакого наслаждения, а только после того, как заканчиваем ее.

Но Творец желает, чтобы мы получили вознаграждение в альтруистические желания, от любви к Творцу, от услаждения Властителя. Человек ждет вознаграждения, которое получит потом, после приобретения альтруистических желаний. Такое состояние человека называется будущий мир, потому что он приобретает духовные желания.

Но ни в коем случае не путать, что после своей физической смерти человек якобы получает духовное вознаграждение называемое будущий мир (олам аба) - только в этом мире, в течение этой жизни, если человек достигнет своими усилиями приобретения альтруистических желаний, в них и только в них он сможет ощутить Творца, что и есть вознаграждение, предусмотренное целью творения. В таком случае человек получает свет 613 Заповедей, называемый Тора, по мере их духовного выполнения.

И тогда он уже не спрашивает, почему Творец дал ему так много Заповедей, потому как получив альтруистические желания, видит в каждой Заповеди огромные наслаждения. И потому относится к Заповедям не как к подготовительной работе, а как к самому процессу наслаждения.

Но пока человек находится в сокрытии духовных наслаждений Заповедей и сокрытия Величия Творца, должен с усилием преодолевать сопротивление эгоизма, надеясь только на получения вознаграждения в будущем. А потому как работа и вознаграждение - не одно и то же, требуется постоянные усилия. И это подобно матери, готовящей еду для своих детей.

Но когда человек удостаивается приобрести альтруистические желания, то сходит со всех его ощущений пелена скрытия истинных Торы и Заповедей и начинает получать свет (наслаждение), заключенный в каждой Заповеди, в этом мире, т.е. в своем состоянии и тогда человек ни в коем случае не желает отказываться от работы, как мать, кормящая своих детей, потому как сама работа есть наслаждение и здесь представляются человеку все 613 Заповедей не как работа, а как отдых.

И поразительно различие между восприятием Творца, Торы, Заповедей до и после раскрытия их человеку (подобно описанию скрытия и раскрытия лица Творца). Из сказанного ясно, что Заповеди не для Творца, а для человека, создающего усилия их постичь. А со стороны Творца есть только нисхождение на нас наслаждений.

Необходимость нашей работы в Торе и Заповедях носит сугубо подготовительный характер, чтобы смогли получить их, ощутить Творца, в самом неограниченном и добром виде. И тогда раскрывается нам имя Творца как Абсолютно Добрый, творящий Добро.

Но поскольку человек может думать только о том, как получить наслаждение, а не отдавать другим, то как только он начинает понимать, что действительно означает истинный альтруизм, а не принятое в нашем мире, удобно скрытое использование эгоизма, как только он понимает, что будущее это подобие свойствами Творцу, его эгоизм тут же рисует человеку неприятные картины зла, которое несет альтруизм человеку.

И это представление, подобно смерти или полному самоуничтожению, не позволяет человеку достичь слияния с Творцом. Но именно потому что есть скрытие духовных наслаждений и величия Творца, человек имеет возможность оторваться от эгоизма и не быть порабощенным вместо него еще более сильными наслаждениями, а действуя свободно, прийти к выполнению действий ради Творца, а не ради каких-либо наслаждений.

СТАТЬЯ 25

Поскольку кроме Творца и каждого из нас, как одного единственного творения, нет более ничего, то каждый из нас может представить себя единственным во вселенной, во всех мирах, стоящим против сотворившего его Творца, а все что есть вокруг, все что ощущает человек, внутри себя и снаружи, весь окружающий его мир и самого себя, это не более чем Сам Творец, предстающий перед человеком в таком виде, но по мере духовного возвышения человека, он будет постигать, ощущать Творца во все более истинном, открытом виде, а не виде всевозможных картин, называемых "этот мир" и окружающих его объектов и людей.

Поэтому когда Каббала говорит о творении, она имеет в виду именно одного человека, которым может быть каждый из нас, как только он себя представляет таким, и сразу же все его окружающие становятся внешним представлением Творца, а не просто его окружающими, потому что Высшее управление создано так, что все зависит от того, как человек себя поставит в своем мире.

И поэтому Тора недвусмысленно говорит: "Нет никого, кроме Него", а то, что человек видит вокруг, это всего лишь одеяние Творца относительно него, в его настоящем духовном состоянии, а как только оно изменится, так же немедленно человек увидит иную картину мира.

Все миры и их населяющие созданы для духовного возвышения человека и находятся внутри человека. Вне человека находится только Творец, а меры ощущения Творца человеком называются мирами, парцуфим, сфиротами и пр.

Человек ощущает все внутри себя, в своих ощущениях, воспринимая все в свои органы чувств, причем воспринимает не объективную картину окружающего его, а свои реакции на какие-то внешние воздействия, причем контролировать себя независимо, объективно, со стороны, человек не в состоянии, поэтому вся картина видящаяся ему как окружающее его, не более чем то, что его органы чувств рисуют ему, и если бы эти органы ощущений изменились, естественно, человек бы "увидел" внутри себя иную картину окружающего его, хотя само бы окружающее не изменилось.

Поэтому мы не можем говорить о том, что есть вне нас, а только о том, как мы видим в себе, что нас окружает. Поэтому Тора говорит, что человек это маленький мир, в котором есть все то, о чем говорит Тора, есть Фараон, Моше, Храм и пр., все то, что описано в Торе, потому что Тора описывает только внутренние ощущения человека по мере его духовного возвышения от уровня настоящего его состояния и до окончания его исправления.

И только об этом говорят все святые книги, а отличие между ними только в языке описания этого возвышения, где язык Каббалы является самым точным и близким к духовным действиям, не прячущимся за наименованиями нашего мира, а точно выражающем суть духовных действий, которые человек должен произвести, чтобы подняться с одной духовной ступени на следующую.

Поэтому Тора и называется так от слова "ораа" - инструкция, инструкция духовного восхождения. Все творение состоит из желания насладиться, и не более, а Творец является наполнителем этого желания, т.е. источником наслаждений.

А вся картина, видимая нами, является не более чем ощущение различных мер и форм наслаждений или их отсутствие, воспринимаемое нами как страдание. Так вот, человек являющийся миром в себе, имеет в себе желание, называемое "Исраэль" - альтруистическое стремление к подобию Творцу и стремление, подобно Ему, усладить Его, находящее под властью иного желания, называемого "народы мира" - стремления к эгоистическим наслаждениям, где каждое стремление к самонаслаждению олицетворяет иное желание эгоизма, как и в нашем мире, каждый народ имеет свой национальный характер, свои формы наслаждения.

И все эти народы мира, эгоистические желания, властвуют в человеке над скрытым в нем стремлением слиться со своим корнем, источником, Творцом, называемым Исраэль, вынуждая человека стремиться к тому, что эти желания попеременно указывают ему.

Но человек должен верить, что все, что он в состоянии получить в свои эгоистические желания, это не более чем ничтожная искра света, духовного наслаждения, прорвавшаяся в наш мир, вопреки законам творения, только для того, чтобы нам, находящимся в эгоистических желаниях, было для чего существовать, потому как без наслаждения человек существовать не может, ведь все, что есть в человеке - это желание насладиться, и как только видит, что ему нечем насладиться, стремится выйти из этого состояния, а все его существование, не более, чем погоня за большим наслаждением, если вообще не предвидится ни в настоящем, ни в будущем, как ему кажется, никаких наслаждений, стремится к выходу из такого состояния вплоть до самоубийства.

Но чтобы человек в состоянии оторванности от духовных наслаждений, все же мог, пока не достигнет их исправлением своих эгоистических свойств, существовать, т.е. наслаждаться, Творец дал нам в настоящем нашем состоянии, маленькое наслаждение, называемое, маленькая свеча, потому как это мини-порция духовного наслаждения, которую мы можем получить в эгоистических желаниях, вопреки всем законам мироздания, что наслаждение, т.е. ощущение Творца, может ощущаться только в мере совпадения свойств постигающего с Постигаемым.

Поэтому хотя человек в состоянии называемым наш мир, не видит более того, что ощущают его чувства, не подозревает, что есть огромные наслаждения, он обязан верить, что все, что дает ему смысл, желание жить, есть не более, чем микродоза ощущения Творца, духовного наслаждения.

И только достигнув духовного состояния, альтруистических желаний, человек получает это наслаждение и одновременно с ним ощущает состояния полного покоя и умиротворения. В противном случае, в нашем мире, он постоянно в погоне за все новыми наслаждениями, кто имеет 100, тут же желает 200, а кто получил 200, желает 400 и т.д. и так до последнего мгновения, человек, умирая, не имеет половины того, что желает.

И только получение наслаждений в альтруистические желания позволяет наслаждаться в совершенстве и покое, что и есть цель Творца, как сказал раби Меир: "Учащий Тору ради Творца, удостаивается многого" или как сказано мудрецами: "Намерение Творца в творении состоит в раскрытии божественного (духовного) своим созданиям, потому что это раскрытие приходит к творениям в чрезвычайно приятном изобилии упоительного наслаждения, все постоянно возрастающем, до желательной меры, от чего возвышаются низшие, в истинном понимании, быть подвластными

Его величию в слиянии с Ним, настолько, что постепенно приходят к своему конечному совершенству...". Силы действовать, намереваться в своих наслаждениях ощущать их ради Творца, дает сам Творец, как сказано: "Эгоизм человека поднимается на него каждый день, и если не помощь Творца, не сможет человек совладеть с ним".

Поэтому не только Исраэль, что в человеке, но и гоим, все 70 его эгоистических черт, народы мира, что в нем, после своего исправления возносят благословения Творцу, потому как именно в эти исправленные желания получает человек самые большие наслаждения.

И тогда он выполняет сказанное "Возлюби Творца своего всем своим сердцем" - всем сердцем, т.е. и хорошими (Исраэль) и плохими (народы мира) желаниями.

А называются народами мира потому, что эти эгоистические желания человека утверждают, что есть другие силы, кроме Творца, управляющие человеком, что не все исходит от Творца, что духовные возвышения от Творца, но духовные падения от других сил, или от самого человека, или не позволяют человеку до его действия, в начале работы, сказать, что все зависит от него, что все делает человек, а после завершения сказать, что все и так было предусмотрено и сделано Творцом, потому что он единственный действует в творении, а на человеке лежит только пройти, испытать все ощущения, проходящие на нем, производимые на нем Творцом, отчего путь духовного восхождения называется работой Творца (Аводат Ашем).

Но сказано: "Приходящему очиститься, помогают", что вроде бы означает, что человек сам выбирает свой путь и есть у него свобода воли, выбора своих поступков, а также сказано ведь, что все делает Творец. Великий Рамба"м на мишна (Авот 3,15) пишет, что "Все заранее известно Творцу, но дана свобода человеку избрать доброе или плохое.

Т.е. хотя Творцу и известно все заранее, но это никоим образом не влияет на свободу поступков человека, потому что мы не постигаем Его планы и замыслы". В действительности это происходит так, что человек получает стремление к духовному свыше, а затем обязан сам приложить усилия постичь эту же ступень сам. И поэтому он постепенно постигает ступени управления Творца, вплоть, что для него сливаются вместе без всякого противоречия управления всем Творцом и его личная свобода воли.

СТАТЬЯ 26

Цель нашей работы в том, чтобы достигнуть слияния своими желаниями с Творцом: человек должен быть совершенно отделен от личных целей, стремиться отдать все свои усилия и желания Творцу. Но поскольку человек сотворен только желанием получать наслаждения, и это вся его природа, и ничего не может желать и думать кроме этого, то каким же образом может человек изменить сам себя?

Потому и дана нам инструкция, называемая Торой, изучая которую и поступая в соответствии с ней с целью достичь подобия Творцу, человеку заверено, что он в состоянии сделать это, т.е. выйти из-под власти эгоизма над ним и совершать альтруистические поступки своими силами, потому как получит свыше желания, а потому и силы совершать все, совершенно не думая о своих личных интересах.

Но прежде чем Творец дает человеку такие желания, человек должен просить об этом Творца. В этом Творец как бы зависим от человека, от его просьбы. Но поскольку нет вообще иной силы, действующей в творении, кроме Творца, и, кроме Творца и человека, который Его ощущает, нет в творении ничего более, а то, что воспринимается нами как наш мир, есть не более, чем такое скрытое восприятие Творца, называемое "наш мир", и только

Он лично управляет каждым из нас, т.е. то, что ощущает, желает, думает каждый из нас, это исходит непосредственно, лично к нему от Творца, как сказано в 13 основах веры (в молитвеннике они приводятся после утренней молитвы): "Я верю полной верой в то, что Творец управляет всеми творениями, и только Он один делал, делает и будет делать все, что происходит", то после того, как человек достиг альтруистических свойств, и будто он своими усилиями помог Творцу, обязан сказать себе, что нет никого, кроме Творца, т.е. все совершил Творец, совершенно не нуждаясь для этого в его помощи, и нет в том, что достиг, никакой его доли.

Но почему же тогда есть четкое необходимое условие: "Приходящему очиститься, помогают"? Дело в том, что человек обязан верить, что то, что он в данный момент желает прийти к очищению, это уже помощь Творца, что всегда все исходит от Творца, прежде Творец желает приблизить человека, а затем человек ощущает свое желание приблизиться к Творцу.

Но сказано, что насколько человек ощущает горечь и страдания в выполнении Торы и Заповедей, настолько он получает вознаграждение. Отсюда вроде бы видно, что от человека зависит величина полученного вознаграждения?

Но это надо понимать так, что те страдания, которые человек испытывает, ощущая, что он удален от Творца и погружен в свои эгоистические желания, эти страдания и есть вознаграждение человека, это Творец дает ему стремление не оставаться в своем животном природном состоянии, как все его окружающие, идущие по течению жизни, как весь мир, и не отдающие себе отчета, что такое существование не отличается от инстинктивного существования животных, потому что питаются теми же наслаждениями, не ощущают их сотворившего и своей связи с Ним.

А то, что он ощущает как страдания и горечь - это и есть вознаграждение от Творца, потому как этим Творец зовет его к сближению с Ним, к усилиям ради духовного возвышения, чего не удостаиваются другие. Поэтому, вместе со страданиями и горечью такой человек ощущает счастье и радость от того, что Творец желает соединиться с ним.

И именно степень ощущаемых горечи и страдания от того, что он удален от Творца, дает человеку ответ о степени желания Творца приблизить его и о степени его вознаграждения, потому что эти ощущения и есть его вознаграждения, потому как они равны степени его желания духовного, степени важности духовного для него, потому что в мере важности духовного, человек ощущает его отсутствие, ощущение отсутствия духовного это уже вознаграждение.

Поэтому страдание человека, что он удален от Творца, от работы Творца, это ощущение дает человеку Творец, а не способен человек своими силами дойти до таких ощущений, потому что они есть следствие того, что Творец светит человеку духовном светом, от чего человек получает ощущение важности духовного и в степени свечения, ощущения важности духовного, человек ощущает страдание от его отсутствия.

Поэтому, прийти очищаться тоже дает Творец, желанием и мыслями об этом и нет кроме Творца никого еще действующего в творении. Поэтому только Творец дает силы и желание человеку молиться, просить Его, показывая человеку истинное его состояние. Но человек должен утверждать, что "если не я, то кто поможет мне", что все зависит от усилий самого человека (см. статью 25).

Настоящее вознаграждение заключается в том, что когда приходит шабат, состояние получения вознаграждения за работу, усилия в течение шести дней, человек ощущает, что именно работа на Творца и есть вознаграждение, т.е. вознаграждение в том, что Творец дает человеку желание альтруистических действий, и чем больше человек работает, тем больше его вознаграждение, потому что работа и есть вознаграждение, как он сам ощущает всем своим существом, а не как в нашем мире, работа и вознаграждение - это две разные вещи, и человек желает вознаграждения, а поневоле обязан работать ради него, и потому чем меньше работы и чем больше вознаграждение, тем больше наслаждение человека.

Но в таком случае, если человек желает получить большее вознаграждение, он должен больше учить Тору и делать больше Заповедей. Почему же сказано, что нельзя "не более и не менее" выполнять то, что дано ему?

Потому как работа и есть вознаграждение, а место работы дает сам Творец, тем, что дает определенной меры желание исполнить определенный объем работы, поэтому невозможно выполнить иначе, чем только то, на что дает желание Творец, а потому и вознаграждение определено.

Творец постепенно дает человеку все новые желания сблизиться с собой: поначалу человек просто желает достичь альтруизма, этим он входит в свое первое духовное состояние называемое "зародыш" (ибур), тем, что Творец творит внутри его прежних, эгоистических желаниях, называемых мать, альтруистические желания, называемые сын.

И называется убар от слова овэр-переходит, от использования эгоизма к использованию альтруизма, ведь человек рождается с эгоистическими желаниями, а затем переходит в альтруистические, духовные, чтобы все его действия были бы только ради Творца. Но кто дает человеку альтруистические желания (килим дэ ашпаа)?

Как изучается в Каббале, альтруистическое желание отдавать, называемое кетэр, имеет минимальную силу сопротивления своему эгоизму (авиют дэ шорэш), желание только отдавать и поэтому называется зародыш (убар).

А называется зародыш, потому что, как у Творца есть желание только давать наслаждения своим творениям, так и человек, получая первую ступень такого желания, получая желания все отдавать, имея возможность делая что-либо, намереваться в своих действиях ради Творца, получает эти силы, желания от Творца, что Творец, внутри эгоистических желаний человека, называемых мать, рождает новое состояние, называемое зародыш.

Но не сразу человек входит в альтруистическое состояние из эгоистического, чтобы родилось в нем новое желание вместо прежнего. Потому как это против всей, созданной Творцом природы, и нужно действительно чудо, действие самого Творца, чтобы зародилось в человеке, абсолютном эгоисте, новая, альтруистическая, духовная природа, свойства Творца.

А затем наступает следующее состояние, называемое рождение (лида). А после того, как подрастает новорожденный, с помощью исправлений своих желаний, и становится большим, получает свет разума (мохин).

СТАТЬЯ 27

Сказано, что нет зернышка в нашем мире, над которым бы не было высшей силы, стерегущей его, бьющей его и приказывающей (заставляющей) развиваться. Поскольку все Творения происходят из одного Источника, то все, что есть в этом Источнике, ощущается творениями как приятное, и к этому они стремятся, а все, отсутствующее в Источнике, ощущается творениями как страдание и избегается ими.

Поэтому мы любим покой и ненавидим движение: любим состояние насыщения (духовного или материального) и ненавидим работу в погоне за недостающим нам. Но если так, почему же мы тогда делаем то, что не любим делать?

Кто нас заставляет? Заставляют нас страдания, которые мы не желаем ощущать. И чтобы избавиться от них, готовы на движения и труд. Это и имеет в виду Тора под бьющей нас высшей силой. Ведь без понуждения мы бы оставались как младенцы, лежащими без всякого движения, и как следствие этого, без всякого развития физического, умственного и духовного.

А благодаря ударам высшей управляющей силы, мы поневоле развиваемся и можем впоследствии получать наслаждения, вследствие нашего развития. И таким образом высшее управление доводит до нужного развития каждого из созданных.

Итак: страдания - это причина, вынуждающая нас работать, а вследствие этого - развиваться. Естественно, поскольку нет никого, кроме Творца, то и эти, испытываемые нами страдания, наша двигающая сила, исходит от Него. Но ведь он источник покоя? Кроме того, что Творец источник покоя, он также и источник наслаждения. И это рождает в нас страдания, если мы не ощущаем наслаждения, потому что мы хотим точно походить на Него, потому как произошли от Него, и все, что в Нем, воспринимаем как хорошее, любимое. Поэтому все создания желают наслаждения.

И отсутствие наслаждения воспринимается нами как страдание, как бьющая нас палка, заставляющая работать в поиске наслаждения. Этот принцип действует во всей природе, на всех ее уровнях, со всеми созданиями, от неживой природы до человека, в нашем мире и в духовном. Отличие нашего мира от духовного в том, что наслаждения нашего мира открыты нам, ощущаются нами, мы видим их и потому желаем.

Источник наших страданий в том, что мы видим наслаждения (глазами или умом) и потому стремимся ощутить их. А все время, пока не получали наслаждение, испытываем страдание, величина которого измеряется величиной стремления к желаемому. Как бывает в нашем мире, человек от несчастной любви убивает себя, не желая испытывать столь невыносимые страдания, от того, что видит, что не в состоянии достичь желаемого. Но это в нашем мире.

Поскольку духовные наслаждения не видны нам, мы не страдаем от их отсутствия и не стремимся к ним. Это скрытие духовных наслаждений создано Творцом специально для того, чтобы создать нам условия наслаждаться ими альтруистически, не ради самонаслаждения.

Если бы духовные наслаждения были видимы нам, как и материальные, мы бы постоянно стремились бы к ним и ни о чем ином уже бы думать не могли. Мы бы все делали, чтобы их достичь ради самонаслаждения, ради того, чтобы избавиться от страданий их отсутствия.

Поэтому, если бы Творец не был бы скрыт и мы бы явно ощущали Его, все бы выполняли Его желания (Тору и Заповеди) ради наслаждения Им. Но если наслаждения не видны нам, мы заранее можем создать новые условия их получения, а затем получить их. Т.е. сначала мы должны верить в то, что духовные наслаждения существуют и что они намного больше наслаждений нашего мира.

Затем получить эти наслаждения, потому как этого желает Творец. Тогда мы достигаем подобия Творцу и наслаждаемся не только духовными наслаждениями, а несравненно большим - Его совершенством! Поэтому в духовном, человек обязан прежде работать над верой в вознаграждение и наказание, в величие Творца, чтобы ощутил свое удаление от Творца и страдал от этого, чтобы эти страдания и были, подгоняющей к развитию, палкой.

Но до тех пор, пока не приобрел веру в вознаграждение и наказание, не ощущает на себе подгоняющей силы, заставляющей его развиваться, потому что еще не ощущает своего удаления от Творца и страданий от этого. Страдания от отсутствия чего-либо всегда пропорциональны важности того, чего не имеет и желает достичь.

Но если без страданий человек не в состоянии продвигаться, потому как всегда стремится к покою, то откуда человек может почерпнуть важность альтруизма, действий ради Творца, настолько, что видя, что не в состоянии делать ради Творца, страдает, настолько, что эти страдания толкают его делать все, что в его силах, только бы удостоиться сближения с Творцом. Об этом сказано в Торе: "Счастлив, получающий страдания от Творца, учащийся из Твоей Торы" - Творец дает человеку ощущение важности Торы, и что Тора, Творец и сам человек - это одно и то же, что Тора есть мера ощущения Творца.

Вследствие этого человек ощущает, насколько он удален от духовного, и страдания толкают его вперед, отдать усилия достичь желаемого. Таким образом и в духовном есть подгоняющая сила, как в материальном. Все, что создано Творцом, управляется им как в общем управлении, так и в частном. И нет ни у одного творения никакой возможности выйти из-под четких законов, установленных Создателем.

А поскольку каждый человек - это как маленький мир, то как во всем нашем мире нет ничего, чтобы не подчинялось и не подгонялось свыше, так и в человеке, нет ни одной мысли и желания, которые в нем возникают, которые бы не исходили согласно установленным Творцом правил приближения человека к Себе.

Поэтому, с одной стороны, мы говорим, что все зависит от усилий человека, что "Если не я, то кто поможет мне!", что все происходит в соответствии с управлением вознаграждением и наказанием. А с другой стороны, мы обязаны сказать, что все нисходит свыше, как сказано в книге Зоар, что нет зернышка в нашем мире, над которым бы не было высшей силы, стерегущей его, бьющей его и приказывающей (заставляющей) развиваться, т.е. все что происходит, происходит только управлением свыше, а человек никак не может влиять на происходящее.

Хотя мы не в состоянии понять, как может быть, что оба пути управления верны и дополняют, а не взаимно исключают друг друга, но это противоречие только в нашем разуме, ввиду ограниченности, одномерности нашего мышления. А до тех пор, пока человек не вышел из рамок ощущения только нашего мира, обязан верить, что действительно совмещается управление общее и частное: все свыше и все зависит от человека.

Важность цели достигается изучением Торы, даже изучением "ло ли шма", все равно скрытый в Торе свет, постепенно меняет человека, получает он важность Торы. И этим человек получает связь с высшей силой-ангелом, бьющим его и, заставляющим этим, расти - от того, что ощущает страдания от того, что удален своими свойствами от Творца. И эти страдания заставляют его совершить все, что в его силах, только бы избавиться от них и достичь сближения свойствами с Творцом.

Поэтому, вначале человек обязан начать с эгоистического состояния "ло ли шма", потому что видит, что не в состоянии действовать "ли шма". Но если он учит в "ло ли шма", потому что верит, что от этого придет в состояние "ли шма", то получает скрытый свет Торы, очищающий его, и приходит к "ли шма".

Удостоившись открытия Творца, человек воистину видит, что только благодаря прожитым страданиям, ощущаемым только потому, что был полностью погружен в эгоизм, смог достичь выхода из эгоизма и ощутить высшие миры, Творца. И потому благодарит Творца за прошлые страдания, как за доброе. Но, кроме того, что теперь зло ощущает как добро, потому что видит, как зло породило добро, само зло, сами страдания обратились в доброе, вследствие влияния света Творца.

Как следует из Каббалы, не может быть духовного подъема без предварительного обращения человека о помощи, называемого МА"Н. Только вследствие этой молитвы, ощущения недостатка сил и желаний к духовному, возбуждается Творец помочь человеку, и нисходит на человека сила. Только просьба вынуждает Высшего, Творца, помочь низшему, человеку.

А поскольку эта помощь, свет, исходит для этого человека впервые, ранее ее не было в мире, нисходит свыше, от самого Творца новый свет. Но если языком Каббалы мы выражаем каждое состояние человека как отдельно действующий объект, то описывая эти состояния языком работы человека над собой, мы говорим о двух состояниях, как о состояниях одного человека в разное время.

Если человек не ощущает в своем состоянии никакого недостатка духовного, естественно, что не возникает в нем никакой потребности продвигаться в своей духовной работе, потому что нет страдания, ощущения нехватки, подталкивающих вперед. Поэтому, если человек удачен, он находит недостаток в том состоянии, в котором находится.

А этот недостаток, ощущающийся как страдание, порождает следующее состояние, когда начинает искать. Т.е. прошлое состояние, называемое низший, с помощью МА"Н, вызывает подъем высшего. И только благодаря страданиям от ощущения недостающего, возможно продвижение вперед. Поэтому сказано, что страданиями от любви называются такие страдания, которые не отрывают от Торы.

Именно тому, кого Творец желает привлечь к себе, Он посылает такого рода страдания. А со стороны, не имеющим понятия в путях духовной работы и этапах сближения с Творцом, кажутся совершенно противоречивыми и странными страдания таких людей. Ведь от Творца должно исходить только доброе!

Именно доброе и исходит от Творца: Он посылает избранным Им подгоняющую силу, заставляющую их развиваться для сближению с Ним. А страдания ощущаются только вследствие того, что наш корень - Творец, находится в абсолютном покое, ввиду отсутствия в Нем каких-либо недостатков, порождающих к движению достичь желаемое.

Поэтому только страдание может заставить нас оставить наслаждаться покоем и начать двигаться. Но если человек не ощущает страданий, не может совершить ни малейшего движения, поскольку эгоизм не позволит сделать ни малейшей работы без вознаграждения. А какое может быть вознаграждение, если уже не чувствует никакой потребности ни в чем?!

Например, появились в семье дети. Вместе с ними появилась потребность в дополнительной комнате. Эти страдания заставляют работать, чтобы достичь желаемого. Но с малых лет, когда получал важность Торы и Заповедей от отца, и когда уже должен передать своему сыну их важность, если сделает расчет, увидит, что не продвинулся в оценке важности Торы по сравнению с тем, когда сам был как его сын.

И если начинает ощущать страдания, ощущать себя запаздывающим в своем духовном развитии, взрослым годами, но рассуждающим в Торе как ребенок, с тем же понятием духовного, как и в детстве, то эти страдания подталкивают его искать, стремиться, дать то количество усилий с тем намерением, которое приводит человека к ощущению Творца и достижению цели его сотворения.

Т.е. только благодаря страданиям возможно продвинуться и не остаться ребенком всю свою жизнь, как сказано: "Что делать с детьми, которые состарились!" А человеком в Торе называется только тот, кто достигает уровня "говорящий", т.е. не питающийся духовно тем же, что ест животное, ради себя. А страдания, помогающие, выталкивающие его из эгоизма, называются страданиями любви.

СТАТЬЯ 28

Когда Тора говорит о пути человека к Творцу, к цели своего творения, то говорится о событиях, происходящих с ним, но описывается это языком мира. Т.е. разные черты и свойства человека называются то Фараон, то Моше, то его духовный уровень называется галут, то Храм.

А его внутренняя борьба со своими эгоистическими качествами называется войнами с Амалеком или с греками и т.п. Т.е. все события в Торе, о которых она нам повествует, а Тора говорит только о духовной работе человека, повествуют нам не об исторических событиях, а о духовных этапах развития человека.

Причина того, что мы обязаны приложить усилия в Торе и Заповедях, в том, что родились с эгоистическими качествами. И поэтому, там, где видим возможность насладиться, мы немедленно пытаемся насладиться. А все, что делается во имя и ради наслаждения, утоления желания насладиться, не называется усилием, потому как это не против нашей природы.

Как мы видим в нашем мире, что человек не сожалеет о том, что голоден, если может немедленно утолить голод, получая при этом наслаждения. И, сидя за столом, не думает о процессе поглощения пищи, как о тяжелой работе, потому как немедленно получает взамен наслаждения. Т.е. там, где немедленно человек получает вознаграждение за свои усилия, не имеет место работа, и сами усилия усилиями не считаются.

Но если Тора выше всего и является подарком Творца, почему мы должны так тяжело еще трудиться в ней, что мы видим за свои труды в Торе и выполнении Заповедей? Ответ прост: если бы наслаждения, скрытые в Торе и Заповедях, были бы явно видимы всеми, конечно все бы стремились выполнять их ради получения этих наслаждений.

Все в нашем мире находятся в погоне за наслаждениями, каждый - в том, которое выбирает, в соответствии со своими возможностями и вкусами: деньги, власть, известность, слава, животно-телесные наслаждения, наслаждения от познания, от превосходства и пр. Поскольку наслаждения в Торе во много раз больше, чем во всех наслаждениях нашего мира, если бы они ощущались людьми, то все человечество устремилось бы выполнять Тору и Заповеди, желания Творца.

Если бы вознаграждение за выполнение и наказание на нарушение воли Творца были явны всем, весь мир бы состоял из совершенных праведников. Как и сейчас, человек не может причинить себе вред, а автоматически ищет наиболее выгодное состояние. (См. "Предисловие к Талмуду Эсэр аСфирот, П. 43)

А причина того, что управление Творца нашим миром не ощущается открыто всеми в том, что Творец желает, чтобы мы верили в Его управление и верой, достигли сближения с ним, сравнения качествами: выполнением всего в жизни ради Творца, подобно Его действиям относительно нас.

Если бы наслаждения от вознаграждений и страдания от наказаний были бы явно ощущаемы человеком, мы бы не имели свободы воли, выбора поведения и выполняли бы все желания Творца как роботы. Это верно относительно наслаждений и страданий нашего мира, которые не более, чем микродоза по сравнению с наслаждениями и страданиями духовными.

Поэтому мы были бы рабами вознаграждения в нашем мире: выполняли бы все, чего желает Творец, только ради вознаграждения, и никогда не смогли бы выйти из него в духовный мир: выполнять желания Творца свободным нашим выбором, выполнять альтруистические, независимые от желаний нашего тела, действия ради Творца. Свобода означает решение, как поступать, не принимая во внимание никаких навязанных мыслей.

А поскольку вся наша природа - это желание тела самонасладиться (властью, пищей, знанием, плотью и пр.), то человек не в состоянии мыслить иначе, как только о путях наслаждения своего тела. И если бы видел, какие наслаждения есть в духовном мире, вообще бы никогда не смог избавиться от намерения самонасладиться.

Поэтому есть скрытие духовных наслаждений - до того времени, состояния, когда человек не станет свободным от своего эгоизма, когда он сможет пренебречь всеми наслаждения своего мира, т.е. сможет получить их ради Творца.

Но до того как сможет это, скрыты от него более высшие наслаждения и сам Творец, как их Источник, а может только верить, что они существуют. Все наслаждения, как нашего мира, так и духовного мира есть не что иное, как ощущения Творца, в той или иной степени. Потому как кроме Творца и человека не существует более в творении ничего, а все миры, в том числе и наш мир, это различные меры ощущения Творца.

Как же должен поступать человек? Человек обязан рисовать себе такую картину, будто он уже достиг полной веры, ощущения Творца и уже есть ощущение Творца во всех его чувствах, ощущение, что Творец управляет всем миром только добром, что весь мир получает только доброе!

Такое напряжение в попытках жить с такой мыслью, поступать в соответствии с этим, воспринимать все удары судьбы, ощущая как будто они исходят от Творца, называется работой по созданию и укреплению веры. Человек должен вести себя будто и впрямь он уже достиг ощущения Творца и явно видит Его доброе управление всем миром.

Должен постоянно рисовать перед собою картину явного управления Творца, что не с окружающими имеет дело, а непосредственно с самим Творцом, что лжет самому Творцу, что получает неприятности от самого Творца, что нет никого между ним и Творцом, нет ничего, что бы отделяло его от Творца.

Более того, человек обязан рисовать себе картину ощущений: как бы он чувствовал себя, если бы ощущал управление Творца во всей доброте и бесконечной любви, какое бы наслаждение он испытывал от купания в чувствах взаимной любви со своим Творцом, в каком бы возвышенном и счастливом ощущении бы он находился!

Такую картину человек обязан рисовать себе и ощущать в своем настоящем состоянии силой веры, чтобы вера полностью заменила бы ему ощущение (зрение) и знание.

Действуя в соответствие со своим таким представлением об управлении Творца, человек имеет возможность постоянно обновлять и увеличивать свою веру в Него, потому что ежесекундно Творец поставляет ему всевозможные, мешающие вере мысли, будто это не Творец, а окружающие так поступают с ним.

А величина веры определяется именно величиной мешающих мыслей, которые человек преодолел и, несмотря на них, вернулся к осознанию существования и управления Творца. Т.е. вера должна заменить человеку глаза (все органы чувств), будто видит воочию все - в той же мере вера должна заменить отсутствие ощущений Творца и Его управления.

И настолько должен восхищаться и быть под воздействием веры, как если бы видел все духовные миры и все управление. Практически вера должна заменить человеку знания.

Но чтобы взрастить веру, даются человеку свыше всякого рода помехи, а он, действуя вопреки им, постоянно растит свою веру, ставя ее выше знания, того, что видят его глаза, вместо того, что он ощущает, именно в противоположность всем своим ощущениям, посылаемым именно для уничтожения веры, якобы против веры.

И эти ощущения посылает не кто иной, как сам Творец и только для того, чтобы взрастить веру человека и вывести его из рамок нашего мира. Вера, взращиваемая вопреки видимому, называется верой выше знания (эмуна лемала ми даат).

Верить - это против нашей природы, потому что основа человека - разум и чувства, желание знаний и наслаждений. Поэтому наш разум утверждает, что надо действовать только в соответствие с тем, что видят глаза и что говорит разум. Ведь именно с этими свойствами Творец создал человека! Так почему человек обязан отказаться от того, что создал в нем Творец?

Воспитывают человека строить свои отношения с окружающим в соответствие со своим разумом и так, как он видит и исследует окружающее его.

Но как только человек подходит к Торе и Заповедям, говорят ему, что должен оставить рациональный путь исследования и выполнения, а относительно Творца обязан поступать только верой, верой в мудрецов, постигших Творца и потому указывающих нам, как поступать, хотя указываемый ими путь совершенно против разума, против того, что кажется нам логичным и разумным.

А потому что этот путь против нашего разума, естественного понимания, то постоянно человек ощущает взлеты и падения в своей вере: иногда он может верить в путь, указанный каббалистами, и нарисовать в своем воображении картину полной веры в Творца - когда нет места знанию, а все против его понимания и знания, как он может понять и судить, но все равно он зачеркивает свой разум и действует как одна только вера обязывает его. Такое состояние называется полной, или простой верой.

Простая - потому что нет ничего, что бы можно было понять или логично осознать, а все идет выше понимания. Но не в силах человека постоянно находиться на таком высоком уровне восприятия мира, и вдруг он обнаруживает себя погруженным в логические расчеты и поиски соответствия видимого с управлением Творца.

Такие подъемы и падения веры происходят до тех пор, пока человек не достигнет постоянной веры в Творца. Если человек может нарисовать в своем воображении величие Творца всей вселенной, величие данной Им Торы - в таком случае человек ощущает себя на высоте (веры), выше этого мира, смотрит на всех окружающих и не понимает чем они заняты, что находят они в маленьких игрушках этого мира, ведь в этом они подобны младенцам или животным, ищущим только то, что требует их материальная, временная природа!

Тогда как он чувствует, что не в состоянии получить наслаждение от этих ничтожных игр и детских наслаждений, животных утех, что хоть и тянется к ним его тело, но он не может получить насыщение от того, чем насыщается животное. Его душа требует более высокого насыщения в сравнении с тем, которым насыщается "человек".

Как уже указывалось в "Предисловии к книге Зоар", все отличие "человека" от "животного" только в том, что запросы "человека" в себе можно утолить только ощущением Творца! Ощущение потребности в это означает, что человек готов к тому, чтобы действительно ощутить Творца.

Если такой потребности в человеке нет, еще его свойство "человек" дремлет в нем, это означает, что еще должен пройти определенный путь предварительного развития. Этот путь он может сократить, если насильно включится в занятия Каббалой, даже без интереса, будет читать книги, и скрытый в них высший свет, подействует на него, привлечет и возбудит к себе.

Находясь в полной вере в Творца, человек вдруг ощущает, что, незаметно для себя, упал с этого уровня, забылся, упустил из виду и вновь стал воспринимать мир своим разумом, рассуждать как все. Т.е. ранее был как бы внутри Творца, во власти Творца, потому как желал полностью аннулировать свои разум и ощущения, а теперь находится во власти себя, во власти желаний, логики, рассуждений и ощущений всего мира.

Но если человек ощущает, что он находится во власти своих желаний, рассуждает умом и критериями как, все окружающие, то это говорит о том, что есть в нем еще некоторая двойственность ощущений, потому как ощущает, что есть нечто иное.

Более глубокое падение происходит, когда человек падает даже до того, что рассуждает категориями окружающего мира: не говорит о том, что существует Творец, а он рассуждает как понимает сам, т.е. еще верит в Творца, но эта вера не обязывает его ни к чему. Еще более глубокое падение характеризуется тем, что человек вообще не ощущает никакого присутствия Творца и Его управления, даже не возникает такая мысль в нем.

Т.е. думает, что нет Творца, а он желает поступать по-своему, что человек может в этом мире делать все, что свободно желает. Т.е. человек волен в своих мыслях и действиях, а не то, что человек делает - это все исходит от Творца, или, что человек наравне с Творцом управляют творением, или, что Творец даст ему то, что захочет, что Творец как бы обслуживает человека, а человек, когда ему удобно обращается к Творцу.

Но все же самое худшее, если человек вообще ни в каком виде не ощущает Творца и не верит, что Творец существует и как-то в каком-то виде и мере управляет им и миром.

Потому что в таком случае он верит только в то, что все в этом мире зависит исключительно от него, что только он единственная сила и разум (конечно, включая ему подобных).

И в таком случае человек поступает только так, как он считает нужным, а остальных принимает в расчет, исходя из своих эгоистических соображений. Поэтому даже если человек в своем сердце, своим ощущением, как бы не одобряет действия Творца, укоряет Его - это все же лучше, чем когда человек не имеет никакой связи с Творцом. Поэтому прежде, чем человек удостаивается свыше такого подарка, как вера в Творца, чего человек не в состоянии достичь сам, а только Творец может дать ему такое свойство, он постоянно находится в подъемах или падениях в своей вере.

В этот период человек удерживается в усилиях продолжать духовный путь только по милости Творца, потому что постоянно возникают в нем сомнения, неуверенность в своем путем, видит окружающих более счастливых, срывается от давлений и недостатка терпения.

И только желание Творца вести его дальше является причиной того, что не оставляет свой путь. А продолжая свой путь, человек понимает, что в состоянии духовного падения он не более, чем животное, как и все, потому что падает полностью под власть животных желаний и стремлений, диктующих его действия.

И только в состоянии духовного возвышения он может понимать, в каком низком состоянии духовного падения, предшествующем настоящему состоянию возвышения, он находился. Т.е. только во время духовного подъема человек может делать сопоставления и оценку между обоими этими состояниями: светлым и темным, как сказано: "Преимущество света видно из тьмы".

Потому как только во время духовного подъема человек ощущает, что просто желание получить наслаждение есть прегрешение, удаляющее его от Творца, и нет иных прегрешений в мире. Тогда как в состоянии духовного падения человек не в силах даже понять, что если нет намерений отдавать и услаждать Творца, это прегрешение.

Падение человека из состояния духовного возвышения в состояние упадка происходит совершенно неощутимо и подобно тому, как человек попадает в аварию, человек вдруг вспоминает о том, что есть духовное, Творец и иные цели в жизни, а не то, чем он занят в настоящее время. Исходя из этого, он осознает, что до этого момента он совершенно не думал о духовном, как бы выпал из этих мыслей и ощущений.

Такое состояние падения в мысли и желания нашего мира и называется бессознательным. А когда человек осознает, где он находится, приходит в себя, возвращается к нему осознание его состояния, он сам оценивает его как духовное падение. Как же человек может уберечь себя от духовных падений, если они совершаются над ним совершенно неощущаемо и неуправляемо?

Единственный способ избежать бессознательных состояний и духовных падений - это продумывать свое состояния в то время, когда человек находится еще в духовном подъеме, осознать, что нет ничего более низкого и удаленного от Творца, чем животное состояние неосознанного, автоматического существования под диктатом эгоизма тела.

Если человек осознает состояния падений настолько, что начнет их бояться, как боится человек попасть в аварию и потерять сознание, то это приведет его к поиску причины его падений. Во время ощущения Творца или высшего духовного света, что одно и то же, потому что духовным светом называется ощущение Творца, человек ощущает себя совершенно наполненным возвышенным и совершенным.

И если было бы в силах человека удержаться в таком состоянии, он никогда не смог бы продвинуться вперед к Творцу, потому как ощущение совершенства аннулирует остальные желания человека, а без желаний не может быть развития, движения.

Но если человек, находясь в состоянии подъема, всеми силами и постоянно заботится о сохранении того, что имеет, то это является движущей силой для его продвижения вперед.

Для этого человек должен в любой момент, в любом своем состоянии, когда приходит ему мысль о духовном, осознать, что эту мысль послал ему Творец, иначе бы она у него не возникла, как не возникает у миллиардов на этой земле.

Человек должен всеми силами своей фантазии и разума пытаться возвеличить в своих глазах духовное против всех наслаждений окружающего мира, должен убедить себя, что даже то немногое, что он испытывает сейчас, даже сама мысль о духовном несравненно важнее всего этого мира.

Также человек обязан сказать себе, что эту самую незначительную мысль и ощущение поставляет ему сам Творец, из вечного источника, а не возникает она в нем как продукт желания эгоистических, временных сил нашего мира насытить себя, что эта мысль есть его связь с Творцом, что т.о. Творец обращает его внимание и зовет его к сближению с Собой.

И далее развивая эти мысли в этом направлении, исходя из того, что получил их от Творца, если дорожит и боится потерять свою связь с Творцом, одно это уже является гарантией того, что пока есть в человеке страх расстаться с духовным, он эту связь не потеряет, а наоборот пойдет еще дальше в своем духовном продвижении.

Причина того, что человек, несмотря на то, что находится в духовном возвышении, может, без промежуточного падения, вновь и далее продолжать подниматься заключается в том, что свое настоящее состояние, хотя относительно предыдущего, оно оценивается как возвышение, но задумываясь о нем, человек обращает его в падение, ища еще более крепкой и постоянной связи с Творцом.

Т.е. человек, как только вспоминает о существовании цели своего существования, должен немедленно начать возвышать духовное в своих глазах, стремиться к еще более ощутимому его восприятию, бояться потерять его, а также скрывать свои мысли и желания от других, опасаясь дурного глаза. Но находясь в состоянии духовного подъема, человек должен прочувствовать также состояние духовного падения: что он проигрывает от того, что вновь может оказаться в таком состоянии.

И такой расчет он может сделать, только находясь в осознании состояния возвышения, когда может сравнить оба состояния. И если человек заранее сравнивает эти два состояния и пытается не сойти с пути постоянного сближения с Творцом, он не нуждается в страданиях, помогающих оценить ничтожность нашего мира и величие духовных наслаждений и т.о. ускоряет свой путь к цели его творения.

СТАТЬЯ 29

Тора называется "тушия" потому что "матэшэт" - ослабляет силы человека. Но с другой стороны, сказано, что Тора - это жизнь, дает силы и пр. Могут ли быть столь прочиворечивые силы в Торе, и что истина?

Вначале необходимо понять, для чего Творец дал нам Тору. Сказано в Талмуде (Кидушин, 30,1): "Я сотворил эгоизм, и Я дал Тору для его исправления". Отсюда следует, что если бы Творец не сотворил эгоизм, не было бы никакой надобности в Торе, что Тора создана только для эгоизма.

Все 613 Заповедей Торы делятся на Эйцот (советы) и Пкудот (получение), что соответствует также делению Заповедей на Заповеди типа Наасэ (делать) и Нишма (слышать).

Когда человек выполняет указания Торы, не понимая их истинного смысла, не ощущая их действия, а только в силу веры в возможность Торы исправить его и помочь достичь цели - это называется выполнением "Эйцот" (советов) или выполнением "Наасэ" (действия), потому что он выполняет то, что советует ему Тора.

Если посредством выполнения этих советов верой в их силу, человек исправляет себя, то в мере своего исправления начинает ощущать Творца, открытое управление вознаграждением и наказанием - тогда он начинает выполнять "Пкудот" - получает вознаграждение за каждое действие в виде ощущения Творца, высшего света. И это явное осознание высшего управления называется "Нишма" - слышать голос Творца.

Наша душа, называется телом. Но не следует путать каббалистическое название духовного объекта с материальным физиологическим телом. Наше тело не имеет никакой связи с духовным телом-желанием, называемым душа. Душа, как и наше физиологическое тело, состоит из 613 частей, называемых теми же терминами, как органы нашего физического тела. 613 исправлений-Заповедей должен произвести человек над своей душой для того, чтобы полностью исправить ее.

Каждая Заповедь исправляет определенный "орган" (часть) души. Исправив какую-то часть души, человек позволяет высшему свету немедленно заполнить эту часть или, другими словами, ощущает этой частью Творца, потому что исправление означает достижение подобия этого желания с Творцом.

Поэтому получение света в исправленную часть называется "Пкудот". Т.о. выполняя советы Торы в исправлении своего эгоизма, человек достигает получения самой Торы (света, ощущения Творца). Порции света или ощущения Творца, которые получает человек, выполняя ту или иную Заповедь, называются именами Творца.

По тому, как человек ощущает Творца, он называет Его тем или иным именем. Потому как Тора - это ступени ощущения Творца по мере исправления человека, то поэтому сказано, что вся Тора - это имена Творца.

Весь путь можно разделить на три части:

1. Еще до того, как человек начинает применять Тору даже в качестве советов по сближению (своими качествами, желаниями) с Творцом, есть предварительная этому стадия, называемая "ло ли шма" - "не ради Творца", означающая, что человек, находящийся во власти своего эгоизма, еще не в состоянии выполнять никакие действия ради Творца, а все его помыслы только ради себя, ради вознаграждения.

2. Следующая стадия продвижения, означает, что в человеке уже появилось желание достичь "ли шма" и прилагает все свои силы, чтобы достичь этого - чтобы все его действия были абсолютно альтруистичны.

3. Затем человек проходит уже к состоянию, когда он может выполнять "ли шма", без всякого личного вознаграждения, а все его намерения доставить своими действиями радость Творцу.

Тогда он начинает ощущать Творца, что называется удостаивается постигнуть Тору в виде имен Творца, называемых в книге Зоар "Пкудот". Поэтому вначале начинает человек выполнять Тору вследствие вознаграждения и наказания в этом мире или в будущем мире.

И в таком состоянии еще не нуждается в помощи Торы, в ее "Эйцот"- советах, потому что в мере его веры в вознаграждение и наказание, сами вознаграждение или наказание обязывают его выполнять Заповеди-желания Творца.

Тогда как выполнение Заповедей как СОВЕТОВ имеет место, только когда человек применяет Тору, потому что, как сказал Творец: "Я создал эгоизм и создал Тору для его исправления". Т.е. человек желает выйти из-под власти своего эгоизма, и это является причиной его занятий Торой, а не желание получить вознаграждение или избежать наказания.

Т.е. стремление бескорыстно действовать для Творца определяет его занятие Торой и Заповедями. Но как может человек из выполнения Заповедей ради себя, ради вознаграждения перейти к желанию выполнять их бескорыстно, поступиться собственной выгодой, пожелать стать альтруистом, захотеть отказаться от всего в этом мире без всякого вознаграждения за это и в нашем, и в будущем мире?

Что может послужить ему трамплином, переходным звеном между эгоизмом, природой нашего мира, и альтруизмом, природой духовных миров? Ведь нет никакой связи, а совершенно противоположны наш мир и духовные миры и крайне удалены своими свойствами друг от друга, настолько, что нет ничего общего, соединяющего, взаимного между ними.

Об этом сказано: "Обязан человек выполнять Тору даже в состоянии "ло ли шма", потому что перейдет из этого состояния в "ли шма", благодаря скрытому в Торе свету - высшей духовной силе". Т.е. в Торе какая-то скрытая сила, называемая духовным светом, которая неощущаемо для человека воздействует на него, при изучении Торы и выполнении Заповедей таким образом, что постепенно человек начинает понимать, кто он.

Под влиянием скрытого света, человек ощущает отличие своих свойств от свойств света, видит, что он животное, а не человек. Человек начинает осознавать, что находится под диктатом своего тела, совершенно несвободен в своих желаниях и поступках, ощущает себя в плену своих природных эгоистических желаний.

От попыток изменить свои мысли и желания, он немедленно ощущает отсутствие силы совладать с телом. Поэтому Тора называется "тушия" - ведь первое ее действие на человека именно в том, чтобы показать, насколько он бессилен справиться со своей природой. Поскольку наши эгоистические желания являются противоположными Творцу, мы не в состоянии ощутить Его, Источник всех существующих наслаждений.

Поэтому мешающий нам в этом эгоизм и называется злом. Ведь хотя и кажется, что наша природа создана только во имя сохранения нас, в стремлении наилучшего и спокойного, но если мы присмотримся к тому, что вызывает наш эгоизм, увидим, что именно он является причиной всех наших несчастий, заставляя человека быть в постоянной работе, борьбе, страданиях и неисполненных желаниях.

Именно эгоизм мешает нам наслаждаться немногим или наслаждаться от альтруистических действий, а заставляет все хватать и страдать от ощущения постоянного недостатка чего-либо: власти, знаний, почестей, телесных наслаждений. Но в эти желания никогда не сможет войти высший свет наслаждения, ощущение Творца, потому что ощутить Творца можно только в подобные Ему, альтруистические чувства.

Поэтому эгоизм называется злом или злым побуждением (ецэр ра). Но, начиная думать и действовать с мыслью, что все, что он делает, поможет ему прийти к исправлению, человек начинает ощущать, что вместо того, чтобы стать лучше, становится еще хуже, эгоистичнее. Ведь уже знает о себе, что он эгоист и желает исправить в себе эти качества!

Почему же вместо того, чтобы чувствовать хорошо во время духовного вдохновления, подъема, он ощущает падение, уныние, разочарование? Ведь если Тора - лекарство против эгоизма, делающего человеку зло, то принимая это лекарство, человек должен начать ощущать себя лучше? Эгоизм должен начать постепенно уходить из человека?

Дело в том, что каждый раз раскрывается в человеке его истинный эгоизм во все более открытом для человека виде: эгоизм, который человек только сейчас начал ощущать, и ранее находился в нем, но был в "спящем" состоянии, а теперь, под влиянием Торы-лекарства начинает полностью выявляться. И только после того, как человек выявит весь свой эгоизм и возненавидит его, он избавится от него полностью и навсегда.

Этот путь имеет следующее развитие: потому как некоторая, самая легкая, часть эгоизма исправилась, потому как человек возненавидел ее и решил более с этими желанием не действовать, она исчезла, исправилась, но вместо нее теперь появились более сильные эгоистические желания. И эти желания, в свою очередь, исправляются таким же образом: человек изучает Каббалу и ощущает их как помехи своему духовному продвижению, а потому отказывается от них.

Но каждый раз, каждая ступень состоят из 2 частей: подъема и спуска, духовного возвышения и разочарования, ощущение сил и желаний к духовному, альтруизму, и затем ощущения тяги к самонаслаждению и безразличие к духовному. Разочарования, нежелания духовного, тяга к животным наслаждениям возбуждаются вследствие новой порции, открывшегося в человеке, эгоизма.

И это ощущение новых эгоистических желаний в себе, человек ощущает как тягу к этому миру и его наслаждениям и, соответственно, отдаление, непонимание, нежелание духовного. Если бы раскрыть человеку весь, имеющийся в нем скрыто эгоизм, то человек бы получил такое огромное желание к наслаждениям этого мира и такое непонимание духовного, что никогда не смог бы выйти из своей эгоистической природы и войти в духовные вечные ощущения. И более того, почувствовав такую огромную тягу к материальному, оставил бы все свои попытки выйти из этого мира в духовный мир, оставил бы занятия Каббалой.

Поэтому период избавления от эгоистических желаний состоит из последовательных взлетов (тяги к духовному) и падений (тяги к материальному): человека влечет к животным наслаждениям (власть, почет, деньги, секс) силой в 1кг. Затем он получает духовное возвышение, ощущение, которое нейтрализует тягу к животным наслаждениям. Т.е. в этом состоянии он уже может преодолеть эгоистические желания в 1 кг. Но если количество всех внутренних, скрытых эгоистических желаний человека - 100 кг, то открывают ему еще 1 кг его желаний, но уже других.

От ощущения эгоистических желаний, человек начинает стремиться их наполнить, получить, чего желает. (Причем, человек никогда не осознает, что эти эгоистические желания не его, а специально внедряются в него извне! Он ощущает их как свои собственные!

В Каббале эгоизм называется ангел - сила Творца, которую он вводит в человека для приближения человека к Себе: человек начинает ощущать ничтожество и временность эгоизма, постигая при этом его противоположность - самого Творца).

Если человек продолжает свои занятия Каббалой, то преодолевает и эти желания и получает т.о. силу противодействия своему эгоизму уже в 1+1=2кг. И т.д. пока не достигнет такого состояния, что на все 100 кг своих эгоистических желаний сможет противопоставить желание предпочесть их духовному росту.

Когда человек закончил всю свою работу по преодолению животных наслаждений, получая каждый раз помощь свыше, иначе он не в состоянии противодействовать своим желаниям, даже самому минимальному, то может все свои животные наслаждения получать ради Творца. Человек должен всегда просить Творца о помощи, потому что только с Его помощью сможет победить свой эгоизм.

Приобретя силу сопротивления всем наслаждениям этого мира, которые он ощущал (у каждого человека сила желания и виды желания различны), человек начинает получать желания насладиться духовными наслаждениями. Противостояние таким желаниям в Каббале называется экран (масах), наподобие экрана, отражающего видимый свет, сила сопротивления насладиться духовным называется экраном, отражающим духовный свет, духовные наслаждения.

Но также и здесь продвижение человека происходит ступенчато, снизу-вверх, от малых ступеней к большим, от малого света к большому: света нэфэш-руах-нэшама-хая-йехида (аббревиатура наранха"й). Т.е. дают человеку ощущение самого малого духовного света, называемого нэфэш. Если он может получить его ради Творца, то тут же ощущает большее духовное наслаждение - свет руах. если может получить его ради Творца, а не ради себя, то тут же получает ощущение света нэшама и т.д.

Поэтому каждый раз его эгоизм желает насладиться уже духовным, желание насладиться духовным светом, возрастает, именно потому, что предыдущее желание он смог преодолеть и принять ради Творца, а не ради самонаслаждения. Поэтому, чем дальше продвигается человек, тем больше его исправленный эгоизм: сами желания и экран на них.

Потому сказано: "Кто духовно выше, у того и желания больше", - но имеются в виду исправленные желания. Отсюда понятно, что истинно продвигающийся проходит в ощущениях все самые низкие ощущения, желания, как нашего мира, так и мира духовно нечистых желаний (клипот). Но проходит их именно потому, что исправляет каждое предыдущее эгоистическое желание на альтруистическое.

Это вопреки мнению мира, считающего, что праведник никогда не имеет никаких плохих мыслей и стремлений. Именно потому, что смог превозмочь все самые низменные желания творения, он и достиг звания праведника!

Поэтому по мере духовного роста, человек получает все большие духовные наслаждения, а создавая, с помощью Творца, экран на них, он, соответственно, все выше поднимается. И тем больше различие его падений и взлетов, большая разница между двумя противоположными состояниями: каждый раз ощущает себя все более плохим, потому что еще не создал экран на новое, только полученное, наслаждение.

Но, прося Творца помочь, дать силы сопротивляться желанию насладиться, он обретает экран и становится выше, чем в прошлом своем духовном возвышении. И так ступень за ступенью. Каждый раз, получив новое желание самонасладиться духовным светом, человек просит силы свыше и получает их от более высшей ступени.

Овладев противодействующими эгоизму силами, человек всходит сам духовно на эту ступень, от которой получил силы. До его восхождения на эту ступень, когда просил помощи от нее, как от высшего, называл ее своим Творцом. Теперь же, сам поднявшись на нее, он обретает новую высшую ступень, нового Творца, к которой обращается за помощью. Поэтому праведники идут от одной силе к новой силе.

Но именно ввиду ощущения того, что над ними есть более высшая ступень, которую человек ощущает как Творца, потому как именно она породила его и он все получает от нее, тот, кто ощущает более высшее, всегда неуверен в себе и связывает себя с Творцом. Тот же, кто ничего более высшего не ощущает, ограничен в своих ощущениях только "крышей" нашего мира, тот обычно уверен в себе.

И хотя эта уверенность в глазах духовно растущего выглядит примитивной, но в состояниях духовного падения, он явно ощущает зависть к этой уверенности и желает подобного. Но как только приподнявшись, вновь немного ощущает Творца, уже не считает эту глупую уверенность за достоинство, а понимает что она исходит из ограниченности познания истинного окружающего нас мира.

Поэтому борьба человека с самим собой в состояниях неуверенности за веру, чтобы вера в Творца и Его управление дала силы и уверенность, как знание - есть самая большая работа человека над собой в состоянии скрытия Творца. Итак, Тора называется "тушия", потому что "матэшэт" - ослабляет силы человека. Потому что как только человек получает новую духовную ступень, он тут же получает и дополнительное раскрытие своего зла, против которого еще не взрастил в себе силы противодействия.

И это зло он получает с каждым разом все более сильное, т.е. каждый раз получает все более сильное наслаждение, с которым должен справиться и получить только ради Творца. И потому как получает с каждым разом все большее ощущение собственного бессилия, то, пока не вымолил Творца о помощи, ощущает себя совершенно обессиленным.

И поэтому сказано: "Бьют мешающие мысли в голову - займись Торой. Бьют мешающие желания в сердце - займись Торой. Потому что Тора способна вылечить каждого". Потому что свет Торы дает человеку ощущение высшего и этим возвращает его к Источнику.

И так каждый раз попеременно человек проходит два противоположных состояния: падение , катнут-малое и подъем, гадлут-большое. На каждой ступени человек проходит ощущения:

а) при подъеме (алия) на более высокую ступень, ощущает важность оценить величие Творца, важность сближения с Творцом, начинает понимать, что не о чем более заботиться как о том, как порадовать своими желаниями, мыслями, стремлениями и действиями Творца, а он сам совершенно не желает думать о себе и даже ощущает себя как совершенно не существующее, ввиду ощущения такого огромного великого Создателя, ничего не желает для себя и готов и желает полностью оставить все земное, предпочитая всему этому хоть немного духовного, осознавая, насколько духовное предпочтительнее. Такое состояние определяется, что сейчас человек получает жизнь от Торы, что Тора вылечила его.

б) но затем он получает наслаждение, большее чем ощущал ранее. Вдруг раскрываются ему новые виды наслаждений в нашем мире, которых еще никогда не испытывал и даже не подозревал, что они существуют.

Если человек не занимается Каббалой, не продвигается вперед к духовному, он в течение своей жизни имеет один набор наслаждений. Но как только начинает работать над собой, желая оторваться от земного, ради сближения качествами с духовным, немедленно начинает ощущать огромные новые наслаждения. И в тех же объектах вокруг себя он вдруг обнаруживает новые скрытые захватывающие наслаждения. И даже не понимает, как это так относительно равнодушно относятся к ним окружающие!

Но это ощущается только теми, кто ставит перед собой цель достичь выхода из эгоизма. Только такой человек получает все более сильные ощущения наслаждений, все более сильный эгоизм, ощущает себя все более грубым и низким.

Даже во время подготовительной стадии работы над собой, когда человек еще только желает приблизиться к альтруистическим действиям, но еще не достиг этого, уже чем дальше он продвигается к этой цели, тем все более изощренным, сильным и грубым становится его эгоизм!

Он получает многократные подъемы от того, что свет Торы помогает ему и сближает с Источником, перемежающиеся падениями, когда добавляют свыше зло, эгоистическую силу, ощущение все больших наслаждений - для того, чтобы просил Творца о помощи.

Поэтому путь состоит из двух меняющихся состояний: поначалу Тора дает человеку жизнь (ощущение Творца, света, величия духовного), а затем добавляет ему зло (эгоизм, ощущение наслаждений). И чем выше, духовнее человек, тем больше добавляется ему эгоизма для исправления.

А также после того, как человек уже освободился от рамок нашего мира, вышел из эгоизма земных желаний, получил альтруистические свойства (килим дэ ашпаа) и есть уже у него экран против своих желаний (масах нэгэд авиют), он поднимается каждый раз к более высшему и просит силу-экран, противодействия желаниям наслаждаться (масах нэгэд рацон лекабэль).

Потому что его прежний экран имеет силу противодействия против прежних желаний, а против новых, только сейчас полученных свыше (тосэфэт авиют), он не в состоянии противостоять.

Поэтому не только во время подготовки, когда человек еще не вышел из эгоизма, но и после того, как освободился от эгоизма и находится своими ощущениями в духовных мирах, постоянно есть движение вперед только при содействии высшего: вначале, чтобы выйти из эгоизма, а затем, чтобы приобрести все более сильные альтруистические желания.

В начале пути, после получения первых восторженных ощущений, человек начинает ощущает все большую тягу к наслаждениям этого мира, ощущать себя более грубым и эгоистичным.

При этом он должен знать, что увеличение эгоизма делается свыше, хотя и не понимает своим разумом, как это вдруг он упал в такую бездну низких желаний, от которых уже давным-давно отказался, еще в начале своего духовного пути, решив для себя, насколько они ничтожны. Если человек видит, что увеличение его эгоистического зла происходит свыше, то понимает, что нет у него никакой возможности противиться этим желаниям и мыслям, кроме как просить Творца о немедленной помощи, потому что только свыше, как пришло желание, его можно исправить и заменить на другое.

Поэтому, не стоит бояться слабости. Не в силах человек противодействовать своей природе. Но как вследствие его усилий в изучении Торы и работе над собой, увеличилось его зло свыше, он должен верить, что также и помощь он получит свыше. Но человек должен понимать, что осознание эгоизма как зла происходит только благодаря тому, что он ощущает, пусть еще неявно, Творца.

И ощущение в себе этих двух противоположных желаний, альтруистического и эгоистического, порождает в нем осознание эгоизма как зла. И он видит, как совершенно, противоположно удален от Творца. В моменты, когда человек ощущает помощь Творца, он ощущает Его величие и насколько Творец ведет его, как маленького ребенка, вперед.

И по мере раскрытия себя и Творца, каждый раз человек все больше поражается: как, все более великий в его глазах, Творец ухаживает за все более ничтожным, человеком. И об этом сказано: "Там где ты находишь величие Творца, там ты находишь его скромность" - если человек постигает, что Творец велик, в этой же мере он постигает насколько он низок и насколько Творец любяще духовно взращивает его, ничтожного, своим частным, личным управлением (ашгаха пратит).

СТАТЬЯ 30

В книге Зоар, в недельной главе торы "Бэхукотай", стр. 6, п.16 сказано, что закон и суд есть имена Творца. Поэтому необходимо выполнять законы и идти путем Творца. Из сказанного следует, будто есть два требования: выполнять Заповеди и идти путем Творца. Поскольку желание Творца насладить создания, Он создал человека с этой целью.

Поэтому постигающие Творца, ощущающие Его, ощущают исходящее от Него наслаждение и по этому своему ощущению дают Творцу имя Источник жизни и наслаждения (машпиа). Для того чтобы творение насладилось тем, чем желает Творец, оно создано в желании получить (мекабэль) наслаждение, и в этом вся его суть.

А потому как получатель должен желать получить, иначе он не ощутит наслаждение при получении, то предварительная стадия перед наслаждением всегда страдание от его отсутствия, ощущение голода. Поскольку в самом Творце не имеет место желать чего-либо, то созданное им желание наслаждаться создано из ничего. Т.е. такого желания ранее не было, и оно появилось из ничего. Предшествовало ему желание Творца усладить кого-то, что не является недостатком.

Поэтому, если человек ощущает недостаток чего-либо, он находится в отличном от Творца желании и потому в мере этого отличия удален от Творца. И даже если он наполняет свое желание и перестает быть отличным от Творца в том, что страдает от недостатка чего-то, но потому как получил, а Творец дал, то все равно остается удаленным от Творца.

Для того чтобы исправить то, почему человек и называется созданием, а не Творцом, исправить этот недостаток его природы, чтобы уподобился Творцу, человек обязан прийти к совершенству:

получить от Творца, но чтобы это получение не делало его отличным от дающего Творца.

А это возможно, если его получение будет "ради Творца". "Ради Творца" - означает, что хотя по своей природе человек желает насладиться от всего, что видит и представляет себе как источник наслаждения, несмотря на это, он отвергает такое наслаждение.

Но отвергает его только по той причине, что желает дать наслаждение Творцу, как Творец желает дать ему. Что все наслаждение человека в том, что он получает от Творца, что исполняет Его желание, что этим услаждает своего Творца и потому получает.

Поэтому, когда человек достигает такого уровня своего духовного развития, что желает только порадовать своего Творца получением того, что дает ему Творец, потому как это единственное, чем он может порадовать своего Творца, как бы отдавая Ему наслаждение от получения.

А потому в таком состоянии человек обладает подобием Творцу с обеих сторон:

1) потому как получает наслаждение, то уже не является носителем недостатка, отсутствия наслаждения, в чем подобен Творцу.

2) потому как получение его "ради Творца", то это не получение, а отдача, подобно, как делает ему Творец.

Ведь сейчас он дает наслаждение Творцу, а Творец получает от него. Ведь получает наслаждение не для наполнения своих желаний, а ради Творца. Но это имеет место только в том случае, если человек действительно желает получать не ради себя, а только ради Творца. А ради своего наслаждения, он отвергает получение.

В таком случае есть совпадение по двум параметрам: исправление творения и цель творения. Совпадение этих двух параметров называется ударным взаимным проникновением (зивуг дэ-акаа): посредством отталкивания возникает единение. Отталкиванием в духовном называется взаимодействие противоположных желаний (духовный мир - это мир бестелесных желаний): каждое желание желает своего и отталкивает иное желание. Творец желает, чтобы творение получило наслаждение, а творение желает быть подобным Творцу, т.е. давать Ему, как Он дает творению.

Но от такого столкновения затем наступает их единение: каждый принимает мнение другого: Творец желает, чтобы творение получило и потому творение получает, но только в той мере, в которой уверено, что получает потому, что Творец желает этого. Вследствие этого, получается, что творение подобно сейчас Творцу: получает потому, что Творец желает и дает Творцу, как он сам того желает.

И нет никакого отличия между Творцом и творением, а оба они подобны по своим желаниям и целям. Теперь, когда у творения появились подобные Творцу желания "отдавать", оно ощущает самого Творца как Источник совершенного наслаждения и добра.

Но до того, как в творении появилось исправленное желание получать "ради Творца", оно ощущало управление Творца и Его как источник своих страданий, потому как не могло получать наслаждения в эгоистические желания, потому как не было подходящих желаний ощутить совершенное наслаждение.

Отсюда пойми, что всякий, ощущающий в нашем мире страдания, ощущает их только по одной причине - отсутствие подходящих желаний ощутить настоящее наслаждение. Поэтому человек обязан верить, что Творец добром управляет всем миром, и Его цель насладить нас. А ввиду наших неисправленных желаний, мы не в состоянии ощутить это, ощутить Творца. Поэтому такое состояние называется скрытием Творца, скрытием ощущения высшего наслаждения, наслаждения Им.

Но как человек может обрести нужные желания? Ведь со стороны природы эти желания совершенно противоположны нашим естественным желаниям! Ведь человек создан, уже рождается каждый из нас с эгоистическими желаниями и только с ними он существует и только в их рамках понимает и действует!

Поэтому человек не в состоянии не только что-либо альтруистическое совершить, но даже придумать что-либо совершенно независимое, безвозмездное, нейтральное. А во всем обязан природой преследовать целью свою выгоду в почестях, власти, половых наслаждениях, денежном выигрыше, уверенности и пр. - только чтобы получить для себя что-либо.

Поэтому сказано Творцом: "Я создал эгоизм, и Я же создал Тору для его исправления". Т.е. выполнением Торы человек может привести себя к цели творения, к слиянию с Творцом, к высшему совершенному и вечному наслаждению.

Выполнение Торы включает в себя две части:

1) выполнение Торы и Заповедей,

2) намерение, т.е. что человек желает за выполнение Торы и Заповедей.

Человек обязан просить у Творца, чтобы идти в жизни путем Творца. Путь Творца означает услаждение созданий, альтруизм. Так вот, человек обязан просить Творца, чтобы все его стремления были думать о Творце, как порадовать и усладить Творца, подобно стремлениям Творца о нем.

Но поскольку Творец, желая насладить человека, создал его с желанием получить наслаждение, а не отдавать, то это желание насладиться, называемое эгоизмом (ецэр ра), можно исправить только с помощью Торы - из нее можно получить новое желание и силу противодействовать своему природному стремлению насладиться и изменить свои намерения от намерений получить наслаждение на намерение усладить Творца.

Поэтому, недостаточно соблюдение человеком Торы и Заповедей, а важно еще его намерение "ради чего он выполняет их", т.е. какое вознаграждение он требует за свои усилия. А в этом уже есть много различных намерений: вознаграждение в этом мире, вознаграждения в мире будущем. И что именно человек желает получить в качестве вознаграждения.

Но главное, что должен принять человек - заниматься Торой и Заповедями, потому что это желание Единственного Великого Властителя. И если человек действительно считает так, то, выполняя желания Творца, он получает наслаждение, потому что прислуживает самому большому царю.

Отсюда, причина, по которой человек выполняет Тору и Заповеди - чтобы Творец дал ему силу "отдавать", совершать альтруистические поступки, чего по своей природе он ни желать, ни совершать не в состоянии. А Тора и Заповеди - особое средство, только с помощью которого и возможно достичь духовных, альтруистических желаний, как сказано: "Я создал эгоизм и создал Тору для его исправления".

Но это средство действует только в том случае, если человек во время занятия Торой и Заповедями осознает, для чего он этим занимается. Т.е. его намерения изначально направлены на само исправление, и только для этого он изучает Тору и выполняет Заповеди-желания Творца.

Чтобы получить благодаря этому желания Творца - "отдавать", чтобы достижение этих желаний и было вознаграждением за его усилия в выполнении Торы и Заповедей.

Поэтому сказано: "Кто выполняет Заповеди, и идет путем Творца...". Добавлено "...идет путем Творца..." именно для тех уже, кто выполняет Заповеди, указать, что этого недостаточно, а обязан устремить все свои намерения на получение только определенного вознаграждения - чтобы смог "идти путем Творца", т.е. как и Творец, "отдавать", желать обратного, насладить своими поступками Творца.

Поэтому, приступая к изучению Торы или выполнения Заповеди, человек обязан упорядочить свои желания и стремления, для чего он делает это, ведь ничего в мире не делается бесцельно.

Бесцельные поступки свойственны только детям (потому что т.о. природа заставляет их развиваться, давая детям наслаждение в движении) или психически больным.

Природа эгоизма не позволит человеку совершить ни одного сознательного или несознательного движения без получения какого-либо вознаграждения. Отличие между людьми не столько и их поступках, сколько в вознаграждении, которое они желают получить за выполняемое ими. Ведь можно резать человека для спасения его жизни и наслаждать его наркотиками, приближая к смерти.

Поэтому, приступая к выполнению Торы и Заповедей, человек обязан четко понимать, что он желает получить, и ждать вознаграждения, как ждет его, работая на своей обычной работе, ежеминутно надеясь получить от Творца альтруистические желания. Поэтому объясняет Зоар: сказано в Торе, что Давид сделал имя, имеется в виду, что Давид достиг того, что имя Творца стало притягательным ему.

Поскольку имя говорит о свойствах, то это означает, что, идя путем Торы, Давид достиг того, что имя Творца - свойства "отдавать" стали ему желанными. Или поскольку имя дается по тому, как ощущается нами данный объект, то если Творец ощущается добрым, то так Он и называется ощущающим Его.

Давид достиг того, что имя Творца стало хорошим ему: поскольку получить наслаждение от Творца можно только в меру наличия в человеке альтруистических желаний. Творец желает, чтобы человек ощутил Его как источник наслаждений, добра.

Т.е. чтобы человек назвал Творца "добрым". Если человек желает за то, что делает добро другим получить вознаграждение в этом мире или в будущем, то Творец желает получить от человека имя "доброго", "наслаждающего", имя говорящее, что творения ощущают Его и по своему ощущению дают Ему имя.

Но поскольку ощутить Творца можно только в меру совпадения с Ним свойствами, а свойство Творца - абсолютный альтруизм, то в меру своих исправленных свойств человек может ощутить Творца и дать Ему Его истинное имя.

Потому что только в исправленные, альтруистические свойства, человек способен получить Высший свет, ощущение Творца. Отсюда ясно, что означает сказанное про царя Давида, что он постиг имя Творца. Сказано в книге Зоар: "Закон это малхут, суд - это Зэир Анпин (З"А). И это правило святого имени Творца, потому что Его имя - это закон и суд, и сделайте их". З"А называется Творец, а малхут называется Шхина - ощущение Творца.

Поскольку ничего невозможно ощутить если не желаешь, то Творец, желая насладить Творения, создал в них желание насладиться. Это желание насладиться называется малхут. Свет, наслаждение, которое Творец желает дать творениям, называется Творец, а желание (кли), которое Его ощущает, называется малхут или шхина, от слова шохэн, что в ней находится (шохэн) свет.

В той мере, в которой малхут исправлена в своих желаниях, она подобна Творцу, заполнена Его светом и полностью т.о. слита с Ним, Творец и творение, наслаждение и желание, шохэн и шхина сливаются и превращаются в одно.

Малхут представляет собою соединение всех созданных эгоистических желаний, всех душ человеческих, постепенно неоднократно нисходящих до уровня нашего мира для своего исправления. Те части малхут, т.е. те души, которые себя исправляют, в состоянии получить свет Творца и помогают остальным, еще не исправившимся от эгоизма нашего мира, выйти из эгоистических рамок нашего мира, чтобы всем вместе достичь состояния всеобщего возвышения, наслаждения, слияния с Творцом.

Задача всех созданных, всех людей, всех душ в том, чтобы исправить каждую свою часть в общей душе - малхут и слиться свойствами с Творцом: желать дать Ему, как Он желает дать ним.

Поэтому, хотя и сказано, что З"А и малхут - это два имени, суд и закон, дающий и получающий, что получающий обязан получить все, что дающий желает дать ему, а получить можно только в альтруистические желания, что и называется закон, что человек, специально созданный разумным, обязан осознать этот закон и прийти к его осмысленному выполнению.

Но осмысленное выполнение означает, что человек должен поступать не так как разум говорит ему, а как раз наоборот, вопреки своему разуму, выше разума (лемала ми даат), веря в совет каббалистов, что цель творения, цель жизни человека только в достижении подобия свойств с Творцом. И это он обязан принять на себя как закон (своей жизни).

Исходя из этого, человек должен принять Тору и Заповеди как закон, как средство достижения закона, чтобы итогом этого смог объединить оба имени в одно, чтобы достичь состояния "И в этот день будет Творец един и имя Его едино", т.е. Творец и все Творения сольются в одно целое.

Потоп. (4/89)

Есть три вида высшего света-наслаждения, ощущающиеся в трех видах получения: Когда человек начинает свою работу по освоению альтруистических желаний, тело начинает возражать: "Зачем нужна эта работа? Какой в ней есть смысл?

Ведь ты должен думать о себе, а то, к чему ты стремишься, ведь называется работой не ради себя! Что тебе будет от этого? Чем тебе отплатит Творец за то, что ты выполняешь его Заповеди? Стоит ли настолько трудиться ради того, что получишь?". А затем другие вопросы: "Ты желаешь работать без вознаграждения?

Как это возможно?, Ведь это против природы и против разума, ведь такими нас создал Творец, получать вознаграждение за наши усилия, поэтому то и сотворил нас желающими получить наслаждение, чтобы бесплатно мы не работали!". Этого типа вопросы и возражения тела называются вопросами типа "Зачем?" - "ма?".

Но если человек возражает телу, что надо верить в Творца, что Он управляет всем во имя добра, то тело возражает вопросами типа "Кто?" - "ми?": "Кто такой Творец, что я обязан слушать Его?" - при этом тело как бы говорит: "Если бы я знал, чувствовал, что Творец велик, то смог бы работать ради Него", - потому что тогда бы понимал, что стоит работать ради Творца, как мы видим в нашем мире, что если есть всеми уважаемый большой человек, то каждый старается ему услужить и считает это за радость, а не за работу, потому что осознание величия дает ему силы и не чувствует никакого сопротивления тела для выполнения самой тяжелой работы во имя всеми почитаемой личности.

Если бы наше тело также ощущало величие Творца, не возражало бы против нашей работы. Но поскольку Творец нарочно скрывает себя и не позволяет нам ощутить Его величие, как же может человек пренебречь собственной выгодой против выгоды Творца?

Когда эти два возражения тела соединяются вместе в человеке, то возникает из "ми" и "ма" слово "маим" - вода, подразумевая потоп в котором человек может умертвить все свое духовное начало, потому что от этих вопросов он останавливается и не может продолжать свою работу. Поэтому Зоар говорит, что в воде находится ангел смерти. Как же можно спастись от потопа?

Только работой выше разума, идя с закрытыми глазами вперед, вернее с открытыми, но ничего не видящими и даже не желающими видеть ничего глазами: хотя разум и ощущения не понимают указанное мудрецами, человек принимает на себя веру в ими сказанное, потому что без этой веры невозможно ничего достигнуть в духовном.

В Каббале это условие, когда человек не желает даже ничего понимать и на всякое возражение тела, говорит, что то, что с ним происходит это милость Творца, хотя он не видит таким образом действия Творца с ним и со всем миром, называется скрытым милосердием (хасадим мехусим).

Скрытое, потому что не видно, что это милосердие и надо в это верить вопреки, выше разума. Такое состояние человека называется ковчег (тэйва), и если человек входит в него, действует выше утверждений своего разума, в этом состоянии на него не могут действовать никакие доводы его эгоизма-тела (клипот, ситра ахра), потому что все вопросы нечистых сил и вся их власть внутри разума, а власть чистых, альтруистических сил (кдуша) всегда выше, вопреки разуму.

И это оттого, что эгоизм есть наша природа и наш разум, а духовное выше нашей природы, но человек получает высший разум, только если достигает альтруистических свойств, подобия духовному - только тогда он получает разум духовный и начинает понимать в нем, как прежде в эгоистическом разуме понимал, что он прав, так сейчас, получив высший разум, понимает, что истина именно в альтруизме, в работе ради Творца без всякого вознаграждения.

Ангел смерти человека находится внутри вод потопа и своими вопросами "Зачем?" и "Кто?" желает потопить человека. Но если человек прячется в ковчег от ангела смерти: видя, что от этих вопросов уходят от него силы духовно работать, идет выше убеждений своего разума, говоря, что не желает для себя ничего, а только все отдавать Творцу, доволен тем, что имеет, т.е. сколько есть у него понимания и ощущения в духовном, это достаточно ему, радуется и считает огромным подарком Творца, что именно ему дал Творец возможность возразить своему телу и дает силы и помощь идти выше своего разума, что именно таким путем он выходит из власти эгоизма, спасается от потопа вод - вопросов "Зачем?" и "Кто?".

Каждому человек в мире ангел духовной смерти задает эти вопросы, показывает наслаждения в эгоистических действиях, и человек, естественно, не задумываясь, принимает его доводы.

А затем уже идет у него на поводу, потому что есть общий язык у обоих - человеку предлагаются наслаждения, и он в погоне за ними проводит свою жизнь. Но если человек удостаивается услышать зов свыше и пытается идти выше своего разум, делает все в силу веры в Творца, выполняет все Заповеди мудрецов, веря в них, в их советы, знает, каким образом идти, чтобы достичь слияния с Творцом и постичь высший разум, то в этом нет места ангелу смерти, нет никакой возможности возразить человеку, потому что человек не использует свои эгоистические желания и мысли, а доводы ангела смерти только внутри них.

Но есть состояния, когда дается сила ангелу смерти воздействовать даже на тех, кто получает наслаждения ради Творца, потому что они ПОЛУЧАЮТ, несмотря на то, что это получение ради Творца, а не ради себя, все равно есть место ангелу смерти соблазнять их.

В таком случае даже такие люди обязаны войти в ковчег, работать только с желаниями "отдавать", но не "получать", и тогда нет никакой связи их с ангелом смерти, он как бы не видит их, потому что вся его связь может быть только через получение наслаждений, в этом он может запутать человека, что произошло при прегрешении Адама.

И только выход человека из всех своих расчетов в чисто альтруистические может уберечь его, только вера, в которой нет никакого спора с его телом, потому что не требует для себя ничего и потому говорит с эгоизмом как бы на разных языках.

Но есть в свойстве альтруизма недостаток, в том, что человек как бы требует, чтобы Творец раскрыл ему свое величие и могущество и тогда готов все делать ради Творца, без всякой выгоды для себя, а иначе просто не в состоянии, против своей природы выполнять требуемое Творцом. Видим, что если человек не ощущает величие и власть Творца, эгоизм, его тело не согласно покориться Творцу.

Но в действительности то, что человек выставляет условия, говоря: "Я согласен работать ради Творца, только при условии, если почувствую величие Творца над всеми, иначе не желаю отдать Творцу всего себя". Это ограничивает человека и помещает его под сокрытие и говорит о том, что он не свободен, сказать, что не желает НИЧЕГО получать, а только отдавать, ведь он ставит условие, что прежде, чем отдаст всего себя Творцу, обязан убедиться в величии Творца, а уж потом готов будет покориться Ему.

Такое желание человека не называется абсолютной отдачей (хафэц хэсэд). Настоящее свойство абсолютной отдачи - это отдача без выдвижения каких-либо предварительных условий, и потому человек в таком состоянии абсолютно свободен, не связан никакими рамками, ограничивающими его возможности.

Именно тот, кто идет с закрытыми глазами и не требует ни ощущения величия Творца, ни каких-либо иных условий, готов ограничиться теми ощущениями, которые в нем есть, какими бы они ни были, и теми знаниями и разумом, которые имеет. Но для достижения таких свойств требуется проделать тяжелую работу.

Но что же делать человеку, который еще не достиг такого состояния и видит, что не может противиться своему эгоизму? Только молитва к Творцу о помощи, чтобы были у него силы идти с закрытыми глазами и чтобы не нуждался ни в чем для этого, а все без каких-либо условий мог отдать Творцу, вопреки желаниям и убеждениям тела.

Т.е. человек не должен советовать и ставить условия Творцу, каким образом Творец должен помочь ему, а должен принизить себя без всяких условий. И только потому, что сам не в состоянии преодолеть свое тело, просит Творца о помощи победить его, а не каким образом и в каком виде будет помощь Творца.

Молитва исходит из того, что человек сознает свое ничтожество и просит Творца сжалиться над ним, потому что он самый худший из созданных, потому что они могут работать ради Творца, а он не может, потому что видит, что он больший эгоист, чем все окружающие его.

Поэтому он стыдится самого себя, насколько он низок в своих желаниях и потому просит Творца смилоститься над ним и вызволить его из-под власти эгоизма. Но не потому, что он лучше других, а потому что хуже, потому что его эгоизм сильнее и хуже.

Но человек не просит при этом, чтобы Творец дал ему разум и знание величия Творца, которые помогут ему выйти из власти эгоизма, хотя это и правда. Он не устанавливает Творцу никаких условий отдачи всего себя Творцу. А он согласен остаться в том же ничтожном постижении и с тем же пониманием, что и сейчас, но только потому, что нет в нем сил противиться эгоизму, поэтому он просит Творца дать ему силы сопротивления, а не разум, понимание и ощущение.

Потому что когда человек дает советы Творцу, каким образом Творец должен помочь ему, выходит что он выдвигает условия Творцу, как человек, опирающийся на свои знания и разум, говорящий, что если ты дашь мне то-то, я буду работать на тебя. Поэтому человек должен просить только силы выйти из власти эгоизма, без всяких условий, выйти из самолюбия к любви к Творцу.

Если человек выдвигает условия, это говорит не о его приниженности ощущением своего ничтожества и желаний, а наоборот, говорит о том, что человек считает себя самостоятельным и гордым. Будто говорит Творцу, что остальные не имеют ума, как я, и потому могут работать на тебя, но со мной надо считаться, делать так, как считаю я, а не так, как считаешь Ты.

Работа человека сводится к трем линиям: правая называется совершенством, когда человек должен верить в то, что он совершенен. И против этого приходят нечистые мысли и показывают человеку его недостатки, насколько он не идет по пути Творца, и вызывают падение человека в уныние, настолько, что хочет оставить все свои занятия, а желает только провести спокойно время, потому что все видится ему в черном. Левая называется - когда человек производит проверку своего состояния в своем разуме, видит насколько он в его понимании совершенен или полон недостатков.

Но поскольку он подготовил себя к этому и перешел в левую линию только для того, чтобы молиться Творцу о помощи, чтобы смог любить Творца всем сердцем и душой, то нет в этом никакого влияния нечистых сил, потому что только ищет повода молиться Творцу.

Но против этого приходят к человеку мысли о том, что он совершенен и не о чем ему просить Творца, как и в случае если видит в себе недостатки, приходят нечистые мысли и убеждают его, что он совершенен.

В любом случае желания и действия нечистых мыслей направлены на то, чтобы не дать человеку никакого повода обратиться к Творцу. Средняя линия состоит из совмещения правой и левой.

Правая чистая линия - совершенство, выше разума.

Левая чистая линия - видит своим разумом, что полон недостатков.

Средняя линия - потому как нельзя идти выше разума, пока еще нет разума, показывающего человеку, что действительно нет у него никакой связи с духовным, когда может, несмотря на разум и на то, что он обязывает его, действовать, потому как верит в мудрецов, что только таким образом надо использовать свой разум.

Но если нет у человека разума, который говорит ему о его состоянии, то как он может идти, невзирая на него. Поэтому средняя линия называется линией мира, потому что человек нуждается в обеих линиях, чтобы действовать в средней. А называется линией мира, потому что человек после левой линии снова переходит к правой и поднимает ее выше левой, выше своего разума, что позволяет достичь желания любви к Творцу и нуждается в левой линии только для того, чтобы идти затем вопреки ей.

По средней линии только и можно достичь слияния с Творцом, что и называется состоянием "мир".

Конец 7-ой книги

THIS BOOK WAS PRINTED

IN LIVING MEMORY OF

DAVID AND MIRIAM MERON